国家治理现代化丛书

丛书主编 俞可平

Global Governance

全球治理

杨雪冬 王 浩／主编

"国家治理现代化"丛书总序

俞可平

"治理"原来是一个社会科学的术语,自从中共十八届三中全会将"推进国家治理体系和治理能力现代化"作为全面深化改革的总目标后,它便成为中国政治的热门话语。对其含义的种种不同解读,甚至各种争议也随之产生。有人认为它是西方的政治概念,有人则认为它在我国古代就早已有之。其实,"治理"就其字面意义而言,就是"治国理政"。作为人类的一种基本政治活动,它存在于古今中外的每一个国家和每一种文明之中。然而,作为政治学的一个重要新概念,它则是当代的产物。治理不同于统治,它指的是政府组织和(或)民间组织在一个既定范围内运用公共权威管理社会政治事务,维护社会公共秩序,满足公众需要。治理的理想目标是善治,即公共利益最大化的管理活动和管理过程。善治意味着官民对社会事务的合作共治,是国家与社会关系的最佳状态。

从统治走向治理,是人类政治发展的共同规律,不仅适用于西方国家,也同样适用于东方国家。中共十八届三中全会,把"完善和发展中国特色社会主义制度,推进国家治理体系和治理能力现代化"作为全面深化改革的总目标,是重大的理念创新。"国家治理体系和治理能力现代化",或者简称为"国家治理现代化",这一新的概念是中国共产党的创造,而绝不是对西方治理理论的照抄照搬。实际上,在英文文献中至今还没有与"国家治理现代化"

相对应的概念。国家治理现代化这一全面深化改革的总目标，不仅立足于中国特色社会主义的现实，也完全符合人类政治发展的普遍趋势。另一方面，也要实事求是地承认，对现代国家治理系统深入的专门研究，最初起源于西方发达国家。然而，我们不能因为发达国家率先进行了"少一些统治，多一些治理"的政治变革，并且对治理问题率先进行了研究，发展起了各种治理学说，就认定这只是西方的理论或实践。一种理论或实践，只要反映了人类社会的共同规律，无论最初在哪个国家或地区出现，它们最终都会在其他国家和地区发生作用，并成为人类文明的共同价值。今天我们已经须臾不可离开的民主、自由、人权、法治、现代化、工业化、全球化等等，莫不如此。

中共中央编译局比较政治与经济研究中心，是国内最早研究治理理论的团队之一。它首先从译介国外的治理理论开始，然后结合我国的治理实践，致力于建构中国自己的治理理论，并且努力推进我国的治理现代化。这个团队从 20 世纪 90 年代开始，先后就政府治理、社会治理、基层治理、全球治理和生态治理等专门领域进行系统而深入的研究，承担过"全球化与治理的变迁"、"中国公民社会的兴起与治理的变迁"、"中国地方治理创新"、"中国国家治理评估"、"中国社会治理评估"、"社会管理创新"、"城市治理现代化"、"全球治理与和谐世界"、"生态治理与生态文明"等重大课题，发表了大量研究成果，并且建立了国内最权威的"中国地方政府创新案例"和"中国社会创新案例"数据库。

有幸列为国家"十二五"重点图书出版规划项目的这套"国家治理现代化"丛书，由《大国治理》、《政府治理》、《社会治理》、《基层治理》、《全球治理》和《生态治理》6 本书组成，在很大程度上反映了比较政治与经济研究中心这个研究团队在治理方面的主要成果。各卷分别由何增科、杨雪冬、曹荣湘、陈家刚、周红云等研究员任主编，他们都曾经是这个团队的核心骨干，现在不仅是中央编译局相关业务部门的主要领导，而且分别成为国内相关研究领域的代表性学者。人们经常说，理想的研究目标，就是"既出成果，又出人才"。去年，我们编辑出版了国家出版基金项目——10 卷本的"中国的民主治理：理论与实践"丛书，现在我又看到了这套 6 卷本的"国家治理现代化"丛书的出版。这使我不无自豪地想说：我们基本上达到了这一理想目标。作为这个学术团队的创立者，一方面，我要对这些年轻同事们所取得的成就表示热烈的祝贺，另一方面，也要对他们的合作与贡献表示诚挚的感谢。当然，本丛书除了比较政治与经济研究中心的成果外，也收录了国内同行的其他若干成果。在此，我对这些作者也一并表示感谢。

2014 年 11 月 10 日于京郊方圆阁

目 录
Contents

导　论　全球治理：从理念到实践　杨雪冬 / 1

理论探讨

21 世纪的全球化：一个发展新纪元
　　简·内的韦恩·彼得斯 / 3
全球治理引论　俞可平 / 26
治理、善治与全球治理：理念和现实的挑战
　　托马斯·G. 怀斯 / 53
试析全球治理的合法性　蔡　拓　吴　娟 / 80
国际治理中的硬法与软法
　　肯尼思·W. 阿伯特　邓肯·斯奈德尔 / 93

实践探索

《天涯成比邻——全球治理委员会的报告》节选
  英瓦尔·卡尔松　什里达特·兰法尔　主编 / 141
全球治理的中国视角与实践　蔡　拓 / 175
"全球治理"与"建设和谐世界"理念比较研究　叶　江 / 198
中国参与全球治理的地方支持
  ——兼论长三角次区域的地方全球联系与责任　张　鹏 / 214

挑战与前瞻

全球化背景下全球治理面临的新挑战　吴志成　王天韵 / 243
全球治理扩展至第三世界：利他主义、现实主义还是建构主义？
  雅库布·哈拉比 / 254
全球化进程中的权力与等级　杨雪冬 / 296
试论新型全球治理体系的构建及制度建设　王　毅 / 309
全球治理 2025：关键的转折点
  美国国家情报委员会（NIC）　欧盟安全问题研究所（EUISS）　编 / 321

导 论

全球治理：从理念到实践

杨雪冬

从中共十八届三中全会提出"国家治理体系和治理能力现代化"这个重大命题以来，"治理"这个概念在中国实现了从学术圈向实践界的革命性跳跃。然而，在这个全球化时代，任何一个国家的治理体系都是开放的，不仅有国内参与主体，也有国际主体；不仅要解决国内问题，也要解决国际层次乃至全球层次上的问题。而对于中国这个致力于"继续促进人类和平与发展的崇高事业"的大国来说，深化对全球治理的理解和参与，是推进国家治理体系和治理能力现代化的题中之义。

一、什么是全球治理

尽管围绕全球治理已经产生了数量丰富的成果，但是对于全球治理的定义依然存在着热烈的讨论。因为无论是"治理"还是"全球"，都是开放性的概念，会被不同的学者或者组织赋予自己认为恰当的内容。这虽然削弱了全球治理作为一个学术概念的严密性和作为一种知识体系构建的完整性，但是也说明了全球治理作为一种在全球化背景下出现的新理念和新实践，具有很强的可塑性。

要理解全球治理，应该先从什么是治理入手。治理作为一个学术概念的提出主要有两个原因：一是发展中国家的发展实践表明，在追求发展的过程中，不能只依靠选举来更迭执政者，还要进行国家制度建设，以解决具体的发展问题；二是发达国家和发展中国家都面临着社会多元化和公众参与的扩大，诸多公共问题的解决不能只依靠国家，还需要国家与社会的合作。因此，尽管治理有着不同的定义①，但是大体包括了三个层次的含义：一是国家制度建设层面，强调治理就是建立"发展的法律框架"和"培养能力"。其中包括实现法治、改进政府管理，提高透明度、政府效率等。二是社会建设层面，强调支持和培养公民社会的发展，自愿性组织、非政府组织、各种社团，扩大它们的参与。而对公民社会的推动涉及提高责任心、合法性、透明度以及参与水平，实际上就是归权于社会。三是治理手段和技术层面，强调要调整完善机制、程序，采用新的手段、工具和技术。

因此，就定义的包容性和完整性而言，联合国开发计划署（UNDP）对治理的界定更为全面：

> 治理是指一套价值、政策和制度的系统，在这套系统中，一个社会通过国家、市民社会和私人部门之间、或者各个主体内部的互动来管理其经济、政治和社会事务。它是一个社会通过其自身组织来制定和实施决策，以达成相互理解、取得共识和采取行动的过程。治理由机制（institutions）和过程（process）组成，通过这些机制和过程，公民和群体可

---

① 比如英国学者罗茨（Rhodes）归纳了六种定义（Rhodes, R. A., "The New Governance: Governing without Government", *Political Studies*, Vol. XLIV, 1996, pp. 652 - 667），斯托克（Stoke）归纳了五种定义［格里·斯托克：《作为理论的治理：五个论点》，载《国际社会科学》（中文版），1999 年第 2 期］。荷兰学者基斯·冯·克斯伯根（Kees Van Kersbergen）和佛朗斯·冯·瓦尔登（Frans Van Waarden）归纳的九种定义（Kees Van Kersbergen1, Frans Van Waarden, "'Governance' as a Bridge between Disciplines: Cross-disciplinary Inspiration Regarding Shifts in Governance and Problems of Governability, Accountability and Legitimacy", *European Journal of Political Research*, Vol. 43, No. 2, 2004, pp. 143 - 171）。

以表达他们的利益,缩小相互之间的分歧,履行他们的合法权利和义务。规则、制度和实践(practices)为个人、组织和企业设定了限制,并为其提供了激励。治理有社会、政治和经济三个维度,可以在家庭、村庄、城市、国家、地区和全球各个人类活动领域运行。①

这个定义也体现了治理理论对于分析和解决多元社会条件下公共问题的优势:(1)强调了公共问题解决的普遍性,弱化了意识形态的争论;(2)从方法论上把国家与市场、公民社会看做是可以实现合作的,改变了把三者对立起来,认为不可调和的长期认识;(3)强调了社会,尤其是社会组织自我管理的作用,反映了社会发展的趋势。

因此,尽管治理概念具有模糊性,但是依然被应用到全球层面上,因为国际社会更具有多元化特征,并且正在经历着根本性变革。② 正如玛丽-克劳德·斯莫茨所说:"治理是一个有用的概念;因为它能设计出管理共同事务的新技术;它使我们有可能对付那些抵制国际无政府状态、但又不似政权那样固定而被人们寄予期望的机构;它引入了灵活而非标准化的机制;它赋予多种理性与不同的合法性以一席之地;它不是一种模式,不会成为固定不变的东西。"③ 正是出于这种原因,全球治理是与治理同步出现的概念,并且作为治理理论和实践的重要组成部分,被视为应对冷战后国际关系和国际问题的新的选择和思路。④

按照荷兰学者亨克·奥弗比克的分析,1995年是全球治理发展的历史转折点。这一年,联合国的"全球治理委员会"(The Commission on Global Governance)成立,并发表了重要的《天涯成比邻》报告,专门讨论全球治理的

---

① UN, "Governance Indicators: A Users' Guide", www.undp.org.

② Thomas G. Weiss, "Governance, Good Governance and Global Governance: Conceptual and Actual Challenges", *Third World Quarterly*, Vol. 21, No. 5, Oct. 2000, pp. 795 – 814, 806.

③ 玛丽-克劳德·斯莫茨:《治理在国际关系中的正确运用》,肖存毛译,载《国际社会科学》(中文版),1999年第2期,第86页。

④ A. Payne, N. Phillips, *Development*, Cambridge: Polity Press, 2010.

学术期刊《全球治理》创刊。在这一年里，该术语的使用增加了三倍，并且在后续十年里增长了十倍。① 在"谷歌"搜索中，含有"global governance"（全球治理）这个词的信息有 144000000 条，其中图书类信息有 486000 条（2014 年 4 月 14 日检索）。通过中国知网检索，篇名中含有"全球治理"的文献有 819 个，主题中含有"全球治理"的文献有 2371 条，而且从 2000 年以来，相关研究文献呈逐年增加的趋势（2014 年 4 月 14 日检索）。而在实践领域，"全球治理"已经成为联合国体系下各国际组织在相关领域积极推动的任务，并且进入了许多国家、重要的地区性组织以及非政府组织的政策倡议和具体行动中。

与治理一样，全球治理也面临着定义过多的问题。吉姆·惠特曼（Jim Whitman）在他编辑的一本书里，归纳了六种对于全球治理的定义：作为国际组织的行为；作为国家与非国家活动的结合；作为自由主义霸权的另一面；作为公共政策网络与合作伙伴关系；作为对具体领域的管理；作为一种概括性的现象。② 而全球治理理论提出者之一的詹姆斯·罗西瑙（James Rosenau）在给这本书写的《导言》中说，全球治理不是一种，而是多种。③ 这种理解可以视为他给《全球治理》创刊号撰写文章中关于全球治理定义的延续。他说："全球治理可以视为包括从家庭到国际组织所有人类活动层面上的规则体系（systems of rule），这些体系通过控制实现目标，产生的是跨国的影响。"④

尽管定义不同，但是可以按照克劳斯·丁沃斯（Klaus Dingwerth）和菲利普·帕特伯格（Philipp Pattberg）分析的那样，将它们分为两大类：一类将全球治理定位为一组可以观察到的现象；另一类则将全球治理视为一种政治方案。⑤ 作为现象，说明全球治理是现实存在的；作为政治方案，说明全球治理

---

① 亨克·奥弗比克：《作为一个学术概念的全球治理：走向成熟还是衰落？》，来辉译，载《国外理论动态》，2013 年第 1 期。

② Jim Whitman (ed.), *Palgrave Advances in Global Governance*, NY: Palgrave Macmillan, 2009.

③ James N. Rosenau, "Introduction: Global Governance or Global Governances", in Jim Whitman (ed.), *Palgrave Advances in Global Governance*, NY: Palgrave Macmillan, 2009.

④ James N. Rosenau, "Governance in the Twenty-first Century", *Global Governance*, Vol. 1, No. 1, 1995, p. 13.

⑤ Klaus Dingwerth, Philipp Pattberg, "Global Governance as a Perspective on World Politics", *Global Governance*, Vol. 12, No. 2, 2006, pp. 185–203.

是一种理念或设想，具有可塑造性。两位作者进一步分析说，"全球治理"作为实践活动，也有两种理解：一种是全球层面上的人类活动；另一种是全球范围内人类各种活动的加总。①

按照这种区分，我们会看到关于全球治理的定义之争，主要集中于如何在全球层面开展活动上，或者说在应对各类新的问题时，如何设计出有效且被广泛接受的政治方案上。因此，全球治理虽然是一种"脱领土化"（de-territorialized）的政治形式，但并不是一种去政治化的管理形式。② 全球治理是有其价值目标和追求的。在这个意义上，对于全球治理的界定不能只强调多主体和多层次的治理形式，更要强调其人类共同体意识，全球治理是在全球层面上多主体为了解决全球性问题所作的努力，目标是实现全球性的良好治理。因此，中国学者俞可平和蔡拓的两个定义更能体现全球治理的价值追求。在俞可平看来，"全球治理是各国政府、国际组织、各国公民为最大限度地增加共同利益而进行的民主协商与合作，其核心内容应当是健全和发展一整套维护全人类安全、和平、发展、福利、平等和人权的新的国际政治经济秩序，包括处理国际政治经济问题的全球规则和制度。"③ 蔡拓的定义则更强调全球治理背后的人类共同体意识。在他看来，"所谓全球治理是以人类整体论和共同利益论为价值导向的，多元行为体平等对话协商合作，共同应对全球变革和全球问题挑战的一种新的管理人类公共事务的规则、机制、方法和活动。"④

综上所述，全球治理是包括国家、社会、市场、公民个人在内的各类行为主体为了应对全球变革和全球问题带来的挑战，通过协商合作、共担风险和责任，有效管理全球性公共事务的实践活动。全球治理具有多主体参与、多层次、多领域、多形式等特征。

---

① Klaus Dingwerth, Philipp Pattberg, "Global Governance as a Perspective on World Politics", *Global Governance*, Vol. 12, No. 2, 2006, p. 188.

② 丹尼尔·康帕格农：《全球治理与发展中国家：盲点还是未知领域？》，谢来辉译，载《国外理论动态》，2013年第4期。

③ 俞可平：《全球治理引论》，载《马克思主义与现实》，2002年第1期，第25页。

④ 蔡拓：《全球治理的中国视角与实践》，载《中国社会科学》，2004年第1期，第95—96页。

二、为什么要全球治理

从 20 世纪 60 年代，尤其是冷战结束以来，世界发生着深刻而复杂的变化，全球性问题不断增多，人类命运共同体意识不断增强，"全球事务对治理的需求从未如此旺盛"①，而任何国家或者国家集团都无法单独回应这种需求，多主体参与的全球治理应运而生。

具体而言，以下几种主要力量推动了全球治理的出现和发展：

第一，全球化的深入发展，使得全球联系和相互依存更加紧密，为全球治理的出现提供了基础条件。马克思曾说，大工业的发展首次开创了世界历史，因为它使每个文明国家以及这些国家中的每一个人的需要的满足都依赖于整个世界。② 20 世纪 60 年代以来，随着国际分工的深化和国际关系的缓和，在资本扩张的推动下、交通和信息通讯技术的支撑下以及各国政府解除管制改革的支持下，包括人口、物质、资金、信息等在内的各种因素在全球范围加速流动，各个地区、各个领域的交往活动不断扩大和深化。英国学者赫尔德等人在总结了一些代表性看法（比如大前研一的"不断增强的相互依存"、吉登斯的"距离遥远的行动"、哈维的"时空压缩"）后提出，全球化是"一个（或者一组）体现了社会关系和交易的空间组织变革的过程——可以根据它们的广度、强度、速度以及影响来加以衡量——产生了跨大陆或者区域间的流动和活动、交往以及权力实施的网络"③。全球交往的扩大和深化，使得大量的活动和新形成的社会联系不仅超出了国家的地理边界，也超出了国家的治理能力范围。曾经担任联合国秘书长的加利就曾经指出，绝对和独享性主权时代已经过去。

---

① 奥兰·扬：《全球治理：迈向一种分权的世界秩序的理论》，转引自俞可平主编：《全球化与全球治理》，社会科学文献出版社 2003 年版，第 68 页。

② 马克思、恩格斯：《德意志意识形态》，见《马克思恩格斯选集》第一卷，人民出版社 1995 年版，第 114 页。

③ 戴维·赫尔德等：《全球大变革：全球化时代的政治、经济与文化》，杨雪冬、周红云、陈家刚、褚松燕译，社会科学文献出版社 2001 年版，第 22 页。

这就需要扩大治理的范围、提高治理的层次，以维护全球交往的秩序。

第二，全球行为体数量日益增多，功能也在不断完善，成为全球治理的积极参与者和倡导者。这里所说的全球行为主体主要指的是政府间国际组织、非政府国际组织、跨国公司以及一些民间机构。自"二战"结束后，全球行为主体多元化趋势愈加明显，其行动涉及越来越多的领域，而且功能也日益多样化。80年代以来，国际行为主体在行为上呈现两大特征：一是非政府组织的数量增长迅速，并且更加活跃，成为许多国际问题讨论和解决中不可缺少的参与者。二是在许多领域中建立了国际规则，使得一些国际组织制衡国家的力量明显加强。这方面最突出的是经济领域的世界贸易组织和环保方面减少温室效应的有关条约。国际规则的制订起到了规范国家行为的作用。

表1 国际政府间组织和非政府间组织成立情况（每十年）

时间	国际政府间组织（IGOs）	国际非政府间组织（INGOs）
1900—1910	118	445
1910—1919	118	492
1920—1929	215	845
1930—1939	208	731
1940—1949	317	1244
1950—1959	523	2580
1960—1969	775	3822
1970—1979	1219	5645
1980—1989	924	7839
1990—1999	1299	8988
2000—2009	500	3505

数据来源：Thomas G. Weiss, *Global Governance*: *Why*? *What*? *Whither*?, Cambridge: Polity Press, 2013, p.16。

第三，全球性问题和全球风险的出现，不仅增强了全球共同体意识，而且对国家中心的治理体系提出了挑战。20世纪60年代以来，现代科技发展带来的负面效应逐渐明显起来，环境污染、核威胁的恐怖等问题开始引起人们的注意。1972年，罗马俱乐部发表了研究报告《增长的极限》，不仅标志着全球问题研究的开始，而且使全球问题获得了世界性的关注。在随后的时间里，随着研究者和关心者的增多，全球问题的种类也从科技文明的负面影响扩展到现代文明的消极后果方面，包括了失业、难民、人口、粮食、能源、环境、债务、毒品、艾滋病、核扩散、恐怖主义、南北关系、国际人权等诸多问题。其中一些问题也是全球风险，借助全球化进程有了新的来源，并且放大了可能影响和潜在后果。吉登斯曾说："相互依赖的增强，意味着一些不幸事件的发生会产生更大的伤害性。"① 面对这些问题和风险，不同民族、国家进一步认识到，在这个地球村里，只有相互合作才能保持人类"种"的延续。而以国家为单位进行的治理，面对全球问题和风险遇到"有组织的不负责任"困境。比如：减少风险的措施可能给处于风险中的相关人员造成更大的风险；为某个社会行为者创造安全的举措可能无意识地给另一个行为者带来更大的风险；减少风险的政策可能给所有行为者带来不安全；某个团体的乐观行为可能对另一个团体产生意想不到的不安全；对一个团体的保护可能造成了对所有团体的伤害。这种困境说明了以国家为中心的治理遇到了危机，必须进行全面改革。

第四，面对全球化和全球问题，相关学科也在积极反思，力图将全球治理纳入本学科体系，这也为全球治理作为一种知识和理念的发展提供了支持。理论范式的危机来自如何描绘和解释"真实的世界"②。如塞纳克伦斯所说："如今我们处于昨日的世界与明日的世界之间的一种过渡状态，不再能从过去传承下来的理论框架得到哪怕只是大致的指导。"③ 全球治理作为一种新的分析范式，涉及多个层次和多主体，必须突破民族国家这个分析单位。而民族国家作为社会科学形成的基本单位，也是各个学科划分各自领域的基本依据。因此，单个学科难以容纳全球治理这个跨国界、跨领域的新现象。丹尼尔·

---

① 安东尼·吉登斯：《现代性与自我认同》，赵旭东、方文、王铭铭译，生活·读书·新知三联书店1998年版，第157页。

② B. Jessop, "The Rise of Governance and the Risks of Failure: The Case of Economic Development", *International Social Science Journal*, No. 155, 1998, p. 31.

③ 彼埃尔·德·塞纳克伦斯：《治理与国际调节机制的危机》，冯炳昆译，载《国际社会科学》，1999年第3期，第91页。

康帕格农批评到,全球治理应被视为分析社会现实的一个新视角,社会现实的多重维度之间本来相互交叉,但是之前在很大程度上被政治分析家们分割开来了:一方面,国际层面的治理成为了国际关系研究学者的专门领域;另一方面,国家和地方层面的治理则是政治学家的地盘。① 一些从事国际关系和国际问题研究的学者和研究机构开始有意识地将全球治理问题纳入研究视野,并建构不同的分析框架,分析全球治理具体领域中的问题,提出解决思路。由此也使得既有的理论范式,比如制度主义、跨国主义、世界主义(cosmopolitanism)、霸权主义、女权主义、拒绝主义(rejectionism)② 等被应用到全球治理研究之中。这些研究也推动了全球治理作为理念的广泛传播,作为实践在更多领域的探索。

三、如何推进全球治理

在实践中,全球治理是问题驱动的。几乎所有的全球性问题,都引发了治理的回应。正如罗西瑙所说,"今天在全球范围并不缺乏治理。然而,在世界的不同方面,不同的问题领域中,治理形成了不同的结构,这导致了多种形式治理的存在。"但是,不同的治理机制在目标、手段和有效性等方面存在着实质性差别。③ 因此,在全球治理的推进过程中,广泛性和不均衡性是并存的,并且没有集中化的权力和整体性结构。

全球治理机制分布在不同领域,不平等、安全、全球变暖、性别平等和妇女权力、金融危机、产业重组、移民等是其中的关键问题。④ 有学者对2010年至2013年第一季度《全球治理》杂志刊登的103篇论文进行了统

---

① 丹尼尔·康帕格农:《全球治理与发展中国家:盲点还是未知领域?》,谢来辉译,载《国外理论动态》,2013年第4期。

② Timothy J. Sinclair, *Global Governance*, Cambridge: Polity Press, 2012.

③ James n. Rosenau, "Introduction: Global Governance or Global Governances", in Jim Whitman (ed.), *Palgrave Advances in Global Governance*, NY: Palgrave Macmillan, 2009.

④ Timothy J. Sinclair, *Global Governance*, Cambridge: Polity Press, 2012.

计，发现其主要议题有九大类：关于"和平治理"35篇，占34%；关于"能源治理"11篇，占10%；关于"全球治理的领导与参与者"12篇，占12%；关于"全球移民治理"8篇，占约8%；关于"新兴大国崛起与全球治理"8篇，占约8%；关于"制度复合体"（Regime Complex）8篇，占约8%；关于"八国集团的非洲政策"5篇，占约5%；关于"保护的责任与人权民主"5篇，占约5%；关于"全球反贫困"2篇，占约2%。其他的主题包括生物入侵、艾滋病防治、全球税收治理、全球金融经济危机对全球化的影响、枪控制、个人制裁、疫情治理、网络治理、反腐败各1篇，共9篇，占约9%。①

全球治理的推进主要是通过不同参与主体在具体问题领域中实现协调合作的机制实现的。肖特区分了五种机制：跨政府的、区域间的、跨地方的、私人间结合的、公—私结合的。② 这些机制可以视为国家、政府间组织、非政府组织、企业、个人等主体的不同组合。张胜军认为，随着非政府组织、政府间网络、"超国家"组织（比如WTO、国际刑事法院）的发展，全球治理已经从最初的"没有政府的治理"状态，演变成为"政府治理"、"没有政府治理"和"超国家治理"多元治理模式并存③，因为各国政府和国际组织对于全球治理越来越重视，将其列为自己的行为选择。罗西瑙区分了五种类型的治理机制：跨国型的、非国家行为体发起的、次国家的、国家发起的、共同发起的（具体见表2）。与肖特相比，罗西瑙是以国家作为基本的区分尺度的。

---

① 本数据由刘贞晔教授提供。
② J. A. Scholte, "Global Governance, Accountability and Civil Society", in J. A. Scholte (eds.), *Building Global Democracy? Civil Society and Accountable Global Governance*, Cambridge: Cambridge University Press, p. 11.
③ 张胜军：《为一个更加公正的世界而努力——全球深度治理的目标与前景》，载《中国治理评论》第3辑，中央编译出版社2013年版。

表 2　罗西瑙区分的全球治理机制

类型	雏形的	制度化的
跨国的（transnational） 非国家发起的（non-state sponsored）	非政府组织 社会运动 认知共同体 跨国公司	互联网 欧洲环境局（European Environmental Bureau） 信用评级机构
次国家的（subnational）	少数族群 微观区域 城市	美国犹太人院外活动团体 希腊人院外活动团体 犯罪集团
国家发起的（state sponsored）	宏观区域 欧洲共同体 关税与贸易总协定（GATT）	联合国体系 欧盟 世界贸易组织
共同发起的（jointly sponsored）	跨边界同盟 问题机制	选举监督机制 人权保障机制

转引自：James N. Rosenau, "Governance in the Twenty-first Century", in Jim Whitman (ed.), *Palgrave Advances in Global Governance*, NY: Palgrave Macmillan, 2009, p.16。

联合国体系是全球性问题治理机制的基础性支持。比如，在全球经济治理中，世界贸易组织和国际货币基金组织是基本的制度，在全球发展治理中，"联合国千年发展目标"是衡量各国政府、相关国际组织行为的主要依据。在全球生态治理中，联合国环境大会、气候变化大会，是各国谈判和协调行动的主要平台。实际上，主要的全球问题都能在联合国体系中找到对应的组织或者机构。

各国政府是各领域中全球治理的主要执行者，而主要国家在全球治理机制有效运行中发挥着重要作用，因为它们是全球治理机制运行所需资源和具体执行的主要承担者。2008年全球金融危机之后，主要大国之间协调合作的重要性更为凸显，因为解决危机更需要及时的统一行动以及大量的资源投入，这是国际组织无法做到的。以中国为代表的一些发展中国家经济的持续增长，正在改变世界的格局，也让主要国家的组成发生着变化。"二十国集团"和"金砖国家"等已经成为全球治理中更有活力和影响力的机制。由美国国家情报委员会（NIC）和欧盟安全问题研究所（EUISS）联合提交的《全球治理 2025：关键的转折点》报告指出："当今，全球治理创新的一个显著特点就在于峰会级别的会晤频繁出现，并不局限于全球或者区域机制。以八国集团和二十国集团为代表的非正式组织已深入地影响了全球治理的运作方式，它们尤其关注国家在制定政策方面的网络化协调及其产生的结果。"①

非政府组织、私人企业和个人已经成为全球治理机制运行中的活跃因素。非政府组织的强大，体现在两个方面：一是成员数量的增加和财力的增强。例如，世界野生动物基金会的成员从 1983 年的不足 10 万人增加到 1991 年的 100 多万，年收入同期从 900 万美元增加到 10 亿美元。二是这些组织积极扩大自己的影响。它们的对象不仅包括政府、国际政府组织，还包括各国的公民。"实际上，许多非政府组织确定的目标超越了（政府间政治与传统的国家政治）的界限，把与基层部门的对话与针对政府和国际决策者的游说结合在一起。"② 而跨国公司在全球经济中的重要性不仅体现在全球贸易和投资领域，更体现在对国家作用的制约方面。发达国家开始担心跨国资本的流动对本国就业的影响，而发展中国家则把跨国资本投资视为本国经济发展的重要推动力，为了吸引投资不断作出让步。个体行为的自由度明显增强，正如罗西瑙所说，过去被认为是国际关系中常量的个人现在成了微观层面上的变量。"个人已经开始了一场技艺革命……在衡量他们在国际事务中的合适地位以及自己的行为如何能够被集合成重要的集体结果方面，人们已经越来越有能力。"③ 在这方面，最突出的代表是因特网的作用。个人通过它可以针对一定的问题自由地发表言论，并且通过一些个人化的方式来影响以致干扰对象。个人影响的增强丰富了全球治理，也对既有组织的运行方式提出了挑战。

---

① National Intelligence Council and the EU Institute of Security Studies, *Global Governance 2025：At a Critical Juncture*, p. 19.

② A. M. Clark, E. J. Friedman, K. Hochestetler, "The Sovereign Limits of Global Civil Society", *World Politics*, No. 51, October 1998, p. 6.

③ James, N. Rosenau, "Security in a Turbulent World", *Current History*, Vol. 94, No. 592, May 1995.

表3 按照领域划分的跨国社会运动组织（%）

	1953（N=110）	1973（N=183）	1993（N=631）
人权	30.0	22.4	26.6
环保	1.8	5.5	14.3
妇女权利	9.1	8.7	9.7
和平	10.0	7.7	9.4
多问题/世界秩序	7.3	6.6	7.6
发展	2.7	3.8	5.4
其他问题	39.1	45.3	27.0

数据来源：转引自 Jackie Smith, "Global Civil Society?", *American Behavioral Scientist*, Vol. 42, No. 1, September 1998。

全球治理机制的活跃程度和运行的效果受多种因素影响，其中相关问题的紧迫性、参与主体之间的利益和认识的契合度、治理过程中责任和资源的分担等因素作用更大。比如，20世纪90年代亚洲金融危机以来，金融领域的治理受到各个方面的重视，2008年全球金融危机的爆发进一步推动了该领域的治理机制建设，形成了"二十国集团"这样一个协调主要行动的新机制。全球生态问题的不断恶化，是联合国环境大会和气候变化大会实现制度化的客观推动力量。虽然在一些关键性问题上发达国家和发展中国家依然没有意见一致，但是环境和气候问题已经成为各国政府、重要国际组织和非政府组织活动议程中不可缺少的内容，并且深刻地改变着社会观念和人们的日常行为。

尽管针对几乎所有的全球性问题都形成了程度不同的治理机制，但是要实现有效治理还面临着诸多的困难和障碍。吉姆·惠特曼将制约全球治理的问题归纳为：国际政府间机制没有明确分工；国际机构体系的行为惯性或者缺乏能力；对于跨国问题缺乏基本认知；责任赤字。[①] 另一位学者托马斯·G.怀斯（Thomas G. Weiss）用"全球治理鸿沟"来说明全球治理面临的困

---

① Jim Whitman (ed.), *Palgrave Advances in Global Governance*, NY: Palgrave Macmillan, 2009.

难,他认为"鸿沟"可能存在于知识、规范、政策、制度、服从等五个方面。[1] 张胜军认为全球治理面临着四个方面的问题:第一,新生机制提供全球公共物品的能力严重不足;第二,在传统的国际治理领域,联合国和其他国际组织提供公共物品的能力也在下降;第三,大国治理世界的意愿下降,与过去的两极或单极世界相比,今天的"无极世界"或"多极世界"可能带来的更多是失序,而非秩序;第四,也是最为关键的,在当前的全球治理机制中绝大多数属于外部或替代治理机制,能够深入到国家内部监管的深度治理制度却几乎空白。[2]

这些问题的核心在于,全球治理中各行为主体的参与是自愿性的,缺乏权威的监督执行主体和普遍适用的惩罚机制,所以对于相关行为者的约束是非刚性的,这就难以解决全球治理过程中的"搭便车"现象,阻止一些无视规则的"例外者"。据 M. P. 卡恩斯(M. P. Karns)和 K. A. 明斯特(K. A. Mingst)统计,在 21 世纪初,世界上有 238 个政府间组织。这些组织虽然有不同的功能,比如收集信息(联合国环境署)、提供服务(联合国难民署)、为国家之间的协商创造空间(欧盟)、解决争端(国际法院),但是它们的权力很大程度上是非正式的,依靠的是服从制度产生的利益激励。[3]

在国际社会存在重大差异和不平等的条件下,全球治理也成为不同力量争夺的对象,以获得对其解释的话语权,并影响甚至主导其实践过程。赫尔德等人在《全球大变革》一书中曾经区分了西方理论界三种关于全球治理的解释:自由主义的国际主义、激进的共和主义、世界主义民主(见表4)。在这三种设想中,自由主义的国际主义和世界主义是西方思想的主流,并且得到了官方的采纳或默认,获得了制度上的支持。相比之下,激进共和主义主要集中在民间,是许多社会运动和非政府组织的基本理论支柱,并且由于反

---

[1] Thomas G. Weiss, *Global Governance*: *Why? What? Whither?*, Cambridge: Polity Press, 2013.

[2] 张胜军:《为一个更加公正的世界而努力——全球深度治理的目标与前景》,载《中国治理评论》第3辑,中央编译出版社2013年版。

[3] M. P. Karns, K. A. Mingst, *International Organizations*: *The Politics and Processes of Global Governance*, 2nd edition, Boulder, CO: Lynne Rienner, 2009, p. 7.

映了许多发展中国家的看法,在发展中国家中也有许多追随者。中国提出的"和谐世界"理念也可以视为中国对于全球治理的解读。①

表4 三种关于全球治理前景的设想

	自由主义的国际主义	激进的共和主义	世界主义民主
谁应该统治?	人民通过政府、负责的国际组织和国际体制	人民通过自治的共同体	人民通过共同体、社团、国家、国际组织,它们都服从世界主义的民主法律
全球治理的形式是什么?	多头政治——多元主义的分裂的体系,共同享有主权	民主政治(demarchy)——没有国家主权的功能性民主治理	异质政治(heterarchy)——分割的权威体系,服从世界主义的民主法律
关键能动者/工具、民主化的过程	相互依存不断提高,关键的权力代理人在建立更民主/更合作的全球治理形式时有自我利益	新社会运动,全球生态、安全和经济危机的来临	宪政和制度的重建,全球化和区域化的加强,新社会运动,可能出现全球危机
民主思想的传统	自由主义民主理论——多元主义、保护性民主,社会民主——改良主义	直接民主,参与民主,公民共和主义,社会主义民主	自由主义民主理论,多元主义,发展型民主,参与民主,公民共和主义
全球治理的伦理	"共同的权力和共同的责任"	"人道的治理"	"民主自主"
政治变革方式	全球治理改革	可供选择的全球治理结构	重建全球治理

毫无疑问,在全球治理推进过程中,西方国家无论在理论建构还是实践操作上都占据优势,这也将国际社会中的不平等投射到这个新事物之中。一方面,全球治理只重视问题的技术性解决,忽视了导致这些问题的深层次原因,因此被批评为不过是新自由主义在全球扩张的新借口。亨克·奥弗比克认为,全球治理的话语已经经历了一个深刻的转变。这一概念最初是指全球经济秩序的一种根本性的重建,但是到了现在它已经被当做一个改良主义者(reformist)的概念,它试图通过相对边缘性的改革来适应新自由主义全球化

---

① 叶江:《"全球治理"与"建设和谐世界"理念比较研究》,载《上海行政学院学报》,2010年第2期。

的利益，而这些改革被认为是对维持体系运转而言不可或缺的。① 玛丽-克劳德·斯莫茨的批评更加尖锐，她认为西方主要国家以及包括世界银行在内的国际组织"（它）设计的社会生活是天下太平，无视那些你死我活的争斗、对他人实行直接统治的现象，以及因国际社会中若干部分之难以控制而引发的种种问题。……全球治理的基本标准是效益：处理争议、解决问题的效益，调和各方利益的效益。这当然对大家有利。但是，既然不存在中央组织和全球性的参照系，市场便成为当今世界上唯一起作用并影响一切相互作用的社会子系统的调节者，而'全球治理'很可能不过是一件理想主义、举世归心的外衣，下面隐藏着最狡诈的经济自由主义"②。

另一方面，全球治理在实践中也忽视了一些发展中国家的治理现状，因为后者的国内治理不足，限制了其对全球治理的参与。森格哈斯等人认为，第三（及第四）世界缺乏全球治理机制在本地层面真正进行运作和实现其有效性所需的基本前提。一些国家政府的生存和政治精英的福利依靠的是国外援助，而那些"失效国家"国内政局动荡，无法履行现代国家的传统功能（即保障公共安全和对领土的控制），更不要说提供公共服务和适当的政策了。这些国家无法真正参与全球治理，并且从全球治理中获得本国发展所需要的资源和条件。③

四、全球治理中的中国

经过 30 多年的改革开放，中国已经成为全球治理实践的参与者和该理念的塑造者，以自己的实际行动推动着全球治理的深入发展。正如改革开放一

---

① 亨克·奥弗比克：《作为一个学术概念的全球治理：走向成熟还是衰落？》，来辉译，载《国外理论动态》，2013 年第 1 期。

② 玛丽-克劳德·斯莫茨：《治理在国际关系中的正确运用》，肖孝毛译，载《国际社会科学》，1999 年第 3 期。

③ 丹尼尔·康帕格农：《全球治理与发展中国家：盲点还是未知领域？》，谢来辉译，载《国外理论动态》，2013 年第 4 期。

样，中国对全球治理的接受和参与也是一个曲折前进的过程，并且与国内治理的变革逐步对接起来，形成了互动关系。中国有着自己的全球意识。"天下观"可以视为中国传统上对于全球共同体的一种认识。近代以来，中国在被动和强迫之下，进入西方主导的国际体系，成为其中被侵犯和剥夺的成员，因此对于主权独立自主倍加珍惜，对于平等的国际关系更加向往。这种情感和认识一直贯穿于中国处理各类国际事务之中。

从广义的角度看，中华人民共和国在成立后，对于亚非拉第三世界国家的独立支持、发展援助，也可以视为中国对于全球治理的参与。不过这种参与带有很强的意识形态和制度对抗的色彩。真正的参与则是在改革开放，尤其是冷战结束后，是随着中国与国际社会联系不断紧密、全面而实现的。

根据中国知网收录的文献，中国学界在20世纪70年代末期，已经关注环境、生态等全球性问题，并提出应该将其列入国家政策考虑范围。90年代初期，"全球治理"被国际社会系统阐发，也同步进入中国学术界。王邦佐、桑玉成在1994年的一篇文章中介绍了"国际关系未来学"，提到了"新全球主义"以及它设想的"全球治理"。文章说，"人们已经注意到在20世纪的后半期，人类在政治、经济、科技和文化等很多领域通过国际合作取得了很大成果。到了下一个世纪，这种联系和合作将日益频繁，日益重要，日益成为各国外交战略的重要内容。"[①] 同年，蔡拓等人著的《当代全球问题》出版，是国内学术界最早系统关注全球问题的著作。[②] 对于全球治理理论的系统介绍在90年代末期才出现。1999年，《国际社会科学》（中文版）第二期以"治理"为主题，介绍了治理这个概念的产生以及在相关领域的应用，其中就包括国际关系领域。同年，俞可平、唐贤兴的文章系统介绍了治理和全球治理这两个概念及其应用。[③] 此后，国内学界越来越关注这个问题。

1992年，建立社会主义市场经济体制目标明确后，对外开放向全面深入

---

① 王邦佐、桑玉成：《世界走向新秩序》，载《党政论坛》，1994年第1期。
② 蔡拓等：《当代全球问题》，天津人民出版社1994年版。
③ 俞可平：《治理与善治引论》，载《马克思主义与现实》，1999年第5期；唐贤兴：《全球治理：一个脆弱的概念》，载《国际观察》，1999年第6期。

发展，中国以更加积极的态度参与到国际社会之中。同年，中国政府在里约热内卢会议期间签署了《联合国气候变化框架公约》。1997 年 10 月 27 日和 1998 年 10 月 5 日，中国先后签署了两个人权公约：《经济、社会和文化权利国际公约》和《公民权利和政治权利国际公约》。1998 年，还签署了最为重要的环境公约——《京都议定书》。在参与的过程中，中国也开始承担其更多的国际责任。在 1997 年的亚洲金融危机中，中国以实际行动向世界展示了一个负责任的大国形象。

加入世界贸易组织的过程，使中国更全面地了解、接受和服从国际规则。这是中国参与全球治理的一个标志性事件。经过 15 年的艰苦谈判，中国终于在 2001 年成为世界贸易组织的成员国，在经济上开始从制度化层次上参与国际贸易体系。在这个过程中，中国的决策者切实感受到经济全球化带来的巨大冲击，并开始理性思考如何应对这些冲击。江泽民在 1998 年的一个讲话中说："经济全球化作为世界经济发展的客观趋势，是不以人们的意志为转移的，任何国家也回避不了。当今世界是一个开放的世界，谁也不可能孤立于世界之外去发展自己的经济。"[①] 参与全球治理成为应对全球化冲击的战略性选择。

1997 年中共十五大报告在对国际形势进行了客观全面的分析后，提出要"充分发挥（我国）在联合国以及其他国际组织中的作用"，"寻求共同利益的汇合点"，共同对付人类生存和发展所面临的挑战，坚持平等互利的原则，"促进共同发展"等主张。

中国是从多层次参与全球治理的，而区域性合作组织就是其中重要的组成部分。1996 年 4 月 26 日，中、俄、哈、吉、塔五国在上海正式签署《关于在边境地区加强军事领域信任的协定》，建立了"上海五国"机制。2001 年，"上海五国"机制发展成为上海合作组织。1997 年 12 月，中国和东盟领导人在首次东盟—中国领导人非正式会议上确定了建立睦邻互信伙伴关系的方针。

---

① 江泽民：《当前的国际形势和我们的外交工作》，见《江泽民文选》第二卷，人民出版社 2006 年版，第 201 页。

2002年11月，中国与东盟（"10+1"）领导人签署了《中国与东盟全面经济合作框架协议》，自此全面启动了中国—东盟自由贸易区的建设进程。

2002年2月，在墨西哥的蒙特雷，时任财政部长的项怀诚在联合国发展筹资会议上代表中国国家主席江泽民发言，提出建立全球发展筹资框架。在发言中，提出"所有国际社会成员应能平等充分地参与国际经济规则的制定，实现全球治理的民主化"。这是笔者查找到中国官方第一次明确提出"全球治理"概念。

中国经济实力和国际影响力的提升，也使得国际社会在应对能源安全、粮食安全、气候变化全球性问题上更加重视中国。2003年6月，中国国家主席胡锦涛应邀出席了八国集团同发展中国家领导人首次对话会议。尽管国际社会关于"中国威胁论"的讨论一直不断，但是都无法否认中国已经是解决各种全球性问题必不可少的成员。国际社会的批评和期待，也推动着中国不仅要参与全球治理，还要成为新的理念和做法的倡导者，以回应国际社会，并发挥与自己能力相适应的作用。

2005年9月，时任中国国家主席胡锦涛在联合国成立60周年首脑会议上发表《努力建设持久和平、共同繁荣的和谐世界》的演讲，首次提出了"和谐世界"的理念。2007年，中共十七大报告系统阐发了"和谐世界"理念，对于政治、经济、文化、安全和环保等重要领域的治理，提出了中国的立场和主张。[①] 虽然这个理念着眼于国家行为，但是对于深化全球治理也富有启发作用。从这个意义上说，这是中国关于"全球治理"的理念。

2008年全球金融危机的爆发，是全球治理发展进程中一个重要转折点。一方面这是一次从美国起源并席卷发达国家的金融危机，另一方面这次危机

---

① "应该遵循联合国宪章宗旨和原则，恪守国际法和公认的国际关系准则，在国际关系中弘扬民主、和睦、协作、共赢精神。政治上相互尊重、平等协商，共同推进国际关系民主化；经济上相互合作、优势互补，共同推动经济全球化朝着均衡、普惠、共赢方向发展；文化上相互借鉴、求同存异，尊重世界多样性，共同促进人类文明繁荣进步；安全上相互信任、加强合作，坚持用和平方式而不是战争手段解决国际争端，共同维护世界和平稳定；环保上相互帮助、协力推进，共同呵护人类赖以生存的地球家园。"

之后发展中国家与发达国家在经济实力上的差距开始明显缩小。因此,在全球经济治理中,发达国家与发展中国家有了更加平等对话、合作的条件。这次危机也使中国更加深入地参与到全球经济治理之中,不仅承担起全球经济复苏的火车头责任,而且通过提高在国际货币基金组织和世界银行中的份额,参与"二十国集团",推动"金砖国家"的合作等方式,增强了在全球经济治理中的发言权。中国在以一种和平发展大国的责任意识来积极参与国际组织和制度的改革与完善,推动国际组织向更加公正与合理的方向发展。[①]

2005 年,全国人大常委会批准中国签署《联合国反腐败公约》。除了经济治理领域外,中国在反腐败领域也非常积极主动。作为创始国,中国于 2006 年推动了国际反贪局联合会的成立。中国还积极推动全球反腐败治理的具体落实。

2008 年,在纪念改革开放 30 周年的讲话中,"坚持独立自主同参与经济全球化结合起来,统筹好国内国际两个大局"作为改革开放的经验之一被确定下来,这也是对国内治理与全球治理之间的互动关系的准确概括。2011 年,胡锦涛在庆祝中国加入世界贸易组织 10 周年的讲话中,提出:"在中国将坚定不移做和平发展的实践者、共同发展的推动者、多边贸易体制的维护者、全球经济治理的参与者。"[②] 这是中国官方第一次系统表述中国在国际事务扮演的不同角色、承担的主要责任。

2012 年,中共十八大报告更加明确地表明了中国参与全球治理的立场、态度和关注的重要领域。报告提出了人类命运共同体的概念,"人类只有一个地球,各国共处一个世界",要建立更加平等均衡的新型全球发展伙伴关系,同舟共济,权责共担,增进人类共同利益。要关注粮食安全、能源资源安全、网络安全等全球性问题。要以更加积极的姿态参与国际事务,发挥负责任大国作用,与各国共同应对全球性挑战。要积极参与全球经济治理,反对各种

---

① 王逸舟主编:《磨合中的建构——中国与国际组织的多视角透视》,中国发展出版社 2003 年版,第 24—38 页。

② 胡锦涛:《在中国加入世界贸易组织 10 周年高层论坛上的讲话》,2011 年 12 月 11 日。

形式的保护主义。要支持联合国、二十国集团、上海合作组织、金砖国家等发挥积极作用，推动国际秩序和国际体系朝着公正合理的方向发展。

现在，人类命运共同体的理念、中国梦与各国梦共同实现、以"三个共享"（共享尊严、共享发展成果、共享安全保障）为内容的新型国际关系、以"不冲突、不对抗，相互尊重、合作共赢"为内容的新型大国关系、推动全方位的公共外交和人文交流，统筹国内国际两个大局、以开放促改革，实现国家治理体系和治理能力现代化等理念和措施，构成了中国进一步深入参与和推动全球治理的基本思路，也说明了全球视野、全球意识已经成为整个国家进一步发展改革的有机组成部分。

回顾中国参与全球治理的过程，我们可以清晰地看到中国角色转变的轨迹：从最初基于反对霸权主义立场的国际体系的批评者，到对外开放不断扩大中的观察者、参与者、学习者、规则的遵循者，再到国家实力全面提高基础上的倡导者、建构者。这种转变生动地展示了中国与世界的关系发生的历史性变化。中国的发展离不开世界，世界的繁荣和稳定也离不开中国。中国的国内治理与全球治理形成了紧密的关系。

随着中国的进一步发展和改革开放的深化，中国将更加深入全面地参与到全球治理之中，全球治理与国内治理之间的关系也将更加复杂多变，成为国际国内两个大局互动过程中的重要内容。因此，中国应该着重关注以下几个问题，以更好地参与和推进全球治理：

（1）要重视研究中国价值理念如何能够对于全球治理价值的形成作出贡献。任何人类行为都是特定人类价值的一种反映，有什么样的价值观很大程度上决定了会有什么样的行为。在这方面，全球治理也不例外。在世界文化多样化的条件下，全球治理的价值不可能凭空产生，必然是多种文化交流交融交锋的结果。应该进一步推动中国价值理念，尤其是改革开放过程中形成的新价值、新理念的全球化，并寻求与其他文化中的基本价值理念之间的交汇点，使中国的价值理念成为全球治理价值形成过程中有机的组成部分。

（2）要重视研究国内治理与全球治理之间的互动关系。在人员、资本、信息、资源等因素快速流动过程中，国内治理与全球治理之间形成了紧密而且频繁的联系，国内问题的国际化与国际问题的国内化成为常态。这对于包括各国政府在内的各个治理主体来说，如何辨别国内治理与全球治理之间的互动机制、更合理有效地调整资源来解决问题，成为新的挑战。因此，不仅要提升国家的治理能力，更要提高其他主体的治理能力，协调彼此之间的关系。对于中国来说，这就涉及处理好国家与国内社会、国际社会之间的双重转型。

（3）要重视研究新型大国关系在全球治理有效实现过程中产生的影响。客观地说，国家，尤其是大国依然是全球治理运行实现的重要力量。2008年全球金融危机后，大国在国际事务中的影响得到了进一步加强。中国与美国的关系变得更加突出。因此，既要重视新型大国关系构建对于全球治理的影响（正面的与负面的），也要有意识地将全球治理理念纳入新型大国关系的构建过程中。

（4）要重视研究具体领域、具体问题上全球治理的形成和实现。全球治理因问题而生，只有解决各类全球性问题，才能真正实现全球治理。应该更加深入全面地研究各个具体领域中的制度规则、相关主体及它们之间的关系，关注具体问题的产生过程、发展趋势，做好科学判断，为问题的解决提供价值基础、政策方案、资源支持。

理论探讨

21 世纪的全球化：一个发展新纪元[*]

简·内的韦恩·彼得斯 著　王　浩 译[**]

最近的报道标题显示："中国认为西方国家缺乏市场监管导致次贷危机。"一位资深的中国银行业管理者指出："西方国家政府如果想要避免未来的全球金融危机，就必须加强金融市场的监督并完善跨境监管合作。"(Anderlini，2008) 真是风水轮流转啊。在过去，发达的北方国家通常总是在教训和规制发展中的南方国家。但在 21 世纪，许多南方国家不仅躲过这些规制，而且开始偿还国际货币基金组织的债务，还有一些南方国家对此正采取行动和反击。比如，马凯硕（2011）在新加坡指出，"腐败在美国已经成为合法化"，"富人太贪婪了"，正在破坏着社会契约，他还警告说，"要致富是伟大的，但纳税是光荣的"。事实上，这些问题并不是小问题。以中国为例，它涉及超过 2 万亿美元，大约相当于其外汇储备所持有美元的规模。

本文在第一部分指出 21 世纪全球化明显不同于 20 世纪全球化，回顾了重大变化。随后着重分析了 21 世纪的全球化将呈现的三大趋势：即南部新兴

---

[*] 本文原载于《中国治理评论》，2013 年第 1 期。
[**] 简·内的韦恩·彼得斯（Jan Nederveen Pieterse），荷兰奈梅亨大学人类文化学博士，美国加州大学圣巴巴拉分校教授，联合国开发计划署顾问，荷兰马斯特里赫特大学兼职教授；王浩，中央编译局全球治理与发展战略研究中心助理研究员，经济学博士，公共管理学博士后。

的工业化国家将成为世界经济的有力推动者；发展的力量由大都市的机构转向发展中国家；在自由化市场中国家成长变得更为协调，这将共同形成一个多元发展的时代。本文在接下来的部分研究了国际合作关系发展趋势。长期以来，工业化国家和发展中国家之间所谓的"北南关系"一直是至关重要的，但在 21 世纪，南北双方合作发展有所后退。本文认为，问题的关键在于发展领域的两个裂变：其一是进入 21 世纪部分发展中国家逐步脱离西方国家体系的掌控；其二是 2008 年的危机减缓或改变着西方的政治经济。本文在结论部分还进一步分析了 2008 年危机以后 21 世纪发展趋势减缓现象，并讨论了后危机时代新兴国家的崛起以及发展多元化等内容。

21 世纪的全球化

20 世纪 90 年代居于主导地位的是新自由主义的方法。从社会和发展的观点来看，问题是明确的，只要英美资本主义蓬勃发展，相关的批评就像聋子的耳朵一样只是摆设。资本的流入似乎表明资本主义的形式和中心正充满活力，充满创新力和盈利能力。华尔街和伦敦金融城引领潮流，东京、法兰克福、香港、上海和新加坡紧随其后。全球金融资本容易发生危机，但危机是发生在世界资本主义的外围，而且这个危机可以作为工具，来约束新兴国家，并将这些新兴经济体经济纳入主流世界经济。

时光流转到 21 世纪。在新千年之交，资本主义形势和发展的愿景开始有所变化。美国经历了一系列的危机：网络泡沫崩溃，9·11 恐怖袭击，安然（Enron）和安达信（Anderson）等公司丑闻，卡特里娜飓风，次贷危机和 2008 年金融危机及其持续的连锁反应。美联储利用消费者、银行和政府机构过度借贷，实施低利率的宽松信贷政策，以掩盖经济问题。而次级抵押贷款就是英美金融骗局达到顶峰。引用一句索罗斯（Soros，2008）的话："所谓的华盛顿共识，就是其他国家必须实行严格的市场纪律，但美国除外。"2007 年 8 月，信贷决堤，美国和英国房地产泡沫爆裂，由此引发了比大萧条以来任何一次都更为严重的经济危机。美国的资本主义已经是一个危机接一个危机,而每次危机相应的管理对策也是一个接一个。危机表明了放松管制和新自由主义不利的一面。市场并不能自愈。因此,大规模政府干预的救助计划和刺激消费,随后又将影响着处于政治僵局和赤字鹰派的美国以及紧缩政策盛行的英国,而在英美两国之外,还出现了新的声音——"和美国式的资本主义说再见"(Buiter,2008)。

虽然危机通常是发生在南方的新兴经济体,但在 2007—2008 年,危机侵入美国和欧洲的银行。而至少一开始时候,新兴市场毫发未损。当金融危机带来的经济放缓影响欧美国家时,由于对其出口产品的需求减少,进而会影响到新兴经济体。几十年来,华尔街巨头总是作为全球化的胜利者和金融动荡的受益者,而现在来自南方国家的全球主权财富基金维系着华尔街银行的生存。这些资金有两个来源:一是以新加坡和中国为代表的亚洲国家出口所积累的财富;二是海湾酋长国和挪威等石油出口国的资本(参见 Larsen and Hughes,2008;Nederveen Pieterse,2009;Teslik,2009)。谁能想到这一绝妙讽刺啊,"至少在一段时间里,国家资本主义成为自由市场企业的动力源泉"?

21 世纪新趋势体现在南方国家的全球崛起,南南关系在经贸、能源和政治方面不断发展(用联合国贸易和发展会议的话米说就是"一个新的贸易地理学"),新兴社会和主权财富基金扮演着越来越重要的角色。南北关系已经开始转向。1997 年至 1998 年的亚洲金融危机是其中的一个重大转折点。当时,国际货币基金组织处理危机的方法是有问题的,他们强调削减政府开支,而无视私人消费支出变动会造成赤字,使得危机加剧;当危机管理不善时,他们又否决了日本建立一个亚洲货币基金的建议。美国银行和对冲基金还利用危机购买不良资产。事实上,在 20 世纪 80 年代的第三世界债务危机中,南北国家的竞争,不仅表现在农业和制造业方面,而且表现在金融领域。这一次,发展中国家重新修正了他们对国际金融机构的姿态。为了维护自己的金融自治权力,发展中国家积累了硬通货储备作为缓冲,以应对金融动荡,有时为了金融安全性,他们还会牺牲社会投资(如南非),或者是利用国内财政债务还清外部债务(如巴西)。

2003年11月,在坎昆举行的WTO部长级会议是另一个转折点。在"有总比没有好"的口号影响下,全球南方国家在巴西、南非、印度和中国的带领下和G22一起发挥作用,G77也同样如此。这个时候,西方的区分和规则既无能为力也不去作为,只是在反复试图恢复多哈回合以及西方谈判者的嘱托。这标志着南方国家的新的分量和凝聚力。国家发挥其全球的影响力,不再只是局限于全球权力结构的一部分,也不仅仅属于G8或安全理事会(中国除外)。以下讨论中涉及的2008年这场危机是第三个重要的转折点。表1给出了一个21世纪全球化和新兴的国际分工的差异示意图(改编自Nederveen Pieterse,2008)。

表1　21世纪全球化的发展趋势

1980—2000年期间发展模式	2000年后发展模式
贸易	
南北贸易占主导地位	增长的南南贸易
美国主导贸易协定	世界贸易组织、美洲自由贸易区,亚太经济共同体陷入僵局或逐渐过时
区域/全球贸易协定趋势	转向双边自由贸易协定(南北贸易)
金融	
金融资本引领,很容易导致危机	新兴经济体持有美元盈余
国际货币基金组织和世界银行规制着发展中经济体	来自(国际货币基金组织,中国)警告:美国的政策威胁经济稳定
美元作为世界储备货币	面向多货币的世界
美国是外商直接投资(FDI)首选目的地	中国成为外商直接投资(FDI)的首选目的地
西方金融市场占主导地位	新的金融回路游离于西方之外
国际货币基金组织阻击亚洲货币基金	泰国亚洲债券基金;南方银行
美国银行,对冲基金主导	主权财富基金引领
机构	
华尔街、财政部和国际货币基金组织相互关系错综复杂	财政部弱势,华尔街危机

续表

1980—2000 年期间发展模式	2000 年后发展模式
华盛顿共识	"我们现在都是凯恩斯主义者"
国际货币基金组织、世界银行和世界贸易组织进一步融合	国际货币基金组织贷款金额下降（2003 年为 700 亿美元，2006 年减少至 200 亿美元）
社会自由主义，减少贫困	世界银行地位逐步丧失
霸权	
美国的霸权消融与变化动态	美国财政赤字以及逼入下一场战争的困境
文明的冲突	穆斯林对抗，以及阿拉伯之春
美国主导安全机制	新的安全轴（如上海合作组织）
不平等	
增长和日益严重的不平等（不包括东亚地区）	北方国家和新工业化经济体（NIES）之间的不平等在减小；新兴工业化经济体之间的不平等现象有所增加
农村和城市贫困深化	新兴社会中的社会政策
	国际移徙诱发的全球不平等

一个新的发展时期

我们可以找出以下几个时代发展的脉络：（1）始于 19 世纪初发展政策的前奏：从古典政治经济学到李嘉图（Ricardo）和马克思（Marx）；（2）1870—1920 年，随殖民地政策发展而来的后来者的工业化和赶超政策；（3）1950—1975 年期间，战后的"凯恩斯共识"；（4）1980—2000 年，"华盛顿共识"的新自由主义时代。因此，战后发展政策主要有两个阶段："凯恩斯共识"时代和"华盛顿共识"时代。21 世纪迎来了另一个发展时期。它很明显代表了一种新的阶段，虽然还不太清楚其外形或方向应该是什么。一个潜在表征还可能是新兴国家时代。

在 1980—2000 年期间，在发展领域的主要分歧在于凯恩斯的方案和"华盛顿共识"双方，简单地说，这涉及分析性、逻辑性和政治性发展领域以及与其相关的国家中心和市场主导的方法选择。在体制方面，发展政策冲突分歧主要表现在华盛顿机构（国际货币基金组织和世界银行以及世界贸易组织）和人的发展环节（由联合国开发计划署和联合国其他机构、发展中国家经济发展部门和一些国际发展合作机构等对此进行不确定地代表）。特里恩（Thérien，1999）将上述发展政策模式定义为"布雷顿森林体系范式"和"联合国范式"。这就概括了发展研究领域近25年来相关的辩论和争论。① 近年来，它们已伴随着华盛顿模式快速消退。

21世纪发展领域的主要分支包括以下内容：（1）南方新兴工业化国家已越来越多地成为世界经济的驱动力；（2）随着从"我们发展它"到"我们发展"视角的转变，国际大都市机构向发展中国家发展变化；（3）市场力量向国家力量靠近，南方国家全球监管力度加强。我对这些趋势进行深入研究。

新兴工业化国家，作为世界经济的重要驱动力

1980—2000年期间，在美国消费者和金融服务引领下，美国始终是作为世界经济的推动力。美国的私人消费达到国内生产总值（GDP）的70%。通过"购物疗法"这条道路导致过度消费，进而达到了不可持续的消费债务。经济金融化使得华尔街更多地扮演了经济仲裁者的角色，并使得相应的金融工程无管制化和越来越神秘化。当2008年达到其神化顶峰时，世界经济已开始和美国消费者"脱钩"了。

在21世纪，世界经济增长的驱动力已逐渐转移到包括新兴工业化国家和农业矿产出口国在内的新兴市场。这已被证明是一个可持续发展的产业，不仅远远超越了卡多佐（F. H. Cardoso）的依附性发展观点，也远远超越关于亚洲产业仅仅作为美国资本海外血汗工厂的想法。自2001年以来，单单是金砖四国（巴西、俄罗斯、印度和中国）就已经占到了全球国内生产总值的18%，并实现了全球经济增长30%以上的份额（Dvorkovich，2012）。亚洲小虎经济体和中国已进行技术升级。中国已取代美国成为世界领先的技术产品

---

① 进一步的研究，参见 Nederveen Pieterse（2010）。

出口国。在研究和开发支出方面，中国也已接近日本（尽管其在专利方面的份额仍然是微不足道的）。南方产业化是可持续的，因为从美国债务方面考虑，势必会和预期的美国消费者需求萎缩相联系。东盟与日本、韩国和中国三国区域市场，南南贸易，与欧洲的贸易等等，这些替代型市场正在形成亚洲日益增长的内部需求。从生态意义上来看，新型工业化是否是可持续发展的并不是一回事，"绿色增长"已提上议程（Roach，2009）。

新型工业化重塑了世界经济。从结构方面看，21世纪早期有点类似于20世纪战后的繁荣时期，那时的资本主义在工业化国家引领下进入发展的"黄金时代"。而这一次工业化则是发生在亚洲、拉丁美洲和东欧。此前，工业化的推动力（而不是消费和金融、保险和房地产等FIRE项目）在于利用工业和外围经济体之间的相对均衡效果，增强对大宗商品的需求，推动大宗商品价格的上升。一般的规则是，当商品的价格都很高，国际货币基金组织能力就弱化了（Petras，2007，第41页）。商品价格高企使得各国能够提前偿还国际货币基金组织债务，并减少需要新的贷款。因此，"华盛顿共识"的影响（是否增加或调整）已萎缩，就像金融对华盛顿机构的依赖已经接近尾声一样。

一段时间以来，南方国家的增长率已经远远高于发达国家。即使是在非洲，一些曾在20世纪发展过程中处于垫底地位的典型国家，近几年的增长率都达到6%。其次，这些增长率正在实现，而不会产生外部债务。这并不像在美国，经济增长率维持在1%—2%，增长缓慢甚至是经济衰退，靠吸收70%的全球储蓄这些庞大的对外借款加以维持（约合每个交易日20亿美元，或每年700亿美元）。第三，这种增长不是昙花一现，而是可持续的，并有其周期和转化模式。第四，伴随着2008年金融危机和来自南方国家全球主权财富基金的发展突破，相应的积累化模式发生了变化，正变得更为清晰。第五，1980—2000年期间英美资本主义的成功模式，由于连续危机而开始瓦解，积累起来的战略和理念已发生变化。

在未来的几年里，即使曾遭受2008年危机影响，主要新兴市场的增长率仍然会保持在6%（仅次于拉丁美洲和非洲），而在美国、欧洲和日本，增长率最高也许会在1%—2%。因此，处于昔日世界经济边缘人地位的发展中国家，而今已经成为龙头。这种转变在很多层面上是很明显的，诸如"金砖国家带领大家走出经济泥潭"、"南方国家全球主权财富基金在处于悲观经济中的西方国家寻觅良好的商机"等相关头版头条报道比比皆是（O'Neill，2008）。在 20 世纪 90 年代，全球化在西方受欢迎，在南方国家则受猜疑；而在 21 世纪，这几乎完全反过来。2007 年的一项调查显示，七国集团国家 57% 的人认为经济全球化过快，而多数发展中国家认为步伐适中（Giles，2007）。这也反映在贸易方面，在 1980—2000 年间，发达国家积极倡导国际贸易自由化，而现在在很多方面，发达国家又恢复到贸易保护主义。

发展阶段变化：从"我们发展它"到"我们发展"

在华盛顿时期，新自由主义宏观经济学限定了发展的前提，即没有必要把发展经济学作为一种特例，发展经济体将有利于释放市场力量。"反发展革命"学者托伊（Toye，1987）称，应该终止所谓的发展经济学。随之而来的是发展政策被丢给了国际机构、捐助者与非政府组织，以及相关联的发展中国家机构。实际上，发展研究领域中的"发展"，往往是指利用国际化产业发展正在做什么，而不是已经完成什么。因此，不言而喻，发展被认为是一个外部干预。主体范式不是"我们发展"而是"我们发展它"。米歇尔·科恩和罗伯特·珊顿（Cowen & Shenton，1996）认为，发展问题尚未解决的深层次摩擦是一种内在的过程（它增长，我们增长，我们发展）和一个超然的、有意的过程（我们扶持它，我们发展它），这实际上体现了内在的发展思路。更多的后发展观点认为，实际上，不可否认发展是作为一个外部的干预和原则（这同样摒弃了新自由主义观点）。"本土发展"是另一种选择，但提出了不同的问题（什么是固有的，什么是发展单元？）。

发展产业，充满了时尚和不同的参与者和利益相关者相应的流行语（Dahl，2008）。发展的潮流显示干预发展的成功率很低。各类新的发展目标发布，如"千年发展目标"，有助于转移以前没有实现的目标事实的注意力。发展产业，在不小的程度上，实际成果是话语生产、范式的维护和视野萎缩所调整的看法。

华盛顿的思想倾向占据了前沿。激励机制、市场力量、良好的治理、透明度、"公民社会"、"参与"和"赋权"建构了华盛顿乌托邦之路。国家力量从社会中收缩，非政府组织填补空间。民间社会与非政府组织与市场力量相伴，协调着机构同行垄断业务。农村生计、城市贫困、生态变化和民主斗争等这些长期的发展问题，被撤销国家监督和国际货币基金组织与世界银行制度此类的新自由主义乌托邦主义所左右。现在，新自由主义时代在消退，发展全貌又恢复到发展斗争的正常模式。发展的基本事实重新展现在眼前。发展不再是市场魔法的特许品。发展的回归使得背景成为前景。在发展中国家，发展当然是永远不会消失的；发展状态，即使受结构调整而消减，同样也从来不会消失。在发展问题的辩论中，更多的精力去争夺市场和新自由主义的霸权。现在，对西方经济、体制、思想和文化霸权的漫长批评正在逐渐变得多余了。前一段时间批评的主要目标已经成为背景，虽然仍然相关，但无关紧要了。是啊，随着美国资本主义的瓦解，谁还需要继续批评美国的意识形态呢？

有一种观点认为，新兴范式应该是"北京共识"（Ramo，2004）。听起来很有历史感：霸权交接，新来者制定今后的规则。其实，这真有点误导之嫌。第一，"北京共识"究竟代表什么，它几乎就像发展的常识（如财政自主权、谨慎和战略参与的全球性力量）那样仍然比较笼统和模糊。第二，它复制了华盛顿思维同样的谬误：要么分析问题"一刀切"，要么提出一种看起来很有想法的、但又脱离内容的模式。第三，掩盖了关于北京和中国政治上的分歧和抗争（Mittelman，2006；Xin，2003）。第四，它忽视了中国发展的不平衡，就像 2007 年温家宝总理所指出的那样：中国经济仍然存在不平衡、不稳定、不协调、不可持续等现象（Roach，2009，第 7 页）。第五，更为现实的是，霸权更替可能会表现为多极化或非正统的、非极性趋势（Haass，2008）。

寻求一个总体的发展模式，一个关键方法，就和往昔一样急迫。一位泰国同行观察到，像一些充足经济、人类安全、佛教信仰以及国民幸福总值等"非正统的发展"概念流行于亚洲地区。学术界的人们（我们以泰国研究基金为例）需要一个总体框架，以更为有效地宣传、整合这些内容，进而深化为共同行动和政策倡导。① 目前，像不丹国民幸福指数的方法已得到重视（Priesner，1999）。

发展中国家"看东方"学习东亚模式已有 20 余年。"全球化的下一阶段将最可能有一个亚洲面孔"早已是陈词滥调了（Stephens，2006）。然而，其实并没有"亚洲模式"，东亚社会的确是斗争的舞台，但除了一般意义以外，演绎方向仍然不明确。在发展理念和政府角色方面，它们和发展中国家存在很大的差异。曾有观点认为，应该有一个单一的前进道路和发展模型对此进行指导。南方国家不只是在等待机会去模仿发达国家，而是在非殖民化的时代塑造自己的路径。这在 20 世纪 80 年代和 90 年代曾有所提及，现在又再次成为响亮的声音。现代多元性是一个新兴主题。同样，不同的资本主义采取具体的概念。在增长委员会报告（Spence 委员会以其主席经济学家 Michael Spence 命名）中，罗德里克（Rodrik，2008）总结了相关变化："Spence 委员会认为，新的规则必须由发展中国家自身制定，而不是由华盛顿决定。"

重新摆向国家能力

在金融危机之后，监管模式被华尔街和华盛顿新的相对良好智能方式所替代。日本、德国和北欧这些倡导混合经济和协调市场国家有所不同，他们看上去动态性和利润率较低，但更为稳定和可持续。像以前的安然丑闻一样，在 2008—2012 年期间，最脆弱的欧洲公司和行业，大多是那些有美国分支机构或与金融操作有紧密联系（爱尔兰就是一个例子，O'Toole，2009）。

大多数分析观点认为，美国资本主义实质上是放纵的资本主义和过分宽松的管制，制造责任感缺乏和欺诈行为，贫富两极分化，削弱了总需求。与 20 世纪 90 年代不同，美国的经济疲软是结构性的，而不是金融调整能够修复的。金融过剩，实体经济基础薄弱。问题的关键在于数十年以来，美国经济

---

① Hans Van Willenswaard（2008）以及个人交流。

在私营部门与在新技术和制造业的长期投资不足。新兴国家的工业化，在某种程度上是对美国去工业化的反应。在发达国家，一个远离市场原教旨主义的新的平衡正在逐步形成。银行杠杆风险使得加强监管不可避免。"我想到了，所以我已经在增加监管"（Autheors，2008）。这显示，危机第二阶段的主权债务危机是美国和欧元区的一个关键问题。

新兴社会的崛起带来了政府角色时代。金砖国家是拥有庞大的公共部门的典型国家。日本、东亚、中国和印度发展经验都离不开政府角色。尽管世界银行声称亚洲奇迹是由于自由化和出口导向增长而成功，但其物质基础仍然离不开政府角色。尽管托马斯·弗里德曼（Thomas Friedman）和其他人认为中国和印度的崛起是自由化和由此释放出的市场力量的胜利，但相关研究表明，这些国家在经济上取得成就的基础仍得益于毛泽东和尼赫鲁（Chang，2003；Gittings，2005；Guthrie，2006；Rodrik，2000）。

尽管在发达国家，当局的监管是有争议的，而在新兴国家、能源出口国和发展中国家，国家能力起到主导作用。但出于某些原因，这并不是一个国家资本主义的回归或凯恩斯主义重现。第一，亚洲虎国家协同东亚集团和西方跨国公司等市场力量，在东亚展开工业化，并和不可持续的、处于不断增长的贸易和经济不平衡的美国"去工业化"相关联（Nederveen Pieterse，2011）。第二，政府角色回归发生在一个后福特主义和关于国家能力的框架内，这一国家能力必须能够灵活负责地协同私营部门和社会力量，培育广泛的、具有创造性的经济体。第三，它意味着威权风格的东亚虎国家不再是令人羡慕的或可复制的。现在的兴趣在于民主化发展的国家和地区，是否实施（与通常的变迁），如巴西、玻利维亚、厄瓜多尔、乌拉圭和"台湾"，或像在南非、马来西亚和其他地方所倡导的那样去做。

钟摆回到国家轴心，焦点集中在新老问题。国家所面临的问题包括，政策设计和实施能力、地方政府能力、问责制和发展不平衡问题，比如南非的服务交付和创造就业等问题；中国的当地腐败、生态危害和产品质量控制等问题；以及印度的基础设施建设、农村生计、社会不平等和教育等问题。这些问题在几年前被戛纳·迈尔德尔（Gunnar Myrdal）总结为"软实力"，问题的更深层次背后是权力问题以及增长和发展之间的关系。

一个经常性的问题是战略集团和传统利益对政府的俘获。国家是由社会阶层以及用于维护等级制度的国家权力构成。从新加坡到海湾酋长国都保持着等级制度以维护种族层级分工（Nederveen Pieterse, Khondker, 2009）。发展愿景往往隐含地假定有一个共享的包容性社会，但这决不是既定的。就这个不断增长的迁移和文化多元主义的年代而言，这更多的是一种挑战，因此，像波斯湾地区那样集中使用移民劳工的社会，社会发展需要地区责任感和公民文化壮大。缺乏包容性，我们也许会有零星的增长，但却并没有获得发展。社会包容的理念是一个先决条件，如果没有它，那么更广泛的发展政策就无从谈起。就此而言，印度在国家和社会的种姓制度和社群主义，从根本上阻碍着发展思想和政策。中国的社会革命，不管怎么说还是灌输一个政治参与的根本性的社会公平感。进一步的考虑是，国家性是一个自变量，而不是一个因变量；就对国家及其功能的理解而言，在法国和巴基斯坦这些不同类型的社会，或者是索马里的沿海和内陆地区这些同一社会中的不同区域，其实差别很大。

社会想象同样也有助于理解增长和发展之间的关系，换句话说，就是此起彼伏的关系。正在新兴的不是一个扁平世界，而是一个楔形世界，用佛罗里达（Florida, 2008）的话说，一些楔子（在创新、研发和生产率方面）已经在南方国家涌现，比如说新兴的全球跨国公司和新兴国家"新的优胜者"（Sirkin, et al., 2008）。高屋建瓴（卓越的，有竞争力的）对经济增长固然至关重要，但平衡管理对发展尤为重要（Nederveen Pieterse, 2012）。南方国家是梯度积累的，因此其权力也是渐变的。然而，重要的是记住迪帕克·纳亚尔（Deepak Nayyar）的话，"人类福祉的本质在于发展"。衡量经济或政府的绩效标准，既不是经济增长，也不是经济效率，更不是抽象的公平感，而是"能否满足人们的基本需求和日益增长的愿望"（Nayyar, 2006, 第827页）。印度也有案例对此反证，"即使印度农村的份额在国民收入还不到其人口份额，它的投票份额直接是成正比的。在选举期间印度农村决定着共和国"（Nayyar, 2006, 第828页）。

阿玛蒂亚·森（Amartya Sen）不仅定义了作为自由的发展，因为人们享受真正自由的扩大过程，在这一过程中要求消除不自由的源头，还要求自由进入市场等等。森认为，"自由不仅是发展的归宿，同时也是其主要手段"（Sen，2000，第3、7、10页）。长时间的辩论聚焦于对发展和民主之间的关系的发展性研究，而通常认为发展先于民主，而不是相反（Leftwich，1996；Siaroff，1999）。森在研究中还思考了中国和印度相对发展前景的观点，其中，印度就具有民主国家优势。但这还并不明确（cf. Corbridge，2002）。问题不在于政治制度的特点，而在于政治体系的质量。

至少就北方国家和高收入的发展中国家而言，南北差距已经缩小。随着新工业化国家逐步成为世界经济的火车头，问题变得突出了：什么是新兴社会的不平等？问题的关键在于积累的本质。不平等是建立在成长的道路上还是远离增长道路？是极化增长还是面向包容性发展呢？经济增长是在夹缝中积累还是驶向广泛的发展？（cf. Nederveen Pieterse，Rehbein，2009；Rehbein，2011；Thornton and Thornton，2006）。

20世纪70年代，世界银行的经济学家曾提倡增长和再分配政策，后来在80年代，被新自由主义的涓滴增长方法所边缘化。1980—2000年期间，华盛顿共识所青睐的快速增长，得益于资本、密集的外国直接投资和出口导向。发展成为不可持续的增长目标，环境不可持续是由于生态遭到破坏；社会不可持续是因为社会分化；经济不可持续是源于对资本投入和出口的依赖；政治不可持续是因为它促进裙带资本主义和集权。联合国开发计划署（UNDP）启动了增长和再分配并将它重新命名为人类的发展。就经济增长而言，如果我们认为人类发展不是作为一种手段，而是作为发展的终结，那么，对增长和分配进行折中的观点就站不住脚。

增长和发展委员会报告（2010）反映了新兴工业化国家当前的增长路径。这份报告认为，增长的动力是私营部门的投资、创业活动和应对市场激励的创新。作为一个共识文件，报告证实了所有的意识形态特征，比如，熊彼特创新学习、全球经济评价因素、竞争的重要性、反政府以及发展型国家等视角。罗德里克（Rodrik，2008）指出："这份报告试图避免市场原教旨主义和制度原教旨主义。它不仅仅单纯提供诸如'发挥市场功能'或'获得良好治理',而是准确地强调每个国家必须制定自己的混合补救措施。外国经济学家和援助机构可以提供一些帮助,但根本药方还是在这个国家本身。"虽然它被看做是华盛顿共识的扩展,但它很少有华盛顿倾向。该报告认为公共部门在增长的管理和调节中扮演重要角色。公共部门的任务是在增长路径上建立链接,对就业机会的创造与减少加以平衡,推进发展,确保具有包容性和可持续的增长。市场力量能够产生增长,但这需要公共部门以确保增长的质量。

质量和可持续增长已成为英美资本主义的死穴(阿基里斯之踵)。发达国家正向高端服务经济过渡,社会致力于保持社会凝聚力和减缓社会不平等,拥有庞大公共部门的社会市场经济以及在教育、医疗、社会服务和技术与绿色创新等方面实质性的公共投资,是采用更好的监管和更多社交方式的另一个理由。

发展多元化

发展理念作为增长的独特路径,可以被那些还远远落后于我们的发展中国家所推广(Slater, 2004)。用罗德里克(Rodrik, 2007)的话来说就是,经济学只有一种。但经济学方法有很多;制度和政策等可以采取多种形式。每种社会、每个发展水平、每个时间段都有自己的选择。

几十年来,撒哈拉以南非洲国家第一次被业界以及私人股权投资者看做是商业主战场。2007年非洲发展指数报告指出,"这是三十年来,非洲经济体首次与世界其他国家共同增长"。还有一些评估认为非洲是"新兴市场":"随着全球信贷危机……资本正在寻找新的地方成长……也将非洲视为新兴市场……在2007年,尼日利亚和加纳政府债务达到七倍的超额认购。"(Mitchell, 2007)另一份报告显示,非洲"是新近最令人感兴趣的新兴市场核心地区"。2003年以来私人资本流动增长了三倍(2006年达到450亿美元)。这个变化因素包括大宗商品市场处于繁荣时期、债务减免以及经济政策的改善(Chung, 2007; Russell, 2007)。大宗商品出口国所面临的挑战是如何把他们的出口收益转化为人力资本、基础设施,实现可持续的发展道路。大宗商品的繁荣不会总是持续。2008年的衰退已经使价格下降。有例为证,赞比亚铜矿带就曾经历过全球需求像过山车那样的波动。2002—2007年期间,铜矿业有利可图,来自印度和中国资本对铜矿业进行投资,但自2008年以来的全球经济衰退,使得铜价减少了一半以上。矿产需求的减少影响其他11个非洲国家以及撒哈拉以南非洲地区的国民生产总值增长(Burgis, 2008)。

一个关注的重要焦点是新工业化国家与大宗商品出口国之间的关系,进一步辩论是围绕中国和印度在非洲和拉丁美洲的角色方面(Kaplinsky, Messner, 2008; Shaw et al., 2007)。在中国的争论在于对以下问题的关注,我们如何实现发展而不以牺牲较贫穷的国家为代价?①

将出口收益转换到人力资本方面,对金砖国家而言也是一个挑战。观察人士指出:"中国和印度以及俄罗斯和巴西之间存在根本差异,前者在与西方竞争'智力资本',寻求建立一流的大学,投资高附加值的技术密集型产业,利用成功侨民在母国创业活动。俄罗斯和巴西都得益于大宗商品价格的高企,但他们并不打算将这笔'横财'投资于长期经济发展。"(Lloyd, Turkeltaub, 2006)总之,对大宗商品出口经济体的挑战在于实现工业化,而新工业化的国家面临的挑战是如何在创新和服务方面升级。新工业化社会寻求发展诸如研发、教育、设计、营销和金融等方面的服务业,它比早期阶段的产业化更倡导不同的技能、文化敏感性和优先级。因此,整个东亚地区的知识和文化的技能(比如英语)就变得至关重要。

国际发展合作

长期以来南北关系一直阐述了国际的发展。21世纪预示着国际发展合作怎样的趋势呢?一种可能是,越来越多的人意识到发展合作的有限性。产业发展并不像它想象中的那样重要,相反,其自认为重要,部分是源于发达社会是发展问题传承者的默认假定。国际发展合作通常是在规范和道德层面上创造的。

---

① 来自于在北京和中国社会科学院学生的个人交流。

就像1997年英国国际发展部长在"消除世界贫困：21世纪的一个挑战"白皮书所说的那样："我们有义务去帮助那些饥寒交迫的人们。"在接下来2000年白皮书中，托尼·布莱尔（Tony Blair）将消除世界贫困定义为"我们这一代面临的最大的道德挑战"（引用在 Slater 和 Bell，2002，第342页）。

这种道德态度体现出以下问题：第一，老话说得好，贸易不是援助。美国和欧洲的农业补贴和保护主义远远超过外国补助基金。因此，这有助于我们理解"2005年欧盟总对外援助是80亿欧元，但在农业补贴方面达到490亿欧元，几乎消减了相应的所有外国援助的有利影响"（Mahbubani，2008，第130页）。第二，在世界贸易组织中，发达国家坚持他们的生产者特权以及知识产权政策等贸易规则，以保护他们的公司。第三，根本问题在于政策不连贯。它使得脱离宏观经济学谈论援助变得没有意义。从宏观经济学不同视角研究发展合作会导致政策精神分裂症：一方面，遵循华盛顿体制；另一方面，促进项目和计划以抵消结构性调整的影响。后续则有两步奏，要么依靠政策，要么市场清理。第四，"我们应该做什么"并不意味着"我们将要做什么"，道德劝诫可能会掩盖相应差异区分和政策精神分裂症。第五个问题是"逆向援助"，各方面的外国资助滋生精英阶层，并容易导致腐败（Petras, Veltmeyer，2002）。第六，有记录的返回本国的移民汇款额达到3160亿美元（2009），未登记的汇款金额应该更多，这远远超过了外国援助支出。因此，认识到国际迁移对发展贡献以及实施政策舒缓跨国迁移，将比外国援助更有助于缩小全球不平等。① 在危机之后，北方国家移民已经放缓，并且不容易恢复，这会影响汇款。迁移流动越来越转向高增长的新兴经济体和能源出口的国家。

危机之后

2008年金融危机爆发之后，21世纪又将保持怎样的趋势呢？贾尔斯

---

① Robert Guest（2011）提供了案例，关于汇款的重要讨论来自于 Kunz（2011）。

(Giles, 2012) 认为，正在成形的是一种"三速全球经济"："新兴和发展中国家处于快车道，享受大约6%的增长率，美国、加拿大和澳大利亚都在中间的车道，至多保持大约2%的增长率；大多数西欧处在慢车道，增长率远远低于1%（北欧国家相对较高）。"

人们可能会认为，鉴于2008年危机以及新兴国家的崛起（这些都拥有重要的公共部门），新自由主义作为一种意识形态已经过时，凯恩斯主义以某种形式又回来了，金融部门将会得到控制。然而，看一看美国的共和党初选或者是《华尔街日报》社论版就会发现其他内容。仅仅一个危机并不能改变艾伦·格林斯潘（Alan Greenspan）或卡尔·罗夫（Karl Rove）他们的想法。机构利益没有改变，意识形态仍起作用，政治方面错综复杂，市场不确定性占据上风（cf. Crouch, 2011）。这就是"颠簸不平的新常态"。危机总的教训是没有教训。经济学家、政策制定者和学者们对走出危机基本达成相同的观点。危机机制作为一个确定性范式，而无须理睬那些直接受到市场损失的人们。

因此，在发展观念中通常还充斥着杂音。伊斯特利（Eastrely, 2009, 第77页）重复着他的偏见："八十年前的大萧条改变了我们对贫困的认识。全世界用了几十年时间使大家重新想起：如果给予人们自由，他们将更加繁荣。目前巨大的危机重新惊醒我们，使我们对依赖政府来解决贫困的担忧重新蔓延开来，而这将威胁要取消我们许多收益。"

新兴国家的崛起以及21世纪全球化的基调，具有以下重大意涵。第一，它表明在大大小小的问题方面整体经济和权力平衡有一个转变。现在北京写字楼租金以在纽约拥有更高的增速（Rabinovitch, 2012）。第二，难以驾驭的中产阶级和工人阶级相应的国内关系正在改变，区域关系同样也在变。第三，新一波的工业化促进商品出口型发展中国家的增长和繁荣；是否转化为富豪统治或发展取决于国内政治。2002—2008年以来一直增高的大宗商品价格下降了。但由于主要新兴国家的增长依然强劲，对大宗商品的需求又重新提上来了。第四，它表明了国际事务和机构中更大的影响力（如新兴经济体在国际货币基金组织的大投票配额），但这是缓慢和渐进的。第五，它对贸易、投资、信贷和援助发展等领域施加影响，从截然不同的历史经验和发展视角来看，这和西方非常不同，相比之下，通常更加务实，并不受殖民遗留因素所困扰。第六，公共部门的角色分量远大于新自由主义时期的范例和政策等方法。

现实已不需要西方改变观点。诚然，《华尔街日报》和传统基金会利用他们的经济自由指数来透视亚洲的崛起。《华尔街日报》评论员问到"经济自由是亚洲复兴的顶端吗？"，他还指出"增长强劲，但监管仍普遍"（Sternberg, 2012）。因此，对亚洲的抱怨，应该在于那些刚刚把美国经济推向灾难边缘的公司执信的缺失。

2008年的危机还有更深层次的影响。第一，这次危机震中在美国和欧洲，而不是发展中国家。第二，它揭示了金融化的消极方面，以及金融监管的迫切需要。第三，发达国家的经济衰退和抗议运动，已经逐渐灌输了更强烈的政府监管和再分配意识。这些表明了发达国家其实同样处于发展进程中。因此，发展经济学家分析美国，就看到了政府干预的需要（萨克斯，Sachs，2011）。迈克尔·斯宾塞（Michael Spence），"为了社会凝聚力的利益，市场产出需要调整，以创造一个无论是现在还是跨期的、更为均衡的分配收入和福利。"（Spence，2011）第四，这种意识不会改变相关话语范畴，但的确会影响到政治领域和力量关系。危机已经引发关于资本主义、不平等和公平的新争论。"占领华尔街"运动改变了公共话语。第五，这场危机证实，美国领导世界经济时代已经过去了。从韩国到中东地区的金融机构已经变得更加小心收购西方和美元资产。在2008年初，新加坡主要的主权财富基金淡马锡控股公司投资美林遭受了巨大损失。中国削减收购美国国债看上去也是一个根本性调整。第六，这场危机也预示着新兴国家富豪统治的风险以及社会不平等。

经济衰退使国际货币基金组织会卷土重来，但内容并不相同。国际货币基金组织的资本基础已经削弱，在金融动荡中，要想发挥作用的话，其资本证券必须包括吸收重要新兴经济体的参与。而这仅仅可能是建立在权力分享的基础上，这再次意味着华盛顿的时代即使没有立即逝去，也会逐步终结。且看它所依靠的新兴国家资金，思考那些失败的过去（所谓的"灾难大师"），当谈到对发展中国家微观管理时，尽管其经济正统仍然不变，但国际货币基金组织都已经有点沉默了。在关系到欧元区的问题，当前的焦点在于国际货币基金组织将不再是刺激（如美国），而是老生常谈的陈旧方法了。

总之，新兴社会的崛起比危机更为长久。新时代预示着多极发展的时代到来，发展中国家扮演的角色分量加重，东南关系更为重要。从发展研究来看，这涉及以下几方面内容，简而言之，包括：新兴经济体主导增长模式的基础，是广泛的还是更为狭窄，它们是如何影响不平等的；新兴国家和发展中国家、东南关系、新兴国家和发达国家以及企业和机构之间的关系，特别是新兴国家是否被跨国财阀政治所同化，或者多元化发展是否表现为变革性、国内性、区域性和全球性。

[参考文献]

1. Anderlini, J., "China Says West's Lack of Market Oversight Led to Subprime Crisis", in *Financial Times*, 28 May, 2008, p. 1.

2. Autheors, J., "I Think, Therefore I am Increasing Regulation", in *Financial Times*, 21 September, 2008, p. 18.

3. Buiter, W., "Buiter's Blog", in *Financial Times*, September 18, 2008.

4. Burgis, T., "Copper's Fall Takes Shine off Zambia's Ambitions", in *Financial Times*, 19 November, 2008, p. 6.

5. Chang, H. -J., *Globalization, Economic Development and the Role of the State*, London: Zed, 2003.

6. Chung, J., "Investors Dive into the Heart of Africa's Markets", in *Financial Times*, 19 November, 2007, p. 19.

7. Commission on Growth and Development, *The Growth Report: Strategies for Sustained Growth and Inclusive Development*, Washington, DC: World Bank, 2010.

8. Corbridge, S., "Development as Freedom: The Spaces of Amartya Sen", in *Progress in Development Studies*, Vol. 2, No. 3, 2002, pp. 183 – 217.

9. Cowen, M. P. and R. W. Shenton, *Doctrines of Development*, London: Routledge, 1996.

10. Crouch, C., *The Strange Non-Death of Neoliberalism*, Cambridge: Polity, 2011.

11. Dahl, G., "Words as Moral Badges: A Flow of Buzzwords in Development Aid", in B. Hettne (ed.), *Sustainable Development in a Globalized World: Studies in Development, Security and Culture*, Vol. 1, London: Palgrave Macmillan, 2008, pp. 172 – 199.

12. Dvorkovich, A., "Northern Exposure", in *Financial Times Guide to Davos*, 24 January, 2012, p. 10.

13. Easterly, W., "The Poor Man's Burden", in *Foreign Policy*, January-February, 2009, pp. 77 – 81.

14. Florida, R., *Who's Your City?*, New York: Basic Books, 2008.

15. Giles, C., "Poll Reveals Backlash in Wealthy Countries against Globalization", in *Financial Times*, July 23, 2007, p. 1.

16. Giles, C., "Pride before a Fall", in *Financial Times Guide to Davos*, 24 January, 2012, p. 7.

17. Gittings, J., *The Changing Face of China: From Mao to Market*, Oxford: Oxford University Press, 2005.

18. Guest, R., *Borderless Economics*, Londodn: Palgrave Macmillan, 2011.

19. Guthrie, D., *China and Globalization: The Social, Economic and Political Transformation of Chinese Society*, New York: Routledge, 2006.

20. Haass, R., "U. S. Foreign Policy in a Nonpolar World", in *Foreign Affairs*, Vol. 87, No. 3, 2008, pp. 44 – 56.

21. Kaplinsky, R. and D. Messner, "Introduction: The Impact of Asian Drivers on the Developing World", in *World Development*, Vol. 36, No. 2, 2008, pp. 197 – 209.

22. Kunz, R., *The Political Economy of Global Remittances: Gender, Governmentality and Neoliberalism*, New York: Routledge, 2011.

23. Larsen, P. T. and C. Hughes, "Sovereign Wealth Funds: The New Kids on the Block", in *Financial Times*, January 24, 2008, special report.

24. Leftwich, A., *Democracy and Development*, Cambridge: Polity, 1996.

25. Lloyd, J. and A. Turkeltaub, "India and China are the Only Real Brics in the Wall", in *Financial Times*, 4 December, 2006, p. 13.

26. Mahbubani, K., *The New Asian Hemisphere*, New York: Public Affairs, 2008.

27. Mahbubani, K., "To become Rich Is Great But to Pay Taxes Is Glorious", in *Financial Times*, 21 October, 2011, p. 9.

28. Mitchell, A. , "The Emerging Emerging Market", in *Wall Street Journal*, 23 October, 2007, p. 13.

29. Mittelman, J. H. , "Globalization and Development: Learning from Debates in China", in *Globalizations*, Vol. 3, No. 3, 2006, pp. 377 – 392.

30. Nayyar, D. , "India's Unfinished Journey: Transforming Growth into Development", in *Modern Asian Studies*, Vol. 40, No. 3, 2006, pp. 797 – 832.

31. Nederveen Pieterse, J. , "Globalization the Next Round: Sociological Perspectives", in *Futures*, Vol. 40, No. 8, 2008, pp. 707 – 720.

32. Nederveen Pieterse, J. , "Media and Global Divides: Representing the Rise of the Rest as Threat", in *Global Media and Communication*, Vol. 5, No. 2, 2009, pp. 1 – 17.

33. Nederveen Pieterse, J. , *Development Theory: Deconstructions/Reconstructions* (2nd ed.), London: Sage, 2010.

34. Nederveen Pieterse, J. , "Global Rebalancing: Crisis and the East-South Turn", in *Development and Change*, Vol. 42, No. 1, 2011, pp. 22 – 48.

35. Nederveen Pieterse, J. , "Growth and Social Policies: Towards Inclusive Development", in Rudolf Traub-Merz (ed.), *Growth through Redistribution ? Income Inequality and Economic Recovery*, Friedrich-Ebert-Stiftung, Shanghai Coordination Office for International Cooperation, 2012, pp. 1 – 11.

36. Nederveen Pieterse, J. and Khondker, H. H. (eds.), *21st Century Globalization : Perspectives from the Gulf, Encounters*, Vol. 2, special issue, Abu Dhabi: Zayed University Press, 2009.

37. Nederveen Pieterse, J. and Rehbein, B. (eds.), *Globalization and Emerging Societies: Development and Inequality*, London: Palgrave Macmillan, 2009.

38. O'Neill, J. , *Financial Times*, 23 September, 2008, p. 28.

39. O'Toole, F. , *Ship of Fools : How Stupidity and Corruption Sank the Celtic Tiger*, London: Faber and Faber, 2009.

40. Petras, J. , *Rulers and Ruled in the US Empire*, Atlanta, GA: Clarity Press, 2007.

41. Petras, J. and H. Veltmeyer, "Age of Reverse Aid: Neo-liberalism as a Catalyst of Regression", in *Development and Change*, Vol. 33, No. 2, 2002, pp. 281 – 294.

42. Priesner, S. , *Gross National Happiness : Bhutan's Vision of Development and Its Challen-*

ges, 1999, Thimphu, Bhutan, www.bhutanstudies.org.bt.

43. Rabinovitch, S., "Beijing Office Rents Rise beyond New York's", in *Financial Times*, 8 February, 2012, p. 6.

44. Ramo, J. C., *The Beijing Consensus*, London: Foreign Policy Centre, 2004.

45. Rehbein, B. (ed.), *Globalization and Inequality in Emerging Societies*, London: Palgrave Macmillan, 2011.

46. Roach, S. S., *The Next ASIA: Opportunities and Challenges for a New Globalization*, Hoboken, NJ: John Wiley, 2009.

47. Rodrik, D., "How Far Will International Economic Integration Go?", in *Journal of Economic Perspectives*, Vol. 14, No. 1, 2000, pp. 177–186.

48. Rodrik, D., *One Economics, Many Recipes*, Princeton, NJ: Princeton University Press, 2007.

49. Rodrik, D., "Is There a New Washington Consensus?", in *The Business Standard*, Mumbai, 12 June, 2008.

50. Russell, A., "Growth Data Fuel Hopes of New Business Era in Africa", in *Financial Times*, 15 November, 2007.

51. Sachs, J., *The Price of Civilization: Economics and Ethics after the Fall*, London: Bodley Head, 2011.

52. Sen, A., *Development as Freedom*, New York: Anchor Books, 2000.

53. Shaw, T. M., A. F. Cooper, and A. Antkiewicz, "Global and/or Regional Development at the Start of the 21st Century? China, India and (South) Africa", in *Third World Quarterly*, Vol. 28, No. 7, 2007, pp. 1255–1270.

54. Siaroff, A., "Premature Democracies, the Promotion of Development and Political-Cultural Factors", in *Third World Quarterly*, Vol. 20, No. 2, 1999, pp. 405–419.

55. Sirkin, H. L., J. W. Hemerling and A. K. Bhattacharya, *Globality: Competing with Everyone from Everywhere for Everything*, New York: Business Plus, 2008.

56. Slater, D., *Geopolitics and the Post-Colonial: Rethinking North-South Relations*, Oxford: Blackwell, 2004.

57. Slater, D. and B. Morag, "Aid and the Geopolitics of the Post-colonial: Critical Reflections on New Labour's Overseas Development Strategy", in *Development and Change*, Vol. 33,

No. 2, 2002, pp. 335 – 360.

58. Soros, G., "America Must Lead a Rescue of Emerging Economies", in *Financial Times*, 29 October, 2008, p. 11.

59. Spence, M., "The Global Jobs Challenge", in *Korea JoongAng Daily*, 21 October, 2011.

60. Stephens, P., *Financial Times*, 3 March, 2006, p. 13.

61. Sternberg, J., "Asia's Mixed Signals to Business", in *Wall Street Journal*, 12 January, 2012, p. A13.

62. Teslik, L. H., *Sovereign Wealth Funds*, New York: Council on Foreign Relations, 2009.

63. The'rien, J.-P., "Beyond the North-South Divide: Two Tales of World Poverty", in *Third World Quarterly*, Vol. 20, No. 4, 1999, pp. 723 – 742.

64. Thornton, W. H. and Han Thornton, S., "The Price of Alignment: India in the New Asian Drama", in *Journal of Developing Societies*, Vol. 22, No. 4, 2006, pp. 401 – 420.

65. Toye, J., *Dilemmas of Development: Reflections on the Counter-revolution in Development Theory and Policy*, Oxford: Blackwell, 1987.

66. van Willenswaard, H., *A New Development Paradigm Inspired by Gross National Happiness? A Contribution to the Global GDP Debate*, Bangkok: Chulalongkorn University, GNH Movement Workshop, 2008.

67. Xin, C., "New Development of Consumerism in Chinese Society in the Late 1990s", in *Asian Exchange: China Reflected*, Vol. 18, No. 2/19, 2003, pp. 162 – 175.

全球治理引论*

俞可平**

冷战结束后，随着全球化进程的日益深入和国际政治经济格局的调整，全球治理（global governance）的问题正在日益引起国际社会的关注。它已经不是一种单纯的国际政治理论，而是目前国际政治中一个紧迫的实践问题。全球治理究竟是什么，它有哪些基本要素，全球治理兴起的原因何在，其前景如何？这些问题不仅为各国学者所关注，更为国际组织、各国政府和政治家所关注。要从理论上比较全面而深入地理解这些问题，有必要首先弄清楚治理和善治（governance and good governance）的理论①。因为从一定的意义上说，全球治理是国家层面的治理和善治在国际层面的延伸。本文将分三个部分：第一部分论述治理与善治的一般理论，第二部分阐释全球治理理论的基本内容，最后一部分着重分析全球治理产生的原因，并对这一理论作一简要

---

* 本文原载于《马克思主义与现实》，2002 年第 1 期。
** 俞可平，中央编译局副局长、教授。
① 关于治理与善治理论的详细介绍，可参见俞可平：《治理与善治引论》，载《马克思主义与现实》，1999 年第 5 期。

的评估。

一

20世纪90年代以来,在西方学术界,特别是在经济学、政治学和管理学领域,"治理"一词十分流行。正如研究治理问题的专家鲍勃·杰索普(Bob Jessop)所说的那样:"过去15年来,它在许多语境中大行其道,以至成为一个可以指涉任何事物或毫无意义的'时髦词语'。"①"治理"概念之所以引起学者的广泛关注,主要是因为在许多学者看来,随着全球化时代的来临,人类的政治生活正在发生重大的变革,其中最引人注目的变化之一,便是人类政治过程的重心正在从统治(government)走向治理(governance),从善政(good government)走向善治(good governance),从政府的统治走向没有政府的治理(governance without government),从民族国家的政府统治走向全球治理(global governance)。因而,治理、善治和全球治理不仅引起了学者的关注,也为政治家和政治组织所关注。以克林顿、布莱尔、施罗德、若斯潘等人为代表的"第三条道路"或"新中派"明确地把"少一些统治,多一些治理"(less government, more governance)当做其新的政治目标,这一目标构成了"第三条道路"的重要内容。"施罗德把'新治理'作为目前大讨论和推行新政治的一个主导概念,其背后的含义是:国家现在已经不可能通过自己的行动解决所有问题了,要从新的角度出发,推行'新治理',而新治理的核心是'公民社会'。国家的行动能力受到限制,这是施罗德提出新治理的基本前提。"②

一些重要的国际组织也纷纷发表正式报告,专门阐述治理、善治和全球治理问题。例如,世界银行1992年年度报告的标题就是《治理与发展》(Govern-

---

① 鲍勃·杰索普:《治理的兴起及其失败的风险:以经济发展为例的论述》,漆芜译,载《国际社会科学杂志》,1999年第2期。
② 张文成编写:《德国学者迈尔谈西欧社会民主主义的新变化与"公民社会模式"》,载《国外理论动态》,2000年第7期。

ance and Development），经济合作与发展组织（OECD）在 1996 年发布了《促进参与式发展和善治的项目评估》（Evaluation of Programmes Promoting Participatory Development and Good Governance）；联合国开发计划署（UNDP）1996 年的一份年度报告的题目是《人类可持续发展的治理、管理的发展和治理的分工》（Governance for Sustainable Human Development, Management Development and Governance Division）；联合国教科文组织（UNESCO）在 1997 年也提出了一份名为《治理与联合国教科文组织》（Governance and UNESCO）的文件；《国际社会科学杂志》1998 年第 3 期出了一个名为"治理"（Governance）的专号。在前社会民主党国际主席、德国前总理维利·勃兰特的倡议下，瑞典前首相英瓦尔·卡尔森（Ingvar Carlsson）等 28 位国际知名人士鉴于联合国在 1990—1991 年海湾战争中所树立的威望，在 1992 年发起成立了"全球治理委员会"（Commission on Global Governance），并且在 1995 年联合国成立 50 周年之际发表了题为《我们的全球之家》（*Our Global Neighborhood*）的行动纲领，目前该报告已经被翻译成 15 种语言在世界范围内广泛流传。该委员会在 1999 年再度发表了一份报告，进一步阐述公民社会和改善世界经济管理对于全球治理的重要意义。

90 年代以来，西方学者，特别是政治学家和政治社会学家，对治理作出了许多新的界定。全球治理理论的主要创始人之一詹姆斯·罗西瑙（James N. Rosenau）在其代表作《没有政府统治的治理》和《21 世纪的治理》等文章中明确指出：治理与政府统治不是同义语，它们之间有重大区别。他将治理定义为一系列活动领域里的管理机制，它们虽未得到正式授权，却能有效发挥作用。与统治不同，治理指的是一种由共同的目标支持的活动，这些管理活动的主体未必是政府，也无须依靠国家的强制力量来实现。换句话说，与政府统治相比，治理的内涵更加丰富。它既包括政府机制，同时也包括非正式的、非政府的机制。①

治理理论的另一位代表人物 R. 罗茨（R. Rhodes）认为，治理意味着"统治的含义有了变化，意味着一种新的统治过程，意味着有序统治的条件已经不同以前，或是以新的方法来统治社会"。接着，他还详细列举了六种关于治理的不同定义。这六种定义是：（1）作为最小国家的管理活动的治理，它指的是国家削减公共开支，以最小的成本取得最大的效益。（2）作为公司管理的治理，它指的是指导、控制和监督企业运行的组织体制。（3）作为新公共管理的治理，它指的是将市场的激励机制和私人部门的管理手段引入政府的公共服务。（4）作为善治的治理，它指的是强调效率、法治、责任的公共服务体系。（5）作为社会—控制体系的治理，它指的是政府与民间、公共部门与私人部门之间的合作与互动。（6）作为自组织网络的治理，它指的是建立在信任与互利基础上的社会协调网络。②

研究治理理论的另一位权威格里·斯托克（Gerry Stoker）对目前流行的各种治理概念作了一番梳理后指出，到目前为止各国学者们对作为一种理论的治理已经提出了五种主要的观点。这五种观点分别是：（1）治理意味着一系列来自政府，但又不限于政府的社会公共机构和行为者。它对传统的国家和政府权威提出挑战，它认为政府并不是国家唯一的权力中心。各种公共的和私人的机构只要其行使的权力得到了公众的认可，就都可能成为在各个不同层面上的权力中心。（2）治理意味着在为社会和经济问题寻求解决方案的过程中，存在着界线和责任方面的模糊性。它表明在现代社会，国家正在把原先由它独自承担的责任转移给公民社会，即各种私人部门和公民自愿性团体，后者正在承担越来越多的原先由国家承担的责任。这样，国家与社会之间、公共部门与私人部门之间的界线和责任便日益变得模糊不清。

---

① 参见詹姆斯·罗西瑙：《没有政府统治的治理》（*Governance without Government: Order and Change in World Politics*），剑桥大学出版社 1995 年版，第 5 页等；《21 世纪的治理》（*Governance in the Twenty-first Century*），载《全球治理》杂志，1995 年创刊号。

② 罗伯特·罗茨：《新治理：没有政府的管理》（*The New Governance: Governing without Government*），载《政治研究》，1996 年第 154 期。

(3) 治理明确肯定了在涉及集体行为的各个社会公共机构之间存在着权力依赖。进一步说,致力于集体行动的组织必须依靠其他组织;为达到目的,各个组织必须交换资源、谈判共同的目标;交换的结果不仅取决于各参与者的资源,而且也取决于游戏规则以及进行交换的环境。(4)治理意味着参与者最终将形成一个自主的网络。这一自主的网络在某个特定的领域中拥有发号施令的权威,它与政府在特定的领域中进行合作,分担政府的行政管理责任。(5)治理意味着办好事情的能力并不仅限于政府的权力,不限于政府的发号施令或运用权威。在公共事务的管理中,还存在着其他的管理方法和技术,政府有责任使用这些新的方法和技术来更好地对公共事务进行控制和引导。①

在关于治理的各种定义中,全球治理委员会的定义具有很大的代表性和权威性。该委员会在《我们的全球之家》的研究报告中对治理作出了如下界定:治理是各种公共的或私人的个人和机构管理其共同事务的诸多方式的总和。它是使相互冲突的或不同的利益得以调和并且采取联合行动的持续的过程。它既包括有权迫使人们服从的正式制度和规则,也包括各种人们同意或以为符合其利益的非正式的制度安排。它有四个特征:治理不是一整套规则,也不是一种活动,而是一个过程;治理过程的基础不是控制,而是协调;治理既涉及公共部门,也包括私人部门;治理不是一种正式的制度,而是持续的互动。②

从上述各种关于治理的定义中我们可以看到,治理一词的基本含义是指官方的或民间的公共管理组织在一个既定的范围内运用公共权威维持秩序,满足公众的需要。治理的目的是在各种不同的制度关系中运用权力去引导、控制和规范公民的各种活动,以最大限度地增进公共利益。所以,治理是一种公共管理活动和公共管理过程,它包括必要的公共权威、管理规则、治理

---

① 格里·斯托克:《作为理论的治理:五个论点》,华夏风译,载《国际社会科学》杂志(中文版),1999年第2期。

② 参见全球治理委员会:《我们的全球之家》,牛津大学出版社1995年版,第2—3页。

机制和治理方式。

"治理"（governance）与"统治"（government）从词面上看似乎差别并不大，但其实际含义却有很大的不同。在不少学者眼中，区分治理与统治两个概念甚至是正确理解治理的前提条件。正如让-彼埃尔·戈丹（Jean-Pierre Gaudin）所说"治理从头起便须区别于传统的政府统治概念"①。治理作为一种政治管理过程，也像政府统治一样需要权威和权力，最终目的也是为了维持正常的社会秩序，这是两者的共同之处。但两者至少有四个基本的区别。

首先，治理与统治的最基本的甚至可以说是本质性的区别就是，治理虽然需要权威，但这个权威并非一定是政府机关；而统治的权威则必定是政府。统治的主体一定是社会的公共机构，而治理的主体既可以是公共机构，也可以是私人机构，还可以是公共机构和私人机构的合作。治理是政治国家与公民社会的合作、政府与非政府的合作、公共机构与私人机构的合作、强制与自愿的合作。治理的主要特征"不再是监督，而是合同包工；不再是中央集权，而是权力分散；不再是由国家进行再分配，而是国家只负责管理；不再是行政部门的管理，而是根据市场原则的管理；不再是由国家'指导'，而是由国家和私营部门合作"②。所以，治理是一个比政府更宽泛的概念，从现代的公司到大学以及基层的社区，如果要高效而有序地运行，可以没有政府的统治，但却不能没有治理。

其次，管理过程中权力运行的向度不一样。政府统治的权力运行方向总是自上而下的，它运用政府的政治权威，通过发号施令、制定政策和实施政策，对社会公共事务实行单一向度的管理。与此不同，治理则是一个上下互动的管理过程，它主要通过合作、协商、伙伴关系、确立认同和共同的目标等方式实施对公共事务的管理。治理的实质在于建立在市场原则、公共利益和认同之上的合作。它所拥有的管理机制主要不依靠政府的权威，而是合作

---

① 让-彼埃尔·戈丹：《现代的治理，昨天和今天：借重法国政府政策得以明确的几点认识》，陈思译，载《国际社会科学》杂志（中文版），1999年第2期。
② 弗朗索瓦-格扎维尔·梅理安（Francois-Xavier Merrien）：《治理问题与现代福利国家》，载《国际社会科学》杂志（中文版），1999年第2期。

网络的权威。其权力向度是多元的、相互的,而不是单一的和自上而下的。

再次,管理的范围不同。政府统治所涉及的范围就是以领土为界的民族国家,一个国家的政府统治如果超越了自己的领土,而延伸到其他国家,那就是对其他国家主权的侵犯,为国际法所不允许。人类迄今还没有产生凌驾于主权国家之上的、对各国政府和公民具有强制性约束力的世界政府,因而也没有世界范围内的政府统治。与此不同,治理所涉及的对象则要宽泛得多。由于治理的权威主体既可以是政府,也可以是非政府的、跨国界的民间组织,所以,治理的范围既可以是特定领土界限内的民族国家,也可以是超越国家领土界限的国际领域。

最后,权威的基础和性质不同。统治的权威主要源于政府的法规命令,治理的权威则主要源于公民的认同和共识。前者以强制为主,后者以自愿为主。即使没有多数人的认可,政府统治照样可以发挥其作用;治理则必须建立在多数人的共识和认可之上,没有多数人的同意,治理就很难发挥真正的效用。罗西瑙也特别强调治理与政府统治的这一区别,他说:"更明确地说,治理是只有被多数人接受(或者至少被它所影响的那些最有权势的人接受)才会生效的规则体系;然而,政府的政策即使受到普遍的反对,仍然能够付诸实施。因此,没有政府的治理是可能的,即我们可以设想这样一种规章机制:尽管它们未被赋予正式的权力,但在其活动领域内也能够有效地发挥功能。"①

就其直接原因而言,西方的政治学家和管理学家之所以提出治理概念,主张用治理替代统治,是他们在社会资源的配置中既看到了市场的失效,又看到了国家的失效。市场的失效指的是仅运用市场的手段,无法达到经济学中的帕累托最优(Pareto optimum)。市场在限制垄断、提供公共品、约束个人的极端自私行为、克服生产的无政府状态、降低统计成本等方面存在着内在的局限,单纯的市场手段不可能实现社会资源的最佳配置。同样,仅仅依

---

① 詹姆斯·罗西瑙:《世界政治中的治理、秩序和变革》,见詹姆斯·罗西瑙等编:《没有政府的治理》,张胜军、刘小林等译,江西人民出版社2001年版,第5页。

靠国家的计划和命令等手段，也无法达到资源配置的最优化，最终不能促进和保障公民的政治利益和经济利益。正是鉴于国家的失效和市场的失效，"愈来愈多的人热衷于以治理机制对付市场和/或国家协调的失败"。①

治理可以弥补国家和市场在调控和协调过程中的某些不足，但治理也不是万能的，它也内在地存在着许多局限，它不能代替国家而享有政治强制力，它也不可能代替市场而自发地对大多数资源进行有效的配置。事实上，有效的治理必须建立在国家和市场的基础之上，它是对国家和市场手段的补充。在社会资源配置中不仅存在国家的失效和市场的失效，也存在着治理失效的可能。用杰索普的话来说："治理的要点在于：目标定于谈判和反思过程之中，要通过谈判和反思加以调整。就这个意义而言，治理的失败可以理解成是由于有关各方对原定目标是否仍然有效发生争议而未能重新界定目标所致。"②

既然存在着治理失效的可能性，那么，如何克服治理的失效、如何使治理更加有效等问题便自然而然地摆到了学者面前。不少学者和国际组织纷纷提出了"元治理"（meta governance）、"健全的治理"、"有效的治理"和"善治"等概念，作为对上述问题的回答。其中"良好的治理"或"善治"的理论最有影响。

自从有了国家及其政府以后，善政便成为人们所期望的理想政治管理模式，这一点古今中外概莫能外。我国古已称之的"善政"，大体相当于英语里所说的"good government"（可直译为"良好的政府"或"良好的统治"）。在中国传统政治文化中，善政的最主要意义，就是官员清明公道廉洁，各级官吏像父母一样热爱和对待自己的子民，没有私心，没有偏爱。不过，更抽象地说，善政的内容，无论在中国还是在外国，在古代还是在现代，都基本类似，一般都包括以下几个要素：严明的法度、清廉的官员、很高的行政效

---

① 鲍勃·杰索普：《治理的兴起及其失败的风险：以经济发展为例的论述》，漆芜译，载《国际社会科学》杂志（中文版），1999年第2期。
② 鲍勃·杰索普：《治理的兴起及其失败的风险：以经济发展为例的论述》，漆芜译，载《国际社会科学》杂志（中文版），1999年第2期。

率、良好的行政服务。毫无疑问，只要政府存在一天，这样的善政将始终是公民对于政府的期望和理想。

但是，善政在政治理想中的这种长期独占鳌头的地位，从 90 年代以后却在世界各国日益遭到了严重的挑战。对善政构成挑战的是"善治"。善治究竟意味着什么？它的本质特征是什么？它有哪些基本要素？对这些问题政治学家们尚在争论之中。不过，从业已发表的文献中，我们已经能够发现一些共同的东西。

概括地说，善治就是使公共利益最大化的社会管理过程。善治的本质特征，就在于它是政府与公民对公共生活的合作管理，是政治国家与市民社会的一种新颖关系，是两者的最佳状态。一位法国的银行家说，构成善治的有以下四个要素："（1）公民安全得到保障，法律得到尊重，特别是这一切都须通过司法独立亦即法治来实现；（2）公共机构正确而公正地管理公共开支，亦即进行有效的行政管理；（3）政治领导人对其行为向人民负责，亦即实行责任制；（4）信息灵通，便于全体公民了解情况，亦即具有政治透明性。"①综合各家在善治问题上的观点，我们可以发现善治的基本要素有以下 10 个：

（1）合法性（legitimacy）。它指的是社会秩序和权威被自觉认可和服从的性质和状态。它与法律规范没有直接的关系，从法律的角度看是合法的（legal）东西，并不必然具有合法性。只有那些被一定范围内的人们内心所体认的权威和秩序，才具有政治学中所说的合法性。合法性越大，善治的程度便越高。取得和增大合法性的主要途径，是尽可能增加公民的共识和政治认同感。所以，善治要求有关的管理机构和管理者最大限度地协调公民之间以及公民与政府之间的利益矛盾，以便使公共管理活动取得公民最大限度的同意和认可。

（2）法治（rule of law）。法治的基本意义是，法律是公共政治管理的最高准则，任何政府官员和公民都必须依法行事，在法律面前人人平等。法治

---

① 参见玛丽-克劳德·斯莫茨（Marie-Claude Smouts）：《治理在国际关系中的正确运用》，肖存毛译，载《国际社会科学》杂志（中文版），1999 年第 2 期。

的直接目标是规范公民的行为,管理社会事务,维持正常的社会生活秩序;但其最终目标在于保护公民的自由、平等及其他基本政治权利。从这个意义上说,法治与人治相对立,它既规范公民的行为,但更制约政府的行为,它是政治专制的死敌。法治是善治的基本要求,没有健全的法制,没有对法律的充分尊重,没有建立在法律之上的社会秩序,就没有善治。

(3)透明性(transparency)。它指的是政治信息的公开性。每一个公民都有权获得与自己的利益相关的政府政策的信息,包括立法活动、政策制定、法律条款、政策实施、行政预算、公共开支以及其他有关的政治信息。透明性要求上述这些政治信息能够及时通过各种传媒为公民所知,以便公民能够有效地参与公共决策过程,并且对公共管理过程实施有效的监督。透明程度愈高,善治的程度也愈高。

(4)责任性(accountability)。它指的是人们应当对其自己的行为负责。在公共管理中,它特别地指与某一特定职位或机构相连的职责及相应的义务。责任性意味着管理人员及管理机构由于其承担的职务而必须履行一定的职能和义务。没有履行或不适当地履行他或它应当履行的职能和义务,就是失职,或者说缺乏责任性。公众,尤其是公职人员和管理机构的责任性越大,表明善治的程度越高。在这方面,善治要求运用法律和道义的双重手段,增大个人及机构的责任性。

(5)回应性(responsiveness)。这一点与上述责任性密切相关,从某种意义上说是责任性的延伸。它的基本意义是,公共管理人员和管理机构必须对公民的要求作出及时的和负责的反应,不得无故拖延或没有下文。在必要时还应当定期地、主动地向公民征询意见、解释政策和回答问题。回应性越大,善治的程度也就越高。

(6)有效性(effectiveness)。这主要指管理的效率。它有两方面的基本意义,一是管理机构设置合理,管理程序科学,管理活动灵活;二是最大限度地降低管理成本。善治概念与无效的或低效的管理活动格格不入。善治程度越高,管理的有效性也就越高。

(7)参与(civic participation/engagement)。这里的参与首先是指公民的

政治参与，参与社会政治生活。但不仅仅是政治参与，还包括公民对其他社会生活的参与。后者可能会越来越重要。善治实际上是国家的权力向社会的回归，善治的过程就是一个还政于民的过程。善治表示国家与社会或者说政府与公民之间的良好合作，从全社会的范围看，善治离不开政府，但更离不开公民。善治有赖于公民自愿的合作和对权威的自觉认同，没有公民的积极参与和合作，至多只有善政，而不会有善治。

（8）稳定（stability）。稳定意味着国内的和平、生活的有序、居民的安全、公民的团结、公共政策的连贯等。社会的稳定对于公民的基本人权、民主政治和经济发展都具有至关重要的意义。没有一个稳定的社会政治环境，很难有经济的高速发展和民主政治的有效推进。对于发展中国家来说，社会稳定更具有特别重要的意义。因为发展中国家相对于发达国家来说，经济比较落后，制度化程度低，社会的不稳定因素尤其突出。所以，社会政治的稳定程度也是衡量善治的重要指标。

（9）廉洁（cleanness）。主要是指政府官员奉公守法，清明廉洁，不以权谋私，公职人员不以自己的职权寻租。严重的腐败不仅会增加交易成本，增大公共支出，打击投资者的信心；而且会破坏法治，腐蚀社会风气，损害社会的公正，削弱公共权威的合法性。所以，公职人员的廉洁直接关系到治理的状况。

（10）公正（justice）。公正指不同性别、阶层、种族、文化程度、宗教和政治信仰的公民在政治权利和经济权利上的平等。在当代，作为善治要素的公正特别要求有效消除和降低富人与穷人、富国与穷国之间的两极分化，维护妇女、少数群体、穷人等弱势人群的基本权利。

正如前面所指出的那样，治理与善治理论与传统政府统治理论的一个重大区别，是其适用范围超越了国家的界限，而可以适用于更加广泛的超国家层面。当人们将治理的分析框架应用于国际层面时，全球治理理论便应运而生。

二

对全球治理至今并没有一致的、明确的定义，类似的概念还有："世界政治的治理"、"国际治理"、"世界范围的治理"、"国际秩序的治理"和"全球秩序的治理"等。大体上说，所谓全球治理，指的是通过具有约束力的国际规制（regimes）解决全球性的冲突、生态、人权、移民、毒品、走私、传染病等问题，以维持正常的国际政治经济秩序。研究全球治理的著名学者安东尼·麦克格鲁说："全球治理不仅意味着正式的制度和组织——国家机构、政府间合作等——制定（或不制定）和维持管理世界秩序的规则和规范，而且意味着所有其他组织和压力团体——从多国公司、跨国社会运动到众多的非政府组织——都追求对跨国规则和权威体系产生影响的目标和对象。很显然，联合国体系、世界贸易组织以及各国政府的活动是全球治理的核心因素，但是，它们绝不是唯一的因素。如果社会运动、非政府组织、区域性的政治组织等被排除在全球治理的含义之外，那么，全球治理的形式和动力将得不到恰当的理解。"[①]

全球治理的要素主要有以下五个：全球治理的价值、全球治理的规制、全球治理的主体或基本单元、全球治理的对象或客体，以及全球治理的结果。一些学者把这些要素分解成五个问题：为什么治理？依靠什么治理或如何治理？谁治理？治理什么？治理得怎样？全球治理的价值，就是全球治理的倡导者们在全球范围内所要达到的理想目标。从这些倡导者的眼光看来，这些价值应当是超越国家、种族、宗教、意识形态、经济发展水平之上的全人类的普世价值。关于全球治理的价值，全球治理委员会在其《我们的全球之家》中作了比较充分而全面的阐述。该委员会相信："要提高全球治理的质量，最为需要的，一是可以在全球之家中指导我们行动的全球公民道德，一是具备

[①] 见戴维·赫尔德等：《全球大变革：全球化时代的政治、经济与文化》，杨雪冬、周红云、陈家刚、诸松燕译，社会科学文献出版社2001年版，第70页。

这种道德的领导阶层。我们呼吁共同信守全体人类都接受的核心价值，包括对生命、自由、正义和公平的尊重，相互的尊重、爱心和正直。"为了在全球范围内实现这些普世价值，该委员会还为全世界公民规定了相应的权利和义务。这些权利包括：安全的生活；公平的待遇；为自己谋生和谋取福利的机会；通过和平手段解决人们之间的争端；参与各级治理；为摆脱不公正而进行自由、公平申诉的权利；平等的知情权；平等地分享全球共同利益的权利。相应的义务是：考虑自己的行为对他人安全和福利的影响；促进平等，包括性别平等；追求可持续发展，保护人类共同资源，维护子孙后代的利益；保护人类的文化和知识遗产；积极参与治理；努力消除腐败。①

全球规制（global regimes）就是维护国际社会正常的秩序，实现人类普世价值的规则体系。具体地说，国际规制包括用以调节国际关系和规范国际秩序的所有跨国性的原则、规范、标准、政策、协议、程序。从某种意义上说，全球规制在全球治理中处于核心的地位，因为没有一套能够为全人类共同遵守、确实对全球公民都具有约束力的普遍规范，全球治理便无从说起。罗西瑙说，正是由于国际规制在维护当代世界秩序中的实际作用，在国际政治生活中才会出现一种"没有政府的治理"的新治理体制。国际规制是一种具有法律责任的制度性安排，它表明国际政治生活的制度化。"国际规制的职能、所涵盖的地域和人员都极为广泛。从职能上说，它包括了像《北极熊保护协议》这样比较狭窄的内容，又包括了像南极洲和外层空间保护这些更加宽泛的内容。从地理上说，它的范围可以像北太平洋上受到严格限制的能够从事海豹毛皮贸易的地域那样狭窄，也可以像管理国际航空运输或核试验控制的全球性体制那样宽泛。在成员方面，国际规制既可以像国际北太平洋渔业协会下成立的公海渔业协会那样只有两三个成员，也可以像防止核武器扩散组织那样有100多个成员。"②

---

① 参见全球治理委员会：《我们的全球之家》。
② 奥兰·R.杨（Oran R. Young）：《国际规制》（*International Regimes*），康奈尔大学出版社1989年版，第11页。

全球治理的主体或者说基本单元，指的是制定和实施全球规制的组织机构。概括地说，全球治理的主体主要有三类：（1）各国政府、政府部门及亚国家的政府当局；（2）正式的国际组织，如联合国、世界银行、世界贸易组织、国际货币基金组织等；（3）非正式的全球公民社会组织。① 这三类组织在全球治理中都发挥着重要的作用，但是对于究竟哪一类组织应当发挥更重要的作用，学者们之间的观点很不相同。正如保罗·韦普纳（Paul Wapner）所说的那样，"对有些人来说，全球治理意味着建立一个世界政府来制定法律和政策。对另一些人来说，它意味着简单地建立一些得到主权国家支持的促进共同理解和行动的制度。今天，虽然仍有一些思想家支持一个世界政府，更多的人则关注其他实体产生和支持下的制度化权威。"②

一些学者强调，虽然全球化在很大程度上削弱了传统的国家主权，但主权国家的政府过去是全球治理的主角，将来也仍将是全球治理的主角。另一些学者则竭力主张建立一个超越各国政府之上的世界政府，像国民政府在国内行使主权功能一样，世界政府将在全球范围内行使主权职能。少数学者直截了当地指出，应当强化联合国对各成员国的强制性约束力量，逐渐将联合国改造成为世界政府。越来越多的学者则开始强调非政府的全球公民社会组织在全球治理中所起的作用。全球公民社会是介于国家和个人之间的跨国活动领域，其基本的组成要素是国际非政府的民间组织。詹姆斯·N.罗西瑙对全球治理的主体提出了一个新的概念——"权威空间"（SOAs）。他强调，权威空间与国家领土疆界并不必然一致，主权国家和政府属于权威空间，但大量非政府的超国家组织和次国家组织也都在权威空间之内。所以，在他看来，全球治理的单位不仅仅是国家和政府，"至少有10个描述世界政治的相关术

---

① 一些学者认为全球治理的基本单元应当有五种：超国家组织（如联合国）、区域性组织（如欧盟等）、跨国组织（如公民社会与商业网络）、亚国家（substate，如公共协会和城市政府等），参见J. A. 斯科尔特（J. A. Scholte）：《全球化：批判性的介绍》（*Globalization: A Critical Introduction*），麦克米兰出版公司2000年版。

② 保罗·韦普纳：《全球公民社会中的治理》，见奥兰·扬编：《全球治理》（*Global Governance*），麻省理工学院出版社1997年版，第299页。

语已经得到人们的认可：非政府组织、非国家行为体、无主权行为体、议题网络（issue network）、政策协调网（policy networks）、社会运动、全球公民社会、跨国联盟、跨国游说团体和知识共同体（epistemic community）"。①

关于全球治理的主体，一些学者，如斯蒂芬·吉尔、罗伯特·考克斯和马丁·休逊等还特别强调"全球精英"在全球治理中的作用。他们所说的全球精英主要包括这样几类重要群体：（1）政治精英，特别是大国政要、重要国际组织的首脑和西方发达国家的政治精英。斯蒂芬·吉尔将确定全球治理方向的主要要素归结为"全球化精英"，认为以西方七国集团为核心的政治精英的政治权力自 70 年代以来一直在逐渐增长。这些西方的政治精英已经联成了一个网络，对全球治理发挥着重要的影响。如每年在瑞士达沃斯召开的世界经济论坛、三边委员会和扩大了的西方七国官员之间的会晤程序等。（2）商业精英，尤其是跨国公司的高级管理阶层。他们不仅控制着全球资本的流动，而且对国际政治经济游戏规则的制订也有着决定性的影响。（3）知识精英，即各个专业领域的知识权威，特别是信息专业的精英。休逊认为，一些知识权威和信息专家"主导着正在兴起的全球信息秩序"，左右着全球变革的进程。麦克格鲁则不无担忧地指出："在全球性风险社会中，社会生活的各方面开始受到专家的控制，这样一来，全球治理的许多常规领域以及某些最关键领域，就成了职业性的或专家的网络即知识共同体的专有领域。因此，国际民用航空组织的专家委员会负责制定全球航空安全标准，而联合国国际禁毒计划则为全球打击非法毒品贸易制定许多技术性规则。知识共同体通过将其重新界定为技术或程序问题——最好是借助专家通过技术讨论过程来解决——而设法将许多问题非政治化。这样，专家的知识和理解力就变成了参与、促进全球治理过程的基本通行证。"这就有可能在全球治理过程中导致一种"专家政治"（technocracy）。②

---

① 詹姆斯·N. 罗西瑙：《面向本体论的全球治理》，见马丁·休逊（Martin Hewson）等编：《走向全球治理理论》（*Approaches to Global Governance Theory*），纽约大学出版社 1999 年版，第 298 页。
② 托尼·麦克格鲁：《走向真正的全球治理》，陈家刚译，载《马克思主义与现实》，2002 年第 1 期。

全球治理的对象，包括已经影响或者将要影响全人类的跨国性问题。这些问题很难依靠单个国家得以解决，而必须依靠国际社会的共同努力。目前各国学者提出的需要通过全球治理机制加以关注和解决的问题主要有这样几类：（1）全球安全，包括国家间或区域性的武装冲突、核武器的生产与扩散、大规模杀伤性武器的生产和交易、非防卫性军事力量的兴起等；（2）生态环境，包括资源的合理利用与开发、污染源的控制、稀有动植物的保护，如国际石油资源的开采、向大海倾倒废物、空气污染物的越境排放、有毒废料的国际运输、臭氧衰竭、生物多样性的丧失、渔业捕捞、濒危动植物种、气候变化等等；（3）国际经济，包括全球金融市场、贫富两极分化、全球经济安全、公平竞争、债务危机、跨国交通、国际汇率等等；（4）跨国犯罪，例如走私、非法移民、毒品交易、贩卖人口、国际恐怖活动等等；（5）基本人权，例如种族灭绝、对平民的屠杀、疾病的传染、饥饿与贫困以及国际社会的不公正等等。

全球治理的效果，涉及对全球治理绩效的评估。多数学者相信，全球治理对于维护公正的国际秩序是有效的，而且这种效果可以通过一定的评估标准加以测定。即使像大赦国际这样的非政府组织，也有学者认为对于保护国际人权起到了实际效用。例如罗西瑙说："大赦国际的个体成员的工作是处理非法监禁和刑讯逼供的特定案例，但是他们的集体努力对于维护全球秩序作出了实质性的贡献。"[①] 全球治理的绩效，集中体现为国际规制的有效性。有两类因素影响国际规制的绩效，一类是国际规制本身的制度安排，一类是实现这些制度安排的社会条件和其他环境条件。有的学者具体分析了影响国际规制的若干要素，它们是：国际规制的透明度、完善性、适应性、政府能力、权力分配、相互依存和知识基础。[②]

一些学者认为，欧洲共同体是全球治理的典范，它在《马斯特里赫特条

[①] 詹姆斯·N.罗西瑙：《世界政治中的治理、秩序和变革》，见詹姆斯·罗西瑙等编：《没有政府的治理》，张胜军、刘小林等译，江西人民出版社2001年版，第6页。

[②] 参见奥兰·扬：《国际制度的有效性》，见詹姆斯·罗西瑙等编：《没有政府的治理》，张胜军、刘小林等译，江西人民出版社2001年版，第186—215页。

约》签订后就逐渐走上了一条从政府统治到没有政府的治理之路。研究欧盟治理的著名专家贝阿特·科勒-科赫（Beate Kohler-Koch）指出："欧洲共同体是一个'特殊'政体，一种远远超出国际组织、但又不符合联邦国家思想的政治体制。实际上，欧洲一体化已经以两种不同的方式让我们超越民族国家。第一，通过扩展超越主权民族国家边界的政治范围；第二，通过构建一种现在不是、在可以预见的将来也不会替代民族国家的政治体制。这种'特殊体制'的一个最典型的特征就是没有通过政府进行治理。"[1] 她甚至还总结了欧盟治理的四种模式："第一，'国家主义'，它以多数规则为基础，依靠对'共同目标'的忠诚来维护；第二，'团体主义'，它包括不同社会利益，它们在同一结构中寻求共同的利益；第三，'多元主义'，它将多数规则和个人对利益的追求结合在一起；第四，'网络治理'，其基础也是利己的行为体，目的在于在谈判过程中'增加共同利益'。"[2]

三

将治理、善治和全球治理的思想直接应用于实际的最初机构，是诸如世界银行、国际货币基金组织之类的国际金融组织。在90年代，这些国际组织不仅对善治进行了专门的理论研究，而且把善治作为其评估受援国现状的主要标准之一。对那些在它们看来没有良好治理状况的国家，它们就要求这些国家进行必要的改革，使之符合其善治的标准。毫无疑问，它们这样做的直接目的是提高其援助的效益，确保受援国偿还贷款的能力。在这些国际机构看来，要实现这一目的，就必须引入自由主义的市场经济体制，必须使国内市场自由化，并消除自由贸易的壁垒。而市场体制需要与之相适应的社会政治结构和社会政治状态，其中包括政治合法性、社会秩序和行政效率。

---

[1] 贝阿特·科勒-科赫等编：《欧盟治理的转型》，伦敦：罗特莱奇出版公司1999年版，第2页。

[2] 贝阿特·科勒-科赫等编：《欧盟治理的转型》，伦敦：罗特莱奇出版公司1999年版，第8页。

正如联合国社会发展研究所副所长阿尔卡塔拉（Cynthia Hewittde Alcantara）女士所说，在这一点上，治理、善治和全球治理的概念就极为有用。因为它使国际金融机构能从经济主义中挣脱出来，去重新思考与经济重组相关的关键性政治和社会问题。此外，这样做也毋须触动受援国敏感的国内政治与行政问题。借用"善治"、"全球治理"而不用敏感的"国家改革"或"社会政治变革"等词眼使得世界银行等组织有可能处理棘手的受援国国内政治问题，而又避免使人觉得它们超越了其职责和权限而干预了主权国家的国内政治事务。

其实，治理、善治和全球治理的理论与实践在90年代的勃兴还有其更深刻的原因，简要地说，它是全球化进程的逻辑结果，是冷战结束后国际政治经济秩序的新的发展形态，是国际规制有效性的现实要求，是全球公民社会和世界民主潮流的产物。

全球化正成为我们这个时代的最主要特征，事实上许多人已经把我们这个时代称之为"全球化时代"（Global Age）。全球化首先是经济的一体化，但经济生活的全球化必然对人类的政治生活和文化生活产生深刻的影响。导致人类政治生活从统治走向治理的因素无疑是多种多样的，经济全球化是其中最重要的因素之一。经济全球化极大地改变了统治和治理的主体、结构、方式、过程和意义，对传统的民族国家、国家主权、政府体制和政治过程提出了严重的挑战，深刻地影响着人类的政治生活，有力地推动着人类的政治发展。全球化的重要特征之一，是民族国家的主权及政府的权力日益削弱，而跨国组织（transnational organizations）和超国组织（supranational organizations）的影响日益增大，随着民族国家传统的政府权威的削弱，治理和全球治理的作用则日益增大。因为国际社会和国内社会在全球化时代同样需要公共权威和公共秩序，但这是一种新的公共权威和公共秩序，它不可能由传统的国家政府来创立，只能通过全球治理来实现。

近代以后，民族国家（nation-state）一直是人类政治生活的核心。民族国家建立在众所周知的三要素之上：领土、主权和人民。任何独立的政治体要成为一个国家，必须具备一定的领土，国家的领土是独立而不受侵犯的；在这个独立而确定的领域中必须拥有一个至高无上的主权机关，它代表国家的意志，国家的主权不可分割，不受他国的干预；在国家的领土范围内必须拥有足够数量的公民，它们的责任和权利仅受本国法律和本国政府的保护，他们只有在隶属于一个领土国家时才能表达自己的意志，行使自己的权力，因而公民通常等同于国民。直到现在，这样的民族国家仍然是现实政治生活的中心，因而也是人们政治想象的基本依托所在。然而，不可阻挡的经济全球化进程已经对领土、主权和人民三要素构成了重大的挑战，正在从根本上动摇人们心目中的国家形象。正如德国著名学者乌尔里希·贝克（Ulrich Beck）所说："人们既可以否定、攻击全球化，也可以为它欢呼，但是无论人们如何评价全球化，涉及的都是这样一种强势理论：以领土来界定的社会领域的时代形象，曾在长达两个世纪的时间里，在各个方面吸引并鼓舞了政治、社会和科学的想象力，如今这种时代形象正在走向解体。伴随全球资本主义的是一种文化与政治的全球化过程，它导致人们熟悉的自我形象和世界图景所依据的领土社会化和文化知识的制度原则瓦解。"①

经济全球化主要体现为资本全球化、产品全球化和通讯全球化。这些现代的经济要素日益要求冲破民族国家的壁垒，使其能够在全球范围内最大限度地自由流动，没有资本、产品和通讯在全球范围的自由流动，就根本谈不上经济全球化。资本、产品和通讯在全球范围的流动，既对全球性流动提出了客体的要求，又对这种流动提出了主体的要求。换言之，它要求一个相应的全球性的流动空间，这个全球性的流动空间就是世界市场或全球市场；又要求一个管理和协调资本、产品和通讯全球流动的世界性组织，这个世界性的管理和协调机构就是各种各样的国际组织，尤其是跨国公司。所以，经济全球化从某种意义上说也就是全球市场的形成和跨国组织作用的增大。全球市场和跨国组织在本质上与传统的国家领土观念是相冲突的，资本的全球流动和跨国公司的全球活动客观上都要求冲破领土的束缚。当国家的领土疆界

---

① 乌尔里希·贝克：《全球化时代民主怎样才是可行的?》，见乌尔里希·贝克、哈贝马斯等：《全球化与政治》，王学东、柴方国等译，中央编译出版社2000年版，第14页。

与资本的全球要求相矛盾时,跨国公司和其他跨国组织就会想方设法使国家的领土要求从属于资本扩张要求。进一步说,当经济全球化与国家的领土发生冲突时,传统的领土观念正在越来越多地让位于经济全球化的要求。当经济的全球化冲破传统的民族国家的领土束缚时,我们便清楚地看到了它的政治后果:"全球化概念指出了一个方向,而且只有一个方向:经济活动的空间在扩大;它超越了民族国家的边界,因此重要的是政治调控的空间也在扩大。"①

民族国家的领土要素与主权要素是紧密相连的,经济全球化既然对领土要素提出了挑战,也必然对主权要素提出挑战,甚至更明显、更严重。正如《已经改变了的国家》一书的作者所说:"在一点上,全球化拥有一种强大而复杂的影响:关于人权和民主治理的全球化的规范正在穿透国界,重塑传统的主权和自治概念。这种规范已经形成并且正在不断发展,它使制止严重侵犯人权和人类安全的国际干预具有合法性。"②

经济全球化对国家主权的挑战可以从以下三个方面来理解。首先,跨国投资等全球性的经济活动,势必要求在有关的民族国家内有一个相应的政治环境。民族国家之间的政治经济制度千差万别,很难完全适应外来资本的制度要求。当全球经济活动与民族国家原有的制度发生冲突时,后者往往作出必要的让步。在这种情况下,民族国家原有的决策过程和政治经济体制或多或少会发生一些实质性的变迁,这种制度性的变迁直接或间接地对其主权构成了挑战。其次,经济全球化导致了某些政治价值的普遍化,特别是自由、民主、人权、和平。当这些政治价值在一个民族国家内遭到毁灭性的破坏时,例如发生种族灭绝性的暴力行为,国际社会的干预正在得到越来越多的道义支持。最后,经济全球化使得许多原先的国内问题日益国际化,例如生态环境、资源短缺、贫困、犯罪、毒品、人口等问题,仅靠民族国家的主权政府

---

① 拉尔夫·达伦多夫:《论全球化》,见乌尔里希·贝克、哈贝马斯等:《全球化与政治》,王学东、柴方国等译,中央编译出版社2000年版,第212页。

② 戈登·斯密斯(Gordon Smith)和莫艾斯·奈姆(Mois Naim):《已经改变了的国家:全球化、主权和治理》(*Altered States: Globalization, Sovereign, and Governance*),国际发展研究中心(IDRC)1999年版,第27页。

很难有效地解决它们，而需要跨国性的国际合作。这种国际合作在许多情况下也会削弱传统的国家主权。

经济全球化也对居住于固定的民族国家领土范围内并效忠于国内政府的传统公民观和种族观提出了挑战。伴随着资本全球化的必然结果之一，就是劳动力市场的全球化。跨国公司的老板、高级经理人员、高级技术人员，直至普通的劳工，经常穿梭于设立在不同国家的跨国公司及其子公司之间。对于他们来说，效忠跨国公司往往甚于效忠国家或民族。此外，移民的人数也前所未有地增加。据国际移民组织统计，到90年代初，旅居国外的新移民已超过1亿，他们中间既有少量的非法偷渡者，更多的则是合法的移民。对于这些移民来说，传统的那种绝对的种族认同基本上不复存在。即使是居住在国内的普通公民，传统的政治认同也在经受极大的考验。经济全球化、互联网和生态环境的国际化，使越来越多的公民开始淡化原来的国家认同，而滋生出了全球意识，出现了所谓的"新认同政治"，少数先锋派如国际环境保护主义者甚至已经以"全球公民"自居了。

鉴于经济全球化对民族国家的领土、主权和公民认同所构成的挑战，一些学者直接就把全球化的过程定义为"非民族国家化"的过程，认为全球化正在消除经济空间和政治空间的一致性。这种一致性的日益消失，使民族国家的统治失效，"至少在西方世界倒退到民族国家的时代已经不再可能"。这种"非民族国家化"正在成为我们这个时代的特征："社会的非民族国家化，即经济的、生态的、文化的和军事的行为联系和作用联系的扩大，正迅速向前推进，而创建超民族国家的政治管理机构则是一个具有现实的重要性但进展却非常缓慢的进程。"① 更有甚者，一些学者指出，全球化破坏了国家的自主性，一个"社会的世界"正在取代"国家的世界"，东西方冲突的结束削弱了民族国家存在的价值，因此，"民族国家已经过时"，"民族国家正在终

---

① 米夏埃尔·齐恩：《黑、红、绿、棕对非民族国家化的反应方式》，见乌尔里希·贝克、哈贝马斯等：《全球化与政治》，王学东、柴方国等译，中央编译出版社2000年版，第162、171页。

结"。① 把经济全球化对民族国家造成的冲击，概括为民族国家"已经过时"或"正在终结"，无疑是一种偏激的和夸张的观点。在可见的将来，民族国家和主权政府还会长期在人类政治生活中扮演核心的角色。然而，同样毋庸置疑的是，民族国家和主权政府的性质及其在人类政治生活中的作用正因经济全球化的冲击而发生重大的变化。在这一点上，我们并不同意詹姆斯·N.罗西瑙为全球治理所作的"本体论"论证，但他的这一论证确实应当引起我们的高度关注。他说，我们现在正处于一个"以边界迁移、权威重构、民族国家衰落和非政府组织（NGOs）在地区、国家、国际和全球等诸层次上的激增为特征和标志的时代"。"在有必要不再把全部注意力集中于国家，而是承认要把大量非政府行为体作为重点分析对象的情况下，随之而来的应当就是不把国家当做第一位的，而是在以权威日益分流和等级化日益消失为特征的世界上把它简单地看做一个重要的行为体。诚然，国家拥有主权，但是这些权利可以行使的范围正在一个相互依存和国家边界模糊的世界上日渐缩小。随着权威的加速分流，国家将不再可能在越来越复杂的挑战面前继续仰赖主权作为保护它们利益的基础。"②

从国际层面看，全球治理是冷战结束后国际政治领域中最引人注目的问题之一。这不外乎以下三个原因。首先，冷战的结束并不意味着国家间和地区间冲突的结束，相反，这些冲突依然在全球范围内广泛存在，在个别地区甚至空前地激烈，成为威胁人类生存、破坏人类和平、践踏人权和人道的主要根源。对国家间和地区间的这些暴力冲突，国际社会不能熟视无睹，而应当采取积极的措施，进行调解和平息，以维持人类的和平。其次，冷战后，在经济全球化背景下，国家之间在政治、经济、文化和科学技术等方面的合作与交流空前地增加，这些合作与交流已经超越了政治制度和意识形态的差异，尤其需要在不同的国家之间确立一种共同遵守的规则和制度框架，以发

---

① 赫尔伯特·迪特根（Herbertt Dittgen）：《没有国界的世界》（World without Borders? Reflections on the Future of the Nation-state），载《政府与反对派》（*Government and Opposition*），1999年第34卷第2期。

② 詹姆斯·N.罗西瑙：《面向本体论的全球治理》，见马丁·休逊（Martin Hewson）等编：《走向全球治理理论》，第295页。

扬人类的普遍价值，增进人类的共同利益。最后，冷战后虽然美国成为唯一的超级大国，但世界政治仍然朝着多极化的方向发展，单极世界不但不可能出现，也不符合全球治理的目标。有效解决诸如保护环境、消除贫困、遏制国际恐怖主义、消灭跨国犯罪等人类共同面临的问题，以维护国际社会的正常秩序，仍需要各国的共同努力。

全球治理是各国政府、国际组织、各国公民为最大限度地增加共同利益而进行的民主协商与合作，其核心内容应当是健全和发展一整套维护全人类安全、和平、发展、福利、平等和人权的新的国际政治经济秩序，包括处理国际政治经济问题的全球规则和制度。在全球化背景下，具有普遍约束力的国际规章不仅在数量上正在迅速增多，而且其发生效用的范围也在日益扩大。例如，有人统计，在过去的30年中，关于环境问题的国际规章就从零增加到了近100个。① 从某种意义上说，全球治理是国内治理在国际范围中的延伸。"在国际关系领域，治理首先是各国之间尤其是大国之间的协议与惯例的产物。涵盖政府的规章制度也包括非政府性机制，后者谋求以它们自己的手段实现它们的愿望、达到它们的目标。治理被视为由多数协议形成的一种规范系统。它可以在没有政府的正式授权和具体批准的情况下贯彻实施某些集体项目。各种政府间组织，以及由非政府组织或跨国公司推动的非正式调节程序也都包括在这种治理之内。所以，它既是各国参加的国际谈判的产物，也是由个人、压力集体、政府间组织和非政府组织形成的混杂联合的结果。"②

在冷战结束后的经济全球化时代，一方面，面临着重建并维持新全球政治经济秩序的需要，另一方面，目前已有的国际性组织、政府间组织和民族国家都不能够凭借现存的力量达到全球治理的目的。在这种情况下，一些人希望强化联合国的作用，给联合国以足够的权威，使联合国承担起国内政府

---

① 马丁·休逊等：《全球治理理论的兴起》，见马丁·休逊等编：《走向全球治理理论》，第12页。
② 彼埃尔·德·塞纳克伦斯：《治理与国际调节机制的危机》，冯炳昆译，载《国际社会科学》（中文版），1999年第2期。

的功能,在此基础上将联合国发展成为类似"世界政府"这样的全球权力机构。这显然是一种不切实际的观点,在我们可见的将来,地球上不可能出现一个类似国内政府的世界政府。联合国在其50多年的历史中对维护国际社会的安全和促进全人类的共同利益发挥了极其重要的作用,它在国际事务中迄今所扮演的核心角色将在今后长期保持下去。但联合国不可能成为全球治理的唯一责任者,各国政府也不可能成为全球治理的唯一责任者,全球治理的责任应当由各国政府、政府间的国际组织和全球公民社会(global civil society)共同承担。正如"全球治理委员会"所说的那样:"在全球层次上,治理基本上是指政府间关系,但现在我们必须理解,它也包括非政府组织、公民运动、多边合作和全球资本市场。"①

全球公民社会即是全球性的民间社会,它主要由国际性的非政府组织、全球公民网络和公民运动等组成。在经济全球化的时代,对全球公民社会在全球治理中的重要作用应当给予特别的强调。随着经济全球化进程的加剧,国际性的非政府民间组织无论在数量上还是对国际事务所产生的作用上都与日俱增,对全球治理的作用也不断增大。据最新出版的《国际组织年鉴》统计,在现有的48350个国际组织中,非政府的国际公民社会组织占95%以上,至少有46000个左右。又如,1972年,参加联合国环境大会的非政府组织还不到300个,到1992年注册参加联合国环境大会的非政府组织多达1400个,同时参加非政府组织论坛的非政府组织多达18000个。1968年,在德黑兰国际人权大会上,只有53个非政府组织获得了观察员身份,4个非政府组织参加了大会预备会议;而在1993年的维也纳国际人权大会上,248个非政府组织取得了观察员身份,593个非政府组织参加了大会。1975年,只有6000人参加了墨西哥世界妇女大会的非政府论坛,114个非政府组织参加了正式会议;而到1995年,30万人参加了北京世界妇女大会的非政府论坛,3000个

---

① 全球治理委员会:《我们的全球之家》,第3页。

非政府组织参加了正式会议。① 除了非政府国际组织外，全球公民社会的另一个主要组成部分迅速发展起来，即依靠互联网等高科技手段建立的全球公民网络。没有人能够准确统计全球公民网络的数量，但可以肯定的是，世界各地每日每时都在产生着形形色色的全球公民网络，在数量上远远多于全球性的公民社会组织。尽管到目前为止，各国政府和政府间国际组织（如联合国）在全球治理中仍将一如既往地起主导作用，但这种作用正在日益被全球公民社会所共享。

虽然关于治理和全球治理的理论还很不成熟，它的基本概念还十分模糊，在一些重大问题上还存在着很大的争议，但是，这一理论无论从实践上看还是从理论上看都有其十分积极的意义。从实践上看，冷战结束后，国际政治格局面临着重大调整，作为唯一超级大国的美国在对外政策上呈现出单边主义的态势，全球治理强调国际关系的公平和公正，客观上有利于消解和制约单边主义和霸权主义。随着全球化进程的日益深入，国家主权事实上受到严重削弱，而人类所面临的经济、政治、生态等问题则越来越具有全球性，需要国际社会的共同努力。全球治理顺应了世界历史发展的这一内在要求，有利于在全球化时代确立新的国际政治经济秩序。从理论上说，它打破了社会科学中长期存在的两分法传统思维方式，即市场与计划、公共部门与私人部门、政治国家与公民社会、民族国家与国际社会，它把有效的管理看做是两者的合作过程；它力图发展起一套管理国内和国际公共事务的新规制和新机制；它强调管理就是合作；它认为政府不是合法权力的唯一源泉，公民社会也同样是合法权力的来源；它把治理看做是当代民主的一种新的现实形式等等，所有这些都是对政治学和国际政治学研究的贡献，具有积极的意义。

不过，我们应当清醒地看到，全球治理面临着许多现实的制约因素，对全球治理的前景不能抱过分乐观的态度。第一，各民族国家在全球治理体系

---

① 安·玛丽·克拉克等（Ann Marie Clark, E. J. Friedman and K. Hochsterler）：《全球公民社会的主权限制》(The Sovereign Limits of Global Civil Society)，载《世界政治》，1998 年 10 月号。

中的极不平等的地位严重制约着全球治理目标的实现。富国与穷国、发达国家与发展中国家不仅在经济发展程度和综合国力上存在着巨大的差距,在国际政治舞台上的作用也极不相同,西方七国/八国集团(G7/G8)很大程度上左右着全球治理的进程,它们与广大发展中国家在全球治理的价值目标上存在着很大的分歧。第二,美国是目前世界上唯一的超级大国,冷战结束后它加紧奉行单边主义的国际战略,对公正而有效的全球治理造成了直接的损害。第三,目前已有的国际治理规制一方面还很不完善,另一方面也缺乏必要的权威性。第四,全球治理的三类主体都没有足够的普遍性权威,用以调节和约束各种国际性行为,规范合理的国际秩序。第五,各主权国家、全球公民社会和国际组织各有自己极不相同的利益和价值,很难在一些重大的全球性问题上达成共识,这一现状对全球治理的效益造成了内在的制约。第六,全球治理机制自身也存在着许多不足,如管理的不足、合理性的不足、协调性的不足、服从性的不足和民主的不足等。① 所以,全球治理的现状还极不理想,正如托尼·麦克格鲁所指出的那样:"该体系核心存在着一个致命的缺陷,即缺乏民主的信任。因为从总体上说,这个世界共同体存在着高度的非代表性,以及权力、影响、机会与资源的极度不平等;这一体系也许最好称做扭曲的全球治理。"②

特别需要指出的是,在西方的治理和全球治理理论中存在着一些不容忽视的危险因素。首先,全球治理基本的要素之一是治理主体,全球治理主体中的国际组织和全球公民社会组织在很大程度上受美国为首的西方发达国家所左右,因此,全球治理的过程很难彻底摆脱发达国家的操纵。其次,全球治理的规制和机制大多由西方国家所制定和确立,全球治理在很大程度上难免体现发达国家的意图和价值。最后,特别需要指出的是,治理理论,尤其是全球治理理论,建立在政府的作用和国家的主权日益削弱、民族国家的疆

---

① 参见托尼·麦克格鲁:《走向真正的全球治理》,陈家刚译,载《马克思主义与现实》,2002年第1期。

② 参见托尼·麦克格鲁:《走向真正的全球治理》,陈家刚译,载《马克思主义与现实》,2002年第1期。

界日益模糊不清这一前提之上，强调治理的跨国性和全球性。这里的危险就在于，过分弱化国家主权和主权政府在国内和国际治理中的作用，客观上有可能为强国和跨国公司干涉别国内政、推行国际霸权政策提供理论上的支持，有可能成为某些国家和跨国公司干预别国内政、谋求国际霸权的理论依据。这就是说，不仅全球治理会被扭曲，而且全球治理理论本身也有可能被扭曲和被人用来为强权政治辩护。所以，对于治理理论，特别是全球治理理论的这一危险倾向，我们必须有清醒的认识。

治理、善治与全球治理:理念和现实的挑战[*]

托马斯·G. 怀斯　著　张志超　译[**]

"治理"(Governance)现在成了一个流行的概念,但它跟人类历史一样的古老。本文关注的是20世纪80年代和90年代理论界的争论,因为这个术语主要是从这一时期在发展研究领域流行开来,并在国际公共政策话语中崭露头角的。许多学者和国际关系领域的工作者所说的"治理"涵盖一整套复杂的结构和过程,其中既有公共的,也包括私人的,而在较为通俗的作品中,这个词却成了"政府/统治"(government)的同义词。

就后一种用法而言,治理是指国家行政管理体系的一般属性。《韦氏新编国际关系辞典》(New Webster's International Dictionary)给这个词下的定义,跟《纽约时报》(New York Times)或《经济学人》(The Economist)的记者们是一样的:治理是指"统治的行为、方式、职位或权力,即政府/统治";"被统治的状态";"统治或规制的方法"。根据莫顿·博阿斯(Morten Bøås)的梳

---

[*]　Thomas G. Weiss, "Governance, Good Governance and Global Governance: Conceptual and Actual Challenges", in Third World Quarterly, Vol. 21, No. 5, 2000, pp. 795–814.

[**]　托马斯·G. 怀斯(Thomas G. Weiss),著名的国际关系学者,拉尔夫·邦奇国际问题研究所名誉主任,纽约市立大学政治学研究中心主任及伦敦大学兼职教授;张志超,北京大学政府管理学院博士生、中央编译局马恩列斯著作编译部翻译。

理,治理概念本来只在学术讨论中广泛使用,后来才出现了全球层面的研究。① 比如,它曾经广泛用于商业文献,用来指称企业微观行为。② 格朗·海顿(Goran Hyden)认为,它主要是指掌管政府等公共机构或运营带有社会性质的私人机构。③

与此相反,研究国际关系和国际文职官员的分析家专门使用这一术语来描述那些超越"政府"及其被授予的合法权威的现象。例如,全球治理委员会(Commission on Global Governance)认为,"治理"是指"个人和公私机构管理其共同事务的各种方式的总称。它是一个连续不断的过程,相互冲突的或者互不相同的利益可以通过这个过程得到协调,并促进合作行为的发生"④。作为最了解这一术语的美国学者,詹姆斯·罗西瑙(James Rosenau)认为,无论在草根层面还是在全球层面,它"涵盖了政府的行为,但也包括许多其他的渠道,通过这些渠道,'命令'可以以确定目标、发出指示和制定政策等形式传导下去"⑤。

---

① Morten Bøås, "Governance as Multilateral Bank Policy: The Cases of the African Development Bank and the Asian Development Bank", *European Journal of Development Research*, Vol. 10, No. 2, 1998, pp. 117 – 134.

② 请参见: Dan Bawley, *Corporate Governance and Accountability: What Role for the Regulator, Director, and Auditor?*, Westport, CT: Quorum, 1999; OECD, *Corporate Governance: Improving Competitiveness and Access to Capital in Global Markets: A Report to the OECD*, Paris: OECD, 1998; Fred J. Weston, *Takeovers, Restructuring, and Corporate Governance*, Upper Saddle River, NJ: Prentice Hall, 1998; Donald H. Chew, *Studies in International Corporate Finance and Governance Systems: A Comparison of the US, Japan, and Europe*, New York: Oxford University Press, 1997; Margaret M. Blair, *Ownership and Control: Rethinking Corporate Governance for the Twenty – First Century*, Washington, DC: Brookings Institution, 1995; and US Congress, *Corporate Governance: Hearing Before the Subcommittee on Telecommunications and Finance of the Committee on Energy and Commerce, House of Representatives*, 103rd Congress, First Session, April 21, 1993, Washington, DC: US Government Printing Office, 1994。

③ 参见 Goran Hyden, "Governance and the Study of Politics", in Goran Hyden & Michael Bratton (eds.), *Governance and Politics in Africa*, Boulder, CO: Lynne Rienner, 1992, pp. 1 – 26。

④ Commission on Global Governance, *Our Global Neighbourhood*, Oxford: Oxford University Press, 1995, p. 2.

⑤ James N. Rosenau, "Governance in the Twenty-First Century", *Global Governance*, Vol. 1, No. 1, 1995, p. 14.

在过去的 20 年间，围绕着这一术语已经形成了一个研究领域。自 20 世纪 80 年代早期以来，"治理"特别是"善治"一直充斥着发展研究的话语系统；在国有和私人银行以及公私捐助人的赞助下，还举办了专题研讨会和各种其他活动。此外，在许多学者和著名委员会的出版物中，这一术语也被广泛用来充当解决当代全球性问题的药方。[1]

就国内层面而言，治理的兴起可以追溯到人们对国家主导的经济社会发展模式的不满，而在 20 世纪 50—70 年代，这些模式在整个社会主义阵营和许多第三世界国家却非常流行。就国际层面而言，"全球治理"可以追溯到国际关系专业的学者对现实主义理论和自由制度主义理论越来越多的不满，而这些理论在 70—80 年代却构成了国际组织研究的主流。特别的地方在于，这些模式和理论未能准确地把握全球化时代非国家行为者数量的迅速增加和影响力的迅速增强以及技术的重要性。

本文郑重地认为，理念和概念无论好坏，都会产生一定的影响。约翰·梅纳德·凯恩斯（John Maynard Keynes）1936 年在评论政策的作用和"信口胡诌的学者"时写到，"经济学家和政治哲学家的理念无论正确还是错误，其

---

[1] 从 1995 年开始，Lynne Rienner 出版集团与联合国体系学术委员会、联合国大学合作出版了《全球治理》杂志。此外，相关著作请参见：James N. Rosenau and Ernst‑Otto Czempiel (eds.), *Governance without Government: Order and Change in World Politics*, Cambridge: Cambridge University Press, 1992; Jan Kooiman (ed.), *Modern Governance: New Government‑Society Interactions*, London: Sage, 1993; Mihaly Simai, *The Future of Global Governance: Managing Risk and Change in the International System*, Washington, DC: US Institute of Peace, 1994; Meghnad Desai & Paul Redfern (eds.), *Global Governance: Ethics and Economics of the World Order*, London: Pinter, 1995; Richard Falk, *On Humane Governance*, University Park, PA: Penn State Press, 1995; Paul F. Diehl (ed.), *The Politics of Global Governance: International Organizations in an Interdependent World*, Boulder CO: Lynne Rienner, 1997; Martin Hewson & Timothy J. Sinclair (eds.), *Approaches to Global Governance Theory*, Albany, NY: State University of New York, 1999; and Errol E Harris & James A. Yunker (eds.), *Toward Genuine Global Governance: Critical Reflection to Our Global Neighbourhood*, Westport, CT: Praeger, 1999。国际组织也发表了大量关于全球治理的研究成果，例如 World Bank, *Governance and Development*, Washington, DC: World Bank, 1992; and UN Development Programme, *The Shrinking State: Governance and Human Development in Eastern Europe and the Commonwealth of Independent States*, New York: UNDP, 1997。

影响都比人们普遍认为的更大"①。因此，本文力图纠正这样一个事实，即直到最近，理念——不管是经济学还是其他方面的——还仍然为国际关系的研究者所忽视。② 这里主要关注的是治理、善治和全球治理的兴起，以及联合国在这些概念兴起过程中发挥的作用。

治理与善治

世界性组织曾经是基于无可争议的国家主权而建立的。但尽管有《联合国宪章》第二条第七款的约束，主权原则和不干涉国家内部事务的原则还是遭到了抨击。联合国前秘书长布特罗斯-加利（Boutros-Ghali）曾撰文指出，"排他性的绝对主权已经过时了"③。在国际组织和对话平台中，主权的法律地位和正当性也不断受到挑战。而且，自联合国建立以来，治理的氛围也有了巨大变化。诚然，从下文各个国际组织对治理的不同观点可以看出，治理的定义是多样的。

世界银行。治理是指在管理一国经济和社会资源时行使权力的方式。世界银行明确了治理的三个不同的方面：（1）政治体制的形式；（2）在为了发展的目的而管理一国经济社会资源时推行权力的过程；（3）政府设计、制定和实施政策的能力以及履行义务的职能。④

联合国开发计划署。治理是指管理一国事务的经济、政治和行政权威在各个层级的实施。它包括公民和团体借以表达其利益、行使其法定权利、履

---

① John Maynard Keynes, *The General Theory of Employment, Interest and Money*, London: Macmillan, 1936, p. 383.

② 对于观念重要性的研究，请参见 Judith Goldstein & Robert O. Keohane (eds.), *Ideas and Foreign Policy: Beliefs, Institutions, and Political Change*, Ithaca, NY: Cornell University Press, 1993. See also Ngaire Woods, "Economic Ideas and International Relations: Beyond Rational Neglect", *International Studies Quarterly*, Vol. 39, 1995, pp. 161 – 180。

③ Boutros Boutros-Ghali, *An Agenda for Peace*, New York: United Nations, 1992, paragraph 17.

④ World Bank, *Governance, The World Bank's Experience*, Washington, DC: The World Bank, 1994, p. xiv.

行其义务和协调其分歧的机制、程序和制度。①

经济合作与发展组织。治理的概念是指在一个社会中行使政治权力和实施控制，以便管理其用于社会经济发展的资源。根据这一宽泛的定义，公共权威可以发挥作用来营造经济领域的从业环境，并确定利益的分配以及统治者和被统治者之间关系的性质。②

渥太华治理研究所（Institute of Governance, Ottawa）。治理包括一个社会中的这样一些制度、程序和惯例：它们决定权力怎样行使，影响社会的重要决策如何作出，以及怎样在这些决策中整合不同的利益。③

全球治理委员会。治理是指个人和公私机构管理其共同事务的各种方式的总称。它是一个连续不断的过程，相互冲突的或者互不相同的利益可以通过这个过程得到协调，并促进合作行为的发生。它包括有权运用强制力实施权力的正式制度和统治方式，也包括非正式的约定，而这些约定要么是经过公众和机构同意的，要么是被视为符合其利益的。④

联合国秘书长科菲·安南（Kofi Annan）。善治就是尊重人权和法治，加强民主，提高透明度和公共行政的能力。⑤

国际行政科学研究院（International Institute of Administrative Sciences）。治理是指社会各个部分据以行使权力和权威、影响和制定事关公共生活与经济社会发展的政策和决定的程序。治理是一个比政府/统治更为宽泛的概念。治理包含了这些正式组织和公民社会组织之间的互动。⑥

东京技术研究所（Tokyo Institute of Technology）。治理概念是指社会以正式或非正式的方式管理其发展和解决冲突时所依据的一整套价值观、规范、程序和制度。它包括国家，也包括地方、全国、区域和全球等各个层面的公

---

① UNDP, *Governance for Sustainable Human Development*, New York: UNDP, 1997, pp. 2-3.
② OECD, *Participatory Development and Good Governance*, Paris: OECD, 1995, p. 14.
③ See http:/Hinfoweb. magi. com/-igvn.
④ Commission on Global Governance, *Our Global Neighbourhood*, New York: Oxford University Press, 1995, p. 2.
⑤ See http://www. soc. titech. acjp/uem/governance. html.
⑥ 参见 http://www. britcoun. org/governance/ukpgov. html。

民社会（即经济和社会领域的行为者、社区机构和松散的团体、媒体，等等）。①

尽管像去殖民化、本土化和人权——与之相对的更为晚近的观点已经失去了生命力——这类曾经与联合国有关的理念有着丰富的历史，但本文重点关注的是过去的 20 年。这里需要注意的是，自 20 世纪 50 年代晚期和 60 年代早期以来政治环境在量上和质上的巨大变化。在冷战期间，新独立的国家的政府代表在联合国以及相关的国际机构中成功地维护了自己的利益；他们大多没有接触过发达国家的学者关于"新政治经济学"②、"社会资本"③ 和"公共物品"④ 的争论。实际上，他们认为，对其经济和社会选择的任何严肃的审视都是对其新生的弱小国家的威胁。而且，20 世纪 70—80 年代那些强调公共选择理论、寻租行为、非生产性直接逐利活动和新制度经济学的国际政治经济学文献，也同样无法引起他们的兴趣。⑤

此外，发展中国家还通过挑拨东西方对立，来逃避援助人和投资商对其

---

① 参见 http://www.soc.titech.ac.jp/uem/governance.html。
② 请参见：Jagdish Bhagwati, "Directly Unproductive, Profit Seeking (DUP) Activities", *Journal of Political Economy*, Vol. 90, No. 5, 1982, pp. 988 – 1002; J. M. Buchanan, R. D. Tollison & G. Tullock (eds.), *Toward a Theory of the Rent-Seeking Society*, College Station TX: Texas A & M University Press, 1980; Anthony Downs, *An Economic Theory of Democracy*, New York: Harper and Row, 1957; Douglas North, *Structure and Change in Economic History*, New York: Norton, 1981; North, *Institutions, Institutional Change, and Economic Performance*, New York: Cambridge University Press, 1990; Gustav Ranis & T. Paul Schultz (eds.), *The State of Development Economics*, Oxford: Basil Blackwell, 1982; and S. Wellisz & R. Findlay, "The State and the Invisible Hand", *World Bank Research Observer*, Vol. 3, No. 1, 1988, pp. 59 – 80。
③ 请参见：Francis Fukuyama, *Trust: The Social Virtues and the Creation of Prosperity*, New York: Free Press, 1995; and Robert Putnam with Robert Leonardi and Raffaella Nanetti, *Making Democracy Work: Civic Traditions in Modern Italy*, Princeton NJ: Princeton University Press, 1993。
④ 请参见：Inge Kaul, Isabelle Grunberg & Marc Stem, *Global Public Goods: International Cooperation in the 21st Century*, New York: Oxford University Press, 1999; Ruben Mcndcz, *International Public Finance*, New York: Oxford University Press, 1992; Mancur Olson, *The Logic of Collective Choice*, Cambridge, MA: Harvard University Press, 1965; and Olsom, *The Rise and Decline of Nations: Economic Growth Stagflation, and Social Rigidities*, New Haven, CT: Yale University Press, 1982。
⑤ 引自 Ronald Findlay, "The New Political Economy: Its Explanatory Power for LDCs", in Gerald M. Meier (ed.), *Politics and Policy Making in Developing Countries*, San Francisco: ICS Press, 1991, p. 13。

经济和政治管理缺陷的批评。关于发展中国家和社会主义阵营国家经济和社会政策失误所在的建议，也被看做东西方斗争中对"敌国"的支持。而作为世界范围的竞争中的一员，"他国"也被劝说少做一些批评，多提供一些资助。

结果是无条件地、有时甚至是过于听话地接受现状。弗朗西斯·M. 邓（Francis M. Deng）和泰伦斯·里昂斯（Terrence Lyons）总结了非洲的境况，但他们的评论引起了更为广泛的共鸣："非洲统一组织（OAU）概括的非洲外交原则，不是让那些有效地或负责地管理特定领土的政权获得主权权利，而是哪个政权在总统官邸占据了主导地位，就接受哪个政权，不管该政权的统治者是谁（甚至也不管该政权是否具有治理能力）。"①

讽刺的是，石油输出国组织（OPEC）在1973—1974年和1979年提高石油价格增强了七十七国集团集体议价的能力，却导致其外汇短缺、债台高筑，从而迫使许多发展中的非石油输出国接受干预性的结构调整。为了获得急需的国际资金，特别是国际货币基金组织的紧急贷款，或者其他借款者的同意，它们接受了在经济政策方面的外部干预，也就是让步条件。②

作为战后经济体系的两个支柱，世界银行和国际货币基金组织曾一度强调国内政策的重要性。③ 但联合国体系的定位和结构与它们不同。发展中成员国数量上的优势使得讨论的结果与华盛顿——在那里，有分量的投票给了有权势的捐赠人很大的特权——有着很大的区别。不过，随着科尔、撒切尔和里根执掌政权，西方的话语对纽约和华盛顿产生了相当大的影响。

人们越来越频繁地强调国内需要优先解决的问题；在1981年9月世界银

---

① Francis M. Deng & Terrence Lyons, "Promoting Responsible Sovereignty in Africa", in Deng & Lyons (eds.), *African Reckoning: A Quest for Good Governance*, Washington, DC: Brookings Institution, 1998, p. I.

② 参见 Nassau Adams, *Worlds Apart: The North-South Divide and the International System*, London: Zed Books, 1997。

③ 参见 Eric Helleiner, *States and the Re-emergence of Global Finance: From Bretton Woods to the 1990s*, Ithaca, NY: Cornell University Press, 1994. For a discussion of the importance of international institutions in transmitting ideas that in part sustain the dominant order, see Robert W. Cox with Timothy Sinclair, *Approaches to World Order*, Cambridge: Cambridge University Press, 1996。

行发布艾略特·贝格（Elliot Berg）的报告后，这一方向也显得越来越符合现实了。① 80 年代后期，世界银行发布了一系列较为全面的报告，强调政治变革和制度变革是有效的经济改革的前提条件。② 在联合国体系下，用更多的援助和投资来换取经济自由化这种新的正统，也使得（发展中国家）接受了对国内政策的干预。对此，有两位分析家称之为"勃兰特委员会（Brandt Commission）所建议的全球性的、凯恩斯主义的社会契约"③。

人们不能再完全忽略像商品价格和利率这样的外部经济因素，因为它们可以解释贫穷和糟糕的经济表现。但把发展中国家所有的灾难都归咎于它们无法控制的外部力量的做法，也越来越站不住脚了。随着 1985 年米哈伊尔·戈尔巴乔夫的上台和莫斯科"新思维"的启动，这一点也变得尤为明显。在东方已经不存在一个实力相当的地缘政治力量，足以对抗西方要求的经济自由化和政治民主化。

国内政策和需要优先解决的事项，构成了发展中国家和社会主义阵营成员国所面临的严重问题的核心。在国际论坛上，这样的话语也变得越来越具有"政治正确性"，从而开启了关于国家和社会如何组织的对话。正如格朗·海顿所写的："政治正确不等于政策正确，因为它要求政策本身的调整。制定正确的政策和结构调整计划的，可能是一个独裁政府，也可能是一个民主政府，而且这样的事实已经摆在人们面前了。"④ 在国际公共政策的对话中，之所以能够进行关于一国政治和经济治理体系的质量问题的讨论，主要是基于四个因素。

---

① World Bank, *Accelerated Development in Sub-Saharan Africa: An Agenda for Action*, Washington, DC: World Bank, 1981.

② World Bank, *Sub-Saharan Africa: From Crisis to Sustainable Growth*, Washington, DC: World Bank, 1989. For African responses, see Goran Hyden, Dele Oluwu & Hastings Oketh Ogendo, *African Perspectives on Governance*, Trenton, NJ: Africa World Press, 2000.

③ Enrico Augelli & Craig Murphy, *America's Quest for Supremacy and the Third World*, London: Pinter, 1988, p. 184.

④ Goran Hyden, "Sovereignty, Responsibility, and Accountability: Challenges at the National Level in Africa", in Deng & Lyons, *African Reckoning*, p. 38.

第一,像乌干达的伊迪·阿明(Idi Amin)、高棉的波尔布特(Pol Pot)、海地的让-克洛德·杜瓦利埃(Jean-Claude Duvalier)或中非帝国的让-巴都·博卡萨(Jean-Bédel Bokassa)这些遭到国际社会唾弃的人所领导的政权,显然是缺乏正当性的。在成功地游说了所谓的国际社会,使其相信罗德西亚和南非的白人占多数的政府所实行的国内政策确实是"国际性的"之后,如果发展中国家还坚持认为它们自己的国内行为是不允许外部干涉的,那就不合情理了。此外,随着冷战的结束,对不同的体制采取睁一只眼闭一只眼的态度已不太可能,西方也没有动力去支持威权政体了。

第二,塞缪尔·亨廷顿(Samuel Huntington)恰当地描述了"第三波"民主化浪潮。① 第三世界和前苏联阵营国家都被一次政治改革的浪潮淹没了,特别是在柏林墙倒塌之后不久就出现了莫斯科帝国的瓦解。广泛的民主化,包括萨尔瓦多和海地等前独裁国家在联合国监督下进行的选举,其核心关切就是地方治理的特点和质量。第三世界和东欧的政权采取了文官统治、选举和多党制民主。它们都知道,让其统治获得合法性和争取西方的资助所需要的先决条件,与其说是选举的精神和内容,不如说是选举的形式。投资者和援助机构坚持这一点,而许多可能接受投资和援助的国家——除了中国、朝鲜、古巴、利比亚和伊拉克等国家明显的例外情况外——也接受了这一条件。

第三,大量非国家行为者的兴起改变了大多数国家的政治版图。除了联合国组织和听命于华盛顿的金融机构,像人权观察(Human Rights Watch)和美国援外合作署(CARE)这样的国际性非政府组织,以及像BBC和CNN这样的全球性媒体,也闯入了政府曾经的地盘。它们对原来几乎专由国家政策作用的事务发挥了越来越大的影响。在发展中国家和社会主义阵营国家内部,公民社会在经历了几十年的压制之后也初步发展起来。特别地,非政府组织的增多是当代国际关系领域的一个引人瞩目的面向,但其对于全球治理以及

---

① Samuel P. Huntington, *The Third Wave: Democratiztltion in the Late Twentieth Century*, Oklahoma City, UK: University of Oklahoma Press, 1991.

联合国框架下的社会政策的影响,却没有得到充分的重视和理解。① 简而言之,经济和社会政策不再是政府专有的保留地。毫不夸张地说,人权活动家、性别问题激进分子、发展主义者和原住民群体已经侵入了国家的地盘。

第四,在 20 世纪 90 年代,所谓《联合国宪章》是一份典型的"《威斯特伐利亚和约》式的文件"② 这种广为传播的看法也发生了引人瞩目的变化。尽管《联合国宪章》禁止针对成员国的内政采取行动,但人道主义干预却鼓励出于责任参与其内部事务,认为它是除了传统的国家三要素(领土、人民和政权)之外构成国家主权的另一个必要成分。发起人权诉讼的不是别人,正是两位联合国前秘书长布特罗斯—加利和科菲·安南,他们曾不遗余力地揭露主权的不一致性。③ 作为他们的内部难民事务特别代表,弗朗西斯·邓称这

---

① 参见 Thomas G. Weiss, *International NGOs, Global Governance, and Social Policy in the UN System*, GASPP Occasional Paper No. 3, Helsinki: Stakes, March 1999; and Thomas G. Weiss & Leon Gordenker (eds.), *NGOs, the UN, and Global Governance*, Boulder, CO: Lynne Rienner, 1996, originally published as a special issue of *Third World Quarterly*, Vol. 16, No. 3, 1995. There is an ever-growing literature in the past decade, and readers may wish to consult a few key pieces from that time. See Bertrand Schneider, *The Barefoot Revolution: A Report to the Club of Rome*, London: IT Publications, 1988; David Korten, *Getting to the 21st Century: Voluntary Action and the Global Agenda*, West Hartford, CT: Kumarian, 1990; Paul Wapner, *Environmental Activism and World Civic Politics*, New York, State University of New York Press, 1996; Peter Willetts (ed.), *"The Conscience of the World": The Influence of Non-Governmental Organisations in the UN System*, London: Hurst, 1996; Steve Charnovitz, "Two Centuries of Participation: NGOs and International Governance", *Michigan Journal of International Law*, Vol. 18, No. 2, 1997, pp. 183–286; and John Boli & George M. Thomas (eds.), *Constructing World Culture: International Nongovernmental Organizations since 1875*, Stanford, CT: Stanford University Press, 1999. See also UN Non-Governmental Liaison Service, *The United Nations, NGOs and Global Governance: Challenges for the 21st Century*, Geneva: NGLS, 1996。

② Kalevi J. Holsti, *The State, War, and the State of War*, Cambridge: Cambridge University Press, 1996, p. 189.

③ 关于这个问题的讨论,请参见 Thomas G. Weiss, "The Politics of Humanitarian Ideas", *Security Dialogue*, Vol. 31, No. 1, 2000, pp. 11–23。

种主张为"作为责任的主权"① 理论。索马里、前南联盟和卢旺达等失败国家惨绝人寰的灾难，为审查那些造成难民大批流离失所甚至种族灭绝的国内政策提供了机会。这些悲剧中惨痛的人道主义账单让国际社会吸取了教训。防止将来发生类似灾难的想法，使那些主张对尚未失败的国家的治理方式进行调查的观点获得了进一步支持。②

由于这四个因素，对国内政策和优先事项的研究变成了常规，而对治理这一术语的研究，也可以被解读为学术界力图把握各种并非作为国家工具的治理单位的努力的一部分。在国家层面上，莫顿·博阿斯的工作极有启发意义，因为他把治理概念嵌入了国家——公民社会互动的框架之中，使两者相互交织、互相作用，构成了包括它们在内的公共领域的一部分。治理的核心是由来自国家和社会的政治行为者维护的公民领域，在这个领域里，"参与公共领域的权利是建立在受尊重的合法规则之上的"。因此，"与治理有关的是构成公共领域基本组织规则的体制，而不是政府……治理当然包括政府机构在内，但它也包括在公共领域内运作的非正式的、非政府的机构"③。博阿斯对治理的定义超出了传统的内政概念，这样一来，一国范围内的治理也就把在公共领域内依法行使权威的非政府行为者包括进来了。

尽管罗西瑙的注意力"聚焦"在国际体系的动态变化上，但他的分析

---

① Francis M. Deng, *Protecting the Dispossessed: A Challenge for the International Community*, Washington, DC: Brookings Institution, 1993; Deng et al., *Sovereignty as Responsibility*, Washington, DC: Brookings Institution, 1995; and Deng, "Frontiers of Sovereignty", *Leiden Journal of International Law*, Vol. 8, No. 2, 1995, pp. 249 – 286. For more recent analyses and case studies, see Roberta Cohen & Francis M. Deng, *Masses in Flight: The Global Crisis in Displacement*, Washington, DC: Brookings Institution, 1998; and Cohen & Deng (eds.), *The Forsaken People: Case Studies of the Internally Displaced*, Washington, DC: Brookings Institution, 1998.

② 参见 Carnegie Commission on Preventing Deadly Conflict, *Preventing Deadly Conflict*, New York: Carnegie Corporation, 1997。

③ Bøås, "Governance as Multilateral Bank Policy", quotes from p. 120. Morten Bøås and Desmond McNeill are directing a research project at the University of Oslo that is seeking to trace the influence of good governance and three other ideas within selected intergovernmental organisations. See their forthcoming edited volume, *The Role of Ideas in Multilateral Institutions*.

"透镜"却促使他指出,治理就是"指操控社会系统来实现其目标的机制"①。就此而言,机构是一个重要因素。那么在国家层面,我们需要用那些包括正式的政府机器但又超出这个机器的术语来规定治理的概念。不过,尽管在公民社会中出现了营利性和非营利性组织的爆炸性成长,政府却仍然是主要机构。公共物品的供给以及企业和志愿组织为解决社会问题而形成的激励结构,在很大程度上是由政府政策决定的。

总之,为促进善治而采取的行动集中于削弱曾经普遍存在的两个不可取的特性,即政府的非代表性和非市场体制的无效率性。由于治理是公共领域和私人领域中的个人和机构管理其事务的各种方式的总和,因此,第三世界和东欧的许多国家必须要进行变革。正如博阿斯所写的,"世界银行认为'恶治'在操作上是指权力集中于个人、人权无保障、腐败盛行、政府不经选举产生和政府不负责任"。故而,"善治必定是其天然的对立面"。② 自从善治成为国际事务中的一个重要因素以来,关于善治的话语便频频出现于那些接受发展援助或国际贷款机构投资的国家的新政策中。善治已经成为了一个政治和经济条件,只有接受这一条件,发展中国家和前社会主义阵营的国家才能获得适当的双边或多边资助。因而,在最近的几十年,正是国际力量在支持政治民主化(包括推进选举、建立负责政府和保障人权)与经济自由化。

近来关于善治的经验引发了联合国体系的批评,这些批评试图让关于成本和收益的评估保持平衡,挑战被许多被援助国视为不受欢迎的侵略的政治和经济条件。善治当然是国际社会的行动目标。但是,联合国的三个实质性的评论却"踩下了车闸","刹住了"华盛顿共识的汹汹势头。

第一个实质性的评论指出必须把握治理的复杂现状。治理包括为生产一国的公共物品而决定如何利用有效资源的所有结构和过程。尽管对治理具体包括哪些要素还存在争议,但善治不只是那些被称为西式民主主要象征的多

---

① James N. Rosenau, "Toward an Ontology for Global Governance", in Hewson & Sinclair, *Approaches to Global Governance Theory*, p. 296.
② Bøås, "Governance as Multilateral Bank Policy", p. 119.

党选举、司法机关和议会。还需要列出大量的其他要素——以及随之而来的必要资源和文化：对人权的普遍保护；非歧视性的法律；有效率的、公正的、快捷的司法程序；透明的公共机构；公共机构的官员为其决策负责；资源支配权和决策权从中央下放到地方；公民实质性地参与公共政策的辩论和决策。

联合国开发计划署率先说明了善治社会中的人口的特征。每年的《人类发展报告》（Human Development Report）为我们提供了一个权威范例。这一项目是在实行结构调整贷款十年之后，在马赫布·乌尔·哈克（Mahbub ul Haq）的领导下开始实施的；从 1996 年起，该项目又在理查德·乔利（Richard Jolly）的领导下继续进行。联合国开发计划署一直致力于系统地报告人们的——特别是收入水平最低的人群的——实际生活状态。[1] 20 世纪 90 年代编写的年度《人类发展报告》（如今一张光盘就能收录全部《报告》）在很多方面是 1995 年哥本哈根社会峰会（Social Summit）的前奏和延续。这些报告和哥本哈根会议坚持编列如下内容：（1）贫困的加剧以及各国内部和各国之间贫富差距的加大；（2）失业率的上升；（3）社会结构的分裂和排斥；（4）环境污染。

人类发展指数（HDI）是用善治的标准来衡量社会的一个不错的方式。经济福利和人类进步并不是同义词。人均收入相同的国家可能会有相当不同的人类发展指数，但收入水平相同的国家可能会有相似的人类发展指数。显然，关键在于国内政策和优先事项的内容。

联合国儿童基金会（UNICEF）从 1987 年起每年都发布关于弱势儿童和妇女生活的报告；[2] 与此相应，该组织此前在关于调整计划的效应的争论中，曾率先把社会问题置于中心地位。[3] 联合国难民署（UNHCR）也从 1993 年起

---

[1] United Nations Development Programme, *Human Development Report 1990*, New York: Oxford University Press, 1990 and the subsequent yearly reports. Mahbub ul Haq's own account of this effort is found in *Reflections on Human Development*, New York: Oxford University Press, 1995.

[2] 参见 UNICEF, *The State of the World's Children 1987*, New York: Oxford University Press, 1987 and the subsequent yearly reports。

[3] Giovanni Andrea Cornia, Richard Jolly & Frances E. Stewart, *Adjustment with a Human Face*, Oxford: Oxford University Press, 1987.

每两年发布一份关于战争受害者困境的概要。① 这些分析性的努力所产生的结果之一,就是世界银行信息量极大的年度《世界发展报告》(World Development Report)逐渐变得越来越适合于衡量各国境内生活状况的那些"较为软性的"方面了。②

联合国体系的第二个实质性批评,是指出必须保持公共部门和私人部门之间的平衡。各种分析仍然是努力超越民主的形式来描述公共福利的必要成分。联合国体系的较为全面的看法等同于重复凯恩斯主义;按照这种观点,国家决策对于确定供给和需求的管理必然产生重要影响。③

为了纠正20世纪90年代围绕着华盛顿共识而形成的乐观情绪,一些观点不断地挑战自里根和撒切尔上台后流行起来的那些老套的保守办法,即凡是政府能做的,私人部门都能做得更好;以及更为开放的市场、自由贸易和资本流动一定是有益的。在很多方面,细心阅读20世纪90年代那些联合国文件的读者不会感到吃惊的是,在1999年12月西雅图的世界贸易组织第三次部长级峰会或是在2000年4月华盛顿世界银行和国际货币基金组织年会上出现了那么多的分歧。

一度在西方和跨国精英中广泛存在的对新自由主义规范性原则的不容置疑的信仰导致的后果是,关于如何建构政治和经济生活的唯一可以接受的药方就是华盛顿共识。在20世纪80年代中期和90年代中期之间的这十年里,由于理论界的趋势变化得如此之快,以致要有谁胆敢宣称有效的、繁荣的市场经济和市民社会需要有效的、强大的政府,他很有可能被宣布为"异教徒"。安东尼奥·葛兰西(Antonio Gramsci)也会从中发现一个恰当的例子来证

---

① 参见,UNHCR, *The State of the World's Refugees 1993: The Challenge of Protection*, Oxford: Oxford University Press, 1993; *The State of the World's Refugees 1995: In Search of Solutions*, Oxford: Oxford University Press, 1995; and *The State of the World's Refugees 1997–1998: A Humanitarian Agenda*, Oxford: Oxford University Press, 1997。

② 关于贫困与健康问题的分析,请参见 World Bank, *World Development Report 1990*, New York: Oxford University Press, 1990 and *World Development Report 1993*, New York: Oxford University Press, 1993。

③ 参见 Stephen Marglin & J. Schor, *The Golden Age of Capitalism: Reinterpreting the Post-War Experience*, Oxford: Clarendon Press, 1990。

明他的观点，即意识形态拥有"和物质力量一样的能量"①。

但是，"国家"与"市场"的两分法已经人为地形成了。联合国率先反对这种流行观念的态度，或许在对前苏联阵营的分析中得到了最好的体现。这一分析指出，"精简"国家而非"击退"国家才应作为政策的重点。联合国开发计划署欧洲和独联体国家地区局的一份报告强调，要遵循公正、合法和效率的前提条件："一个合法的强政府是指这个政府对其合法性有充分的信心，允许存在强大的公民社会、非政府的机构网络和人民对公共生活的广泛参与，并通过规章保障经济体系的良好运转和民主程序的强化。"②

作为背离以前的正统的开端，也作为"钟摆回调"的一个标志，世界银行的《1997年世界发展报告》(World Development Report 1997)强调，国家有能力而且确实也应当发挥作用确保福利的提高。正如该报告本身所言："人们逐渐认识到，一些必要的公共物品和公共服务职能通过国际合作才能得到保障。因此，建设国家能力就意味着在国内外建设更为有效的伙伴关系和机构。"③ 该报告的副标题《变化世界中的国家》(The State in a Changing World)表明在约瑟夫·斯蒂格利茨（Joseph Stiglitz）——他在一片争议声中担任世界银行首席经济学家和资深副总裁直到1999年12月为止——的引领下，情况发生了逆转。④ 斯蒂格利茨履职华盛顿引发的争议反映了这样一个事实，即与世界银行和国际货币基金组织的其他大多数官员相比，他似乎更倾向于维持市场和国家之间的平衡，并对不受约束的市场力量的潜能持怀疑态度。由于这个缘故，他的去职也只是早晚的事。

所以，联合国在理论上的贡献在于，它扭转了在20世纪80年代中期和90年代中期关于"善治"的争论中的侧重点。就像把新生儿从脏污的洗澡水

---

① Antonio Gramsci, *Selections from the Prison Notebooks*, London: Lawrence and Wishart, 1971, p. 377.

② UN Development Programme, *The Shrinking State*, p. 1.

③ World Bank, *World Development Report 1997: The State in a Changing World*, New York: Oxford University Press, 1997, p. 131.

④ 参见 Joseph Stiglitz, "Redefining the Role of the State: What Should It Do? How Should It Do It? And How Should These Decisions be Made?", http://www.worldbank.org。

中拯救出来一样，现在关于善治的争论已经不再讲如何肢解国家了。与原来流行的狭隘的经济自由化计划相比，20世纪90年代晚期的政治自由化计划（较为强调领导力、管理以及民主、人权、法治、获得公平对待和基本自由的权利）已经较少采取"最小国家"的支持者的主张。尽管最初关于善治的探讨被视为此前几十年国家主导的经济社会发展理论的对立面，但今天的理论探讨的与其说是如何抛弃国家机构，不如说是改善和改革民主组织的功能，其中包括如何"深化"民主和探索如何让非国家行为者更为积极地、创造性地发挥其功能。这些组织的领导人必须高度负责，而且不得不直面全球化的挑战。但是人们已经不太相信"击退"国家是一味"万灵药方"了。

世界银行的出版物预设了什么是"善治"，什么是"非善治"。① 为了把"政治"从争论中清除出去（世界银行章程本来就直接规定不涉及政治问题），世界银行关于治理的主张主要关注的是公共部门的管理、交易成本的降低和协议的履行。这些问题当然与人类的可持续发展有关，但没有被视为治理概念和治理战略的核心，因而，充分动员地方参与的力量来满足特定共同体的最为紧迫的需要，也没有获得优先地位。相反，联合国开发计划署和联合国体系制定的治理计划则对赋权（empowerment）给予了较大力度的支持，也就是说，它们强调提供那些治理的政治和公共面向不可或缺的民主和自由机制。世界银行或许不反对这些事项，但只把它们看做次要问题或附带问题，也就是说，在世界银行看来，这些问题本身没有价值，而只是为提高效率和加快经济增长的缘故，它们才是值得考虑的。在20世纪70和80年代的新政治经济学中，决策者之间的政治理性已经被视为新古典经济理性主题的一个变奏。这一主题深刻地影响了国际金融机构（IFIS）在80和90年代的治理侧重点，使其将提高经济效率和加快经济增长确立为首要目标。

从20世纪90年代早期起，联合国开发计划署逐渐不再关注传统的公共部门管理（特别是公务员制度改革）和适当的去中央化，而是更加关注敏感

---

① 参见 World Bank, *World Development Report 1997* and *World Development Report 1992*, New York: Oxford University Press, 1992。

的治理领域，如人权、法律保障、司法改革和腐败问题。与民主转型国家的经济增长相呼应，联合国开发计划署对选举援助的侧重，也为开发"新一代"的治理项目提供了一个切入点。除了实施这一计划所需的资源之外，还有一些因素也对联合国开发计划署越来越多的参与产生了影响：自冷战结束以来意识形态冲突变得更少了；这种政治改革越来越得到人们的普遍认可；信息流动更加充分；人们对传统的开发援助方式感到不满，也越来越少地使用这一方式。①

治理政策的新领域和对制度建设的支持需要信任，也需要在感官上对目标国家持中立态度。公民社会和私人部门的能力建设，意味着在许多发展中国家中，联合国体系相对于国际金融机构具有一种比较优势。只要布雷顿森林机构（即世界银行和国际货币基金组织）把"善治"视为严苛的政治和经济条件，联合国开发计划署就会与它们保持距离。既然联合国开发计划署是在这一领域发挥引领作用的联合国机构，并且它能在很大程度上影响联合国的政策辩论，那么其他的联合国机构很有可能会逐渐采纳它关于治理的观点。在1999年设立治理部之后，这一点变得尤为明显，同时，该部门新任长官马克·马洛赫·布朗（Mark Malloch Brown）也对此十分热衷。

我们现在即将形成这样一个共识，即善治并不一定意味着减少行事适当的政府/统治，相反，有时它也意味着增加行事适当的政府/统治。我们没有必要为20世纪60和70年代那种老掉牙的、过度活跃的国家闹出来的笑话招魂。但是，我们要求决策程序或规则引发的行动真正符合公共利益，而不是为私人压榨公共利益提供便利。在政府的角色和其他那些与运转良好的市场相关的政治经济制度之间必须保持平衡。这通常需要有一种力量能够抵消市场的外部性，而唯一的候选者就是国家。关键的挑战不是阻止市场的扩张，而是制定合适的规则和制度，使经济增长的成果能够为人们普遍共享。

来自联合国机构的第三个也是最后一个批评是，必须审慎地对待把民主

---

① Thomas Carothers 在 UNDP's Global Resident Representatives Meeting（29 February, 2000）上的发言。

和民主化视为善治的替代目标的做法。有人认为，伴随着各项政治权利的落实和民主化的实施，善治也必将得到实现。这种观点不算错，但是这种观点却被放大为：经济和社会权利构成了一个全面的"权利集合"的一部分。①

简而言之，最初关于善治的辩论较少关注如何改善民主的政治领导力和如何（比如通过让非国家行为者更加积极地、创造性地发挥作用）整合经济和社会目标，而是侧重于扭转几十年来形成的国家主导的经济社会发展模式。既然国家的作用已经遭到了质疑，那么联合国机构的侧重点也发生了变化。冷战期间所谓的"第一代权利"（政治和公民权利）和"第二代权利"（经济和社会权利）之间的矛盾在很大程度上是没有意义的，而这一所谓的矛盾也被联合国人权事务高级专员、前爱尔兰总统玛丽·罗宾逊（Mary Robinson）弃掷一旁。她经常强调，经济和社会福利应当被整合纳入任何一个善治社会必定具有的物品集合之中。② 正因为这个缘故，善治也可能需要改进政府机构，实行良好的发展政策。正如博阿斯所写的，"国家和公民社会是通过反复的互动得以构建起来的，而善治或恶治就是这个互动过程的一个产物"。③ 马赫布·乌尔·哈克在其生命的最后阶段甚至把这一观点又推进了一步。在他看来，"迄今为止的善治概念都不能达到人类发展观念的彻底性"④，而由他领导的伊斯兰堡研究中心的研究者则从这一观点出发，提出了一个更为广义的、更有抱负的理念——"人性化治理"（humane governance）。这一定义涵盖了良好的政治、经济和公民治理。

人性化的治理涉及的那些结构和过程，有利于在一个竞争性的、非歧视性的然而却公平合理的经济体系（即良好的经济治理）中创建一个参与性的、回应性的和负责的政治形态（即良好的政治治理）。这要求拿人们贡献的资源

---

① UNDP, *Human Development Report 2000*, New York: Oxford University Press, forthcoming.

② 参见 *Report of the United Nations High Commissioner for Human Rights*, UN document A/54/36, 23 September, 1999。

③ Bøås, "Governance as Multilateral Bank Policy", p. 129.

④ The Mahbub ul Haq Human Development Centre, *Human Development in South Asia 1999: The Crisis of Governance*, Oxford: Oxford University Press, 1999, p. 28.

进行再投资，以便为其自身的作为人的基本需要服务，这反过来将会拓展更多的机会；人们必须被假定为具有自组织能力（即良好的公民治理）。把这些原则综合起来就是"主人翁意识"（ownership）、"体面合宜"（decency）和"负责"（accountability），人性化治理的这些要素彼此之间是不可分割的。①

上文提到的一系列定义体现了概念的重要性。治理及其规范性的伙伴（即善治）不仅引起了学者和发展领域的工作者的评论，而且也引起了各国政府和国际援助机构的政策变化。民主化和全球化的力量一直在促使"善治"的支持者重新调整其侧重点：从经济增长和效率的紧迫要求转向那些最能带来较多自由、真实的参与和可持续的人类发展的治理政策和制度。正是出于这样一个基准点，我们可以说，与总部设在华盛顿的国际金融机构的那些老生常谈相比，当前联合国体系的思想走在了前沿。讽刺的是，如果在冷战之后世界政治格局没有翻天覆地的大变化，如果联合国没有受到捐助国的压力，那么它大概也不会迈出太大的步子。

关于治理和善治的概念和实践的争论已经持续了数十年之久，但探索全球治理的旅程却刚刚开始。因而，关于这一主题的探讨比关于国内治理的探讨更为新颖，也就不足为奇了。迄今为止，来自学者和实际工作者的评论引起了更多的争论——在政策方面或话语方面，关于什么样的变革才是合适的这一问题还没有达成共识。不过，重要的是，理论上的探索已经起步了。现在我们就来谈谈这个问题。

全球治理

就在多数欧洲国家接受了欧元和即将实行共同的防务和安全政策的同时，前南斯拉夫内部怎么会发生分裂呢？罗西瑙率先使用"分合并存"（fragme-

---

① 这三个原则具体来说，是指治理（1）必须被人们视为参与性的、符合人们自己的利益的（主人翁意识）；（2）有助于形成一个没有人感到受侮辱的社会（体面合宜）；（3）体现在一些组织上，这些组织是透明的、对其主人即人民是负责的（负责）。——译者注

gration）这一术语来描述社会互动和权威模式同时存在整合和分裂的混乱状态。① 此外，新兴的信息、通讯、市场、金融、结社和商业活动正在创造的世界是各种模式难解难分的世界。

这并没有妨碍人们发表成果和进行理论上的思索。一位分析家走得很远：他曾嘲弄"我们谈论'治理'是因为我们并不确切地了解如何称谓正在发生的事情"。② "全球治理"的醒目名称类似于"后冷战"，这个词的出现表明，尽管一个阶段已经结束了，但我们还仍未找到一个恰当的短语来描述这个新时代的主要机制。分析家们当然不满于用传统的框架和词汇来描述国际关系；今天的概念工具还只是初步意义的。

虽然持续不断的学者探讨和政策争论还没有形成明晰的观点，但把治理概念运用到全球却是这样一个现象的自然结果，即国际体系不再仅仅包括国家在内，而且世界也正在发生根本性的变化。尽管像天主教会、通用汽车公司和国际红十字会（ICRC）这样的行为者对于"《威斯特伐利亚和约》式"的国际体系而言，已不算是什么新事物了，但非国家行为者的斐然成就及其重要性和影响力的逐渐扩大却是当代世界事务的一个显著特征。③

全球治理要求在一体化与碎片化并存的语境中调整权威的分布状态。罗西瑙把这个过程叫做"流行趋势……（他认为）在全世界范围内都发生了权威分布状态和控制机制的大转变，显然，这些转变既发生在经济和社会体系中，也发生在政治体系中"④。从罗西瑙主编的《没有政府的治理》（Governance Without Government）一书的书名可以看出国际合作面临的主要挑战。以自下而上的方式动员支持力量的做法提高了个体的技能，也加深了对全球生

---

① James N Rosenau, "'Fragmegrative' Challenges to National Security", in Terry Hens (ed.), Understanding US Strategy: A Reader, Washington, DC: National Defense University, 1983, pp. 65 – 82.

② Lawrence S. Finkelstein, "What is Global Governance?", Global Governance, Vol. I, No. 3, 1995, p. 368.

③ 关于此问题富有说服力的讨论，请参见 David Held & Anthony McGrew with David Goldblatt & Jonathan Peraton, Global Transformations: Politics, Economics, and Culture, Stanford, CT: Stanford University Press, 1999。

④ Rosenau, "Governance in the Twenty-First Century", p. 18.

活方式的认同。此外,罗斯瑙还把全球治理描述为"各个层次的人类活动——从家庭到国际组织——的规则体系,就此而言,通过实施控制来实现目标而引起的反响跨越了国界"①。奥兰·杨(Oran Young)认为,这一概念的价值在于,即便不存在可以采取权威性行动的正式制度,人们也可以设计、有时甚至进行明确的社会实践,来提高经济、社会和环境效益。②

全世界的人们从20世纪90年代快速的经济扩张和技术进步中得到的利益是不一样的。显然,经济"竞技场"以及场内的"玩家"力量是不均衡的。如果抛开老生常谈,使用人类发展理念的三个基本原则——机会均等、可持续性和赋权予人——来衡量现实,那么我们看到的悲观前景,就会跟联合国开发计划署等联合国机构提供的报告所描述的没什么两样。例如,大概有100个国家1994年的人均收入和平均购买力低于20世纪80年代;有70个国家实际上低于20世纪70年代;有35个国家甚至低于20世纪60年代。③ 如果说信息技术导致了经济增长或者充当了它的前提条件,那么收入、资源和财富在人群、公司和国家之间的分布越来越集中,恐怕也不是什么好的征兆。居住在世界最富裕的国家中的财产最多的20%人口占因特网用户总数的93%,而最底层的20%人口则只占0.2%。④

全球化既不是步调一致的,也不是均匀同质的,但无可置疑的是,它正在加快并强化各个层次的经济和社会互动。尽管全球化历史悠久⑤,但就规模、强度和形式来说,当前的全球化与以前的全球化截然不同。正如戴维·赫尔德(David Held)等人所说的,"当代的全球化开辟了人类历史的新纪

---

① Rosenau, "Governance in the Twenty-First Century", p. 13.
② Oran Young, *International Governance: Protecting the Environment in a Stateless Society*, Ithaca, NY: Cornell University Press, 1994.
③ UNDP, *Human Development Report 1996*, Oxford: Oxford University Press, 1996, p. 3.
④ UNDP, *Human Development Report 1999*, Oxford: Oxford University Press, 1999, p. 2.
⑤ Emma Rothschild, "Globalization and the Return of History", *Foreign Policy*, Vol. 115, 1999, pp. 106 – 116.

元……其深远影响堪比工业革命和19世纪的全球帝国"①。学生们和教授们、政策分析家和实际工作者应当坦率地承认他们的不安,承认他们不知道如何理解当代政治经济的细节,特别是不知道如何以最恰当的办法来应对一系列令人困惑的全球性问题。

因而,国家层面和全球层面的治理模式之间的逻辑联系就在于,它们能够解决公共物品供给的集体行动问题。菲利普·切尼(Philip Cerny)认为,"不管是对现代国家的内部政治制度来说,还是对现代国际体系来说,国家都是集体行动发生和进行的关键场域"。由于互动的多元性,"国家的权威、合法性、决策能力和执行效能不管在境内还是境外都将遭到侵蚀和削弱"。② 全球化对于国内政治和国际政治中的集体行动的本质产生了深刻的影响。切尼声称,随着市场活动的增多和经济组织的复杂化,传统的政治结构不再能提供适合需要的公共物品。实际上,经济全球化正在降低以国家为根本的集体行动的效能,而这种效能一开始就是极其低下的。尽管国家仍然是一种文化力量,但其作为公民联合体的效能已经下降了。结果将是合法性的危机。以国家为根本的集体行动虽未寿终正寝,但其势头已经大不如前。

尽管现实主义和理想主义的国际组织分析家在很多问题上存在分歧,但他们都同意,民族国家体系实际上是"无政府的"。不管《联合国宪章》的起草者遵循的是什么样的理念,也不管凯恩斯及其信徒对布雷顿森林体系有何想法,现实中从未出现过一个支配一切的权威——或是为国际和平和安全的国际政治、或是为经济和社会发展的国内政治而服务的权威。

从本质上讲,"全球治理"与国内层面的善治或恶治极为不同。一个"好"政府(即负责的、效率高的、守法的、有代表性的、透明的政府)通常会实行善治,而与恶治紧密相关的则显而易见地是一个"坏"政府。那些关于改进政策制定和决策的药方,当然是为了——尽管对于这点还存在争

---

① David Held & Anthony McGrew with David Goldblatt & Jonathan Peraton, "Globalization", *Global Governance*, Vol. 5, No. 4, 1999, p. 494. See also Simai, *The Future of Global Governance*, pp. 349 – 354.

② Philip G. Cerny, "Globalization and the Changing Logic of Collective Action", *International Organization*, Vol. 49, No. 4, 1995, pp. 595, 621.

议——调整作为代理者的国家参与贡献的份额以及经济社会博弈的规则，从而让非国家行为者为公共福利作出更大的贡献。某种类似于干预主义的立场是否可取可能是有争议的，但至少要有一个最高的、公认的主权代理者掌控全局。

世界上并没有这样的行为者。尽管情况并不像我们希望的那样美好，但马克·扎克尔（Mark Zacher）提醒我们，今天的国际经济体系之所以还维持着秩序，是因为国际社会作出了努力："总之，如果没有这些或者那些制度，没有联合国提供的公共物品，那世界恐怕真会陷入'丛林状态'。"[①] 不过，全球治理在理论和实践方面还面临着巨大的挑战。

我们需要一个术语来说明这样的现实：世界政府从未出现过，而且毫无疑问的是，将来也不会有。因此，不论就国内还是全球层面而言，治理所涉及的都不只是政府。但既然并不存在全球层面的政府，那么这个概念又有什么意义呢？情况会正如布莱恩·厄克特（Brian Urquhart）曾经所说的，全球治理就像是《爱丽丝梦游仙境》（Alice in Wonderland）中那只没有身体的笑面猫咪那样吗？这个概念之所以受人欢迎，恰恰是因为它没有现实性吗？

也许全球治理应该被看做一个"探测器"，我们借助于这个工具，可以来把握和描述国际体系那虽令人困惑但似乎还会持续加快的转型。国家仍然是核心，但其权威在很多重大事项上正遭受着侵蚀。国家创设的政府间组织不再像以前那样牢牢掌控在它们手中了。地方性的和国际性的非政府组织变得越来越多，同时，它们也正在夺取权威和资源。技术进步为各企业和犯罪集团提供了更多的手段。在这种情况下，集体行动问题连同全球公共物品的供给问题已经成了一个理论上和实践上的挑战，这和它们在国家内部遇到的情形是不同的。

要使全世界有计划地行动起来，就需要一个理论框架来把握这样一个现实，即超国家管控甚至力量均衡的概念如今都不再有可行性了。讽刺的是，我们甚至还不如1945年那时的样子。许多杰出的经济学家观察到，"恰恰在

[①] Mark W. Zacher, *The United Nations and Global Commerce*, New York: United Nations, 1999, p. 5.

全球的相互依存更加紧密之时,国际机构的力量反而减弱了"①。加拿大经济学家盖瑞·海伦那(Gerry Helleiner)曾问联合国大会第二委员会②,"可是在全球经济中由谁来履行以发展为导向的国家的职责呢?如今的全球金融环境……与1944年布雷顿森林体系的创建者所面临的是截然不同的"③。

令人遗憾的是,就是像国际货币基金组织这样较有影响的机构,也没有成为它本应当成为的全球货币管理者。它只是对凯恩斯热切呼吁成立的那样一个机构的模仿。虽然国际货币基金组织的储备金相当于世界进口额的一半,但其流动性却还不到全球进口额的2%。

在当今世界,全球治理的支持者和理论家都面临着非常多的困境,他们提不出太有效的政策建议。而面对着无政府状态,什么样的机制应该首先负责进行全球治理呢?能不能制定一个合理的标准,来衡量政府、政府间组织、非政府组织和私人部门之间的协调与合作,从而形成一些有价值的、或至少是有所完善的全球治理模式呢?如果只有有计划地、有目的的行动才能解决上述问题,那么在人们对目标本身还没有明确达成共识的情况下,全球治理应该以什么样的状态存在呢?全球治理又在多大程度上取决于共同的价值观和规范呢?

对此,通常的反应——尤其是各国政府的代表们通常的反应是求助于老套的思维方式,试图重新回到那个以国家为中心权威的"黄金时代"。俄罗斯和中国在安理会和联合国大会上与其他发展中国家联合起来,竭力维护国家的中心地位,防止其大权旁落。美国则在多边体系中强调其例外论和单边主义,提供了螳臂当车的另一个例证。④

主权的生命还未终结,但它也不是像曾经那样神圣不可侵犯。各国政府的代表们试图抗拒这一趋势,他们总是在国际论坛上强调当代权威模式变化

---

① Mahbub ul Haq, Richard Jolly, Paul Streeten & Khadija Haq (eds.), *The UN and the Bretton Woods Institutions*, London: Macmillan, 1995, p. 13.

② 即经济和金融委员会。——译者注

③ Gerry Helleiner, "A New Framework for Global Economic Governance", speech to the Second Committee of the General Assembly, 15 October, 1999, p. 2.

④ Edward C. Luck, *Mixed Messages: American Politics and International Organization 1919 – 1999*, Washington, DC: Brookings Institution, 1999.

太快，与过去大不相同。各国政府和政府间机构的秘书发自内心地抗拒变化，与此形成鲜明对比的则是大多数商业机构和非政府组织灵敏的适应能力。实际上并没有哪个哲学论证或哪条宪法规定赋予国家以最高形式的权威，但各国政府的代表们却假装存在这样的东西。

还有一些分析家还坚持"二战"结束前后的那种天真的看法，认为政府间组织是保证世界免于战争和经济衰退的灵丹妙药。比如，在拉里·芬克尔施泰因（Larry Finkelstein）看来，全球治理就是"在国际上做各国政府在国内做的事"①。但他这种公式化的表述却没有指明，到底哪些机构可以在全球范围内承担起各国政府在国内所承担的任务。

正如罗西瑙提醒我们注意的，"固守国家和民族政府是世界组织不可缺少的支柱这一观念"，对于我们理解和解决问题已经不再有帮助。② 随着权威持续地分散以及控制力相应地减弱，国家及其创建的政府间组织不再总是世界舞台上唯一的甚至是最重要的参与者了。成员国仍然不同程度地保留了主权的许多属性，但它们已经走过了最炫目的阶段，现在与许多别的行为者共享聚光灯的光辉。

有趣的是，全球治理委员会28位委员几乎全都在政府和政府间机构的秘书处履职。他们显然不支持成立一个世界政府甚至是世界联邦。就他们的背景而言，值得注意的是，全球治理对于委员们来说并不是只有一种模式，也不是只有一种或一套架构。相反，"它是一个广泛的、动态的、复杂的互动性决策的过程，这个过程不断地发展，对变化着的环境作出回应"③。全球治理意味着在每个领域都有一系列看起来还会越来越多的行为者。传统上，全球经济和社会事务主要涉及政府间关系，但处理这些事务必须综合各种力量，包括地方性和国际性的非政府组织、草根和公民运动、多国合作机制和全球资本市场。

这与国家层面的民主化存在着一个明显的共同点，因为在全球层面也必

---

① Finkelstein, "What is Global Governance?", p. 369.

② Rosenau, "Toward an Ontology", p. 287. See also Rosenau, *The United Nations in a Turbulent World*, Boulder: Lynne Rienner, 1992.

③ Commission on Global Governance, *Our Global Neighbourhood*, p. 4.

须为咨询和最终为治理而建立更具包容性和参与性的机制，也就是真正"民主的"机制。它们应当比较灵活，足以适应不断变化的环境。像罗西瑙这样的理论家和像全球治理委员会委员这样的实际工作者在考虑问题时有一个共同点：他们都能把"治理"和"政府/统治"区别开来。在全球层面不可能只存在一种模式或形式，也不可能只存在一种或一套结构。

目前，我们甚至还不能准确地描述国际经济和社会互动的所有面向——罗西瑙恰如其分地称之为"遵循碎布乱拼模式"的因果链条。① 公认的结论是：民主化和经济自由化是为国家层面开具的处方，然而，在全球层面并不存在与此类似的方案，可堪作为人性化治理的构成要素。

结　论

由于联合国具有普遍的会籍和广泛的范围，因此在引领全球治理方面，它将扮演特殊的角色，尽管不是唯一的角色。有一些观察家支持世界组织的参与。在他们看来，"不管就其'场地'还是'玩家'来说，全球治理都落后于全球化。广泛认为，联合国应当在'填补空白'方面发挥重要作用，但到底什么样的作用还未得到明确"②。如果情况应该这样向前发展，那么联合国体系应该比过去更积极地反对当前影响极大的正统观念。正如1998年诺贝尔经济学奖得主、曾在思想上对联合国等机构发挥重要影响的阿玛蒂亚·森（Amartya Sen）在21世纪即将来临之际提醒我们注意的，"应该对普遍流行的偏见和政治经济主张进行批判性地审查，这种需要从来没有比现在更为迫切"③。

就此而言，世界性和地区性的政府间组织都应加强。这种常见的看法是对半个多世纪以来一直引领经济和社会思潮的联合国地位的强调。当然，支

---

① Rosenau, "Toward an Ontology", p. 293.

② Stanley Foundation, *Global Governance: Defining the United Nations' Leadership Role*, Muscatine, lA: Stanley Foundation, 1999; and report of the United Nations of the Next Decade Conference, Adare Manor, 13 - 18 June, 1999, p. 15.

③ Amartya Sen, *Development as Freedom*, New York: Knopf, 1999, p. 112.

持这一主张并不是因为它符合这些机构自身的利益。不过，更为重要的是变化着的现实：为追求本国利益的国家联合追求个别利润的私营组织而建立的过于分散的体系已经太多了，因而需要形成某种制衡他们的力量。

建立一个更有凝聚力的、更有效的多边体系，其必要性是显而易见、合情合理的。尽管人们对统一的、自上而下的治理前景的期盼是可以理解的，但在一个越来越分散的世界，这似乎显得有点不合时宜。在问题及其解决都超出了国界、集中式的国家主权难以为继的历史关头，国际主义者要求加强政府间机构的呼声自然是很高，但应者寥寥。我们应当创造性探索适当的办法，以发挥各国政府、各政府间组织、非政府组织和全球公民社会的集体力量，同时又避免其集体的缺陷。

2000年9月，联合国召开的千年大会[①]及其前两任秘书长对私人部门和非政府组织的强调[②]与此形成了鲜明的反差。吊诡的是，在世界政治经济形势发生变化的情况下，这也恰恰是全球治理和联合国的支持者在理论上和实践上面临的挑战。[③]

[①] Kofi A. Annan, "*We the Peoples*": *The Role of the United Nations in the 21st Century*, New York: United Nations, 2000.

[②] 例如 Boutros Boutros-Ghali, "Foreword", in Thomas G. Weiss & Leon Gordenker (eds.), *NGOs, the UN, and Global Governance*, Boulder, CO: Lynne Rienner, 1995, pp. 7–12; and Kofi Annan, *Renewing the United Nations: A Programme for Reform*, New York: United Nations, July 1997。

[③] Thomas G. Weiss, David P. Forsythe & Roger A. Coate, *The United Nations and Changing World Politics*, Boulder, CO: Westview, forthcoming, esp. ch. 10.

试析全球治理的合法性[*]

蔡 拓 吴 娟[**]

一、引言

合法性是一个政治系统存在、持续、稳定和发展的基础与前提。从政治发展的角度看，政治系统在社会变迁的过程中大都不同程度地面临着合法性危机的问题，这种危机如果不能加以消解因而逐渐加剧，就会导致政治系统的崩溃。反之，若一个政治系统在掌握公共权力后能有效地取得并维系其合法性，则将大大有助于它的运作和稳定。

对于"合法性"问题的研究，西方存在两种不同流派的合法性理论。一种是经验性合法性理论，主要从经验事实的角度对合法性加以分析。它主要关注政治秩序是否获得社会公众的有效认同，而不强调这种认同的价值依据所在。另一种是规范性合法性理论，以价值判断为导向，强调合法性的理性

---

[*] 本文原载于《教学与研究》，2005年第4期。
[**] 蔡拓，中国政法大学全球化与全球问题研究中心主任，中国政法大学国际交流委员会副主任，政治与公共管理学院教授；吴娟，中国政法大学政治与公共管理学院2006届硕士研究生。

标准。它主要关注政治秩序应当合乎价值规范，而不强调这种政治秩序是否获得社会公众的认同。西方两种流派的合法性理论都具有自身的合理性与闪光点。

然而，在全球化及其新的政治现象面前，以往西方两种流派的合法性理论已经不能全面地阐释国际关系日益呈现的复杂多样性、文化理论的日益多元化、全球公共事务日益增多的现实，也无法解释为什么国家、政府和自由市场在面对纷繁交错的全球公共事务与问题时无能为力，从而削弱甚至逐渐丧失其合法性的政治新现象。于是，全球治理体系作为现有政治系统功能不足的有效补充以及未来政治领域的发展趋势应运而生。全球治理并不简单地属于合法统治的问题，它应该被放到更广大的语境下诠释。全球治理体系属于广义上的社会秩序或规范系统。我们今天面临的客观环境和社会发展状态已经发生了深刻的变化，我们面对的政治系统也不再单一地局限于主权国家。形形色色的国际行为体的出现，催生了新型的全球治理体系，它们的出现为政治系统的演进带来新鲜的血液。在新生的全球事务与全球问题面前，单一的国家行为体在原有的政治系统决策的框架下，暴露出解决新问题时力量的局限性和有效性缺陷。新的国际行为体通过治理机制有效地解决许多前所未有的全球问题，从而受到国际社会的关注。那么，这种多元行为体所参与的全球治理的合法性到底来源于何处呢？本文试加以分析。

二、全球治理的公共观念、文化、价值基础

全球治理体系规则与一定价值取向的社会公共观念、文化、价值观具有一致性，而后者往往是前者获得合法性的基础。

任何政治秩序合法性的建立都离不开一个社会公共观念的因素，无论这种公共观念是统治者们习得的还是后天创立的。历史上东西方社会公共观念的形成虽有差异，但在为各个时期的统治者用于获得治权的合法性方面却有不谋而合之处，并且在社会公共生活领域里意义重大，影响深远。

社会发展到现代，后现代性对现代工业社会的技术统治、人的生存意义的丧失现象进行了批判。现代性宣扬的"主体性"突出的是人的中心性、能动性，将人视为自然的主人、世界的中心，导致的是对自然的掠夺。因此，后现代主义者认为，否定掉这种主体性概念，就会使有关人类干预、规划、操纵、控制社会与自然的所谓合理性的企图得到消解。"人再也不是世界的中心，而是世界系统中的一部分。作为世界的一员，人应当关注自己切实的生存命运，重视与自然的和谐。"① 后现代主义者还对现代性的合法性进行了批判，因为其合法性本身就存在丧失的危机。这种危机从两方面表现出来，一是从科学和技术的发展方面看，它不但没有给人类带来更多的自由、公共教育、公平分配的财富，相反加重了人们对科技会导致人类社会异化的忧虑；二是科学和技术本身并不是人类发展成败的标准，相反人们目睹了它对人类的负面效应的扩大，从而加快了其合法性的丧失。后现代主义者还试图通过重建有关思维方式、价值观念和社会规范的依据，确立合法性的来源。但后现代主义者又走向了另一个极端，完全否定理性的作用，主张非理性化，同样也招致了批判。后现代性并没有超出现代性的框架去把握世界的复杂性。"我们并不是只能在现代和后现代之间进行选择"，它们"对当前时代所作的各种相互对立的表述如此相互矛盾，以致我们不得不考虑完全不同的另一种选择"。②

从历史上社会公共观念、文化价值的演变对政治体系合法性的影响来看，维持政治秩序的众多模式必须在观念的层次上加以把握。社会公共观念、文化价值的转变往往成为导致旧的公共权威合法性丧失的主要原因之一，同时也是新的公共权威获得合法性的一个来源。如今，社会发展到我们不得不用全球性的视野看待问题、考虑问题和解决问题的全球时代，于是社会发展基础上形成的新的公共观念、文化价值的重要影响作用就显现出来。治理就是

---

① 尤尔根·哈贝马斯：《包容他者》，曹卫东译，上海人民出版社2002年版，第125页。
② 马丁·阿尔布劳：《全球时代——超越现代性之外的国家和社会》，高湘泽、冯玲译，商务印书馆2001年版，第123页。

这样一种观念：各国政府并不完全垄断一切合法的权利，政府之外，社会上还有一些其他机构和单位负责维持秩序，参加经济和社会调节。① 治理专门用于描述那些政府管理职能不能触及的领域，指涉那些非正式的惯例、共识、冲突形成的自然状态。因此，治理是有效政府管理的基础，是有效管理的补充。治理观念的变化构成了推动全球治理体系的核心力量之一。托马斯·比尔斯德克认为，在行为趋同促进了国际政治经济中目的性治理的同时，一定程度上的观念的趋同往往在因果次序上领先于行为的趋同。罗伯特·W.考克斯对治理的观念层次也给予了特别的关注，认为它是世界政治的"主观性"基础。

德国社会哲学家哈贝马斯的交往行为理论为学界所熟知。该理论认为平等地尊重每一个人，并非仅针对同类，而且也包括他者的人格或他者的他性，"我们"应该对共同体的每个成员负责。同时，他认为构成共同体成员的"我们"的范畴处于变化不定之中，并尝试对这个共同体的概念作出界定。他认为这个共同体应是一种道德的共同体，并且没有任何本质规定，处于透明和开放状态，并且还在不断扩大。这种道德共同体的结构原则就是要消除一切歧视和苦难，包容一切边缘群体，并且相互尊重。这样构建起来的共同体不是一个迫使一切成员用各自的方式都彻底趋于同化的集体。他所指的包容，不是把他者囊括到自身当中，也不是把他者拒绝到自身之外，所谓"包容他者"，实际上是指：共同体对所有的人都是开放的，包括那些陌生的人或想保持陌生的人。他在交往行为理论中深入阐述的这些基本概念，饱含了西方宗教宽容精神传统的深刻影响，这种宗教宽容精神同时也是全球公共价值观形成的观念层次的因素。

我们可以借用哈贝马斯对道德共同体的界定来认识并处理目前人类面临的困境。既然人类有道德的底线法则，那么人类也应该允许任何事物存在的合理性。世界的本来面目应该是多样性的统一。人类完全可以秉承宗教的宽

---

① 皮埃尔·德·塞纳克伦斯：《治理与国际调节机制的危机》，载《国际社会科学》，1998年第3期。

容精神，接纳万物，而非强行将自然纳入人类自身的发展当中，也不是以毁灭性的和支配性的方式把自然拒绝于自身之外。与自然对抗不是人类的目的，人类的未来是希望世界可以和平共存。这种全球公共价值观与全球治理的互动，有利于确立全球治理的合法性。当今的国际问题和事务的全球性、复杂性、相互交织性，使处在不同层次和不同地域的人们感到，原来只能被限制在国家框架下解决问题和处理事务的模式，现在却被这种客观无形的观念突破。这种巨大的力量引导着各种行为体，超越国家的有形疆界，寻求能解决人类共同面临的全球问题和事务的全球治理体系模式。因此，这种公共价值观进一步促进了社会公众自觉接纳国家之外的处理国际公共事务的行为体，如非政府组织、社会团体、市民社会等组织，使解决问题的主体选择多元化。只有如此，我们才能完成从"后现代性"到"全球性"的历史性变革，以摆脱全球化的困境，保证人类社会的可持续发展。开放的"类的共同体"和"包容他者"的价值共识应该成为全球公共规则和社会规范的价值判断标准，成为全球治理的合法性依据的价值基础，同时还应成为全球治理的基本准则。

三、全球治理与公共利益、公共需求

全球治理与社会公众之间是一种良性互动过程，它既包括前者通过满足后者的公共利益或公共需求而获得自愿认同、服从和支持的一面，还包括前者通过政治社会化途径使后者获得治权参与治理的另一面。

不少人以为只要全球治理体系能够满足社会公众的实际生活需要，就能够维护自身的合法性。其实逻辑并非如此简单。合法性的来源包括意识形态、传统、法理、结构和个人品质诸方面，单靠哪一方面的努力都不完整。李普塞特专门对政治系统的有效性与合法性加以区分。所谓政治系统的有效性是指实际的政绩，即政治系统在大多数人民及势力集团中能满足政治基本功能的程度，它不具有合法性所蕴含的信念力量。李普塞特进而对合法性与有效性进行了相关分析，除了合法性与有效性同时存在和同时缺失的情况外，还发现一个国家有效性高但合法性低或有效性低但合法性高的情况。这说明有效性并不一定带来合法性,而合法性也并不必然需要有效性。"从短期眼光来看,效率很高但缺乏合法性的社会,如管理良好的殖民地,要比效率相对低但合法性高的政权更不稳定。"① 当然,如果一个政治系统能延续几个世纪并长期保持有效性,特别是不断地发展,则可以获得合法性。罗斯切尔德对政治系统的合法性与有效性的关系作了更为细致的考察,指出:"当政治系统的成员认同体系具有统治的合法性,就可以弥补长期的不良政策绩效,同时对政治系统采取与其利益相悖的行为表示认可;同理,如果政治系统能长期满足成员的需要和利益,也可赢得统治的合法性;最后,即使一个传统的政治系统完全拥有统治的合法性,但如其长久以来表现得昏庸无能,亦会慢慢蚀耗其统治的合法性。"② 可见,政治系统的合法性与其有效性或政策绩效之间呈现出错综复杂的关系。从学者们对政治合法性与绩效性之间关系的分析看,虽然全球治理合法性来源的途径多样,但其合法性的稳定和继续获得,同样必须不断通过高效率的治理绩效来增强全球社会成员的满意度。否则,其合法性只会因绩效不佳遭到侵蚀,最终反而成为合法性丧失的缘由之一。

视效能为公共权威主体合法性的基础,既要求创造、规制一种高效的制度,又要求其提供公共产品时投入少、效益好。从新制度经济学的角度来看,特定公共权威的存在和维系是与其经济绩效密切相关的,能给相关的人们带来经济效益是公共权威存在合法性的坚实物质基础。这便是亨廷顿的所谓"政绩合法性"的要旨。根据历史唯物主义的观点,合法性基础在本质上存在于公共权威体系对于公众物质性功利需求的满足,"对人类需求的优先考虑必须成为判断公共政策是否合法的最终基础"③。此外,人们都希望全球治理体系的规模尽可能地小,花费尽可能地少,而提供的公共产品与公共服务却尽可能地多。若全球治理体系的规模与开支恶性膨胀、效能低下、无法提供民

---

① 西摩·马丁·李普塞特:《政治人:政治的社会基础》,张绍宗译,上海人民出版社1997年版,第56—57页。

② J. Rothschild, "Political Legitimacy in Contemporary Europe", in B. Benitch, *Legitimacy of Regimes*, Beverly Hill: Sage Publications Inc., 1979, pp. 38 – 39.

③ 俞可平:《全球化时代的"社会主义"》,中央编译出版社1998年版,第84页。

众期望的公共产品与服务,则往往是其合法性丧失的先兆。

在这个问题上,伊斯顿独辟蹊径,从区分对政治系统支持的不同性质的角度作了进一步的剖析。合法性意味着公众对政治系统的支持,这种支持可从"特定支持"和"散布性支持"两类加以透视。特定支持是由于政治系统的输出(即政策)给予了体系成员某些具体的满足而形成,即特定的政策绩效带来了受惠者的支持;而散布性支持则不同于特定支持的功利性,它独立于具体的政策输出,是对政治系统的"善意"情感,并构成一个"支持蓄积",这将使民众承认或者容忍那些与其利益相悖的政策输出。合法性之意识形态的、结构的和个人的来源主要是和散布性支持相关,因此在伊斯顿看来,政治系统的合法性更主要是来自散布性支持而非特定支持,"如果不得不或主要依靠输出,指望用人们对特定的和可见的利益回报来生成支持的话,那么,没有任何一个政体或共同体能够获得普遍认同,也没有任何一组当局人物可以把握权力"①。不难看出,政治系统的有效性或政治绩效如果能赢得民众支持的话,也只是一种特定支持,这种支持是不长久的,因此合法性不能仅仅建筑在特定支持之上。当然,这并不意味着政治系统可以无视特定支持,不致力于满足体系成员具体的需要。特定支持对于政治合法性也是重要的。正如贝伊所说:"政府存在的理论基础,决定其权威施用的合法范围,以及人民服从与忠诚政府的幅度,就取决于其能否满足人民的需要。"② 只是,由于特定支持的功利性较强,一旦政策绩效不佳,政治系统就会丧失支持,而问题恰恰在于任何公共权威都不可能始终如一地保持良好的绩效,这不仅是因为公共权威施政难免存在失误,而且由于经济周期自身的变化也使政策绩效时有起伏。即使始终能保持一定的政策绩效,受益群体也存在某种程度的不均匀,不可能使所有社会成员都满足。因此,一个政治系统必须注重培养散布性支持,以补偿在政策绩效不足时所带来的特定支持虚空问题。

---

① D. 伊斯顿:《政治生活的系统分析》,王浦劬译,华夏出版社 1989 年版,第 298 页。
② C. Bay, "Needs, Wants and Political Legitimacy", *Canadian Journal and Political Science*, Vol. 1, No. 3, Sept. 1968, p. 241.

全球治理的合法性是其治理体系的主体与社会公众良性互动的结果。在两者的互动过程中，全球治理的主体可以发挥更加积极的作用，通过说服教育以论证现实秩序或规范的尊严性，可以通过满足社会公众的公共需求或公共利益以赢得社会公众的信任与支持，可以通过遵守既定社会理性水平下的规则系统以获得公共权威。社会公众则根据自身的满意度对全球治理的合法性作出最终评价。杨宏山在其《经济全球化与政治发展》一书中总结了众多学者的观点并归纳为四点："政治系统的合法性主要依托于意识形态的训导性、政府治理的绩效性、政治过程的循规性、社会公众的满意性这四个方面的因素的综合，仅求助于任何单方面因素都不能维系持久的政治合法性。"① 虽然此种合法性的观点主要是针对政府而言，但任何公共权威合法性的取得都应该有一定的共性。全球治理的合法性论证也可以借鉴其中一些具有共性的地方，即全球治理获得合法性的基础一方面在于一种教育和说服，提高公众对全球治理体系的认知水平，同时应加强全球治理体系的绩效以满足全球社会公众的共同需求和公共利益，从而获得全球公众的自愿认同、服从和支持。它是一项综合性的工程，涉及政治、经济、文化各个领域，治理的主体和手段不是依靠某个单一领域里的专业人员、专业知识，而是多个领域里公众自愿认同的公共权威利用相互的资源相互合作，最大限度地实现和满足公众的公共利益、公共需求。

四、全球治理与民主、自由、平等

全球治理体系体现着社会生活的内在正义与秩序，而社会生活的内在正义体现为民主、自由、平等、保护社会权利和控制公共权威的权力等方面，这意味着承认全球治理的必然性。

在"民主作为一种政治价值已得到普遍承认，实行民主已成为世界性的

---

① 杨宏山：《经济全球化与政治发展——以合法性为视角》，黑龙江人民出版社2003年版，第74—81页。

潮流"① 的时代，民主已成为公共权力合法性的重要而坚实的基础。"唤起人们注意民主必然的特点，不是其效果或来源而值得珍视的特点，而是就其本身而言就值得珍视的特点"②。如果说效能原则是人类工具理性的要求的话，那么民主原则则是人类价值理性的要求，是人类生活的理想状态。没有了后者，前者对人类来说是没有意义的。现代民主政治的产生，是人们追求自主权、平等权的结果。借用黑格尔的话，民主就是使自己"成为一个人，并尊敬他人为人"③。民主对自主权的肯定体现在两个层次：一是在个体层次上肯定了个人有独立处理属于自己事务的权利；二是在社会层次上肯定了社会成员参与社会管理的权利，即政治参与权。民主对平等权的肯定体现在两个方面：一是将公民权利普遍化，相互尊重对方的自主权；二是肯定了平等协商的正当性而否认了强制的正当性。④

民主政治是全球治理兴起的政治背景。民主政治意味着民众与政府之间不是被统治者与统治者的关系，而是委托人与代理人的关系，即民众是公共权力的主人，民众作为委托人将公共权力托付给政府，使其代行公共管理的职责，政府的权力及相应职责均来自于其与民众的这种委托—代理契约。这一经典的民主理论预设是全球治理得以兴起的基本理论前提。全球治理意味着公众几乎能在任何必要、合理的情况下与全球治理的权威主体进行协商、谈判，提出要求，形成新的契约关系，从而使委托代理关系得以经常化。

全球治理体现了一种还权于民的努力方向。格里·斯托克认为，"治理指出自政府、但又不限于政府的一套社会公共机构和行为者"，"治理理论也提请人们注意私营和志愿机构之愈来愈多地提供服务以及参与战略性决策这一事实"。⑤ 政府一词往往指合法垄断社会强制性权力的社会公共事务管理机构。

---

① 应克复等：《西方民主史》，中国社会科学出版社1997年版，第1页。
② 科恩：《论民主》，聂崇信、朱秀贤译，商务印书馆1988年版，第273页。
③ 黑格尔：《法哲学原理》，中国政法大学出版社2003年影印版，第46页。
④ 周光辉：《超越政治学》，载《吉林大学学报》，1999年第9期。
⑤ 格里·斯托克：《作为理论的治理：五个论点》，华夏风译，载《国际社会科学》，1999年第2期。

而全球治理认为社会的权威应当多元化，强调除了政府以外的其他组织（非政府组织）在提供社会公共产品方面的作用，是对公共权力垄断性的挑战，是对政府垄断公共产品供给的质疑。如果说追问统治者占有权力的理由构成了近代民主政治的逻辑起点，那么全球治理理论追问政府垄断公共产品供给的理由则成为民主政治进一步深入发展的逻辑起点。如果民众能从政府以外的组织获得公共产品，那么更多地具备自组织色彩的非政府组织将为民众提供更加广阔而真切的实现自我管理的民主思想的历史舞台。而这其实不过是使公众拥有选择政府以外的公共产品提供者的权利，不过是公众的自主权的拓展而已。

概而言之，全球治理的理想根基来自于民主的选择，即主权国家、世界公民或全球公民的共同选择。任何一个共同体的产生都建立在共同利益的基础之上，离开了共同利益，就无法理解共同体所表现的"共同行为"特征。共同体是对成员个人利益的最大保障，共同利益是社会共同政治行为的内在驱动力。"对共同体成员来说，权力的让渡是以对自身利益的维护为条件的；对于政治统治者来说，合法性的获取就在于能不能证明和实现政治共同体的共同利益。全球治理的权力合法性依据因而必须与民主原则联系在一起。全球治理的权力必须受到民主机制的制约，从而使权力的行使者对权力实施的对象有所交代。全球治理的权力无论是建立在传统之上，还是建立在强权之上，按照卢梭的理论，所有这些权力都是不合法的。真正合法的权力只有一种，即建立在人们自由选择基础上的权力。自由意味着自主。"[①]

五、全球治理与政治秩序的进化选择

全球治理的模式也应该是不断进化发展的自生自发的政治秩序逻辑性选择而非人为设计的结果。

[①] 王乐夫、李伟权：《国际公共事务管理主体的合法性思考》，载《中山大学学报》，2003年第1期。

今天，我们的社会生活发展到一个全球相互依赖日益加深的阶段。我们处在一个政治、经济、文化等领域纵横交织，盘根错节的网络时代，已无法割断各个领域内部和各个领域之间的联系，甚至已无法区分许多事务是属于国内性质还是国际性质，各种跨国组织或集团，无论是政府间的还是非政府间的，都日益参与到国家和全球生活的方方面面中来，并且这种态势已成为一种不可逆转的潮流和客观需要；全球资本和市场具备的非人格力量，削弱了国家的权威，使其不断分散到其他制度、社团组织及地区性机构的手中；一个强大的介于个人与国家之间的全球公民社会日渐形成，"民族国家不再是世界治理或权威的唯一中心或首要形式"①，其合法性受到来自以非政府组织为主要力量的全球公民社会的挑战；全球化带来的负面效应层出不穷，全球气候变暖，资源的浪费和日益枯竭，全球人口剧增和粮食短缺，发展中国家的环境恶化，南北问题日益突出，人类面临着核战争的毁灭性威胁，全球贩毒、恐怖主义的泛滥，社会极度贫富分化和不平等，人类信仰的迷茫、道德的沦丧等等问题的凸现，改变了人类赖以生存的环境，人类普遍意识到自身的生存危机。全球化发展所带来的一个直接后果就是全球性公共问题的增多与现有政治实体管理能力不足之间的矛盾加剧。然而，随着文明社会的发展，国际政治、经济、文化之间的事务与问题越来越迫切需要各民族国家进行更多的合作。国家、国际组织、非政府组织在内的各社会主体的协调与合作，使全球治理成为一种普遍需要和必然趋势。

对于全球治理必然性的论证，也可以从社会对公共权威的逻辑性选择中体现出来。哈耶克的"自由自发秩序"的社会理论认为，社会秩序是"一种显见明确的秩序并非人的智慧预先设计的产物，也并非出自于一种更高级的、超自然的智能的设计，而是适应性进化的结果"②，由此推论，全球治理的模式也应该是不断进化发展的自生自发的政治秩序逻辑性选择而非人为设计的

---

① 戴维·赫尔德等：《全球大变革：全球化时代的政治、经济与文化》，杨雪冬、周红云、陈家刚、褚松燕译，社会科学文献出版社2001年版，第13页。
② 弗里德利希·冯·哈耶克：《自由秩序原理》，邓正来译，生活·读书·新知三联书店2003年版，第20页。

结果。因此，人类对治理的公共权威获得合法性的问题包含着历史选择的逻辑。哈贝马斯认为，"政治行政系统存在着投入和产出两种危机倾向，投入危机的形式是合法性危机，它表明资本主义体系已无法顺利地保持必要的群众忠诚来贯彻资本主义生产方式的种种原则；产出危机的形式是合理性危机，它表明行政系统无法协调和履行来自经济系统的命令，这意味着国家政府机关已无力在既定的有限的条件下指导经济发展。"①市场调节和政府干预，在不断发展的全球化进程中，都呈现失灵状态，国家政府对国际公共事务的管理也面临着合法性的挑战。众多学者和忧虑全球生存秩序的有识之士，力图寻求更有力的力量来实现全球性的开放的社会公共利益，以避免人类日益偏离共同意愿和公共利益的轨迹。市场失灵和政府失灵严格意义上讲是与传统的威斯特伐利亚的国际政治体系的衰落分不开的。传统的国家自治的主权支柱虽已经受到严重的侵蚀，但还没有达到严重威胁国家的世界政治中心地位的程度。可见，全球治理体系是区别于主权治理体系的自生自发进化选择的必然过程，它是建立在主权受到削弱的基础之上的一种正在日渐形成并成熟的新型治理制度的雏形，将成为弥补市场和国家缺陷的有效机制的更优选择。相应的，因为治理主体范围的突破，全球范围的大量问题和事务更充分有效的解决，必然要求国家政府让渡出部分相应的权力，从而使之更符合全球政治的内生的秩序安排。

全球问题是人类面临的共同困境，问题的解决在很大程度上还不能完全脱离政府和政府间国际组织，但是政府与市场的失灵，尤其让以非政府组织、各种跨国社会团体、全球公民网络、社会运动等为其组成成员的全球公民社会的作用和优势凸现出来。如果可以用一个有吸引力的概念加以描述这种国际公共事务管理的状况的话，那就是全球治理。"它是使相互冲突或不同的利益得以调和并且采取联合行动的持续过程。这既包括有权迫使人们服从的正式制度和规则，也包括各种人们同意或以为符合其利益的非正式制度安排。全球治理的好处在于它既涉及主权又与主权无绝对联系，它允许非政府组织

---

① 李泊言：《哈贝马斯危机理论初探》，载《福建学刊》，1994年第4期。

及非制度安排发挥作用,有时是绝对作用。"① 因此,认为全球化已经导致国际共同事务存在并有必要进行针对性治理的人,自然认同全球治理,就是以威胁主权国家为由反对国际公共事务管理的人,也较能接受全球治理。

---

① 王乐夫、李伟权:《国际公共事务管理主体的合法性思考》,载《中山大学学报》,2003 年第 1 期。

国际治理中的硬法与软法*

肯尼思·W. 阿伯特　邓肯·斯奈德尔　著　胡晓琛　译**

现代国际关系的合法化程度颇为可观,然而国际合法化却显示了巨大的多样性。一些国际组织与问题地区正向硬性合法化的理论理想靠近,但大部分国际法以独特的方式表现出"软性"。我们在此探究了国际治理普遍合法化以及这一合法化程度与形式的巨大多样性的成因。① 我们认为,国际行为体选择以国际法、设计条约及其他法律制度的安排来规范相互间关系,以解决实体性与政治性的问题。我们进一步认为,若更为软性的合法化治理形式能提

---

* Kenneth W. Abbott and Duncan Snidal, "Hard and Soft Law in International Governance", in *International Organization*, Vol. 54, No. 3, Summer 2000, pp. 421 –456.

** 肯尼思·W. 阿伯特(Kenneth W. Abbott),亚利桑那州立大学桑德拉·戴·奥康纳法学院教授;邓肯·斯奈德尔(Duncan Snidal),芝加哥大学政治科学系副教授,国际关系委员会主席;胡晓琛,中央编译局马恩列斯著作编译部助理翻译。

① 感谢引出此特定问题的各次学术会议的参与者在我们写作本文时提出的有益意见:我们的评论人亚历山大·汤普森(Alexander Thompson)及芝加哥大学"国际政治、经济与安全"工作坊项目的其他参与者,以及在西北大学法学院举行的"半生不熟"的讨论参与者;我们还要感谢这一特刊的编辑们,特别是朱迪斯·戈尔茨坦(Judith Goldstein)与罗伯特·基欧汉(Robert Keohane),以及《国际组织》期刊的编辑与审阅人,感谢他们的宝贵意见。

我们从基欧汉、莫拉夫奇克(Moravcsik)及斯劳特(Slaughter)1997年著作的洞见中获益匪浅,这部著作与本研究计划相关。

供更优异的制度性解决办法,则国际行为体会选择采取这些形式。我们分析了各种合法化形式的收益与成本,并根据促使行为体选择特定形式的条件提出假说。我们并未打算发展出一套完整的法律理论。尽管如此,审视这些在空白的国际关系制度性语境中作出的政治选择,也许有助于更好地理解法律在更为普遍意义上的运用。

我们从研究硬合法化的优势开始论述。被用在这一特定问题上的术语"硬法",是指精确的(或者能够通过裁定或公布细则而变得精确)并且代表法律解释与执行权力的有法律约束力的义务。① 尽管硬法并不是典型的国际法制度安排,但对这一制度形式的细致考察能够提供理解所有种类的合法化的底线。通过使用硬法来规范相互间关系,国际行为体降低了交易成本,增强了它们所做承诺的可靠性,扩展了可利用的政治策略,并解决了不完整缔约的问题。但是,这样做也需要付出巨大代价:硬法会限制行为体的国际行为甚至主权。

当我们从关注利益的理性观点出发,强调合法化的收益与成本的同时,法律也催生了对规范性问题的考虑。除了需要对一系列法律规则作出承诺②——包括对已制定的法律进程与话语的约定——合法化还向行为体提供了将规范性价值实例化的手段。合法化既通过规范性标准与进程,也通过利己的盘算产生效用。利益与价值都是法律成功的约束条件。我们将法律同时视为"契约"(contract)与"公约"(covenant)以捕捉这些有差异但并非不相容的特性。事实上,我们坚决反对许多国际关系问题专家所坚持认为的两种理解方式相

---

① 关于指导了本文相关论述的对这三个维度的全面讨论,见 Kenneth W. Abbott, Robert O. Keohane, Andrew Moravcsik, Anne-Marie Slaughter and Duncan Snidal, "The Concept of Legalization, Legalization and World Politics: An Introduction", in *International Organization*, Vol. 54, No. 3, Summer 2000, pp. 401–419。

② 国际法律制度已发展了几个世纪。国际法包括规定了如何制定、解释与应用主要规则的次要规则,以及实施这两类规则的制度。背景法律制度塑造了许多国际互动——事实上,它有助于定义国际行为体的概念。

对立的观点。①

一旦法律制度的安排在义务（obligation）、精确性（precision）和授权（delegation）三个维度中的一向或几向维度上受到弱化时，"软法"王国便出现了。这种弱化在一向或几向综合的维度上出现不同的程度。我们运用软法这一术语把这些大量偏离硬法的现象和硬法以及与硬法相对的另一极端（即立法普遍在此缺位的纯政治性安排）区别开来。但是请记住，软法形式多样，介于软硬法之间的选择并非是一种两全的选择。

软法已受到广泛批评，甚至不被认为是国际事务的一项要素。当然，由于将注意力集中在缺乏有强制执行力作为支持的独立司法制度上，现实主义者得出结论，认为所有国际法都是软性的——从而也就只是门面装饰而已。② 不过，有些国际法学家是从更为规范化的视角出发而将软性国际法排除在外。例如，普罗斯佩尔·威尔（Prosper Weil）就认为软法使用程度增加"可能会动摇整个国际规范体系，将其变为一个不再服务于自身目的的工具"③。其他一些学者辩称软法只是通向更硬性因而更令人满意的合法化的过渡阶段。言外之意是，软法——合法化三个维度中的一向或几向维度出现"缺陷"的法律——是失败的产物。

正相反，我们认为，国际行为体通常是有意识地优先选择软性合法化形式作为制度安排。诚然，软法有时被设计成通往硬性合法化的中转站，但它

---

① 当然，在宏大理论层面上，基于利益与规范性方法之间可能存在不可调和的范式差异。然而，实际上，这两种方法可以通过仔细吸收他人论据，适当地采纳而得到改进。一个人可以使用一把锤子和一把扳手获得好处，而无需声明哪个工具更适合所有问题，也无需解决木匠或管道工谁是更好的杂工。尤其是分析已内在结合了这两个行业的法律时就是如此。

② 这个观点在新现实主义者中影响如此之深，以至于他们很少探讨国际法。汉斯·摩根索等古典现实主义者承认各国通常服从国际法，但他们抓住强制执行的缺陷，认为国际法并不能涵盖国际事务的重大问题。这一主题的现代重现由唐斯（Downs）和他的同事们完成，他们批评众多国际合作由这样的协议构成，这些协议反映出国家会出于自身利益行动，所以不会改变其行为。Downs, George W., David M. Rocke, and Peter N. Barsoom, "Is the Good News about Compliance Good News about Cooperation?", in *International Organization*, Vol. 50, No. 3, 1996, pp. 379–406.

③ Weil, Prosper, "Towards Relative Normativity in International Law?", in *American Journal of International Law*, Vol. 77, 1983, pp. 413–442.

通常由于自身条件更受青睐。软法具有硬法所具有的众多优势，避免了硬法产生的某些代价，自然也具有本身独特的优势。① 重要的是，由于合法化的一个或多个要素能够被放宽，软法通常比硬法更容易达成目标。当行为体是嫉妒其自治国或所面临挑战主权问题的国家时，这一点便体现得尤为真切。软性合法化也提供了硬性合法化条件下所不具备的某些好处。特别是当软性合法化开启能够使行为体了解协约随时间推移产生影响的进程时，它便提供了更有效的处理不确定性的方式。② 此外，软法还促进了妥协，从而促进了利益与价值、时区与汇率以及实力等级不同的行为体之间的互惠合作。

选定的特定软法形式反映了行为体尝试解决的特定问题。由于我们的分析集中在一般意义的软性之上，因此软性的不同形式在不同条件下可能会更易接受或更有效。我们提出了诸多变量——包括交易成本、不确定性、国家主权的影响、偏好的分歧以及实力差异——这些都会影响特定条件下可能选择的软法形式及义务、精确性和授权的组合方式。

本文主要运用静态比较分析法。我们探求了特定情景特征引领行为体在给定时间点作出特定制度安排的原因。但通常只是在软法开启了随时间推移而牵涉学习及其他变化的进程与话语这一意义上，它才是动态的。我们通过在分析中检验行为体如何（不完美地）评估当前软法承诺的动态后果吸收了这些考虑因素。

为方便说明，也由于国家是国际合法化中的主要行为体，我们将初期的讨论限定在国家及其所面临的问题上。但我们也承认，国内与国际层级的企业、活动组织及其他非政府组织正日趋成为国际合法化发展过程中的关键行为体，尤其是对软法而言。我们在文章末尾会对比关于非政府行为体角色的其他观点，以检验为何这些群体迫切需要不同的合法化形式。应对非政府行

---

① 关于非正式协议的收益与成本的相关讨论，见 Lipson, Charles, "Why Are Some International Agreements Informal?", in *International Organization*, Vol. 45, No. 4, 1991, pp. 495–538.

② 我们借鉴了凯里迈诺斯（Koremenos）关于国家如何利用条约促成相互学习的深刻著作。Koremenos, Barbara, *On the Duration and Renegotiation of International Agreements*, Ph. D. diss., University of Chicago, 1999.

为体的利益与价值竞争也是国家采用软法策略的原因之一。

我们采用一系列（包括其他文章在这一问题上所详述的一些）例证来阐明种类繁多的国际法律制度。尽管这些例证不能为我们的论据提供真正的实证检验，但它们确实为其可信性提供了证据。为了从经济上保持硬/软法上的连续性，以描述我们的例证，我们使用了记号 $\{O,P,D\}$。每个三联码的组成元素分别指代义务、精确性和授权的水平。每个维度变量用大写字母代表高水平（例如 O），小写字母代表适中水平（例如 o），半短线代表低水平（-）。因而，$\{O,P,D\}$ 代表一项制度安排在所有三个维度上合法化水平最高，从而形成"硬法"；$\{o,P,-\}$ 代表一个问题法律义务性适中，同时兼具高精确性与非常有限的授权性；而 $\{O,-,-\}$ 代表一个问题具有高级别的法律义务性，但精确性非常低，授权性也非常有限。尽管这个三分法一定程度上有些粗略，但它依然表明了软/硬法区分被错当成二元选择时模糊不清的软性与硬性的等级延续性。①

契约与公约：硬法的依据

导 论

契约和公约是指对国际协定的两种不同但并非不兼容的理解。各国为了

---

① 由于例证是说明性的，因而我们并不打算发展形式化的编码标准。请注意半短线（-）代表属性的低水平，而不是不存在。关于低授权性，我们以一个促进成员国之间政治协商的国际咨询机构为例。当一个国家机构执行更广泛的行政职能时——例如大量的信息收集、监测和无约束力仲裁——我们将授权性记为 d。最后，若一个机构拥有强大的裁决能力或独立的行政权力，我们将授权性记为 D。义务性和精确性的维度产生的问题和可能性类似。对这些维度更细致的讨论包含于 Kenneth W. Abbott, Robert O. Keohane, Andrew Moravcsik, Anne-Marie Slaughter and Duncan Snidal, "The Concept of Legalization", in *International Organization*, 2000, Vol. 54, No. 3, pp. 401 – 419; Abbott, Kenneth W., and Duncan Snidal, "The Many Faces of Legalization", Paper presented at the Conference on International Law and Domestic Politics, St. Helena, Calif., 4 – 7 June, 1997。阿伯特等人在该文章的图表 1 中的八列（只是反映了合法化三种元素的高低值）与我们使用记号的首字母与半短线组合相对应（即 O, P, D, O, -, D…, O, -, -, -, -, -）。

长远利益签订"契约";他们签订"公约"则是为了表明承诺的规范性。国际法学界认为,基于利益与规范的协议本质上是可互换的;①但国际关系学界(像其他的法律分析一样②)往往试图区分它们:契约和公约分别对应理性主义和建构主义观点,二者研究国际组织的途径即使不互相排斥,也通常被认为是互相对立的。③

在固有观点上,理性主义者,(1)认为相关行为体(通常是国家)很大程度上受物质利益驱动;(2)视国际协定为解决协调、合作或内政问题而创设的"契约";(3)认为契约是通过改变诱因或互动的其他物质特征(例如重复、互惠、信息),通过特殊利益集团的影响或以强制方式起作用。④ 另一方面,建构主义或规范性学者,(1)关注非政府和政府内部的行为体⑤,认为它们往往受道德或社会因素驱动,并视之为国际准则的来源;(2)视国际协定为体现了共同准则和理解的"公约";并(3)认为公约通过劝说、模仿和内化来修正主体间对于合适的行为、利益甚至身份的理解。⑥

---

① 某些具有很强规范性内容的协议被命名为"公约",最明显的代表就是关于公民政治、经济、社会与文化权利的公约。但是这一运用并不广泛。例如,很多人权协议只被简单命名为"条约"或"协约"。

② Tyler, Tom R., *Why People Obey the Law*, New Haven, Conn. and London: Yale University Press, 1990.

③ Katzenstein, Peter J., Robert O. Keohane, and Stephen D. Krasner, "International Organization and the Study of World Politics", in *International Organization*, Vol. 52, No. 4, 1998, pp. 645 – 686.

④ Martin, Lisa L., and Beth A. Simmons, "Theories and Empirical Studies of International Institutions", in *International Organization*, Vol. 52, No. 4, 1998, pp. 729 – 757.

⑤ 他们在这一点上认同现代自由主义理论家的观点。Moravcsik, Andrew, "Taking Preferences Seriously: A Liberal Theory of International Politics", in *International Organization*, Vol. 51, No. 4, 1997, pp. 513 – 553.

⑥ 参见 Finnemore, Martha, *National Interests in International Society*, Ithaca, N. Y.: Cornell University Press, 1996; Keck, Margaret E., and Kathryn Sikkink, *Activists Beyond Borders: Advocacy Networks in Internationdal Politics*, Itgaca, N. Y.: Cornell University Press, 1998。近年来产生了某种程度的趋同。理性主义者日趋承认,利益需要得到解释,机构要付出很多努力来塑造它们(Keohane, Robert O., "International Institutions: Two Approaches", in *International Studies Quarterly*, Vol. 32, 1988, pp. 379 – 396)。建构主义者强调规范推动者合理地,甚至是策略性地争取他们的目标,寻求修正他人的实用功能,以符合偏好的规范(Finnemore, Martha, and Kathryn Sikkink, "International Norm Dynamics and Political Change", in *International Organization*, Vol. 52, No. 4, 1998, pp. 887 – 917)。

国际合法化研究中明显误解了这一尖锐分歧。法律在其起源和运作层面是一项既追求利益也具有规范性的事业。

1. 不论追求利益还是价值，国家和其他行为体都希望用法律实现目标。事实上，这些目标通常是紧密交织在一起的。例如，寻求规则保护知识产权的商业团体与国家既保证财产和公正准则，也保证利己准则的实现；支持促进民主规则的非政府组织（NGOs）与国家既关心安全和贸易，也关心其参与价值。

2. 行为体运用规范的与基于利益的策略来实施法律制度。支持自由经济规则的商业团体和西方国家同时要求实现个人选择与经济利益的准则；追求强大人权规则的非政府组织和国家在实现人道主义价值的同时，也动用经济杠杆发掘物质利益。① 大多数国际协定既是契约，也是公约。

3. 法律规则和制度既通过改变物质刺激，也通过修改理解、行为标准和身份来运作。尤其是，它们通过援引法条与制度来促进法律执行与守法的社会准则的形成。相关行为体力求以诉讼、制裁、说服、规范诉求与制造羞耻等各种技术手段使所有效力得到接受。②

在本节的余下部分，我们将探究国家寻求用硬法来规范相互间关系的原因：制度安排通常都具有 $\{O, P, D\}$ 或 $\{O, p, D\}$ 的特征。③ 由于国家普遍通过谈判与协定来创设国际法则与制度④，我们使用契约理论来组织分析。

---

① Klotz, Audie, Norms in International Relations: The Struggle Against Apartheid, Ithaca, N. Y.: Cornell University Press, 1995.

② 参见 Klotz, Audie, *Norms in International Relations: The Struggle Against Apartheid*, Ithaca, N. Y.: Cornell University Press, 1995; Keck, Margaret E., and Kathryn Sikkink, *Activists Beyond Borders: Advocacy Networks in International Politics*, Ithaca, N. Y.: Cornell University Press, 1998; Koh, Harold Hongju, "Transnational Legal Process", in Nebraska Law Review, Vol. 75, 1996, pp. 181 – 207。

③ 如前所述，本文的第一和第二部分集中探讨国家，第三部分探讨非国家行为体。但第一和第二部分中也有关于内政非国家行为体行动及其所受影响的讨论，范围通常限于国内政治。

④ 接下来，我们的讨论重点是条约，特别是多边管制条约。Chayes, Abram, and Antonia Handler Chayes, *The New Sovereignty: Compliance with International Regulatory Agreements*, Cambridge, Mass.: Harvard University Press, 1995. 习惯法也是国际法律体系的一个重要组成部分，但我们在此不再对其进行系统论述。尽管在我们的印象中，当今很多习惯法是国家和其他行为体有意识的政治行动的结果，而不是国家实践的逐渐积累。在这一印象正确的范围内，我们的很多分析也将适用于习惯法。

可信承诺

国家承诺其未来行为可信的难度被广泛视为国际"无政府主义"的标志性特征与合作推动繁荣的一大障碍。在契约理论中,当缔约一方必须在其他各方之前履行协议时——或更为普遍的是——某些缔约方必须依据其他各方未来履约情况进行特定关系投资时,可信承诺是至关重要的。① 类似地,在博弈论中,不论进行策略互动的某方是否需要从他人那里得到"保证",可信承诺都是必需的。正像保证型博弈、斗鸡博弈或囚徒困境所模拟的状况,以及当各方寻求确保实现同一均衡时所显示的那样。

当一国开始分裂时,其他保证性问题就出现了。一方面,特定关系投资既可以是政治的也可以是物质的:例如,一国政府若因人权许诺而作出经济或政治让步,而缔约另一方违约的话,将会承受内政代价;因此,它需要可信保证。作出这些承诺的政府也希望出于内部目的而提高公信力:以约束其在办公室或其他政府部门里的继任者,或强化对其公民的激励措施来调整他们的做法和态度,法律承诺可以向国内外的行政相对人作出。正如弗雷德里克·阿伯特(Frederick Abbott)在这一问题上所指出的那样,墨西哥政府寻求《北美自由贸易协定》(NAFTA)的部分合法化,以增加其日趋自由的经济政策在外国投资者眼中的公信力。通过扭转国家的长期政策,政府甚至还采用了重要的国际授权,以允许来自《北美自由贸易协定》国家的投资者进行有约束力的仲裁纠纷。

在国内社会,由于必要时受害方可运用国家强制力量执行,法律承诺因而具有公信力。甚至国际"硬"法也没有达到这一标准:国际机制并未试图形成针对各国的集权执行的法律义务。② 但是由此得出国际协定"正式的法律

---

① Williamson, Oliver, "Transaction Cost Economics", in *Handbook of Industrial Organization*, edited by R. Schmalensee and R. D. Willig, Amsterdam: North Holland, 1989, pp. 135–182.

② Keohane, Robert O., *After Hegemony: Cooperation and Discord in the World Political Economy*, Princeton, N. J.: Princeton University Press, 1984, pp. 88–89.

地位"毫无意义的结论，则是错误的。合法化只是国家增强其法律承诺公信力的主要方法之一。①

合法化提升公信力的方法之一是对谋求私利的专断解释进行约束。个体承诺的精确性、个体承诺与更广泛的法律原则的结合以及所采用的法律话语与论证模式都有助于限制这种机会主义的行为。向法院或其他法律机构授予解释权则进一步约束了专断解释。② 合法化增强公信力的另一种方式是增加违约成本。制度研究者认为，一旦协定与一个更为庞大的政体联系在一起，其效力会增强：一旦违反这一作为政体一部分的协定，需要付出极其高昂的代价，因为背信弃义的声誉代价将被整个政权背负。法律承诺得益于类似的效果，但它们是作为一个整体牵涉到国际法，而非与任何特定政体相关。

当承诺被制定成硬法之后，违约的声誉效用可以被推广到所有受国际法制约的协定，即大多数国际协定。③ 当国家愿意将承诺等同于可靠承诺时，合法化的替代选择是十分有限的。诸如作保和有条件委托这样的替代选择代价高昂。另外，国际法提供了足以保证国家独立地位的基础性条件：主权、他国承认、地域管辖及不受干涉的原则等等。违约会削弱国际法体系，至少也会随着时间推移而弄巧成拙。

具体而言，合法化（虽然只是适度地）提高了强制执行能力。首先，硬

---

① 一种更极端的解决承诺问题的方法，类似于合并有商业关系的公司已解决保证问题，是将独立的主权国家整合入一个单一的政治单位，例如一个联邦制国家。这种整合可以部分进行，也可以像欧盟那样完整进行。不过，就连完全整合也不能解决各个社会内部及相互间政治、经济与其他诸多利益范围内的承诺及其他缔约问题。

② 当然，解构主义者们会对这一陈述进行辩驳。但实际上，即使是持此观点的观察者也认为法律的解释是受限的。Koskenniemi, Martti, "Letter to the Editors of the Symposium (Symposium on Method in International Law)", in *American Journal of International Law*, Vol. 93, 1999, pp. 351 – 361.

③ 基欧汉注意到，国家可以通过从那些围绕其他协议的情形中区分出违约情形来降低声誉效应的力度。Keohane, Robert O., "Contested Commitments and Commitment Pathways: United States Foreign Policy, 1783 – 1989", Paper presented at annual meeting of International Studies Association, Chicago, 21 – 25 February, 1995. 在 19 世纪，美国尝试过以这种方式来区分其与"野蛮的"印第安部落签订的经常受违背的协议和它与欧洲国家签订的协议。但是，作出这一区分的努力也表明，一旦不这样做，声誉效应的影响范围会跨越所有法律协议。

法承诺，$\{O, P, D\}$ 或 $\{O, p, D\}$，是由仲裁或司法机构进行解释与应用，诸如欧洲联盟（EU）、欧洲人权法院或世界贸易组织（WTO）。（软性承诺可由政治机构提出。）由于法律审核允许根据已被接受的标准和程序来检验指控和辩护，这增加了违背承诺被发现后的声誉性代价。由于 WTO 争端解决机构针对欧盟限制添加激素的牛肉（欧盟对此无法给出科学合法的辩解）与香蕉进口的诉讼中不断出现不利的法律裁决，当前的欧盟也许正在体验这种正在加剧的代价。其次，国家责任法能够应对违法后果。特别是一些合法化机构（例如 WTO）在其他补救措施无效时能够批准采取成比例的"反措施"。这使报复性措施合法化，并澄清其意向，减少了自救的代价和风险。第三，国际法甚至能够通过诸如联合国安全理事会和国际金融组织这样的机构采取某些中央强制执行的形式。

由于国际法承诺总是成为国内法的一部分，其他基于利益的违法成本会上升。例如，约翰·K. 塞梯尔（John K. Setear）指出，美国国会认为违反《国际捕鲸公约》和《濒危物种国际贸易公约》（CITES）的行为构成了对美国法律的违反，引发刑事处罚。① 对于这个问题，艾伦·L. 鲁兹（Ellen L. Lutz）和凯瑟琳·辛金克（Kathryn Sikkink）在其文章中进一步描述了谴责酷刑及其他暴行的国际规则如何成为通行国际法，并被美国法庭所采纳的过程。② 当国际承诺被并入国内法时，与之相关的授权水平显著上升（尽管它对国家主权的关切更为微弱）：现在承诺可以被法院和行政机构业已完备的体制所运用；个人行为体能够时常发起法律诉讼；律师也具备了援用规则的动力。当诸如欧洲法院（ECJ）这样的超国家机构也被赋予法律权威，它们就可以培

---

① Setear, John K., "Whaling and Legalization", Unpublished manuscript, University of Virginia, Charlottesville, Virginia, 1999.

② Ellen L. Lutz and Kathryn Sikkink, "International Human Rights Law and Practice in Latin America", in *International Organization*, Vol. 54, No. 3, Summer 2000, pp. 633–659.

育与国内同类机构之间的"伙伴关系",使双方都得到强化。①

改良后的针对私人及其财产的承诺更容易被强制执行。一个显著的例子是最近针对皮诺切特将军的诉讼:根据已成为西班牙法律一部分的禁止酷刑和其他暴行的国际公约,一名西班牙地方法官受理了针对他的指控。虽然英国上议院裁定皮诺切特不可能对大多数针对他的指控负责,但仍然要求他为在《禁止酷刑公约》并入英国法律之后犯下的罪行负责。

法律承诺动员了合法化的利益与支持团体,就像有组织的酒吧一样,并且使它们对内政决策制定的参与合法化。它们也扩展了外交部门及其他政府机构内法律官僚的作用。最终,只要国内行为体将法律协议理解为严肃的承诺,他们就会由于信赖此类承诺而修正自身计划和行动,以增加违约的见证成本。

合法化也通过规范性渠道增加违约成本。违背一项法律承诺需要声誉成本——再上升到所有法律承诺——体现了对违法行为的厌恶。国际法通过强调承诺(有约必守和诚信原则)强化了这一效果。② 由于各国(或某些国家)将自身视为国际法框架下国际社会成员的程度不同,声誉效用的传播甚至可能会更广泛。③ 多数国内社会甚至更为重视遵纪守法;因此,辩解国际违约行为会引发认知上的不一致,并增加见证成本。

法律义务被普遍认为具有特定合法性。用托马斯·弗兰克(Thomas

---

① 参见 Burley, Anne-Marie, and Walter Mattli, "Europe before the Court: A Political Theory of Legal Integration", in *International Organization*, Vol. 47, No. 1, 1993, pp. 41 – 76; Helfer, Laurence, and Anne-Marie Slaughter, "Toward a Theory of Effective Supranational Adjudication", in *Yale Law Journal*, Vol. 107, No. 2, 1997, pp. 273 – 391。

② 有约必守规则某种程度上已经被例外和辩护削弱了,尤其是被广泛运用的"情势变迁原则"。但是引入这些原则需要灵活性;当它们被发现不适用时,基本规则的规范性效力就提高了。

③ 参见 Wight, Martin, *Systems of States*, Leicester: Leicester University Press, 1977; Bull, Hedley, *The Anarchical Society: A Study of Order in World Politics*, New York: Columbia University Press, 1977; Hurrell, Andrew, "International Society and the Study of Regimes: A Reflective Approach", in *Regime Theory and International Relations*, edited by Volker Rittberger, Oxford: Oxford University Press, 1993, pp. 49 – 72; Buzan, Barry, "From International System to International Society: Structural Realism and Regime Theory Meet the English School", in *International Organization*, Vol. 47, 1993, pp. 327 – 352。

Franck)的话说,合法性造就了独立的"承诺吸引力"①。个人、政府部门及其他组织将规则内化,以便防止每次援引承诺的优势与劣势时对其进行重评。弗兰克辩称,规则的合法性随着某些实质性特质——确定性和连贯性等其他属性——及其核准程序的改变而发生改变。法律规则通常具有以下几种坚实的维度:相对精确性、内部一致性,以及正式并通常是精心制定的批准程序。

合法化势必需要特定形式的话语,要求根据适用规则和有关事实进行辩护和说服,同时强调诸如文本、判例、类推和实践之类的因素。法律话语很大程度上不会认可纯粹基于利益和偏好的论据。这一话语的特性保证了法律专家的重要地位。当权力被授予裁决机构时,诉讼程序就得到了高度形式化。然而,即使授权力度不够,这一话语依然能够对国家行动形成某些约束:各国政府将承担法律界内部的声誉成本,一旦其行为立场站不住脚或不能合理地证明该行为符合法律条款,这一影响范围往往还会扩大。

可以从这一分析中概括出若干假设,涉及导致国家采用硬法的独立变量。

第一,当合作获益极大而机会主义可能性及其成本很高时,各国应当使用硬法作为保证措施。这种条件最有可能出现在其中包含互惠承诺和非同步履约内容的"契约"中,例如贸易或投资协定。但当违约可能对其他行为体形成巨大的外部效应时,它们也可能出现在"公约"中——例如环境或劳工协定。机会主义在协商状况下不太显著,此时协议很大程度上具有自我强制性。②事实上,国际协商标准通常是自愿的,$\{-,P,d\}$,并且是由个人行为体在其中扮演重要角色的机构所制定。因此,机会主义,以及国际合法化,在国家行为外部影响微弱的背景下相较而言并不重要。③

第二,当难以查明违约行为时(如大多数武力控制局势下),各国应使用硬合法化来增强承诺公信力。法律安排通常包括集中或分散的监督性规定,

---

① Franck, Thomas M., *Power of Legitimacy Among Nations*, New York: Oxford University Press, 1990.

② 当使群体转到新平衡的获益很高时,协商性协议可能不具有自我强制性。在这些状况下,尤其是当某些缔约方获得的好处足以使这种尝试可行时,硬法作为保证措施可能是有用的。

③ Abbott, Kenneth W., and Duncan Snidal, "International Standards and International Governance", Unpublished manuscript, University of Chicago, Chicago, Illinois, 2000.

以构成授权的一部分。但是，即便抛开这些不谈，法律承诺依然要通过提升被查明违约的成本，作为对已降低的查明可能性的部分补偿。

第三，当诚挚的缔约国组成类似欧盟和北约这样的"俱乐部"时，各国会发现硬法的特殊价值。合法化在这里作为一种预先分离设置起作用：由于违背硬法承诺代价更高，一方的缔约意愿即可等同于其被发现违约的倾向低。相反地，迈尔斯·卡勒（Miles Kahler）在这个问题上认为，硬合法化在诸如亚太经合组织（APEC）这样相对松散的团体中意义相对较小，它们不追求深层次合作，因此也就不需要事先检验成员的真诚度。[①]

第四，就国内而言，当其他内政机构（尤其是立法分支）或政治团体将能够基本不受干扰或控制地订立国际协定时，以及当其偏好与竞争者权力中心有显著差异时，行政官员应利用硬性国际法使这些机构团体作出承诺。从这一角度来说，国内政治和宪法性法律是重要的解释性变量。

最后，作为一种辅助性假设，具有特定特征的国家所作出的法律承诺会更加可信。外部层面，参与到其他国际法律机制中会提高公信力：它使各国承担更高的声誉成本并更容易遭受反制。内部层面，强大的国内法律体制与传统也会提高公信力。许多违背法律承诺的特定成本都源自这些特征。

降低交易成本

至少，为了平衡起见，硬性合法化能减少之后互动的交易成本。[②] 有两类互动具有特别意义：一类是应用与细化已商定规则的"管理性"进程；另一类是要求履行承诺的更具"对抗性"的进程。国际机制对于降低交易成

[①] Miles Kahler, "Legalization as Strategy: The Asia-Pacific Case", in *International Organization*, Vol. 54, No. 3, Summer 2000, pp. 549 – 571.

[②] 下文中会提到，达成完全合法化协议的成本通常相对较高，促使行为体采纳更软性的合法化形式。

本——尤其是议定补充协议中的成本——的作用已得到详尽分析。① 不过，相关文献并未将合法化与其他机构形式区分开来。②

先来研究"管理"协议的应用与演进的必要性。即便几乎所有协议相当精确，其条款也必须得到解释、适用于特定事实状况并予以细化，以解决歧义和应对相关的新问题。授权给法院及其他法律机构是各国应对这些问题的一个重要方式；我们后面还会与不完全契约结合起来讨论授权问题。即使授权很薄弱——例如，$\{O, p, d\}$ 或 $\{O, p, -\}$ ——合法化也可以通过为解决争端和谈判设置相对明确的界限来促进解释、应用和细化。实质上，合法化意味着：解决争端的以及新扩充的规则建议必须整合现行规范。这些建议应尽可能与现行规则相容，以避免重启协商。任何情况下，它们应符合相关制度的基本原则，以保持法律上的连贯性。

程序上，硬法限定了争端解决与协商的技巧。即使授权相对较弱，合法化仍意味着：应经专门程序解决大多数纠纷和解释问题，主要由法律专家使用专业话语模式加以解决。甚至即使允许直接谈判解决，法律机构的存在意味着各国仍会在预期的法律决定的"阴影中"进行谈判。此外，一旦法律规则生效，未经授权的胁迫行为一般被视为非法。绝非巧合的是，世界贸易组织合法化明确要求成员国应依照新的争端解决程序解决贸易争端，而不是通过单方面决议和响应——这是一项直接针对美国"301 条款"强制性策略的规定。当然，国际硬法绝不是简单明了的；这里提到的原则在实践中可能被无视，尤其是在强国面前。即便如此，合法化整体上依然是一个组织持续性互动的有效机制。

接下来研究"要求"履行承诺的必要性。上一节已经检验了合法化如何帮助国家提高自身承诺的公信力。但是，对于努力使他方遵守承诺而经常面对很大阻力的国家（以及其他行为体）来说，合法化也具有重要意义。我们

---

① Keohane, Robert O., *After Hegemony: Cooperation and Discord in the World Political Economy*, Princeton, N. J.: Princeton University Press, 1984.

② Abbott, Kenneth W., and Duncan Snidal, "Why States Use Formal International Organizations", in *Journal of Conflict Resolution*, Vol. 42, No. 1, 1998, pp. 3 – 32.

将此类缔约方称为"需求者"。无论出现何种违背国际承诺的诱因,需求者总会设法阻止他方的违约行为,或对此作出反应。

如前文所述,硬合法化为当事行为体提供种类繁多的国际国内机构、程序及规范性与声誉性的论据。相比诸如频繁再协商、说服或胁迫等替代选择,它实质上降低了执法成本。如果其他因素不变,并假定一项协定的实质内容可接受,需求者应当会更偏好硬合法化,尤其是在 $\{O, P, D\}$ 形式下。① 当然,如果其他因素不变,正是出于同一原因,抵制协议或渴望更大灵活性的国家应当拒斥硬合法化,或至少争取 $\{O, p, D\}$ 式的承诺。下面一节将讨论妥协和折中的结果。

前一小节中的许多假说可以从需求者的角度重新推导出来。以下三种情况中,需求者应当寻求硬合法化:(1)当机会主义及其成本可能性很高,违背承诺很难被发现;(2)当他们希望限制致力于达成协议的缔约方参与时;以及(3)当他国行政官员具有与需求方官员一致的偏好,但与这些国家内的其他精英偏好不同时。最后,需求者应最大程度地信赖那些积极参与法律机制,并拥有强大法律机构、专业和传统的国家所提出的承诺。

改进政治策略

正如法律过程理论的拥护者所澄清的那样,硬合法化允许国家(或其他行为体)在试图延长或执行(或削弱或退出)国际协议时采取各种政治策略。② 实际上,这些策略往往是不可避免的。需求者和反抗者都可能像对待公信力与强制性的策略问题一样关心这些策略属性。

根据这一问题的定义,硬法包括专门的法律机构。$\{O, P, D\}$ 与 $\{O, p, D\}$ 形式的制度包括提供特定程序和诉讼技巧的司法或仲裁机关,作为更公开的

---

① 我们在下文中会探讨强国与弱国偏好的合法化的特定形式。
② Koh, Harold Hongju, "Why Do Nations Obey International Law?", in *Yale Law Journal*, Vol. 106, 1997, pp. 2598–2659.

政治技巧的一种补充或替代办法,以应对争端、解释问题和不履约实例。在 $\{O, p, d\}$ 制度下,非司法机构常常被授权解释统治手段、问题规章或建议,拟定公约草案及类似事务。这些论坛将法律政策和辩论与寻常政治结合起来。

法律机构常常需要更为微妙的策略。例如,在某些甚至可能无法提起诉讼的国家。所以,虽然国际前南刑事法庭(ICTY)是一个重要的人道主义和利益政策工具,起诉(或不起诉)的决定依然是由法庭官员作出的。因此,北约各国政府(和私人团体)必须采用此类策略,诸如游说任命可靠的国际前南刑事法庭官员、收集证据、鼓励检察官收集案例——像美国要求起诉斯洛博丹·米洛舍维奇时所做的那样——以及用起诉威胁向塞尔维亚政府施压的同时,着手逮捕可能的被告人。

硬法承诺有时直接被承诺国国内法吸收;国际协定更为频繁地要求各国制定贯彻性立法,有时还建立特定的执行机构。国内诉讼随后成为国际诉讼的一部分。然而,国家索赔诉讼可能会存在司法管辖障碍。在此情况下,国家必须进行鉴定、鼓励和支持旨在增进自身利益的私人诉讼者的微妙进程。[1] 学界最近分析了旨在鼓励能够强化国际法的私人诉讼者及国家的法庭行为的超国家裁决。[2] 据推测,各国政府将推出并行策略。克伦·艾尔塔(Karen Alter)关于这一问题的文章探讨了欧盟高度合法化机构中一系列公共和私人行

---

[1] 这扭转了与更多诸如伊朗—美国索赔法庭这样的传统法律机构相关的进程,私人行为体可以鼓励政府提起诉讼,并向政府诉讼律师提供支持和鼓励。

[2] 参见 Burley, Anne-Marie, and Walter Mattli, "Europe before the Court: A Political Theory of Legal Integration", in *International Organization*, Vol. 47, No. 1, 1993, pp. 41 – 76; Helfer, Laurence, and Anne-Marie Slaughter, "Toward a Theory of Effective Supranational Adjudication", in *Yale Law Journal*, Vol. 107, No. 2, 1997, pp. 273 – 391; Alter, Karen J., "Who Are the Masters of the Treaty? European Governments and the European Court of Justice", in *International Organization*, Vol. 52, No. 1, 1998b, pp. 121 – 147; Garrett, Geoffrey, R. Daniel Kelemen, and Heiner Schulz, "The European Court of Justice, National Governments, and Legal Integration in the European Union", in *International Organization*, Vol. 52, No. 1, 1998, pp. 149 – 176; Mattli, Walter, and Anne-Marie Slaughter, "Revisiting the European Court of Justice", in *International Organization*, Vol. 52, No. 1, 1998b, pp. 177 – 209。

为体所推行的复杂策略。①

我们大致推测,当硬合法化提供的政治策略对各国有利时,它们将更有可能寻求硬合法化。诸如资源及高素质人员的可用性之类的现实问题可能尤为重要:美国和其他法律从业人员丰富的发达工业国会比受训专业人员极少的国家更适于采用合法化。当国家相信协定将反映其偏好时,它们也会倾向采用硬合法化,因为法律程序将使它们以高效率和低政治成本实现这些偏好。这表明,强国对硬合法化有显著的、常被忽视的利益诉求。寻求将与他国或特定问题领域中的政治冲突最小化的国家应当会青睐硬合法化,因为它将这种冲突升华为法律论据。

不完全契约问题的处理

各国有时尝试缔结详细的协定,以限制专断解释,降低交易成本,并提高强制性。但尽管精确性价值极高,它也存在若干问题。它可能是不经济的,驱使各国谋划可能性极低事件;它可能会起反作用,产生不明确和不可持续的规定;它可能会导致不受欢迎的精确度;以及,它可能完全阻止协议达成。

无论如何,达成完全契约是非常困难的。② 委托代理的文献显示,如果代理机构旨在规避风险,那么非对称信息通常会使达成最优契约变为不可能。但即便这种文献也假定,原则上一方可以与未来世界上所有可能的国家达成契约。事实上,鉴于国家有限的理性和普遍的不确定性,它们永远无法缔结包含所有可能性的协定。这一问题催生了机会主义行为,阻碍了特定关系投资和升值协定的缔结。

通常,授权是处理不完全契约问题的最佳方法。$\{O, p, D\}$ 形式的制度

---

① Karen J. Alter, "The European Union's Legal System and Domestic Policy: Spillover or Backlash?", in *International Organization*, Vol. 54, No. 3, Summer 2000, pp. 489–518.

② 当任何协议在不完全或非对称信息、风险与不确定条件下进行协商时,不完全契约问题就出现了。最近的相关综述,见 Hart, Oliver, *Firms, Contracts, and Financial Structure*, Oxford: Oxford University Press, 1995。

明显是出于此目的而被设计的：它们利用行政和司法机构来解释和扩展广泛的法律原则。例如，《罗马条约》通过个人案例和一般规章授权欧洲法院和欧共体的立法机构细化和应用竞争法的一般原则，如"一致行为"和"扭曲竞争"，就连 {O, P, D} 制度也向行政机关和司法或仲裁机构授予了重大权力。例如，虽然《欧洲人权公约》很多条款十分详细，欧洲人权法院仍必须采用一般标准——如"不人道和有辱人格的待遇"和"尊重……私人生活和家庭生活"——即使面对公约生效后完全未涵盖的情况。

更为软性的制度常常使用非司法方法弥补不完全契约，尽管这通常需要国家同意。相反，硬法制度赋予司法或仲裁机构更大的独立性，但要求它们遵守既定原则，并仅对特定争端和请求作出反应。这一属性的结合，符合背景规则与国际法的期望，同时对所授予的权力予以约束和合法化。可以假定，当合作预期的收益大，存在对一般原则的合理共识，但很难预见权力的特定运用时，国家将授予这种权力。

软合法化的优势

我们已经在许多方面讨论了硬法对国际互动的便利，但它仍存在着重大成本和局限。在本节中，我们探讨合法化的软性形式如何以更低成本实现硬法的益处，提供替代选择和常常更可取的手段来管理众多互动。我们既强调理性主义考虑，例如缔约成本，也强调软性法规与机构在促进学习和规范性进程中所发挥的特殊作用。

缔约成本

软性合法化形式的一个主要优点是缔约成本较低。硬合法化降低了管理和执行承诺的协约后成本,但采纳高度合法化的协议需要耗费重大缔约成本。① 缔结任何协议都需要一些协商成本——了解有关问题、谈判等加在一起——尤其是面对不熟悉或复杂的问题时。但这些成本对于合法化协议来说要更高。各国通常由于违约成本较高,在议定和起草法律协定时特别小心。必须咨询法律专家的意见,官僚主义的审查往往是漫长的。各国不同的法律传统使这一过程复杂化。通常涉及立法授权的通过和批准过程,要比纯粹的政治协议更复杂。

两个例子表明了缔约成本对合法化形式的影响。首先,国家批准程序的成本和风险使得国际劳工组织(ILO)修改了其合法化策略。② 纵观其历史,国际劳工组织主要在批准通过公约草案时发挥作用。但在最近几十年间,各国对国际劳工组织公约的批准率不断走低。由于确信这种现象正在损害组织声望,两位继任总干事呼吁国际劳工组织重视非法律约束性手段的适用,如建议和行为守则,以替代具有法律约束力的条约,便于减少国家批准成本。虽然劳工代表反对这种改变,国际劳工组织仍然开始采纳实施一些具有软法形式的规则。

其次,缔约成本被用做协商中的拖延性策略,催生了经济合作与发展组织(OECD)1997年通过的《国际商务交易活动反对行贿外国公职人员公约》。在讨论中,美国希望通过支持具有法律约束力的条约,$\{O, P, d\}$,要求所有经济合作与发展组织成员国采取等效监管限制措施,以减轻《海外反腐败法》所造成的商业劣势。但是,随着谈判进行,各国抵制了旨在形成有约束力条约的任何行动! 这些国家希望利用硬合法化的高昂缔约成本来阻碍协议。美国的回应措施是,支持不具有法律约束力的经济合作与发展组织建议,$\{-, P, d\}$。双方最终达成妥协,设定了条约谈判的短期期限,并同

---

① 制度学派文献并不总是区分制度内部交易成本与创立制度的成本。在其早期著作中,制度被视做霸权的遗产,因此其创立不会得到直接探讨。

② Maupain, Francis, "Compliance with International Human Rights Soft Law: The Case of International Labour Recommendations and Similar Instruments", Paper prepared for meeting of American Society of International Law Project on Compliance with Soft Law, Baltimore, Md., 8 – 10 October, 1998.

意,如果最后期限不能满足,便通过一项建议。

硬合法化的成本在国际政治的背景下被放大。嫉妒其主权自治国的国家,不愿意将其限定在合法化承诺范围内。安全问题突出了合法化承诺的分配问题,特别是那些规模更大或涉及更大不确定性的承诺。协商往往是多边的。谈判范围常常得不到清楚划分,因为问题本身定义就有缺陷(例如,杂志的自由贸易是一个经济问题还是文化问题?)。最后,国际制度背景(包括普遍低下的合法化水平)对于降低协议成本助益甚微。

软合法化降低了这一成本。例如,各国通过选择使用免责条款 $\{o, P, d\}$ 来遏抑安全和分配问题;不精确承诺,$\{O, p, d\}$;或使国家能够在不利情况出现时保持对未来控制的授权的"政治"形式,$\{O, p, -\}$。这些机构性设置保卫了国家主权,降低了协议成本与风险,同时提供了一些合法化优势。此外,软合法化使国家有机会了解其协议的后果。在许多情况下,这种学习过程将降低随后向更为硬性的合法化转变的成本。

国际核机制说明了这些优势。① 尽管《核不扩散条约》和其他具有法律约束力的协定,$\{O, P, d\}$,规定了基本的不扩散义务,但许多敏感问题——诸如核材料保护——主要是通过国际原子能机构(IAEA)的建议得到处理的,$\{-, P, d\}$。建议涉及技术事项,如库存控制和运输,其详细程度是条约谈判难以处理的。它们还处理一些内政事务,例如国家监管机构的组织和对私人行为体的监督,国家可能会认为其过于敏感而不适合条约管理。当围绕国际原子能机构建议形成高度共识时,成员国可将其规定纳入具有法律约束力的条约——管理废弃核燃料和放射性废物的规则就是如此——但即使是这些条约也要补充对技术问题的建议。

国际贸易制度也展现了软法在高成本缔约背景下的优势。《国际贸易组织宪章(草案)》设想以具备法律约束力的承诺来限制退出权和实施重大制度,

---

① Kellman, Barry, "Protection of Nuclear Materials", Paper prepared for meeting of American Society of Law Project on Compliance with Soft Law, Baltimore, Md., 8–10 October, 1998.

$\{O, P, d\}$；它也涵盖了各种经济问题。这种法律文书很难进行协商和设计；其制度力量亦在美国国内引起了政治反抗。[①] 由于这些问题的存在，参与国于1947年通过了《关税和贸易总协定》（GATT）作为低成本与临时性的降低关税框架协议。与《国际贸易组织宪章（草案）》相比，1947年《关税和贸易总协定》相对软性：它只是"暂时"生效，包含了宽松的退出条款，并且只创立了框架制度。随着时间推移，各国在治理国际贸易时了解了硬合法化的优势之后，《关税和贸易总协定》就向世界贸易组织转化。这一组织的历史——其草创期从1999年11月部长级会议开始——清楚地表明，实现硬合法化是一个敏感而漫长的过程。

总之，我们认为国家在选择合法化水平时面临权衡。硬性协议减少了法律框架内的运行成本——通过加强承诺、降低交易成本及类似手段——但很难实现。软性协议无法放弃所有这些好处，但是它们首先能降低实现（某些）合法化的成本。一系列权衡过后的选择决定了合法化的"硬度"，无论最初还是长远来看都是如此。

一般情况下，由于缔约成本增加，我们假定合法化的软性形式会对各国更具吸引力。这一主张无论对于相对机械化的成本——例如由大量的行为体和严谨的国家批准程序产生的成本——还是更为激烈的政治成本（例如可能引起强烈分配效应的协商中所盛行的成本）都应成立。在本节的余下部分，我们将探讨权衡硬法/软法的几个关键独立变量，其中每个变量都会增加国际协议成本。这些变量包括主权成本、不确定性、国家偏好的差异、期限与折扣率的差异以及主要行为体之间的国力差异。

主权成本

主权成本的本质。接受有约束力的法律义务，尤其当它涉及向一个超国

[①] Diebold, William Jr., *The End of the ITO: Essays in International Finance*, No.16, Department of Economics and Social Institutions, Princeton University, Princeton, N. J., 1952.

家机构授权时,当事国要付出高昂成本。所涉及的成本范围可以从单纯的特定问题的成果差异,到丧失在问题领域中的决策权,再到对国家主权的更具原则性的侵犯。由于我们承认"主权"概念是广泛和高度争议性的①,故将"主权成本"作为一个涵盖以上三类成本的术语来使用,强调国家在接受国际协议时面临的高风险。劣质成果、权力丧失和主权受损的可能性使国家不愿接受硬合法化——尤其当它含有高级别的授权内容时。

当国家只是为限制特定条件下的行为而作出国际性法律承诺时,主权成本相对较低。各国通常接受这些成本,以达成更好的集体性成果——这从囚徒困境和限制个人选择的集体行动问题得到了展现。这类协议无疑体现了法律主权的运用。即使它们甚至可能会限制国家对其边界的管理能力(例如,要求国家允许货物、资本或人民自由通行)以及执行重要国内政策的能力(当自由贸易妨碍了劳工、安全或环境管理时),从而侵占主权的其他方面时也是如此。

国家在重要决议上接受外部权威时,会产生更高昂的主权成本。国际协议可能或隐或显地干预国际行为体(既非民选也不受内部审查)的国家决议程序。这些制度安排可能会限制国家管理各类问题的能力——如社会补助或工业政策——或要求国家更改国内法律或治理结构。欧洲对于"民主赤字"的担忧和美国激进分子对世界贸易组织中的"无个性官僚"的控诉反映出这

---

① 克拉斯纳(Krasner)给出了四种主权的意义或种类:内部主权(国家内部的权力组织与控制)、独立主权(控制跨国界流动的能力)、国际法律主权(在国际体系中建立政治实体状态)与威斯特伐利亚式主权(避免外部行为体影响或决定内部权力结构)。Krasner, Stephen D., *Sovereignty: Organized Hypocrisy*, Princeton, N. J.: Princeton University Press, 1999. 这些种类互相重叠,在任何必要模式下不发生共变。

克拉斯纳认为,尽管相比威斯特伐利亚式或其他类型的主权而言,法律主权趋向于得到更多尊重,但主权从来不是不可变的。事实上,某些法律正统主义者将主权视为一个基本和不可侵犯的法律概念,事关制定及退出国际条约时的国家大权。但法律理论家最近争辩说,鉴于国际合法化目前的发展,这种观点是站不住脚的;他们得出这样的结论:"是时候慢慢将这一术语从国际关系的礼貌用语中清除出去了,当然在法律上也是如此。"见 Henkin, Louis, Richard Crawford Pugh, Oscar Schachter, and Hans Smit, *International Law. 3d ed.*, St. Paul, Minn.: West Publishing, 1993, p. 19。我们避开这些概念性争论,而着重关注国家往往认为国际合法化侵犯其广义上的主权这一事实。

一问题的重要性。然而，这种安排的影响为国家退出国际协议的能力所缓和——尽管纠缠的过程可能会使国家为此付出越来越高的成本。

当国际制度妨碍一国与其公民或领土间关系这一传统的（威斯特伐利亚式）主权标志时，主权成本最高。当然，对国内政策的一般限制会在当代的福利国家产生同样效应；但若出现例如一家国际人权组织限制一国管理其公民能力的情况时，会使此类效应加剧和普遍化。类似地，美国会对国际刑事法院主张对美国士兵参与国际维和任务或对外行动实施司法管辖表示恰当关切。诸如《国际海洋法公约》这样的协议会重新界定国家领土（例如对领海、专属经济区和大陆架界限划定的管辖权）并限制国家对于其用途的限定能力（例如无害通过权的实施）。个体国家也同样保留了退出权，但这样做实际上可能会损害其（法律）主权，同时还要承担失去有地位的国际共同体成员承认的风险。

随着时间推移，合法化会进一步导致产生常常无法预见的主权成本。甚至即使是规则也正是为缩小成本范围而被指定，或在通过包括退出条款或限制授权等措施得到软化时，国家也不能预见或限制规则可能产生的所有影响。

授权是不可预见的主权成本的最大来源。正如查尔斯·林德布洛姆（Charles Lindblom）所指出的那样，授予的"权力总会达到无法控制的程度"①。最好的例证是欧洲法院。克伦·艾尔塔（Karen Alter）在对此问题的叙述中称，欧洲法院的裁决把《罗马条约》第一百七十七条的初步裁定程序从对超国家权力的审查变成了私人诉讼者以不符合欧洲法律的理由挑战国家政策的手段。类似地，当法国和加拿大一直致力于将贸易合法化对其自主文化政策的影响降到最低时，它们还是发现，其自治权渐渐为世界贸易组织和北美自由贸易区的决定所削减。甚至像国际货币基金组织或世界银行这样的非法律组织也以超出缔约国初始意图或预期的方式表现其独立性。②

---

① Lindblom, Charles E., *Politics and Markets: The World's Political - Economic Systems*, New York: Basic Books, 1977, p. 24.

② Abbott, Kenneth W., and Duncan Snidal, "Why States Use Formal International Organizations", in *Journal of Conflict Resolution*, Vol. 42, No. 1, 1998, pp. 3 - 32.

向独立的国内法院和机构授予法律权力能够引起类似的意外后果。然而，国家通常认为自身拥有对国内法院的最终控制权——它们任命法官，并控制进行刑事活动的司法部门——于是它们发现，在一般情况下，国内授权主权成本较低。

即使最强大的国家也承认，合法化会限制他们的自主权。美国对自主的国际机构的反对，无论是《国际海洋法公约》下属组织、国际刑事法院还是更具普遍性的联合国，反映了对授权增加的特别担忧。① 甚至在具有决定性政治影响的《北美自由贸易协定》中，美国也会拒绝授权给超国家争端解决机构以解决州际争端；只有审查反倾销和反补贴税裁决的协定第19条才授予了重要权力。美国国会还明确规定，只要出现限制授权给国家法院的内容，国际协议就不会被国内法自动执行。② 最近，考虑到高度合法化的世界贸易组织争端解决机构可能扩大《乌拉圭回合协议》的意义，国会进行了加入世界贸易组织成本与利益的初期审查，包括与快速退出组织程序相关的法律进程结果。相反地，美国与其他国家加入受限制机构的意愿表明，其获益要超过主权成本——至少在一定程度上如此。

当相互矛盾的国内与跨国利益影响国际合法化发展时，主权成本的概念更为复杂。从那些比国家政策提供更多优惠的国际协议中，国内团体可能会发现负面的主权成本。这方面的例证包括某些自由贸易联盟（它们更愿意使其成员国贸易政策受世界贸易组织裁决约束，而不向变化无常的个别立法机构开放）以及环保团体（它们相信可以从国际协定中取得相比国内政策更多的收获）。出于类似原因，尽管一个权力预期稳固的政府不愿限制其对某一问题的掌控，而不确定其权力长久性的政府可能试图通过国际法律承诺约束其

---

① 夏皮罗（Shapiro）的极端观点认为，此种发展是任何法律体系发展中一个不可避免的部分。Shapiro, Martin, *Courts: A Comparative and Political Analysis*, Chicago: University of Chicago Press, 1981. 我们则认为合法化的优势造成了一个趋向这一方向的强大拉力，但主权成本却产生了关键的抗拒作用；至少在可预见的未来，根据问题与国家的特性，我们应当预计到国际合法化水平的混杂性。

② Frederick M. Abbott, "NAFTA and the Legalization of World Politics: A Case Study", in *International Organization*, Vol. 54, No. 3, Summer 2000, pp. 519–547.

后继者。① 我们将在下一节中讨论这一内部变量。

主权成本也可能由于外部原因而具有负面性，如参与国际安排能够增强一国的国际和国内地位时。② 主权的关键特征已被编成一系列法律文书，包括1933年《蒙得维的亚国家权利义务公约》、《联合国宪章》第二条和联合国大会《关于各国依联合国宪章建立友好关系及合作之国际法原则之宣言》。地区性的法律安排包括如美洲国家组织（OAS），为国家主权提供亟须的支持。《美洲国家组织宪章》第四章规定，不论国力差异促进成员国独立和主权平等，并通过不干涉原则保护成员国内部主权。

尽管负面主权成本是一个重要例外，正面主权成本仍是国际合法化更标准（也更复杂）的案例。硬合法化——尤其是经典的中央司法机构的法律模式，能够在争端解决过程中增加协议条款——会造成高昂的主权成本。因此，各国在面对不同合法化形式的益处与主权成本之间仍需权衡。

国家可以通过不具约束力的、不精确的或不广泛授权的法律制度节制主权成本。国家常常采用较不精确的规则和较弱的法律机构保护自身，例如欧洲理事会《保护少数民族框架公约》，$\{O, p, d\}$。这些制度往往规定，成员国必须遵守特别条约议定书，随后法院或准司法机构才可以确认实施司法管辖（例如美洲人权制度），或者需得到涉及某一争端所有各方的同意才可以将案件提起诉讼。形式更为弱化的授权——如军备控制协定特有的咨询安排，$\{O, P, -\}$——通过结合法律义务与政治防控机制，甚至能更多地节制主权成本。这样，软合法化便提供了各种手段——没有一种是完美的——供国家节制主权成本。

---

① 哥伦巴托（Colombatto）与梅西（Macey）的相关观点认为，政府机构寻求国际合法化是为了以牺牲国内团体为代价保护其行政地位。Colombatto, Enrico, and Jonathan R. Macey, "A Public Choice Model of International Economic Cooperation and the Decline of the Nation State", in *Cardozo Law Review*, Vol. 18, 1996, pp. 925–956.

② 在克拉斯纳（Krasner）的术语中，这些各自构成了国际法律主权与威斯特伐利亚式主权。

国际反洗钱制度提供了一个良好例证。① 20世纪80年代初,美国发起了对犯罪所得进行国际洗钱的抵制运动。许多国家由于担心合法商业交易以及国内谨慎监管机构与检察官之间的职权分工受到干扰,坚持将洗钱行为定为犯罪,或要求对金融交易进行更为严格的审查。为了解决这一担忧,经济合作与发展组织于1989年建立了金融行为专家工作小组。专家小组提出政策性建议,管理同行审查体制,并甚至可以采取温和的制裁措施。其指导方针并不是像硬法承诺那样实行严格约束,且更难以强制执行。但它为国内执行(有足够的灵活性适应国家差异)确立了共同基准、规范行为并期望违反行为将付出政治代价。专家小组通过国际行为体、相关国内官僚体制与非政府组织对合法参与国家决策提供了指导。它借助了一种法律话语形式与某些国际法原则。在运作期间,专家小组促成了指导方针包含原则的高度融合。

上文中的例子表明,软法提供了一种减少主权成本的方式:沿着一条更广泛和差别细微的权衡曲线扩大可用的制度安排。国家如何评估这些权衡——从而确定自身对不同合法化形式的偏好——取决于自身特点和特定问题领域的状况。

主权成本和问题类型。通过将对国家自主权与主权的约束视为随问题不同而变化的成本,我们假设国家会在面对不同问题时选择不同的合法化形式。一个极端是,主权成本在与国家安全相关的领域中极高。由于现实主义者提出的标准原因,即便存在相对收益,对手对于协议的意外风险也非常敏感。甚至面临共同外部威胁的盟友也不愿意放弃对其安全事务的自主权。于是,毫不奇怪的是,即使在北约这个有史以来制度化程度最高的联盟,授权也是适度的,$\{O, p, d\}$,还有欧盟安全协议相对其他制度化发展的落后性。类似地,像《关于限制进攻性战略武器的某些措施的临时协定》(SALT)这样的双边军备控制协议可以对指定导弹数量和类型进行非常精确的规定,同时

---

① Simmons, Beth A., "Soft Law Compliance: The Case of Money Laundering", in *Commitment and Compliance: The Role of Non-binding Norms in the International Legal System*, edited by Dinah Shelton, Oxford: Oxford University Press, 2000a.

无疑具有法律约束力,但只进行了最低限度的制度化,{O, P, -}。

政治经济问题显示了一系列主权、成本以及合法化问题。与国家利益紧密结合的技术事项处于一个极端,例如国际运输或食品标准。此处的主权成本很低,合法化协议的产生率相应较高。甚至可以看到相当程度的授权——包括授权给私人行为体发挥主要作用的组织,如国际标准化组织(ISO)——而低主权成本和技术复杂性使得缺乏协调性授权很难迅速达成协议。然而,诸如投资政策、洗钱及与安全相关的出口控制等政治经济问题始终保持了敏感性,没有在几乎相同程度上得到合法化。类似地,税收政策是所有国家职能的核心,同时却越来越需要国际协调。许多双边协议反映了这一特征,但总体上的制度化程度却很低。

贸易问题处于这两个极端之间——主权成本很高,但通常为合法化协议的可感知利益所抵消。这部分是由于国家间利益冲突少,部分则由于合法化国内受益者强大的支持。因此,即使就某一问题而言,主权成本也随着国家和时间推移而改变。例如,农业协定的主权成本对于幅员辽阔、政治集权的较不发达国家来说要更高;随着农业的相对重要性提升,它们在经济合作与发展组织国家中的数量逐步减少。

最后,制度化程度最高的法律制度,如欧盟,出现在致力于减少主权,或长期合法化合作已导致出现不顾国家抵制的制度化的地方。贸易制度化的历史再次具有了启发性。在许多方面,今日的世界贸易组织是一个比预想中的国际贸易组织强大得多的机构。根据《关税与贸易总协定》不断扩大贸易的成功改变了国内的政治平衡,降低进一步合法化的成本。此外,国家"了解"了更为硬性的合法化(如更强有力的争端解决机制)可以产生更大的利益;陷于纠缠危险的可能性也会使它们安心。然而,对世界贸易组织未来的持续性激烈争端也反映了各国对于牺牲自主权的一贯谨慎。

不确定性

许多国际问题是新的和复杂的。潜在的问题可能不好掌握,因为国家无法预见一项合法化安排所有可能的后果。处理这种问题的一种方法是将权力授予一个中央机构（例如法院或国际组织）来实施、解释和根据情况调整协议。这一方法避免没有达成协议或不得不持续（再）谈判的成本，但它通常需要高得难以接受的主权成本。软合法化提供了处理不确定性问题的众多更具吸引力的替代选择。

首先，国家可以降低其承诺的精确度：$\{O, p, d\}$。当然，如果不了解相关的意外状况，他们即便有意愿也不能实现硬法的精确度，除非对问题各方面有更好的了解。因而，军备控制协议可以精确控制已知的技术，并且甚至可以限制对相关技术的研究，因其成果可得到合理预期（如测试反导系统）。但它不能控制无法预见军事影响的技术。一揽子限制所有具备潜在军事意义的研究将会令人难以忍受地损害有益民用技术的发展。

但不确定性同时降低了精确性的满意度与实现度。对风险和不确定性的经典区分在此处意义重大。[1] 当风险是主要关注点时——也就是，当行为体不能预测协议结果，却能根据协议条款这一条件知道可能结果的概率分布——精确的协议提供管理和优化风险份额的方式。[2] 但如果条件完全不确定——也就是，连可能结果的范围和（或）分布也是未知的——那么更确切的协议可

---

[1] 参见 Knight, Frank H., *Risk, Uncertainty, and Profit*, Boston: Houghton Mifflin, 1921; Ellsberg, Daniel, "Risk, Ambiguity, and the Savage Axioms", in *Quarterly Journal of Economics*, Vol. 75, No. 4, 1963, pp. 643–669。

[2] 例如，更精确的协议会包含重新谈判条款，这样国家可以在大事发生后修改协议。见 Koremenos, Barbara, *On the Duration and Renegotiation of International Agreements*, Ph. D. diss., University of Chicago, 1999。这个精确度提高的情况假定了风险厌恶国家的存在；风险偏好者会以不精确、有约束力的协议做赌注。最终，当协议受到典型的标准委托代理模型中出现的信息不对称限制时，协议的最优化将成为次优化。

能也是不可取的。尤其是，如果行为体"厌恶模糊"①，他们会宁愿使协议不精确，而不愿面对被不利承诺所束缚的可能性。类似全球变暖这样的陌生环境条件提供了很好的例证：由于性质、严重程度，甚至这些威胁的存在本身，还有应对威胁的成本都高度不确定，环境"框架"协议中的不精确承诺可能是最优的应对方式。

第二种应对不确定性的方式是通过精确但不具有法律约束力的制度安排，例如《二十一世纪议程》、《关于森林问题的原则声明》及1992年里约热内卢联合国环境与发展大会通过的其他劝告文书，$\{-, P, -\}$。这些制度安排允许各国在实践中观察规则影响，并获得其好处，同时保持灵活性，以避免规则可能包含的任何不愉快的意外。有时，精确度实际上被用来限制法律义务的约束性质，例如谨慎制定的例外条款或免责条款一样。这些安排也保护缔约方不受协议隐含成本或不可预见的意外状况损害，以使各国不受承诺反悔的困扰。

第三，虽然高级别授权会加剧协议的不确定性，适度授权——通常涉及国家掌控的重要政治和管理机构——提供了另一种管理不确定性的方法。联合国专门机构和其他国际组织，$\{-, p, d\}$，对于各种问题具有有限的管理作用，还有少量的（主要是金融领域）组织具有更重要的自主权。② 这些组织有能力提供信息（并因此减少了不确定性），也能修改和调整规则，或者创设标准。③ 然而，一般情况下，这种授权等级也只出现在主权成本低的领域，

---

① 厌恶模糊意味着行为体相对未知结果而言更偏好已知结果（包括现状）。当行为体知道可能的结果，但不知道两种可能结果概率分布中的哪一种支配着它们，埃尔斯伯格（Ellsberg）是在假定一项行动导致出现可能性最小的预期结果时描述厌恶模糊的，见 Ellsberg, Daniel, "Risk, Ambiguity, and the Savage Axioms", in *Quarterly Journal of Economics*, Vol. 75, No. 4, 1963, pp. 643 – 669。在此种情况下，即使缔约成本为零，代理机构相对完全契约会更偏好不完全契约，见 Mukerji, Sujoy, "Ambiguity Aversion and the Incompleteness of Contractual Form", in *American Economic Review*, Vol. 88, No. 5, 1998, pp. 1207 – 1231。

② Abbott, Kenneth W., and Duncan Snidal, "Why States Use Formal International Organizations", in *Journal of Conflict Resolution*, Vol. 42, No. 1, 1998, pp. 3 – 32.

③ Gold, Joseph, "Strengthening the Soft International Law of Exchange Arrangements", in *American Journal of International Law*, Vol. 77, 1983, pp. 443 – 489.

例如技术协调。更多基本的制度安排制定通常伴随着直接的政治进程。因而，军备控制协定是精确和有约束力的，但限制授权给促进政治协商的论坛，不是独立的第三方制定决策，{O, P, -}。

动态地看，这些软合法化形式提供了个人与集体学习的策略。① 考虑下面这种国家有法律义务，但不具有精确性的案例，如根据原始的《保护臭氧层维也纳公约》，{O, p, -}。这些法律义务提供了灵活性，保护国家通过谈判形成的规范准则解决长期问题，而不是通过精确规则的约束。例如劝告文书，{-, p, d}，同样提供了评估行为的通行标准，并支持学习减少长期不确定性的进程。一些关于妇女和儿童权利的新兴制度安排符合这一模式。精确但不具有约束力的协议，例如《赫尔辛基最后文件》，{-, P, d}，往往包括了诸如会议和审查环节的制度性手段，用于国家解决问题不确定性时可能进行的承诺深化。

实际上，适度授权——包括支持分散谈判、专家评价与信息收集能力的国际组织——可能比裁决程序（国内或国际的）更始于调整规则，因为其对各种情况的理解程度更好。例证包括推荐（往往连同私人行为体一起）国际标准的众多国际机构，包括技术、运输与健康等一系列问题。虽然不具有约束力，但它们提出的建议给出了国家和私人行为体通常遵循的精确和令人信服的协调点。在其他情况下，咨询委员会或正式的国际组织可能有权随着学习的发生使规则更为精确。这种有效的机构需要某些自主权，但国家在真正重要的问题上可能并不愿意授予这些权力。

这里描述的学习进程可以通过粮食与农业组织—联合国环境规划署（FAO-UNEP）的联合机制得到说明，这一机制要求有害化学品和农药的国际

---

① 关于理性主义的学习途径，见 Morrow, James D., "Modeling the Forms of International Cooperation: Distribution Versus Information", in *International Organization*, Vol. 48, No. 3, 1994, pp. 387 – 423; Koremenos, Barbara, *On the Duration and Renegotiation of International Agreements*, Ph. D. diss., University of Chicago, 1999。关于更具建构主义的途径，见 Finnemore, Martha, *National Interests in International Society*, Ithaca, N. Y.: Cornell University Press, 1996。我们的观点是，作为获取信息的学习与作为改变偏好或特性的学习都是合法化的重要（及相容）方面。

运输需得到其事先知情同意。① 粮食与农业组织 1985 年通过了配给及使用农药的"行为守则";环境规划署 1987 年出台了化学品国际贸易信息交换的"指导方针"。由于对管制物品向发展中国家出口的持续关切,这两个组织于 1989 年对各自的软性法律文件添加了修正案,补充了有害物质的国际运输需经事先知情同意和经过同意批准程序的规定。此程序由粮食与农业组织和环境规划署管理。两个组织资助了来自政府和工业界的专家组的广泛协商,并提供技术援助。这一批准体系,涉及低义务、相对较高精确度和适度(很大程度上是管理性和技术性的)授权,$\{-, P, d\}$。1992 年里约热内卢会议上,支持者尝试通过有一项约束力的条约"硬化"批准体系,但这一努力失败了。但是,粮食与农业组织和环境规划署继续管理现存体系,若干年后,两个组织的成员国都授权进行正式的缔约谈判。1998 年 9 月批准的公约近乎精确地展示了粮食与农业组织—环境规划署体系的发展轨迹,$\{O, P, d\}$。

在本节中,我们已经提出软合法化提供了对不确定性的合理适应性。它允许国家获得可凭不完备知识识别的"轻松"收益,而避免了阻碍谈判完成的差异或不确定性出现。软合法化进一步提供了一种框架,国家可以在其中根据情况变化调整其制度安排,同时可以通过进一步协商追求"困难"收益。软法避免了集中仲裁或其他高级别授权引起的主权成本,比根据新信息重新谈判要经济得多。

我们的讨论也表明了不同合法化形式何时最可能被采用的假说。考虑不确定性和主权成本,有两个我们分析中的主要独立变量,四种可能的高/低组合。这两个变量都低,国家将倾向于采用硬性法律安排以有效管理其互动,$\{O, P, D\}$。当主权成本较高而不确定性较低时,国家将不愿意授权,但仍会倾向精确和/或有约束力的安排,$\{O, P, -\}$。相反,如果主权成本较低并且不确定性较高,国家将愿意接受有约束力的义务和进行至少是适度的授

---

① Mekouar, Mohamed Ali, "FAO/UNEP Non-Legally-Binding Instruments on Pesticides and Chemicals: The Requirement of Prior Informed Consent", Draft paper prepared for meeting of American Society of International Law Project on Compliance with Soft Law, Baltimore, Md., 8 – 10 October, 1998.

权，但将反对精确的规则，{O, p, d}。最后，当不确定性和主权成本都较高，合法化将侧重于提出灵活或劝诫性的义务，既不精确也非高度机构化，{o, p, -} 或 {-, p, -}。在所有这些情况下，合法化都提供了国家解决不确定性的工作框架，使硬合法化更有吸引力。

作为妥协工具的软法

在某一时间点上的妥协。软法可以缓和国家间的谈判问题，正如它开辟了达成互相均可接受的妥协的机会一样。在异质性国家之间达成硬性的、高度细化的协议是一个高成本和长期的过程。通常，商讨一个建立共同目标但精确度低、可能具备有限授权的软性协议更为实际。

软合法化允许各国根据特定情况调整其承诺，而不是试图在单一的文本内适应不同国情。这提供了实施的灵活性，有助于各国应对一项协议产生的国内政治和经济后果，进而提高了协议执行效率。因此，根据各国在偏好和能力上的差异程度（当一国从双边谈判经区域谈判而转向多边谈判时，这是一个几乎是自动增添的条件），软法应该是有吸引力的。

当不确定性或一个棘手的问题威胁搅乱更大规模的"一揽子交易"时，灵活性尤其重要。不用达成全面协议，各国就可以采用劝诫性或不精确的条款来处理困难问题，使它们能够继续进行余下的谈判。北美自由贸易区劳工与环境补充协议表明了这一点。

软性也能够适应对合法化准备程度不同的各国。那些机构、法律和人员上允许其作出硬法承诺的国家可以达成同类协议；而那些因这些领域的弱点而妨碍其实施硬法承诺的国家可以接受更软性的协议形式，或许采用例外、权力保留或阶段实施的方式。许多条约为发展中国家、转型经济体及其他类型的国家采取了此种特别规定。要么在所有形式中选择一项更软性的协议，要么选择一项限制成员资格的更为硬性的协议，国家会偏好其中一种制度安排。随着时间推移，如果软性协议成功，且无不良后果，最初不情愿的国家也会接受更硬性的合法化。

1996年,《关于常规武器和两用物品及技术出口控制的瓦森纳协定》展示了如何利用软合法化促使妥协达成。① 《瓦森纳协定》是多边出口控制协调委员会,一个西方协调控制对苏联阵营出口的非正式组织的继任机制。美国要求建立一个新机构,以应对后冷战时期的安全威胁,如恐怖主义、区域冲突和像伊拉克这样的流氓国家进行的军备制造。但是它面临着达成协议的几个障碍:几乎是预期数目两倍的国家愿意加入;冷战时期的"共同敌人"不再存在;参与国对特定国家和冲突有着迥异的态度;出口管制的经济成本在各国间分配不均;一些国家技术上建立复杂的出口管制制度的成熟度高于其他国家。

不具备约束力的"协议"通过为合法化所有三个元素注入可靠的灵活性克服了这些障碍,{-, p, -}。协议的核心建立在交换以往出口规定产品给规定目标市场买家的信息。这一信息使成员对可疑的获取方式产生警惕和提升反对商业压价的同行压力。这项协议以共识方式进行运作,成员国在国内法中实施其要求。在美国产生了许多问题,例如事先批准出口销售。但是,作为回报,它却获得了列入常规武器和两用物品、受控物品的特定列表、某些特定对象国的指派和允许其应对严重事态的透明程度。

这些灵活性的优势不会没有代价。软法妥协使确定一个国家是否信守其承诺变得更困难,并因此产生逃避责任的机会。这些妥协也会由于援引坚实的国际承诺削弱政府坚持自身政策的能力,因而使国内团体,包括其他政府分支在内,更容易破坏协议。再次,在灵活性达成协议的优势与它在确保履行方面的缺陷之间,国家面临权衡。

国家可以将协议的各种元素设置成不同的硬度组合,以细致安排不同问题的权衡方式。授权的替代形式可以用于抵制逃避责任的倾向。在某些情况下,国际性报告的要求可能就足以确定各国是否履行了其承诺。此外,国内执行的要求,包括国内合法化在内,可授权个体行为体,如公司或非政府组

---

① Dursht, Kenneth A., "From Containment to Cooperation: Collective Action and the Wassenaar Arrangement", in *Cardozo Law Review*, Vol. 19, 1997, pp. 1079 – 1123.

织来执行协议。

长久的妥协。因为软法协议甚至可以使各国选择特定形式的话语和程序，软法提供了实现长久妥协的办法。设想一个耐心的国家（低违约率）正在寻求让步，但又不愿足够迅速地提议（例如，将其他问题牵扯进来），以促使某一急切的国家提出让步。不过，耐心的国家可能愿意对当前问题作出（程度较小的）清算，以作为对一项有望使急切国家未来作出让步的软法协议的回报。只要国家认为摆脱法律程序的代价日趋高昂，软法就有助于补救国际关系中极为突出的承诺问题。

《赫尔辛基协定》的签署进程戏剧性地说明了这种妥协形式。苏联（急切一方）迫切需要稳定与西欧和美国之间的军事与政治关系，使经济关系可以更快地发展。西方（更耐心一方）不愿意在有法律约束力的基础上承认苏联在东欧和中欧的主导地位，但它愿意以不太精确和明显不具有法律约束力的条款完成此事——如果苏联人反过来愿意接受一个软性的人权框架制度的话。这一制度长远来看产生了出人意料的重要影响。

苏联人肯定低估了"3号篮子"的长期效应，但坚持讨价还价（包括努力"不干涉"术语模糊协议条款），显示出其对待这些让步措施的严肃态度。[①] 这样，苏联领导层利用软性承诺处理了其面对的紧迫问题，将成本推给其继任者解决。无论国内或国际层面，随后的苏联政权都无法遏制"3号篮子"的安排，表明了软法的长期性微妙力量。

软法的长期效应，包括学习过程在内，并不意味着法律协议有不可避免的合法化由软及硬的生命周期。硬法或许更可能从软法发展而来，而不是从建立成熟硬法的（空想的）计划中产生。但这并不意味着所有软合法化是通向（更）硬合法化的中转站，或者硬合法化是最优形式。前面提到的缔约困难在某些问题领域可能永远无法解决；这里，可实现的软合法化将优先于无

---

① Maresca, John J., *To Helsinki：The Conference on Security and Cooperation in Europe 1973－1975*, Durham, N. C.：Duke University Press, 1985. 美国谈判代表与美国公众也低估了这些安排的长期重要性。

法实现的硬法。在这些情况下,继续往更高级的合法化是既非无可避免,也不一定是理想的。

艾尔塔(Alter)在这一问题上对赫尔辛基经验和针对欧洲法院激进主义的"强烈反弹"的叙述表明了软法演化更深层的局限:国家可能从经验中学习到,即使是软合法化形式也能随着时间推移产生强烈作用。随着国家对这一教益的内化,他们将更加注意纠缠和向其他谈判渐进发展的可能性。例如,如果赫尔辛基经验仍在影响中国对于(甚至软性的)人权承诺的立场,这是毫不令人惊讶的。急切的国家可能会被强迫接受软合法化以获取当前的回报,但他们可能会承受更高的代价。

弱国与强国之间的妥协。软合法化便利了弱国与强国之间的妥协。传统的法学观点认为法律是弱者的盾牌,而传统的国际关系观点则认为法律是强者的工具。这些看似矛盾的观点可以通过理解(软)法如何有助于两种类型的国家实现其不同目标而得到调和。

无论对软法的观点如何,传统的法律学者普遍赞同合法化有助于弱国。威尔(Weil),一个尖锐的软法批评者,写道:"[硬]法凭借其严谨性在弱者与强者之间实现保护与解救。"① 更倾向于软法的迈克尔·赖斯曼(Michael Reisman),认同法律对弱者的好处。② 这些观点附和了宪政主义[一个旨在创建法治而非人(或国家)治政府,以限制强权的运动]的分析。③ 在国际层面,从不干涉的基本原则到像《核不扩散条约》这样的协议,均可以界定权力斗争的规则。

正是出于这些原因,小国与从属国往往寻求硬合法化。在其有效范围内,硬法提供保护,并通过对强国可能行为的界定减少了不确定性。鲁兹(Lutz)

---

① Weil, Prosper, "Towards Relative Normativity in International Law?", in *American Journal of International Law*, Vol. 77, 1983, p. 442.

② Reisman, W. Michael, "Remarks", *Proceedings of the 82nd Annual Meeting of the American Society of International Law*, Vol. 82, 1988, p. 377.

③ Lindblom, Charles E., *Politics and Markets: The World's Political-Economic Systems*, New York: Basic Books, 1977.

和辛金克（Sikkink）在这个问题上争辩说，拉美国家早就认为国际法提供的保护正是美国提供给它们的那一种。① 由于对自身命运的直接控制程度较小，小国家从硬合法化承受的主权成本也较小。事实上，硬法可能会导致负面主权成本产生，以提升国际地位并提供至少形式上的平等。从种族、政治或经济原因出发，支持非洲后殖民主义分界线意义不大，便是法律制度对于弱国价值的一个鲜明例证。

相反，许多国际关系学者（和一些持批判观点的法律学者）对国际法律完全受制于国际强权持怀疑态度。强国能更出色地控制国际成果，较少需要保护，并面对着较高的主权成本。即使坚持合法化是成功的关键，它们也不太需要合法化，反而有更多理由抵制它。

出于这些原因，现实主义者很大程度上将国际法视为一种附带现象，仅仅反映了权力分配。制度主义者也将权力（例如，霸权和/或分散报复的能力）视为国际体系中秩序和规则的主要来源。然而，与现实主义者不同，他们认为制度具有现实的效果，会导致分离体系中的权力与利益分配。

理解了合法化，尤其是软合法化之后，这些观点可以在某种程度上得到调和，作为进一步推动这两类国家的目标。最重要的是，具有法律约束力和相对精确的规则使强国和弱国能够调整相互间不对称的关系。由于不断公然行使权力成本高昂，强国通过将其优势体现在已确立规则中而获利。由于较弱国家在谈判中总是处于劣势，他们是从合法化承诺的确定性和公信力中获利。其结果与一份保险合同并无不同，弱势一方乐意支付保费给强势一方，由后者承担，或在这种情况下减少某些风险。此外，双方都从降低持续性谈判的交易成本中获利。

当然，较强国家对议定规则内容有不成比例的影响。但由于胁迫的高成本，即使最强大的国家也无法简单地支配每一项谈判的成果。相反，强国通常必须使合法化协议的实质性内容（正好）具有足够的吸引力，以在可承受

---

① Ellen L. Lutz and Kathryn Sikkink, "International Human Rights Law and Practice in Latin America", in *International Organization*, Vol. 54, No. 3, Summer 2000, pp. 633－659.

成本范围内鼓励广泛参与。降低的谈判成本通常会为这种让步提供足够空间。

强国最关注授权这一不可预见主权成本的主要来源。因此,各种涉及有限授权的合法化形式,例如,$\{O, p, -\}$ 或 $\{O, p, d\}$,为弱者与强者之间的合作建立了关键基础。较低级别的授权防止了对强国主权维护的意外干扰,同时允许它们对决策制定施加重要影响。授权给行政机构而非司法机构,使强国能够保持对当下问题管理的掌控。行政机构的结构和决策制定规则,包括正式投票程序在内,提供了平衡成员间利益的长远手段。①

软合法化同样提供了其他的重要合作理由。我们之前叙述了合法化如何帮助国家解决承诺问题。这一点的重要性在大国希望小国采取使自身变得脆弱的行动时就显现出来了。在这种情况下,强国通过同意在具有法律约束力的规则和程序框架下行事来劝导合作,令人信服地限制了自身的机会主义行为;尽管低级别授权可以使它们保持对决策制定的决定性影响。例如,尽管负担沉重,美国还是通过联合国安理会进行海湾战争,$\{O, p, d\}$,因为这有助于它从较弱国家争取宝贵的支持,包括在沙特阿拉伯设立基地和从日本筹措资金。虽然美国拥有否决权,安理会的介入也允许各支持国监督和影响美国的活动范围。②

---

① 当实力对比极不对称时,主导国家可能更偏好双边协商。多雷姆斯(Doremus)因而发现,美国对生物技术专利制度进行合法化制度安排,这一制度下各国协商能力相对均等;将更加政治化的双边互惠机制用于美国最强大的半导体领域;美国还利用其单边力量执行软件版权制度,它在此领域的实力优势适中。见 Doremus, Paul, "Externalization of Domestic Regulation: Intellectual Property Rights Reform in the Global Era", in *Indiana Journal of Global Legal Studies*, Vol. 3, 1996, pp. 341 – 374。多雷姆斯也认为,合法化在没有一国具备较强市场优势的产品周期阶段内将更可能发生。

② 冷战时期东欧阵营的合法化提供了另一个有趣的例子。整个冷战期间,苏联在其势力范围内具有压倒性优势,但它早就明白,大棒下的统治不及更均衡的关系效率高。从20世纪50年代中期开始,它将经济互助委员会(CMEA)由一件进行单边控制的工具变为一项协议,这项协议提供给东欧国家的胡萝卜是有补贴和保障的燃料和原料供应,以换取其对苏联控制的默许。参见 Marreese, Michael, "CMEA: Effective but Cumbersome Political Economy", in *International Organization*, Vol. 40, No. 2, 1986, pp. 287 – 328。经济互助委员会的合法化水平低,$\{o, p\}$,苏联可以轻易恢复强制性战略,正像它1968年在捷克斯洛伐克所做的那样。不过,经济互助委员会还是促进了东欧阵营国家之间的持续性合作。

最后，即使没有外部承诺的问题，弱国政府一旦被发现受强国支配，就要付出高昂的国内成本。以合法化方式组织国际协议，以及授予国际机构适度的监管权，可以减轻这些成本，而不会不当地干扰强国所期望的成果。我在别处将正式国际组织的作用形容为这类"洗钱"行为的媒介。①

有两个实例说明了软法是如何便利强弱国家之间的谈判的。《国际海洋法公约》扩大了沿海国家的领土主权，在海洋资源开发中给予欠发达国家以作用，并保护了强国的权利（例如军事通行权）。这一协议的大部分义务和精确性程度都很高，但授权是有限的——尽管公约创建了一个特别法庭，但它处理的纠纷却极少——这一项事业的运行仍需在实践中完成。

《核不扩散条约》明显反映了成交条件：弱小国家接受现存的核垄断；强国同意实行武器限制和技术转让。虽然有退出条款和二十五年重新谈判条款，义务程度仍极高。精确度在限制军事技术转让方面较高，而对于限制商业技术转让方面则较低。向国际原子能机构的授权很大程度上受各大国（垄断了必备的专门知识）控制。

对于软合法化的理解有助于调和关于法律效果看似矛盾的观点。作为过程看待，合法化是一种强国占优的政治协商形式。但是，对强国来说，合法化对效率的提升——犬儒主义地说，提供了榨取弱国利益的有效手段——取决于强国劝导弱国参与时提出令其足够满意的条件。作为成果看待，合法化稍欠政治性，因为即使是强国也必须接受法律原则和话语的限制，以利用合法化协议。但强国对实质性的法律规则影响最大，与（软性）国际合法化有关的机构往往是为确保强国的领袖地位而创立的。

私人行为体的作用

在从贸易与投资到人权与环境的众多问题领域，个体和私人团体是对新

---

① Abbott, Kenneth W., and Duncan Snidal, "Why States Use Formal International Organizations", in *Journal of Conflict Resolution*, Vol. 42, No. 1, 1998, pp. 3 – 32.

型国际协议——也是因支持现状而反对新协议——最负责的行为体。一系列研究记录了非国家行为体（包括传统利益群体，建立在因果知识与专业学科之上的知识社群①，及致力于规范性价值的非政府组织）日益增长的作用。②对私人团体来说，国际会议和组织变得更容易接近，使得它们在国际国内都能发挥作用。跨国倡议联盟的出现与国际问题和讨论的范围一致。③同时，独立政府单位已越来越多地参与跨国规则制定。这些趋势激发了对"自由主义"观点④下的国际关系理论及其在国际法问题上的应用的系统性重组。⑤

这一发展促使我们考虑非国家行为体在国际合法化中的作用。到目前为止，我们围绕国家进行的讨论与认为政府行动反映出国内利益的平衡这一自由主义的假定保持一致；讨论大多也适用于政府单位之间的协议。不过，在本节中，我们要明确研究非国家行为体追求各种合法化形式的原因。我们采用三种理论观点：多元主义观点，认为私人团体之间的互动决定了国家偏好与国际成果；公共选择观点，认为政府追求私人奖励；以及中央集权观点，认为（部分）自主的各国政府与私人行为体进行互动。

---

① Haas, Peter M. (ed.), "Knowledge, Power, and International Policy Coordination", in *International Organization*, Vol. 46, No. 1, 1992, Special issue.

② 参见 Slaughter, Anne-Marie, "Busting Out All Over: The Proliferation of Actors in the International System", Unpublished manuscript prepared for the Conference on New Challenges for the Rule of Law: Lawyers, Internationalization, and the Social Construction of Legal Rules, Santa Barbara, Calif., 7 – 9 November, 1997a; Risse-Kappen, Thomas, *Bringing Transnational Relations Back In: Non – State Actors, Domestic Structures, and International Institutions*, Cambridge: Cambridge University Press, 1995a; Raustiala, Kal, "The Participatory Revolution in International Environmental Law", in *Harvard Environmental Law Review*, Vol. 21, 1997, pp. 537 – 586。

③ Keck, Margaret E., and Kathryn Sikkink, *Activists Beyond Borders: Advocacy Networks in International Politics*, Ithaca, N. Y.: Cornell University Press, 1998.

④ Moravcsik, Andrew, "Taking Preferences Seriously: A Liberal Theory of International Politics", in *International Organization*, Vol. 51, No. 4, 1997, pp. 513 – 553.

⑤ Slaughter, Anne-Marie, "The Real New World Order", in *Foreign Affairs*, Vol. 76, No. 5, 1997b, pp. 183 – 197; "International Law in a World of Liberal States", in *European Journal of International Law*, Vol. 6, 1995a, pp. 503 – 538; "The Liberal Agenda for Peace: International Relations Theory and the Future of the United Nations", in *Transnational Law and Contemporary Problems*, Vol. 4, 1995b, pp. 377 – 419.

多元主义互动

安德鲁·莫拉夫奇克（Andrew Moravcsik）的纯自由主义观点认为，国内（及跨国）行动的个人和团体是国际政治中的基本行为体。① 它们"组织交换和集体行动"以推动其利益和价值。各国政府只是认可这些私人协议，而通过国际性行动——作为单一实体或通过个别单位——实现由此产生的国家偏好。

此观点表明，国内政治的变量会产生比理性主义模型通常所假定的更为广泛分散的国家偏好。例如，广泛的国内变量几乎肯定地描绘了针对21世纪行动计划，$\{-, P, -\}$，和《欧洲保护少数民族框架公约》，$\{O, p, -\}$进行的协商。相异的偏好增加了交易成本，不确定性和协商问题，甚至使软合法化更具有价值。

然而，从根本上说，莫拉夫奇克的观点是多元主义的，认为国际成果直接源自私人个体和群体之间的互动。这些互动可以理解为寻求新的再分配或规范性安排的需求者团体与阻碍或削弱它们的反对团体之间的政治博弈。

与国家一样，若其他因素不变，私人需求者通常迫切寻求实施硬法，以提高其他缔约方的违约成本并促进针对反对团体及政府（包括它们自身）强制实施。因此，墨西哥的商业团体青睐合法化的《北美自由贸易协定》，高技术企业则青睐合法化的世界贸易组织《与贸易有关的知识产权协议》（TRIPs），而在国际劳工组织的工人代表抵制强烈推荐有约束力公约的提议。激进主义团体寻求国际合法化，以在国内政治中获得优势，这一进程被玛格丽特·E. 凯克（Margaret E. Keck）和凯瑟琳·辛金克称为"飞去来器效应"②。在此处同样，当机会主义风险高，承诺遵守难以监测时，对硬法的需

---

① Moravcsik, Andrew, "Taking Preferences Seriously: A Liberal Theory of International Politics", in *International Organization*, Vol. 51, No. 4, 1997, pp. 513 – 553.

② Keck, Margaret E., and Kathryn Sikkink, *Activists Beyond Borders: Advocacy Networks in International Politics*, Ithaca, N.Y.: Cornell University Press, 1998, pp. 12 – 13.

求应当是极为强烈的。

硬合法化也为非国家行为体提供了新的策略。首先，如罗伯特·基欧汉、安德鲁·莫拉夫奇克和安尼-玛丽·斯劳特（Anne-Marie Slaughter）针对这一问题所述，越来越多的国际争端解决机构向私人申诉者开放，极大地改变了政治生态。① 第二，当国际法律规则被纳入国家法律时，私人行为体可以在国内法院和法律机构中援引它们。至少，如果有足够资源的话，跨国公司、倡议联盟以及其他跨国团体最适合采用这一策略。最后，即使私人诉讼受到限制，法律规则仍可提出新的战略。例如，私人团体可以敦促政府支持其法律主张，正如外国投资者长期以来所做的那样；世界贸易组织上诉机构最近已决定，争端解决小组可以接受来自非政府组织的"法庭之友诉书"。

当反对团体能够阻滞或推迟采取国际行动的要求时，软合法化提供了首要的妥协工具，就像在州际互动中那样。在这些情况下，需求者将寻求他们最有能力使用的特殊合法化形式，而反对团体根据相同的逻辑会反对那些对其代价最为高昂的要素。例如，如果需求者适于进行国家诉讼，他们可能会需求具有约束力和精确的规范（以促进直接适用性或将其纳入国内法律制度），但愿意放弃国际授权，$\{O, P, -\}$。②

激进主义需求者似乎高度重视精确的规范性陈述，必要时放弃其他要素，$\{-, P, -\}$。这种折中也经常在满足商业和其他反对团体的需求时出现，因为它避免了具体的法律执行。例如，在 1992 年里约热内卢会议上，当商业利益阻止在各种问题上达成具有法律约束力协议之后，环保团体转而努力争取议定类似《里约热内卢宣言》、《21 世纪议程》与森林原则这样的不具约束力但极为详细的文书。

类似这样的文书是激进分子的宝贵工具。尽管它们不能被作为法律援引，

---

① 对于超国家法官寻求加强自身组织及所管辖法律机构的力量与规模的政治战略来说，私人行为体的参与也十分关键。Helfer, Laurence, and Anne-Marie Slaughter, "Toward a Theory of Effective Supranational Adjudication", in *Yale Law Journal*, Vol. 107, No. 2, 1997, pp. 273 – 391.

② 《与贸易有关的知识产权协议》的支持者不用作出这种选择——他们实现了已得到强化的世界贸易组织争端解决制度在国内的执行与授权。

但它们支持类似的规范性话语。激进运动的主要手段是揭示国际承诺与政府实际行为之间的差距。① 法律义务可能会更有说服力,但如果软性承诺包含明确的规范性承诺,便可以刺激"责任政治"的形成。像《北京宣言》和《赫尔辛基最后文件》等文书也赋予议题以合法性,并启动可能随时间推移产生硬法的政治进程。

公共选择

在公共选择观点中,政府官员有权力影响政治成果与行为,以推进其自身利益再分配。实际上,官员成为另一类协商政治博弈的私人行为体。因此,这个观点明确体现在莫拉夫奇克的表述中。

公共选择观点认为,官员们追求能够使其连任机会、竞选捐款、贿赂或其他个人利益最大化的合法化形式。因此,官员们可能会支持像《与贸易有关的知识产权协议》这样的高度合法化协议,藉此方式向私人行为体作出可信承诺,使其在选举时以支持自己作为回报。

但软法往往会在公共选择语境下具有吸引力,尤其是对政府官员来说。一方面,软合法化使官员得以在保留未来寻租可能性的同时,向私人需求者提供当下利益。具有法律约束力的规则灵活性相对较差;高级别授权会引入其他行为不可预测的行为体。精确但不具有约束力的规范性承诺,$\{-, P, d\}$,可能是最佳的解决方案。

软合法化也使寻租的官员面对强大的私人利益分配冲突时将政治损失减到最小。在国内政治中,面临这种冲突的官员拒绝偏袒,不希望疏远任何一方;他们使用诸如呼吁进一步研究、支持含糊的原则陈述或将责任推给行政机构等权宜之计。弱约束力、低精确度和低授权是这些行为的国际对应物。

软法的重要形式产生于"跨政府"机构中,如巴塞尔中央银行委员会或

---

① Keck, Margaret E., and Kathryn Sikkink, *Activists Beyond Borders: Advocacy Networks in International Politics*, Ithaca, N. Y.: Cornell University Press, 1998, pp. 24 – 25.

国际安全委员会组织。参加者不代表国家,而是"国家"内的个别机构。①公共选择理论表明,关注推进其影响的官员可以利用这些组织来巩固自身位置或解释新的国内法规。② 由于缺乏缔结具有约束力的条约的权力,参加机构可能被迫依靠软法。非正式的安排也可避免行政或立法审批和公众监督。不那么犬儒地说,软法非常适合这些组织通常追求的松散协调。

中央集权制

在中央集权观点中——与纯公共选择观点相反——各国政府保留了(一些)自主权,藉此影响和限制私人行为体之间的和解。政府偏好由国家自保和独立、与他国关系、个人问题领域的实质、普遍观念和规范以及国内政治等因素决定。

一个简单的中央集权模型会假定,政府在大多数问题上充当私人博弈的"传送带",但会在那些博弈损害国家自主权时进行干预。在这些情况下,软合法化使政府得以在限制主权成本的同时回应私人需求。可以预期,政府在此种背景下会避免具有法律约束力的承诺,限制授权给竞争性的权力中心。精确但不具约束力,同时弱授权的规范,$\{-, P, -\}$,会再次作为常见结果出现。

同样,在此处,里约热内卢和北京会议也是完美示例。尽管至少在很多国家,环境和妇女团体都越来越有影响力,但美国或几乎任何其他政府都极不可能将创新与全面的《里约宣言》和《北京声明》作为具有法律约束力的义务而接受。而凭借限制主权成本与经济社会成本的软法形式,二者得到了

---

① 参见 Zaring, David, "International Law by Other Means: The Twilight Existence of International Financial Regulatory Organizations", in *Texas International Law Journal*, Vol. 33, 1998, pp. 218 – 330; and Slaughter, Anne-Marie, "Governing the Global Economy Through Government Networks", in *The Role of Law in International Politics*, edited by Michael Byers, Oxford: Oxford University Press, 2000, pp. 177 – 205。

② Colombatto, Enrico, and Jonathan R. Macey, "A Public Choice Model of International Economic Cooperation and the Decline of the Nation State", in *Cardozo Law Review*, Vol. 18, 1996, pp. 925 – 956.

世界上几乎每个国家的接受。

一个更复杂的中央集权模型可能认为国家具有更广泛的独立偏好。这时，软合法化会成为国家与私人行为体之间的和解工具。例如，当美国正在考虑批准北美自由贸易区时，劳工及其他支持者要求通过关于劳动权利的具有法律约束力的规则。克林顿政府希望作出回应，但也意识到——除去反倾销的商业压力外——墨西哥对干涉其内部事务的敏感性。因此，政府在一项具有法律约束力的补充协议中处理了劳工权利问题，相当精确地规定了缔约各方执行国家劳动法规的义务，并适度授权，$\{O, P, d\}$。[①] 不过，在处理国家劳动法规内容时，美国谈判代表接受了明显含糊不清的规则和程度较弱的授权，$\{-, p, d\}$。

国家和私人行为体也可能有不同的违约率。在赫尔辛基会议时，激进团体对于人权问题的进展要求颇为急切，但西方国家政府要耐心得多。美国还希望保留在人权问题上的灵活性，以便能够解决贸易和安全问题。最后，美国谈判代表接受了不具约束力的声明。

鉴于独立偏好，各国政府可能会使用不同的合法化形式发动攻势与自保。例如，它们可以使用具有约束力的协议制止较为强大的国内团体的要求。或者，它们可以使用不具约束力的或不精确的协议向国内受众引入可能不受欢迎的新规则。像《维也纳臭氧层公约》和《世界贸易组织服务贸易协议》这样的"框架协议"改变了政治话语，为私人行为体提供了调整动机，但给未来留下了代价高昂的规则。

结　论

我们已经分析了从软性非正式协议，到中间混合义务、精确度和授权，再到硬性法律协议的国际合法化谱系。尽管就连硬国际法也并不符合基于先进的国内法律制度的常规法律概念，国际合法化仍然代表一种独特的制度化

[①] 关于环保问题的并行协议包含一项创新性规定，允许私人缔约方启动履约审查。

形式。最终，我们只能通过理解行为体的倾向来描述他们具有法律形式的关系，和他们根据提供的制度化形式的价值而各不相同的行为方式。直观而言，国际合法化是多样化的现象，因为它帮助形形色色的国家及其他行为体解决各种各样的问题。

合法化反映了一系列的权衡。国家通常在硬合法化的好处——例如，减轻承诺和不完全缔约问题——与其产生的主权成本间左右为难。对他们来说，私人行为体通常寻求反映其特殊利益和价值的硬法律协议，但这些要求往往与其他私人行为体或政府的要求相冲突。在此种背景下，软合法化有助于平衡竞争考虑，促成国家之间、私人行为体之间以及国家与私人行为体之间的妥协。此外，软法帮助行为体处理不确定性的紧急性，并容纳实力差异。

我们的分析必然地将与"契约"关联的理性诱因和与"公约"关联的规范性考虑结合在一起。合法化是一种策略，行为体通过它追求其利益和价值；它还提供了一整套改变行为体行为、利益与身份的规范和程序。因此，虽然分析的前提是行为体理性地追求目标这一概念，我们仍认为，行为体尽管知道合法化会使其陷入部分自主的进程与话语中，约束他们的行为并可能修正重要见解，但还是这样做了。国家在此类规范性进程中对待纠缠不清的前景的这种谨慎心态，是软性与硬性合法化的力量证明。

更一般意义上，合法化的许多形式提醒我们，国际政治和国际法是不可相互替代的领域，但深深交织在一起。尽管一项法律——类似一般机构的——目标是解决关键问题，以使行为体可将其相互作用合法化，创立和发展法律制度安排仍具有高度政治性。在大多数法律制度相对较新和不够健全的国际领域，情况尤其如此。政治渗透国际法并限制其自主权。

反之，国际政治植根于法律层面的考虑。从定义现代民族国家的主权原则，到构造其相互作用的外交、战争与商业规则，再到它们创建的特定制度，合法化协议和规范性进程指导和约束着国家的行为。缺少这个法律基础，国家与分析者都无法理解国际互动。

法律和政治的深层联系在授权领域最为明显。国家几乎从来不会将权力授予类似先进的国内法律制度中具有一般性与强制性司法权的独立法院——

尽管受限制的司法授权似乎正在增加，许多情况下由国家法院的参与得到补充。更普遍的是，甚至对于具有约束力的法律承诺，它们也只向服从于直接与间接控制的国际组织或其他管理机构授权。这个场所的选择限制了纯粹法律程序和话语控制互动的程度。

在预测国际合法化的未来时，我们既不同意盲目乐观，也不同意过分悲观的理论。无可否认，20世纪特别是"二战"后的时期，见证了国际合法化的显著增长。但在很大程度上，这种增长仅仅使国际组织得以追赶业已取代承袭机构的全球化（二者绝非相互依存）产生的巨大变化。不能认为国际合法化将会继续以同样的速度增长，或者朝向（某种程度上）较硬合法化发展的明显趋势将会继续。事实上，我们论据的核心部分是：国家和非国家行为体可以通过软合法化实现众多目标，软合法化更容易达成甚至更为可取。

有鉴于此，对有些人由于国家合法化往往十分软性而对其进行贬低的观点，我们坚决反对。软法本身是重要的，而不只是作为通向硬法的过渡形态。软法为有效的国际"契约"提供了基础，并有助于创建可以重塑国际政治的规范性"公约"和话语。一切形式的国际合法化必须被视为国际关系最重要的制度特征之一。

实践探索

《天涯成比邻——全球治理委员会的报告》节选[*]

英瓦尔·卡尔松　什里达特·兰法尔　主编
谢来辉　译[**]

两主席前言

......

自从在旧金山签订宪章以来,已经过去了50年。在这个时期内,没有发生世界大战。但是,人类目睹了许多暴力、苦难和非正义。仍然存在着危险:

---

[*]　本文内容节选自英瓦尔·卡尔松、什里达特·兰法尔主编:《天涯成比邻——全球治理委员会的报告》该书译自（The Conmmission on Global Governance, *Our Global Neighbourhood*, Oxford University Press, 1995),该书曾由赵仲强、李正凌译,中国对外翻译出版公司1995年出版。此外,本文的第七章题为"呼吁采取行动"(林猛译),是全书的主要结论和建议部分,曾收录于俞可平主编:《全球化:全球治理》(社会科学文献出版社2003年版,第332—349页)。此次收录本卷时,本部分内容由谢来辉根据原文重新翻译。

[**]　全球治理委员会是在1992年由28位国际知名人士发起成立的组织,由英瓦尔·卡尔松和什里达特·兰法尔任主席。在1995年联合国成立50周年之际,发表了全球治理委员会的报告《天涯成比邻》,阐明了"全球治理"的概念和价值。实际上,全球治理委员会除1999年再次发表一份报告外并无多大作为;谢来辉,中国社会科学院亚太与全球战略研究院助理研究员,中国社会科学院研究生院亚太系经济学博士,中央编译局世界发展与战略研究部博士后。

文明，甚至人类的前途，都可能受到威胁。

但是，我们压倒一切的感觉是希望。我们认为，过去50年最引人注目的特征是人民的解放和强大。今天，人民比以前有更大的力量来铸造他们的未来，这可能是最大的不同。

与此同时，民族—国家发现它们无力处理面临的许多老的和新的问题。各国及其人民看到，只有与别国进行合作，才能掌握自己的命运。它们必须通过承担共同的义务和分担努力，以确保自己的未来。

共同努力的需要还指引过那些曾拟定《联合国宪章》的有远见的男男女女。今天，新的情况是，国家的相互依存更广泛更深刻了。另一个新情况是人民的作用和焦点从国家向人民的转移。这种变化的一个方面就是国际民间社会的壮大。

这些变化要求改造国际合作的模式——全球管理的机构和程序。

《联合国宪章》建立的国际体系需要更新。现有机构的缺点和不当必须克服。需要制定更严格的国际准则，在全世界扩大法治，并使公民能够对全球治理的进程施加其影响。

我们还认为，世界对其事务的安排，必须以某些共同的价值作支柱。总之一句话，任何组织，任何法律，除非建立在一个由公认的价值所强化的基础上，否则就不能进行工作，不能维持。对当代人和后代人来说，必须以共同的责任感来认识这些价值。（第IX—X页）

* * * * *

全球治理的发展是人类组织地球生活的努力向前迈进的一部分，而且这个进程将一直进行下去。我们的工作不过是这个进程中的一个逗点。我们不想提出一个适用于一切时代的蓝图。但是我们深信，现在是时候了，世界应当从多个世纪以来逐渐形成的设计中前进，并将给50年前建立的联合国机构以新的形式。我们处在一个全球治理要求革新和变革的时代。

正如本报告所指出的，全球治理并不是全球政府。不应当因两个词有类似之处而引起误解。我们并不是建议走向世界政府,如果我们走向这个方向,我们就会发现自己处在一个甚至比以前更不民主的世界——一个更易于攫取权力、更适宜培植霸权野心、更加强国家和政府的控制而不是人民的权利的世界。

这不是说世界应当没有秩序和制度。决不是这样。一个混乱的世界会带来同等的甚至更大的危险。任务是要用如下的办法打破均衡:世界事务的管理在可持续的将来符合所有人的利益,遵循基本的人类价值,使全球性组织符合世界多样性的现实。

本报告论述的 1945 年以来世界发生的变化,使得我们的管理方式必须加以改变。我们提出了许多建议,有些建议还是很尖锐的,目的是促进最广泛意义的安全,包括人民的安全和本星球的安全。我们提出了处理经济上相互依存的建议,改革联合国的建议,改革的办法是,为使人民通过国际民间组织起更大作用提供机会。我们还论述了需要在全球舞台上扩大法治,它曾在国家社会中起过很大文明影响。

最后,我们建议国际社会开始一个再思考和改革的坚定不移的过程……现在是国际社会大胆行动的时候了,要去探寻新的主张,开展新的视野,指明在设计新的治理安排时,对价值应承担的义务。

……本委员会的思路主线是:世界需要能激发人民承认他们对彼此之间以及对后代的责任的开明领导。他必须是这样的领导:坚持我们作为友邻共同生活所需要的价值,并为了我们的后人而维护友邻关系。

政界领导人在寻求能在全国有效施政并得到支持方面,受到很多压力。可是,尽管民族主义有所减弱,尽管本世纪的历史也令我们相信,最出类拔萃的国家领导人可以产生最好的国际主义。今天,国际主义的意识已成为健全的国家政策的必要组成部分。没有哪个国家能够在不关心其他地方的不安全和被剥夺的情况下取得进步。我们必须共同承担全球友邻关系并巩固它,这样,它才能向我们所有的友邻提供美好生活的前景。(第 XI—XII 页)

* * * * *

我们要走哪条路应该是没有疑问的。但是正确的道路要求维护国际主义的价值、维护在全世界实行法治的重要地位和进行结构改革,以使前两者能实现并保持下去。

......

摆脱了帝国的支配,一个由胜利者和被征服者组成的世界,从冷战——在整个战后时期,它大大束缚了一个形成全球体系的可能——的紧箍咒中解脱出来的世界深知人类对自然形成的难以承受的影响所包含的危险,并洞悉全球意义上的人类贫困在世界除了以明智和建设性的方式,起而应答变化的挑战外,别无其他选择。我们号召我们的全球友邻,不管他们多么不同,一起采取共同行动,而且马上行动,以确保这一点。(第 XII—XIII 页)

第一章 一个新世界

人民联合起来营造未来的力量空前壮大了,而且越来越迫切地需要运用这一力量。把这个力量动员起来,以使 21 世纪的人类生活更民主、更有保证、更持久,是这一代人面临的最大挑战。世界需要具有一种新的远见。这就是把各地的人民激励起来,在休戚相关和命运与共的地区实现更大的合作。

......

随着冷战在 1989 年结束,中欧和东欧走向民主化和经济改革的演变,又萌发了一种新的前景:通过多边行动,强化致力于共同目标的承诺。看来国际社会将围绕这样一个理想而联合起来:即在广泛的领域内承担起集体责任。这些领域包括安全——不仅只是军事意义上的安全,也包括经济和社会方面的安全,持续发展,促进民主、平等和人权,人道主义行动。(第 1 页)

* * * * *

全球治理的概念

治理是各种各样的个人、团体——公共的或个人的——处理其共同事务的总和。这是一个持续的过程，通过这一过程，各种互相冲突和不同的利益可望得到调和，并采取合作行动。这个过程包括授予公认的团体或权力机关强制执行的权力，以及达成得到人民或团体同意或者认为符合他们的利益的协议。（第2页）

……从全球角度来说，治理事务过去主要被视为处理政府之间的关系，而现在必须作如下理解：它还涉及非政府组织、公民的迁移、跨国公司以及全球性资本市场。伴随着这些变化，全球性的大众媒体的影响大大加强了。

联合国建立之初，占主导地位的是民族—国家，其中有些是帝国。人们强烈信赖政府保护公民和改善其生活的能力。因此，建立一些国际的、政府之间的组织以确保和平与繁荣就成了理所当然的、受欢迎的事。

不仅如此，那时候国家没有竞争对手。世界经济还没有像今天这样结为一体。今天形成的全球性公司和公司联盟的巨大阵势那时才刚刚肇始。巨大的全球性资本市场还没有出现，而今天，这个市场甚至使最大的国家资本市场也相形见绌。人们对人权、平等、民主、满足基本物质需求、环境保护、裁军的关切大大增强，这种情况在今天产生了一些新的积极因素，有助于促进治理。（第2—3页）

这些日益增多的呼声和团体正越来越积极地促进各种政治、经济、社会、文化和环境目标，对全球产生了很大影响。它们的工作有些是互相融合的；有些则不是。它们之中，有许多是出于对人类和人类所居住的空间的积极关心，但有些则相反，只是为了自我的利益，或者甚至具有破坏性。民族—国家必须协调这些力量，利用它们的能力。今天的实践使人们认识到，政府不能全部承担全球治理的责任。但是，对影响人民和整个全球社会的那些问题作出建设性的对策方面，国家和政府依然是主要的公职机构。一个适当的管理体系必须具备如下能力：为了实现基本的目标，必须拥有和分配实现这一目标所必需的资源。它必须调动有力量实现目标的一切积极因素，必须实行必要的控制和保证，必须避免好高骛远。但这并不意味着要建立世界政府或者世界联邦。

全球治理并没有简单的模式或定规，也没有一个简单的构架或者一组构架。它是一个广泛的、充满活力的、复杂的进程，要求根据不断变化的情况不断作出有关的决策。虽然必须适合于各不同地区的具体要求，但在治理时必须对人类的生存和发展问题作出总体的对策。鉴于这些问题的一贯性，在处理时也必须采取一贯的对策，不能朝三暮四。

因此，行之有效的全球性决策，必须是以地方性的、全国性的或地区性的有影响的决定为依据，并能汲取各行各业的人们以及各层次的组织的技能和资源。必须在各团体和进程之间建立起融洽的关系，以使总体的执行人能够汇集信息、情况和权力，就共同关切的事务作出共同决策，并付诸实践。（第3—4页）

在某些情况下，管理工作将主要依靠市场和市场手段，也许需要某些组织的监督。它可能主要取决于民间组织和国家机关的协调努力。有关的法规和法规的作用，法律的强制执行，以及中央集权的决策，都将多样化。诸如补贴等问题，在作出决策时要尽可能接近于能够有效执行的水平。

建立适当的治理机制将是一件复杂的工作，因为它没有排他性，需要方方面面的参与，和过去相比，是更加民主了。这种机制还必须具有足够的灵活性，以便能够应对新的问题以及对一些老问题作新的理解。它必须是一个大家一致赞同的全球性架构，以便在各相应的层次上采取行动和执行政策。全球治理要求有一个多方面的战略。

这将包括改革和增强现存的政府间机构体系，并改善其与私有和独立集团的合作关系。它需要表现出集体的精神气质，这种气质是建立在磋商、透明度和负责任的原则上的。它将促进总体的公民意识，并为国家或国际社会中较为穷苦的、边远的和外来的人而效力。它为所有的人谋求和平与进步，对可能发生的冲突防微杜渐、增加和平解决争端的可能性。最后，它将诉诸强制的——经济的、政治的、或军事的——原则，即通行于全球社会的法律原则。

根据这些原则实行的全球治理不会很快得到实现：它需要极大地提高人们对在一个资源有限，而又人口密集、互相依赖的世界中生活意味着什么一事的理解。但它将为人类提供一个新远景的开端，使人民和政府认识到，只有共同努力，运用集体力量去创建一个更美好的世界，舍此别无他途。可是，全球治理的远景，只有在对根植于文明社会中的平等与民主的原则承担有力的义务的基础上才能开花结果。

我们坚定不移的结论是，在全球管理问题上，联合国必须继续起它的中心作用。由于联合国的普遍性，形成了唯一的一个讲坛，全世界各国政府在平等和定期的基础上，在这里集合，致力于解决世界最急迫的问题。必须尽一切努力赋予联合国为履行其职责所必需的信任和物力、财力。

联合国的作用虽至关重要，且处于中心地位，可它不能包揽全球的治理工作。但是，它可以起一个主要机构的作用。各国政府通过这个机构互相合作，而其他社会机构则对全球事务作多方面的处理。多年以来，联合国及其附属机构对在各个领域的国际交往与合作作出了重大贡献。对全球的进步来说，它仍然是一个不可或缺的实行合作的场所。但是，无论是联合国或者是在更广泛的联合国体系，都需要进行改造，赋予生气。本报告就是从已经出现的新世界的角度，来陈述这些需要。作为一个委员会，我们所面临的首要挑战，就是陈明全球形势的变化已经迫不及待需要改进管理国际事务的方式，并且说明应该确立这些方式的概念和价值观，以便有可能建立这样一种世界秩序，它将更好地为全世界人民促进和平与进步。……（第5—6页）

第二章 全球友邻关系的价值

友邻关系的现状

如第一章中所指出的，贸易、工业发展、跨国公司和投资也以多种方式把世界比以前更密切地联结起来。没有哪些发展不使人强烈意识到全球的互相依存，正像越来越多的证据说明，一切依赖于地球的生态资源；而这些资源的逐渐枯竭，使世界很容易受到伤害。为了编织一个可靠的互相依存之网，各国之间必须进行合作。

确实，在全球友邻关系中，为了多种目的，公民必须进行合作。这些目的是：维持和平与秩序，扩大经济活动，与流行病作斗争，制止武器扩散，防止沙漠化，保持基因和物种的多样性，遏制恐怖分子，救济灾荒，克服经济衰退，分享稀有资源，制止贩毒等等。要求民族—国家共同致力——换句话说，就是采取友邻般的行动——的事务日益增多。（第40页）

……世界变成友邻关系意味着"民族—国家"一词不再贴切、中肯了。但是国家以及人民有责任找出治理他们事务的方式——研究出新的符合所有人利益的治理全球友邻关系的方式。本报告主要探讨的是，世界怎样使共有的友邻关系成为所有公民都满意的大家庭。（第41页）

* * * * *

友邻关系是由左邻右舍确定的，是地理联系而不是社会联系或共同的价值观把邻居聚在一起。有人可能不喜欢自己的邻居，可能不信任或者惧怕他们，甚至可能无视和回避他们。但是这些人逃脱不了与他们共处一个空间的影响。（第41页）

形成中的全球性友邻关系在铸造着友谊和利益的新纽带，但是也产生着新的紧张。……穿越全球性邻里关系并起催化作用的涓滴细流，是第一章中论述的一些变化造成的。一个重要的变化是殖民主义和冷战的结束。另一个同等重要的变化是，工业时代正让位于不确定的后工业时代。……如此大规模的变化在社会内部制造了紧张。……（第42页）

从国际角度来看，传统的大国面临着其他国家在全球治理上有更大发言权的要求。这种要求逼紧了，就会增加紧张。腐败、犯罪和利用全球邻里关系的变化产生的不稳定而要求自治的力量也造成了紧张。

知识和技术变化的浪潮，侵蚀了曾经把社会、文化和国家区分开来的有形的和其他的界线，使人们所珍视的公民权、主权和自决权正受到挑战。……

但这并不是一个单极的世界，而是一个更为多极的世界。这个世界有能力培养一系列有个性的文化和人才,比美国或者苏联在冷战时代可以容忍的更多,至少在国内可以这样说。过去一段时间以来,已经很少要求统一的意识形态和文化决策了。这一切意味着这是、或者可能将是一个更好的世界。但是,一个适合全球友邻关系需要的世界秩序还没有建立起来。(第43—44页)

* * * * *

友邻关系的伦理道德

全球治理的质量将决定于好几个因素。其中重要的是,指导全球友邻关系行为的全球性民间伦理道德(global civic ethic)得到广泛承认,在社会各阶层有信守这些伦理道德的勇敢的领导。没有一个全球性的伦理道德准则,在全球友邻关系中就会在多种多样的生活中出现矛盾和紧张;没有坚强的领导,即使最精心的机构和战略,也终归难以实现。(第44页)

……

为全球治理确立一个伦理标准,需要从三个方面进行:宣扬与生活质量和关系有关的核心价值,鼓励信守这些价值,加强对全球友邻关系共同承担责任的意识;通过一项有关具体权利和责任的全球公民伦理道德准则来表述这些价值。这些权利和责任是为一切方面——公共和私人、集体和个人——所共有;把这一伦理道德准则体现于发展中的国际标准体系之中,必要时,要使现存的主权和自决标准适应不断变化的现实。(第46页)

* * * * *

友邻关系的价值

尽管发生了……深刻的变革,在国际因素中,国家仍然是唯一最重要的一环,只要这种情况不变,传统的国家间关系的准则,就会是重要的源泉。但是,现在有必要使这些准则的某一些适应新的情况。极为重要的,各级的管理都必须以民主为基石,而且最后要为法律所认可。(第46页)

……

我们深信,一切人都能信守尊重生活、自由、正义和平等、互相尊重、关心别人和正直等核心价值。这就会提供一个基础,把建立在经济交流和信息进步之上的全球友邻关系,改造成为一个一统的道义社会。在这个社会里,人们将超越亲情、利益或个性而团结在一起。这一切从不同方面都源于同全世界的宗教学说相吻合的原则:人们应当像他们希望别人怎样对待自己一样去对待别人。这种绝对的需要在《联合国宪章》的号召中得到反映。宪章号召承认"人类大家庭所有成员固有的尊严、平等和不可剥夺的权利"。(第47页)

消除暴力在政治、经济、社会或其他方面的一切起因,是治理方面的重要目标。(第48页)

除了生命之外,自由是人们最珍视的东西。从其最丰富的概念来说,只有自由才能使人们选择自己的生活道路,使人成其为人。从这个意义上说,在整个地球上,人民享有的天赋的和应得的权利,离获得自由尚相距甚远。全球治理与增进权利、能力和福利是息息相关的。(第48页)

公正与公平是人类基本的价值。尊重这些价值对人类来说是必不可少的,因为没有这些就可能产生不满并造成不稳定。尽管人们降生在广泛不平等的经济、社会环境之中,他们的处境或生活机会的极其不均等都是对人类正义感的凌辱。哪里有大量公民受到不公正对待或者被剥夺掉应享有的东西,哪里没有认真致力于消除总的不公平,不满情绪就无法避免,并可能引起冲突。在人们生活在一个关系不那么密切的世界上时,那种不公平只涉及地方或国家。今天随着媒体的广泛深入,全球性的不公平就变得日益明显了。还存在

一种广泛的看法，许多不公平是由别的地方，有时是很远的地方的发展造成或保持下来的。（第49页）

在当代人与后代人之间的关系中，也要遵从公平的原则。一代人与一代人之间实行公平的原则，是持久发展战略的基础，目的是确保不靠耗尽地球人类生活所系的自然资源的办法来发展经济，不去损害后代人的机会。公平要求所有社会，不管富足的还是贫穷的，都要执行这个战略。（第50页）

宽容是任何社会中保持和平关系不可或缺的。当宽容升华为更具积极意义的互相尊重时，关系的质量就会明显提高。因此，互相尊重为建立一个多种族人民共处的社会提供了基础。这个社会不仅是稳定的，而且是一个重视价值和因种族不同而变得丰富多彩的社会。全球友邻关系的意义就在于此。（第50页）

……世界社会应当尊重宽容和尊重"别人"的重要性：尊重别的人民、别的种族、别的信仰、别的性别取向、别的文化。维护这些价值，并对践踏这些价值的人的行动采取防范措施是绝对必要的。共同遵守的原则应该是：一切集团和个人，都有权选定他们自己的生活方式，只要他们不侵犯别人的同等权利和自由。（第51页）

一个社会的生活质量，在很大程度上取决于其成员承担义务，关心友邻。当多数公民具有照顾和关心别人的精神时。社会和福利意识就加强了。（第51页）……治理①的任务是，运用能促进合作的政策和机制鼓励关怀意识，以帮助世界各地那些没有权利或者需要慰藉和支持的人。（第52页）

正直诚恳对任何组织或者社会有秩序地运行都是极为重要的，在各级管理体系中，也有压倒一切的重要性。管理的质量在极大程度上取决于决策者和那些居于权力地位的人信守最高原则和理想。……人民是腐败行为的主要受害者。只要他们坚持公共活动和商业活动中的最高标准，就能够确保正直诚恳占上风。对正直诚恳的标准表示最广泛的关心并承诺信守这些标准，必须成为全球友邻关系的特征。（第52页）

---

① 原书此处译为"管理部门"，其实对应的英文原文为"governance"。——编者注

* * * * *

全球公民伦理准则

正在出现的全球友邻关系的现实要求，除了提倡上述各种价值以外，还应该探讨一种能够同等适用于所有涉身世界事务的人们的伦理道德。它是否行得通，将取决于人民和政府超越狭隘自我利益的能力，并且同意接受一系列共同的权利和义务，这将最有助于增进全人类的利益。我们所设想的全球伦理道德将有助于使官僚机器和市场的非人性化活动人道化，并遏制个人和集团的竞争与追逐私利。换句说法，它将设法确保国际社会充满一种公民精神。（第53页）

全球友邻关系形成的一个重要结果是，一国的民间社团开始与一个更广泛的全球性民间社团相融合。各种各样的团体向外发展，与世界其他地区的对等组织建立联系。可是，全球伦理道德如果不能提供目标和界限，全球民间社会就可能变得没有中心，甚至难以控制，那就可能使全球治理难以实行。（第53页）

我们吁请国际社会团结起来，拥护一项有关共同的权利和责任的全球伦理准则。我们认为，这项伦理准则——加强已成为国际准绳组成部分的那些基本权利——将为建立一个有效的全球治理体系提供道义基础。它应当包括所有人的如下权利：（1）过安全无忧的生活；（2）平等相待；（3）谋生和谋取自己福利的机会；（4）通过和平手段界定和维持他们之间的差异；（5）参与各级治理；（6）要求有改正错误判决的自由而公正的诉讼权；（7）平等的知情权；（8）平等分享全球共同资源的权利。

同时，所有的人都应该承担如下责任：（1）对共同的利益作出贡献；（2）考虑自己的行动对别人的安全和福利造成的影响；（3）促进平等，包括性别平等；（4）寻求持续发展和保护全球共有资源，以保护后代人的利益；

(5) 维护人类文化和文明遗产；(6) 积极参与治理；(7) 努力消除腐败。①（第54—55页）

我们认为，这些权利和义务是促进建立一个更文明的全球社会最起码的基础。（第55页）

* * * * *

由于过去40年的变化，人民参与治理已变得空前重要了。得不到人民支持的政府，越来越难以维持下去。但是，民主并不单单是投票的问题。民主是一个变化着的过程，包括对满足公民正常和危机时期需要的原则和机构承担义务。真正的民主机制以多种方式不断地直接与人民接触。与公民之间的隔离必须缩小。一个行得通的民主需要一个积极的民间社会。最佳状态的民间社会是，公民们为谋求多种利益而行事，这些利益中许多都与公共政策有关。同时，还需要保证文明社会的许多机构能够民主运作。衡量这些机构领导人的可信赖标准，应当和对政界领导人的要求一样。

良好的管理要求有良好的政府。政府不仅取决于国家机构，也取决于政治力量。在一个民主社会里，政党起着重要作用。可是在关于民主和民间组织的探讨中，一点也没注意到政党，政党的活动普遍需要改进，以吸引更多的人参与民主进程。政党需要发挥作用，需要有资金，不要腐败，它们的财务应当公开，以得到公众的监督。政党是一个国家民间社会极重要的构成部分。在全球性的民间社会中，也起着日益重要的作用。在把价值观念变为具体的行动方面政治是极端重要的。

在国家、民间社会、公民个人和民主结构之间，有着共生性的关系。它们构成了民主管理的框架，并体现了民主管理的本质。可是民主并不是千孔一面。民主的形式是由一个国家的传统和经验，它的公民的经济和社会条件、

---

① 原书此处两段译文存在多处明显的错误，这里参考了其他译文资料对其进行了修正。——编者注

现有的或正在出现的民主组织的性质决定的。(第59—60页)

……

一个全球性文明社会的形成,是全球实现民主的重要先决条件,虽然不能保证如此。越来越多的人正在共同关心的事务和问题的基础上,越境进行联系和发展关系。……信息的发展大大促进了这一过程,新闻和信息革命正帮助把权力向全社会分散,通常是从集权结构转移到较小的集团,并且加强了分散在各地的集团互通信息的能力,电子计算机的能力的确给民间社会以新的方式和力量,并促进了政府间机构的伙伴关系。

……电信进步明显而持久地有利于民主战胜专制的事例是没有的,更多的是有利于防卫对付进攻。但是,新技术发展如此迅速,以致很难不会得出结论:它很快就会得到普及,其效果将明显是有利于民主的。(第60—61页)

* * * * *

为了改善全球友邻关系的生活质量,在需要一个全球性文明的伦理准则的同时,有效的治理还要求有民主而负责的机构和法治。

……就国家而言,在全球友邻关系中:民主原则必须得到强调。需要更多的民主源于合法性和有效性之间的紧密关系。没有合法性的组织,很难长久维持下去。因而,随着国际机构在全球治理中作用的增长,确保它们民主性的需要也要增加。

现在是使1945年《联合国宪章》提出的国家"主权平等"更成为现实的时候了。可是在后面的条款中,它又作了妥协,容许少数国家处于超级大国地位。尤其从国际新秩序的道义意义上说,民族—国家及其人民不能不对这种双重标准提出疑问:对国家,要求实行民主,而在国际上却又支持削减民主。国家之间总有大小和实力上的不同。就像一个国家内个人之间有不同一样。但是,作为国家成员,地位平等的原则,在由国家组成的共同体中也是重要的。就像在任何国家或地区性的社会中一样。法律面前平等的准则对于防止集权主义的诱惑把其意志强加于人并控制弱者,是极为重要的。(第63—64页)

法治一直是每个自由社会的道义基石，尊重法治至少对全球友邻关系是必要的，就像对一个国家是必要的一样。没有法律，全球治理在措词上就会是矛盾的。法律的重要性就在于，它是全球治理的先决条件。（第64—65页）

* * * * *

主权归根结底得自于人民。它是须由人民行使，为了人民的利益，并代表一个国家的人民的权力。可是，这个原则经常被误用。在某些情况下，强国利用它们所声称的主权权力，作为反对弱国的剑。另外有些情况是，统治者运用他们对政府机器的控制，窃取来自于政府的特权。……

基于上述原因，现有的关于主权平等、领土独立和不干涉的准则，必须从两个方面予以加强。首先，必须作出努力，保证主权能够普遍得到行使。其次，必须消除双重标准：国家不应当在一个时候可以无约束地寻求主权所提供的保护，而在另一个时候又无视它所强加的限度。主权的行使必须与人民的意志相结合。除非制止滥用主权，否则，要加强对源于主权的各项准则的尊重，将是不可能的。（第66—67页）

在一个日益互相依存的世界上，过去关于领土、独立和不干涉的概念已经失去了某些意义。国家边界日益可以渗透——在一些重要方面已不再那么恰当。横扫全球的金钱、威胁、图像和思想的巨流，已经冲垮了使国家维系自治和控制的国家堤防。人民的流动仍然受到严格的边境控制，虽然在发生战争、饥荒或激起人民寻求安全的其他紧急情况时，控制可能放松或者被冲垮。然而，领土主权正受到非法越境流动的压力，而且许多国家都担心政治或者经济的发展可能使这种流动增加。

现在，更难以区分哪些是只影响一国内部事务的行动，哪些是对别国内部事务缠身影响的行动，并借此来确定主权国家的合法边界。……各国越来越不得不接受，在某些领域应当集体行使主权，特别是在那些有全球共同性的方面。更有甚者，在今天的世界上，对国家主权和领土完整的最严重威胁，常常有其国内根源，有些政府常常被抨击企图置身事外，而不进行干预。

基于上述种种原因，主权原则和由主权而产生的准则，必须进一步适应公认的变化中的现实。国家继续承担重要的职能，但必须拥有有效地履行这些职能的力量。不过，这应建立在人民的持续赞同和民主的代表性的基础之上。它们还受到人类基本利益的制约，在某些严重情况下，这种基本利益必须超越某些国家的通常的权利。（第67—68页）

……在全球友邻关系中，每个个体——国家和人民都一样——的首要的责任是支持友邻行动，而不是盗用其名义。还有一点极为重要的是，联合国的行动应当遵循明确的准则。行动应当是一贯而公平的；最重要的是，应当不为地区的或全球性的大国所左右。如果它被用做对某些国家进行干涉的幌子，一个行动着的联合国所扮演的合法的和有效的角色将不复存在。（第69页）

* * * * *

现存国际秩序的第二个核心原则是自决。……自决是一切国家和民族的权利，只要它符合尊重别的国家和人民的原则，现在的任务是要找出在全球友邻关系的环境中确定和保护这种权利的办法，如何解决不同国家在各自要求的基础上提出的互相对立的要求所引起的问题，正变得空前困难起来。推动领土分解过程会使世界变得更糟，并且会大大增加不安全和不稳定。非但如此，如果新的国家仍然没有可行的工作方案来协调对权力、资源、地位或领土的互相抵触的要求的话，重绘地图并不足以减少不公正和内部冲突的危险。（第71页）

如果不让悲剧增大一百倍，关心一切公民——不管是什么种族、部族、宗教或其他属性——的利益在一切价值观中必须居于最高地位。要告诉人民在一个变成友邻关系的世界上所应采取的行事方式。在这个世界上必须尊重他们的权利，特别是他们体面地生活、保留自己的文化、平等分享国民收入增长的果实和参与国家管理的权利。如果忽视了这些价值观念，在世界许多地区就可能危及和平与稳定。世界大家庭需要加强对这些权利的保护，正如其不鼓励因上述权利得不到保护而产生的脱离要求一样。对全球友邻关系的

治理不会遇到比这更重要的挑战。（第 72 页）

第三章 促进安全

由于冷战结束出现了新的机会，可使世界集体安全体系发挥作用，并使之适应人民和全球安全更广泛的需要。（第 73 页）

全球安全的性质已经改变。全球安全必须从过去把重点集中于国家安全的传统做法扩大到包括人民和全球的安全上来。（第 74 页）

* * * * *

新时代的安全原则

世界需要把这些安全（共同安全、人民安全和全球安全）的概念重新定义，表述为能够根植于国际协定中的后冷战时代的原则。我们建议，下列诸点应用做新时期安全政策的准则：

（1）所有人民和所有国家一样，享有安全生存的权利；所有国家有义务保护这些权利。

（2）全球安全政策的主要目标应该是防止冲突和战争，并消除对人民和全球安全造成威胁的经济、社会、环境、政治和军事因素，并预先采取措施防止和设法控制，使危机不致升级为武装冲突，以维护地球生命保障系统的完整性。

（3）军事力量除非是出于自卫或置于联合国监督之下，否则不能成为一种合法的政治工具。

（4）任何超过国防和支持联合国行动所需要的军事能力的发展应被视为对人民安全的潜在威胁。

（5）大规模毁灭性武器不是国防所需的合法工具。

（6）武器的生产和销售应置于国际社会的控制之下。

还要走很长一段路程才能以这些准则对 21 世纪最为迫切的安全挑战作出反应。在设法保护人民，反对国内野蛮兽行和残酷掠夺，同时也为保证一切生命赖以生存的生命保障系统的完整性和活力的同时，必须使国家在反对战争威胁过程中所获得的进步能得以保持和发展。（第 80—81 页）

全面的预防行动计划首先必须把焦点集中在发生冲突的政治、社会、经济和环境的基本原因上面。从长远观点来看，从根源上缓和冲突是防止冲突的最有效途径。这样的解决办法所需的费用也可能比冲突爆发以后才去采取行动所花的要少。（第 89 页）

人民安全的重要性要求世界着手解决日常生活中的暴力文化问题，这是暴力文化——就像电视机银屏上所显示的那样，在日常生活中表现得生动逼真，特别是对妇女和儿童的残害——腐蚀着工业国家和发展中国家，虽然手段各不相同，但富人穷人无一幸免，必须从地方和社区以及从国际水平上竭尽一切努力来遏制这种趋势，并且播下非暴力文化的种子。（第 127 页）

第四章　管理相互依存的经济

在普遍加入民主思想和需要迅速而有效地决策之间，以及在因国家地位、人口和财富不同而产生的不同要求之间，存在着不可避免的矛盾。由于国家数目的增加，全球经济决策又还不能反映一个多中心世界的现实，而是日益集中于美国、欧洲和日本手中，因而使这种矛盾加剧了。而美国、欧洲和日本的人口只占全世界人口的 10% 多一点。

这种决策的集权反映在布雷顿森林体系的表决办法中。甚至更为重要的是，它在诸如七国集团这些排他性的组织中，也得到反映。而且大国控制了《关税与贸易总协定》的谈判过程，在这个组织中，一切参加国名义上是平等的，实际上却很不平等。从这种不平等中获得好处的国家，在它们自己的社会里决不会接受这种不民主的安排，而且，它们的经济实力部分原因正是来自这种不接受。

不管现存的有关全球经济管理的政府间协议多么民主合法，由于世界经济重心的转移,需要寻找一种新的处理问题的办法。总体来说,过去 30 年中,发展中国家经济的增长,比西方工业国要快,亚洲发展中国家增长得更快些。一旦我们按可比价格去计算基本经济购买力,经济合作与发展组织成员国在总额中所占份额则几乎不到一半,以同等购买力为基础的世界十个经济大国,包括中国、印度、巴西和俄国,还有墨西哥、印度尼西亚和韩国,并不落后多少。

但是,这些国家中没有一个加入了七国集团。在布雷顿森林体系中,就其享有的表决权来说,也与它们的人口和经济实力不相称。……一个共同关心的问题是,在全球经济中扮演着重要角色的国家应该参与到对共同的问题作出决定的行列中去。(第142—143页)

* * * * *

全球管理曾在历史上发生过,但不曾有全球性机构。19 世纪是一体化深入发展和贸易空前扩大,投资活跃和人口迁徙的时代。有全球性的管理,部分是通过帝国,特别是大不列颠帝国采用自治领的办法来实行的,这种管理在政治上是稳定的,但未得到认可,因而是不能维持下去的。它还十分倚重极易陷入危机的实行自我调节的市场,驱使许多国家对它们的经济实行更积极的管理。这反过来又助长了具有破坏性的经济上的民族主义,并间接导致了 20 世纪的重大冲突。

没有任何情况要求重建一个像 19 世纪那样的体系,而且无人要求这样做。可是,没有强有力的国际准则,最强大的国家就可能采取单方面行动,或者试图控制全球治理体系。这就使得建立在准则基础上的行事程序变得极为重要了。……任何可行的治理体系都不能以强国胁迫弱国为基础,因为这必然会导致在经济上片面突出实力,与在军事上一模一样。

任何稳定的、兴盛的体系都必须以规章和秩序意识为基础,这样的体系能被称为是世界的"公共财富"。从其本质来说,这一体系不是由市场所缔造,也不是由个别政府的单独行动所赐予的。

绝大多数政府都接受对公共财富——诸如决策与公正、金融稳定或者缓解保护——条款的责任。否则，就是放弃国家的根本职能。同样的责任在国际上也适用，尽管人们不会那样乐意承认。全球经济治理应能提供的基本的国际公共财富是：

（1）系统的金融稳定：一个稳定的货币体系，具有应付重大的衰退和冲击的能力，和对国际金融市场审慎的调节能力；

（2）法律原则：一个对贸易技术、投资开放的体系，和一个相互间都能接受的解决争端的仲裁机构；

（3）基础结构和机构：重量、长度、时间和许多技术规格的共同标准，一致同意的管理及维护海上自由和共同使用的航空与电讯网络体系；

（4）环境：通过保护地球的共有资源和所需要的政策框架促进持续发展；

（5）公平和社会凝聚力：借助最广泛意义上的经济合作，包括国际发展援助和救灾活动。（第144—146页）

* * * * * *

一个最高机构：经济安全理事会

国际社会没有满意的办法来考虑全球经济问题以及经济、社会、环境和最广泛意义上的安全问题之间的联系。贸易、竞争力、环境、宏观经济政策和社会政策等问题之间的界限越来越模糊不清。单靠职能来划分问题已经行不通了，而传统的组织安排，也已不够用了。如前面指出的那样，在强大的技术和经济力量的推动下，全球的互相依存关系在日益加强。能够塑造一个共同利益意识和调和分歧的政治结构，对一个国家来说，已经赶不上前进的步伐，更不说从全球的角度看了。（第148页）

现在，建立一个全球论坛，以便能在经济、社会和环境领域进行领导的时机已经成熟，而且早已成熟了。它将比七国集团或布雷顿森林会议体系的基础更广泛，并且比现在的联合国体系更有效，虽然没有权力作出法律上有约束力的决定，但它可以通过自己的能力和所起的作用产生影响，在国际经济问题方面，取得像安理会在和平和安全问题方面那样的地位。

我们建议成立经济安全理事会。……其任务是：(1) 不断评估世界经济的全面状况和重要政策领域之间的相互作用；(2) 提供长期的战略政策机构以促进稳定、均衡和可持续的发展；(3) 承认重要的国际组织，特别是主要的多边经济组织各自不同的作用，同时要使它们的政策目标保持一致；(4) 促进政府之间就国际经济体系的改革进行自觉的建议性对话，同时，为世界经济中的某些新兴力量——各地区性组织——提供一个国际论坛。(第150—151页)

经济安全理事会要行之有效，就必须是务实的和有效率的，因而是小规模的。它必须争取到主要国家处于关键地位的经济部长们的优先关注。……由于是一个独立组织，它就能够担当新的使命，在各种国际金融组织和世界贸易组织之上起桥梁作用。和安理会不同的是，经济安全理事会没有否决权，要意见一致才能采取行动。不但如此，由于安理会一事一决的短期特点和它主要关心和平与安全事务，使它不能充当经济安全理事会的适当模式。后者更注重政策和规章的演变。(第153页)

* * * * *

贸易和国际竞争的准则

世界贸易组织的根本目的是建立一个全面的规则框架，用来管理最广泛意义上的贸易体系，包括《世界贸易组织条约》中所说的可持续发展的目标。这必然会与发展水平和政府制度有很大差异的国家之间确立的共同准则相矛盾。可是，从长远而言，自由贸易与可持续发展和改善社会标准的雄心壮志之间，不应该存在矛盾，因为随着社会的发展，它们自然会愿意采纳更高的标准。

现在有一种令人忧虑的倾向是，工业国家声言反对它们声称的发展中国家倾倒"社会垃圾"或"环境垃圾",而事实却是,那些发出这类威胁的国家对保护它们自己没有竞争力的工业的关切要甚于对人类尊严和地球安全的关切。对那些社会和环境水准较低的国家发出的不公平贸易的职责,经常不是出于对发展中国家贫穷现实的无知,就是出于自私自利。贸易谈判不应当被用来把工业国家的标准强加于它们的贸易伙伴。

可是,在提高标准,包括社会和环境标准方面,存在着共同的、合情合理的利益。不管在哪里,这都是发展过程的一部分,我们但愿这项得到广泛支持的工作,不会因实行贸易限制的威胁而受到损害。为了经济增长、提高穷人生活水平并使环境得到保持,贸易必须开放,并建立在稳固和多方同意的准则基础之上。(第163页)

* * * * *

国际货币基金组织和全球经济稳定

在一个私人资本市场已经全球化的世界上,重建固定汇率体系和在国际货币体系中建立强有力的公共部门的控制,既是不可能的,也是不可取的。市场这个妖魔已经逃出了瓶子。但是,国际货币基金组织或任何其他监督国际金融体系的组织,必须承担重要的任务,这一点已变得越来越急迫了。

目前体系的优越之处是具有灵活性。但是,也有相当大的不足之处。这是国际经济体系需要加以解决的。这些不足之处中最严重的是,在一个几乎完全依靠政府的自我约束和靠市场机制挑战的高度一体化而又互相依存的体系中,存在着不稳定的威胁。

国际货币体系对私人资本市场的依赖,使它受到了对整个体系信心崩溃的威胁。……(第176页)

国际货币体系中的许多问题,来自工业大国不愿迅速并从根本上调整穷国在全球经济管理中没有充分发言权的问题。这个问题有多种办法可以得到解决。

我们已建议成立一个经济安全理事会以监督全球经济。其次，布雷顿森林会议体系的决策结构必须改造，应使它的工作和决策更公开和透明。进而言之，就是说要更加民主，即摆脱少数经济大国的强有力的控制。实现这一点的最明显的办法是实现投票权配额，这个办法将确定成员国各有多少投票权，而且它们的义务和权利因而也要作出调整，以反映其经济现实。（第 181 页）

* * * * *

发展援助和反贫困斗争

反贫困斗争要求有良好的管理和由国家对发展承担义务；同时，要有国际经济环境的支持。中心问题是怎样改进全球治理以帮助那些贫困一直在加剧的国家，……（第 183 页）

虽然关于援助的质量和目标的争论仍然是联系在一起的，世界却正在对援助究竟应该是什么形成了一个新概念，一种新的援助哲学。它有好几个要素，要素之一是主张人民之间互相支援，这可能会失去那种只不过是在官僚机构之间传送的援助。伴随这一思想产生的一个概念是，由受援国本国的人民积极参与工程的设计和执行。（第 185 页）

新哲学的另一个思路是，改变施援和受援政府之间的关系，从赈济和依赖性改变为互相依靠并共同承担契约义务。那种认为援助是政府之间施舍的观念，必须让位于援助是对付出劳务的一种补偿方式的观念。（第 185—186 页）

从北到南，在有关发展的活动中，非政府组织的数目和参与一直在上升，而且得到人们的公认，单是通过政府行动和市场力量，不可能取得持续发展。社会各主要方面——政府、企业和有组织的公民团体——积极的伙伴关系，可使它们互为补充的技能被动员起来。（第 192 页）

* * * * *

保护环境

环境问题可能比任何其他问题都更使人们体会到人类命运与共的概念。可持续发展的概念现在已被广泛采用,而且人们已公认,一切国家,不分穷富,都应该在这个框架内行事。我们特别关心的一个方面是全球治理的含义。(第 201 页)

在建立一个国际环境治理体系,通过治理跨越边境的有关环境方面的争端和保护全球的共有资源,在实现全球可持续发展方面,已经取得了相当大的进展。……可持续发展委员会现在联合国体系内成了一个焦点,统管和协调各种联合国机构所从事的计划。然而,可持续发展委员会不应被简单地看做是一个行政协调机构,它的成立是在可持续发展方面,特别是在执行里约会议一致通过的《21 世纪议程》方面,给以更全面的政治领导。

在执行《21 世纪议程》方面,进展极不平衡,虽然与几年前相比,对臭氧层被破坏和全球变暖这类全球性问题,有了进一步的认识,但是对不那么惹人注目而又非常重要的领域,诸如淡水的供给和水的质量、土壤的退化和沙漠化,却很少关注。里约会议除了对滥伐森林发表了一个一般性的原则宣言外,没有更多的作为。这些问题是与贫穷和不发达交织在一起的。

与贫穷有关的环境变化的直接效果是地方性的,要求各国加强治理。但是,如果放任不管,其长期效果则是全球性的,而且,穷国没有力量能适当地解决这些问题。(第 202—203 页)

日益明显的是,对全球性共有资源缺乏始终如一的管理办法,且未受到应有的重视。已越来越清楚的是,应有一个机构能代表所有国家,包括环境条约的管理部门,全面负责与共有资源有关的事务。我们认为托管理事会应当承担这一角色。(第 209 页)

* * * * *

资助全球治理

在原则上能得到广泛支持的计划的财政需求和通过传统渠道能实际筹集到款项之间，存在巨大缺口。……应该着手建立切实可行的，开始哪怕是小规模的全球性资助，支持联合国的专门行动计划。（第201页）

在计划制定全球性资助的分类表时，可以实行几项广泛的原则。第一，以正当的经济理由使用某些共有的全球性资源，用市场工具予以收费。第二，正确的做法是，全部负担不应只由少数工业国家承担，而应该广为分担，可以采用累进的方式。第三，如果新的岁入制度不取代国内税赋，而是增加税源，那将是有益的。（第210页）

以维护全球共有资源和经济效益为理由，并且为了政治和收入的原因，对使用全球共有资源实行收费，具有广泛的号召力。这样做会鼓励有效使用和保护共有资源，还可以资助进行全球治理的各种组织，这些组织是对共有资源进行监督并使其保护良好状态所必要的。（第212页）

我们呼请逐渐能达到一种共识，以帮助建立起业经长期讨论且日益完善的全球性税制概念。在这一领域和其他领域，对经济上的互相依存关系管理要求技术的创新精神和政治上的胆识。（第213页）

第五章　改革联合国

全球治理就像各种演员汇集在一起的一个大舞台：人们以官方的或者非官方的方式，以社会的或者国家的、以行业内部的或者跨行业的名义，在国家或国际的非政府组织和公民运动中，互相交往，宛若一个全球的民间社会。其他演员，国家和国家的政府，正式的或非正式的地区组织和联盟，通过人来扮演它们的角色。但是，我们还指出，在全球治理中，居于中心关键地位的角色，落在汇聚在联合国的人们身上。他们渴望通过联合国采取共同行动，来实现他们的最高目标。（第217页）

* * * * *

联合国就是"我们"

联合国是一个复杂的集合体,但是从本质上说,它是由其会员国组成并由会员国来维持的。联合国是"我们",因为它的体系、政策和行动,都是会员国所制定的。它的决定都是由会员国作出或者为会员国所反对的。联合国管理的某些方面属秘书长的权限;但是,除此之外,联合国是会员国的联合国。它们否定联合国,就是否定它们自己。(第219页)

……当政府或人民谈论改革联合国时,他们也就是在议论必须开始的国家行为方式变革的过程,而不是在纽约的东河之滨的变革。国家行为是国家决策和国家政策的产物:必须从这里着手来加强联合国。虽然应该争取改造联合国结构,而且我们将在本报告中提出一些建议,但是,联合国最大的失败不是在结构上:这些失败是会员国的集体失败,更是联合国经济和社会理事会在实践宪章宗旨方面的失败,是安理会根据宪章的构想建立一个全球性安全体系方面的失败。当我们抱怨这个世界性组织远远未能实现宪章中提出的促进所有人民的经济和社会发展时,这并不是我们惋惜的某个独一无二的超国家实体的失败,而是联合国会员国的过失,而且,也是政府和人民——至少在某种程度上说——的过失。(第219—220页)

在联合国和国际组织的改革中,总的来说"我们人民"必须通过我们的政府和我们自己的新的授权起主要作用。(第221页)

在改造过程中,重要的是反映出第一章中谈到的变化了的现实。未来的时期不会与旧金山会议刚结束后的时期一样。那时候,联合国几乎是除了政府之外唯一的国际演员。这种独一无二的时代已经过去,国际主义更强有力地邀请全球性民间社会起新的作用。联合国体系在国际行动中仍将处于中心地位,就像民族国家仍然是主要的国际演员一样。但是,必须为此作出两种调整以适应于全球民间社会。首先,是在改造后的联合国体系中,增进民间社会的实际作用,而不是仅限于在改造后的结构中分配给它一些席位。其次,应承认联合国体系之外的民间社会所起作用的重要性。(第221页)

我们提出了"结构上的问题",如改革安全理事会,是因为我们相信这对实行更好的全球治理是极为重要的。……除了这些改革之外,首先需要的是世界社会更多、更富想象力和更富创造性地利用宪章的现有条款。

当然,我们不赞同联合国应予解散、为一个新的全球治理机构让路的主张。因为失败的不是宪章,而是联合国会员国的政策和行为。无需修改宪章,联合国系统的很多必需的改革就可以实行,只要各国政府愿意进行真正的改革的话。我们所建议的少量修正案,其本身将有助于创造一种利于回到宪章精神的环境。……通过一个改革过程——更多是改型和修整,而不是推倒重来——可以完成这一工作。但是,革新不应当是摆摆样子,而应同时在全球友邻关系中推行新的生活方式。(第224—225页)

世界必须为组成其最高治理机构找到一个较好的基础,而不是由少数国家担任常任理事国。但是,现在还没有到达这一步。常任理事国的设置目前还必须保持下去。另一方面,我们强烈认为,在全球治理中,否决权是一种不能接受的特点,而且很明显,在任何新的安排中,挥动否决权的理事国的数目,不应该增加。增加常任理事国并赋予它们以否决权,是倒退而不是改革。(第231页)

* * * * *

全球民间社会

全球民间社会在联合国系统内必须有一席之地,使个人或组织能吁请采取行动,以纠正可能危及人民安全的错误。(第244页)

人民参与管理自己事务的愿望,在政府没有力量或者不愿涉及的领域采取行动的需要,使信息能够广泛传播并帮助人民跨越国家边界进行交往的电信和交通技术的发展，正在鼓舞着被人们称之为的全球性交往革命。这种趋势又因人们已意识到有如此多的问题需要得到全球的关注而得到加强。

那种认为人民不管国籍或其他特征如何，都有共同利益，而且正以有组织的方式跨越边界走到一起来了的看法，是越来越与全球治理相吻合了。（第244—245页）

全球民间社会在全球非政府组织运动中得到最充分的体现。……它们的广泛参与会有益于全球治理。不管是全国性的或国际性的非政府组织，都不是没有缺点的。由于它们多种多样，为实现更好的全球治理，仍然应该把它们拥有的知识、义务和对基层情况了解的知识利用起来。（第245页）

对国际社会的一个重大挑战是创建公私伙伴关系以便鼓励非国有部门对有效的全球治理作出贡献。把形形色色、互不相关的伙伴结为一体管理公共事务是一种非常复杂的事情。现存的多种多样的机构表明应将它们的工作过程和程序结合到一起。搜集和共享信息、辩论选择方案、执行特殊任务以及作出决定和执行决定的体系，都应按照问题和有关人员和机构的兴趣和技能从体制上予以改革。（第246页）

在全球治理中另一个起作用的部门是全球性工商企业。……今天，私营企业和竞争性市场体系的好处已被广泛接受，但仍需避免经济实力过分集中于私人手里。国家应通过反托拉斯法或竞争政策保护公众。

必须鼓励工商企业在全球友邻关系及其治理中负起责任并作出贡献。有迹象表明，私营企业界正开始对履行这种责任作出响应。……

国际社会在全球治理中需要得到跨国公司的支持，需要鼓励最好的企业行为，并承认在满足全球友邻关系的需要中私营企业能够起到作用。如果企业界被吸收参加管理工作，就可能广泛接受这些责任。（第246—247页）

本委员会认为，在联合国体系内必须为个人和团体提供一席之地，使他们能够吁请采取行动，纠正那些若不及时处理就可能危及人民安全的错误。（第251页）

……我们建议的与安理会的联系和申诉理事会初露头角之后为使联合

能够采取行动而对宪章的修订，将是回答人民需要和全球民间社会所关心的全球治理的一个实质性进展。

这是前所未闻的建议，肯定会招致人们的怀疑。有些人会对该建议表示忧虑。可是，我们认为，全球治理必须听到新的声音，并提供实践机会来纠正危及人民的大量谬误。如果不是这样，世界就会面临对和平与安全、对全球友邻关系中的生活质量的严重危险。（第253页）

* * * * *

地区主义和全球治理

地区性安排可对全球治理起补充和促进作用，但不一定自动会产生出积极的效果。一方面，这些组织在全世界分布不平衡且处于不同的层次，这可能会引起人们对这些组织的排他性的担忧，并导致地区之间和地区内部的不平衡。另一方面，随着地区性组织的壮大，它们可能会演变为敌对的集团，有碍于全球治理。然而，在我们看来，地区主义有能力帮助建立一个更加和谐和繁荣的世界。

为了更好地利用地区主义实际的和潜在的力量，同时又避免可能产生的危险，必须鼓励建立一个在组织结构上既能体现地区主义、而又符合宪章的宗旨和原则的全球治理体系。这是一个挑战，应以互相支持的办法，既运用全球的处理办法，又运用地区的安排。权力分散、委托制和与地区性组织合作，可以减轻全球性组织的负担，同时，又可以产生一种在共同努力工作之中更深的参与意识。

虽然现在地区性集团的能力很不平衡，在全球治理中不能构成一个平衡的支柱，不过，把它们与全球性组织的工作结合起来，就能使它们起到这种作用。这是一个长期的过程，但组织上作某些改变可以帮助达到这一目的。……还有一种需要，即在那些地区主义不那么风行的地区，鼓励和支持建立地区合作的自发性工作，并促进地区组织加入到世界性机构中去。

应当把这些组织纳入多边的合作框架之中。全球性组织，特别是联合国，应当审议这一进程，以使地区性组织能越来越多地参与。这对它们是一种激励，能加强其内部的凝聚力，还可以使它们受全球框架的约束。这样就可能启动一个生机勃勃的进程，能帮助全球治理使之更有效和更有代表性。那些没有什么影响的国家的声音，通过代表同一地区利益的一个集团的总体发言就可以被听到。最终，就能导致在诸如安理会和建议中的经济安全理事会这类限制性的组织里，通过单一的地区席位，使该地区的国家享有代表权。

因此，联合国必须准备适应一个地区主义在全世界越来越风行的时代，甚至要帮助这一进程向前发展。它有义务这样做；秘书长一再号召在全球治理中加强地区主义，在发展方面并不亚于和平和安全方面。（第276—277页）

* * * * *

资助联合国

联合国应是任何全球治理体系的中心和不可或缺的部分。可是，即使很大问题转交给非政府组织和地区组织，联合国的议程仍然是很繁重的。这个组织现在没有能力处理向它提出的所有要求。它能够做的事情有限，必须承认这种限度，仍然有大量工作要做。要履行这些责任，联合国必须加以改革，为此，我们提出了许多建议，绝大部分建议都是为了节约开支。可是，除非联合国的经费来源建立在比目前更稳固的基础上，否则什么改革都是无济于事的。（第285页）

第六章　在全世界加强法治

法治一直是一切自由社会中重要的影响力量。法治把民主社会和专制社会区别开来，它保护自由和公正，反对压迫，它把平等置于统治权力之上；它授权弱者反对强者的不当要求。它的约束力不亚于道德戒律，对于社会福利，不论对集体和对社会内部的个人，都是极端重要的。因此，尊重法治是友邻关系基本价值的所在。在正在出现的全球友邻关系中，这一价值观肯定

是人们所必需的。（第 291 页）

* * * * *

没有发挥的潜能

当联合国奠基人草拟宪章的时候，世界法治就作为宪章的中心组成部分曾隐约出现。他们在海牙成立了国际法庭——一般被称为世界法院——作为全球性体系中的"法律大教堂"，但允许各国有自由全部或部分地接受或不接受它。法治在受到确认的同时，也遭到暗中破坏。每个国家都可以决定自己要不要接受国际法庭的强制性裁判权，而大多数国家是不接受的。因此，从一开始国际法庭就受到排斥。

国际法在大多数时间内运转良好，无须采取宣判手段就能解决问题。在诸多空运、海运、环境保护和贸易等事务上，国际条约已成为获致合作的重要基础。按照法律准则办事一般进行顺利，即使当一个国家的短期利益可能对某一违约行为有利的时候，也不例外。绝大多数的争端都是和平解决的。

然而，在战后时代，国际法的发展在某些问题上，以及在解决争端的运用上并不像许多人所希望的那样圆满。这个时期是以军事实力和经济力量的统治为特点的——经常拒绝承认甚至违抗国际法准则，而行使军事力量或经济力量，世界在建立全球友邻关系的时候，必须改变行动方针。

到战后时期，国际法作为全球的观念，一直是以欧洲为中心的，特别是发展中国家感到——并非没有正当理由——国际法是以基督教价值观念为基础，并以推动西方扩张为目的而设计出来的。这种国际法产生在欧洲，是由欧洲法学家所制订并为达到欧洲的目的而服务的。（第 291—292 页）

目前，特别是在前殖民地获得独立之后，许多民族国家能够而且实际上也在积极参与国际法的制定过程。即使当它们不愿选择这样做时，它们自己参与国际事务的行为——它们自己国家的实际行动——的本身已构成了国际习惯法的一个来源。

对于一个国家而言，现在仍说这是偏袒欧洲的价值观和影响，因而拒绝接受国际法的做法已不再行得通了。目前，欧洲国家有时确实在争辩说，曾经一度维护过它们的价值观和道德准则的过程，已经失去了锐气，这是由于其他国家对习惯国际法施加影响和为了得到对国际公约必不可少的广泛认可而作出妥协造成的。但是，一切法律的确都需要作出妥协。有约束力的契约需要得到最有力的一致同意。（第294页）

* * * * *

批准和仔细审查国际法工具的合法性和可接受性是十分重要的。然而，民族国家的内部政治程序也有可能成为采纳国际标准的障碍。……在当今世界上，平民主义行动有可能把经过国际讨论并精心创造的成果毁于一旦，通常是以民族主义为借口。向内部政治压力妥协能在顷刻间把十年的成果毁灭。在民主时代，对政府的挑战之一是确保公众了解国际立法程序的性质并支持这些程序。只有这样高瞻远瞩的观点才能战胜短期的权宜之计。（第296页）

……对于国际法和国际法强制保护的伦理价值来说，应该有一个由一些身份、名望最高，且独立思考和刚正不阿的人组成的可信赖的机构，这些人愿意而且有能力对他们面临的严重问题作出裁决。如果没有这样一个机构，玩弄政治阴谋的自由就会大增，对国际法进行的谋求私利的解释就可能在安理会和其他地方得到片面的承认。只有当争执双方的利益要由第三方来解决时，争端才提交由裁定解决。（第299页）

在一个理想的世界上，接受国际法庭的强制审判权是取得联合国会员国资格的先决条件。那些想参加国际大家庭的人们，应该有遵守这个社会规章的愿望，并且要表明他们愿意接受这个大家庭的最高法定机构的裁决权。可是，这一机会被错过了。联合国和它的全体会员现在已经成为生活中的事实。有些国家——包括现任的安全理事会五个常任理事国中的四个国家——曾根据非强制性条款拒绝接受法庭的强制审判权。为了有利于在全球友邻关系中维护法治，我们敦促这些国家重新考虑它们的立场。（第300—301页）

* * * * *

实施国际法

在一个国际法准则受到尊重的世界上，就不需要有强制性的法律程序。如果国际法准则在世界上不受尊重，则全球对国际法的实施就不能实现。（第313页）

在世界范围内加强法治的一个必要条件是要有有效的监控和遵守法律的制度。没有这种制度，有些国家就愿意先接受国际准则和协议，然后对它们应尽的义务则虎头蛇尾地不大负责任。全球治理的实质是国际社会有能力保证社会准则得到遵守。（第314页）

国际法通常是受到各国遵守的，因为它们相信这样做符合自己的最大和长远利益。但是每当违法者认为违法行为会给他们带来可观的报酬，而且他们又能不受追究时，国际法就会遭到破坏。奖励和制止要并行不悖，这样才能鼓励依法行事并制止违法行为。（第314—315页）

我们承认，遵守法律的问题常常受到质疑。在法律被接受的程度上完全视争端、问题的原因和设计的责任而定。例如，在环境问题领域内，技术和财政援助将帮助某些国家无力遵守新的和正在形成的标准方面的状况。（第315页）

在法院制度之外，某些非政府组织在技术、组织和院外游说等方面的技能，也是提高守法水平的有效手段。我们鼓励这些集团继续从事院外游说活动，向政府、多边机构、跨国集团和其他国际法的对象施加压力，迫使它们履行自己的国际法律义务。尽管这些集团在国内和国际法律制度下在实现希望的政策目标方面是重要的，但没有什么国际协定或执行机构会直截了当地承认这种作用，或者把非政府组织也纳入它们的守法机制之中。（第315—316页）

联合国会员国资格赋予各会员国相当大的利益、权利和特权。得到这些好处也产生了一种义务，遵守《联合国宪章》的规定。鼓励或获致遵守国际准则的最便捷有效的途径，莫过于通过志愿而非强迫的方法。鼓励守法的方法包括直接接触、引起公众注意的宣传、启发廉耻心、威慑力量、和平解决程序、制裁以及作为最后手段的开除出政府间组织或联合国。（第316页）

在大多数情况下，国际法庭的裁决就足以解决一项争端，而且各国一般是遵从的。但在不守法的罕见例子中，唯一有效的强制措施可以通过安全理事会的决议来实现。（第316—317页）

* * * * *

正在出现中的全球友邻关系需要靠一种新的道德规范生存下去，这是一种以法治文化为支柱的新道德规范。国际社会至少在支持全球治理的非正式协议方面已有了一个具有潜在效能的法律制度。当代包罗万象的多边和双边条约、非正式协议和已经制订的习惯法，并行不悖地同时存在着。此外，还有几种司法和非司法机制存在，由于有了必要的政治意志，就能有效地鼓励守法或强制执法。

今天，国际法律体系的缺点主要是整个国际体系的缺点的反映。尽管迫切需要新的法律、更好的守法机制和更有效的强制执法机构，但国家的政治意志是朝这一方向取得进展不可或缺的条件。（第319页）

世界必须努力确保未来的全球友邻关系能够以有法、守法和执法为特征，而不是以无法、违法和不执法为特征。以一切国家和个人都尊重规章为特征；并实现一切国家和个人，包括最弱的国家和个人，在法律面前一律平等；没有人，包括最有势力的强者，能够超然于法律之上。反过来说，这需要有能者的领导意志，也需要其余的国家和个人以共同的努力参与并帮助实现目标的意愿。（第320页）

全球治理的中国视角与实践[*]

蔡 拓[**]

一、全球治理的概念与要义

20世纪90年代以来,全球治理(global governance)无论就其理论研究还是实践影响而言,都受到国际社会的广泛关注。从某种意义上不妨说,它同全球化理论与实践一样,正在成为21世纪的主题,全面规约着人类的发展及其前景。

作为一个新生的、发展中的理论,全球治理的概念及其本质内容不仅有争议,而且存在诸多不确定性。尽管如此,从已有的研究成果来看,我们还是可作出下面的概括与评介:

关于全球治理的概念。全球治理是治理在国际层面的拓展与运用,虽然两者仍有不少区别,但在基本精神和核心内涵上显然是相同或相通的。正因

---

[*] 本文原载于《中国社会科学》,2004年第1期。
[**] 蔡拓,中国政法大学全球化与全球问题研究中心主任,中国政法大学国际交流委员会副主任,政治与公共管理学院教授。

为如此，全球治理的概念也就往往与治理的概念联系在一起，甚至在不少语境中被等同了。迄今为止，被学术界引证最多的全球治理的定义是由全球治理委员会作出的。这个定义是："治理是各种各样的个人、团体——公共的或个人的——处理其共同事务的总和。这是一个持续的过程，通过这一过程，各种相互冲突和不同的利益可望得到调和，并采取合作行动。这个过程包括授予公认的团体或权力机关强制执行的权力，以及达成得到人民或团体同意或者认为符合他们的利益的协议。"[1] 随后，该报告对这一包括国内与国际层面的治理进行了解释。"从全球角度来说，治理事务过去主要被视为处理政府之间的关系，而现在必须作如下理解：它还涉及非政府组织、公民的迁移、跨国公司以及全球性资本市场。伴随着这些变化，全球性的大众媒体的影响大大加强了。"[2] 治理理论的主要创始人之一詹姆斯·罗西瑙则通过治理与统治的比较来界定治理。他指出："与统治相比，治理是一种内涵更为丰富的现象。它既包括政府机制，同时也包括非正式、非政府的机制，随着治理范围的扩大，各色人等和各类组织得以借助这些机制满足各自的需要并实现各自的愿望。"[3] "全球治理可设想为包括通过控制、追求目标以产生跨国影响的各级人类活动——从家庭到国际组织——的规则系统，甚至包括被卷入更加相互依赖的急剧增加的世界网络中的大量规则系统。"[4] 后来，罗西瑙在对全球治理进行本体论研究时又进一步指出："治理，指的是导引社会体系实现目标的机制，一个非常适合理解世界上旧有边界日渐模糊、新身份司空见惯、政治思考面向全球的概念。"[5] 另一位全球治理研究的著名学者托尼·麦克格鲁则把全球治理定位为多层全球治理，并认为："多层全球治理指的是，从地

---

[1] 英瓦尔·卡尔松、什里达特·兰法尔主编：《天涯成比邻——全球治理委员会的报告》，赵仲强、李正凌译，中国对外翻译出版公司1995年版，第2页。
[2] 英瓦尔·卡尔松、什里达特·兰法尔主编：《天涯成比邻——全球治理委员会的报告》，赵仲强、李正凌译，中国对外翻译出版公司1995年版，第2页。
[3] 詹姆斯·N.罗西瑙主编：《没有政府的治理》，张胜军、刘小林译，江西人民出版社2001年版，第5页。
[4] 俞可平主编：《治理与善治》，社会科学文献出版社2000年版，第265页。
[5] 俞可平主编：《全球化：全球治理》，社会科学文献出版社2003年版，第64页。

方到全球的多层面中公共权威与私人机构之间一种逐渐演进的（正式与非正式）政治合作体系，其目的是通过制定和实施全球的或跨国的规范、原则、计划和政策来实现共同的目标和解决共同的问题。"① 戴维·赫尔德在其颇有影响的《全球大变革》一书中也谈到："全球治理不仅意味着正式的制度和组织——国家机构、政府间合作等——制定（或不制定）和维持管理世界秩序的规则和规范，而且意味着所有的其他组织和压力团体——从多国公司、跨国社会运动到众多的非政府组织——都追求对跨国规则和权威体系产生影响的目标和对象。"② 在研究欧洲治理方面有影响的学者贝阿特·科勒－科赫提出了自己的见解：治理越来越被理解为"公私行为体之间任务与责任的共享"，被认为是"持续不断的相互作用过程中社会、政治和行政管理行为体的指导性努力"。③ 辛西娅·休伊特·德·阿尔坎塔拉指出：治理"是在众多不同利益共同发挥作用的领域建立一致或取得认同，以便实施某项计划"，而治理一旦被运用于全球化和跨国组织领域，则出现全球治理，其目的是通过制度创新，把国内外社会各阶层的个人和机构联系起来以处理全球性问题。④ 利昂·戈登克尔和托马斯·韦斯则直接给全球治理作界定："我们把全球治理定义为：给超出国家独立解决能力范围的社会和政府问题带来更有秩序和更可靠的解决办法的努力。"⑤ 中国学者俞可平表达了自己的看法："所谓全球治理，指的是通过具有约束力的国际规制（regimes）解决全球性的冲突、生态、人权、移民、毒品、走私、传染病等问题，以维持正常的国际政治经济秩序。"⑥ 在同一篇文章中，他又以另一种表达谈及全球治理："全球治理是各国政府、国际组织、各国公民为最大限度地增加共同利益而进行的民主协商与合作，其核心内容应当是健全和发展一整套维护全人类安全、和平、发展、

---

① 俞可平主编：《全球化：全球治理》，社会科学文献出版社 2003 年版，第 151 页。
② 戴维·赫尔德等：《全球大变革：全球化时代的政治经济与文化》，杨雪冬、周红云、陈家刚、褚松燕译，社会科学文献出版社 2001 年版，第 70 页。
③ 俞可平主编：《全球化：全球治理》，社会科学文献出版社 2003 年版，第 311 页。
④ 俞可平主编：《治理与善治》，社会科学文献出版社 2000 年版，第 16—17、26—27 页。
⑤ 俞可平主编：《治理与善治》，社会科学文献出版社 2000 年版，第 267 页。
⑥ 俞可平：《全球治理引论》，载《马克思主义与现实》，2002 年第 1 期。

福利、平等和人权的新的国际政治经济秩序，包括处理国际政治经济问题的全球规则和制度。"①

以上介绍的仅仅是试图给治理或全球治理作出概念界定的部分学者的观点。更多的学者则是通过构成因素的概括、表现形式的描述，以及特点归纳等方式诠释治理与全球治理的内涵。本文在借鉴他人研究成果的基础上对全球治理作出这样的界定：所谓全球治理，是以人类整体论和共同利益论为价值导向的，多元行为体平等对话、协商合作，共同应对全球变革和全球问题挑战的一种新的管理人类公共事务的规则、机制、方法和活动。

关于全球治理的要义。要义就是核心内涵、根本内容，是一事物区别于他事物的本质规定。本文认为，在认识和把握全球治理的要义时，应注意以下特点和内容。

其一，从政府转向非政府

传统上对公共事务的管理是由政府主持和承担的，这是它的权力也是责任。政府对国内公共事务的管理习惯上被视为统治，它通过强制性权力分配社会资源、维护社会秩序。政府对国际公共事务的管理则主要表现为外交，特别是以参与诸多政府间国际组织的方式，表达利益要求和对国际事务的看法。显而易见，在这种经典的公共事务管理制度中，政府不仅独揽大权，而且几乎是唯一的政治权威的拥有者和体现者。

全球治理打破了政府对公共事务管理的垄断，许多非政府的行为体，如国际非政府组织、跨国社会运动、全球公民网络、跨国公司等以多种方式、途径参与公共事务的管理，同政府分享公共权力和政治权威。在这方面已有不少有说服力的例子，如国际清算标准委员会确立了全球的清算规则。国际标准化组织在全球促进标准化工作的发展，至今已制定 13736 条国际标准，其中包括著名的 ISO 9000 质量管理体系认证和 ISO 14000 环境管理体系认证。多数国家的航海法是在伦敦的国际航海组织草拟的，航空安全法是在蒙特利尔的国际航空组织完成的。而地球之友、绿色和平组织、大赦国际等组织在

---

① 俞可平：《全球治理引论》，载《马克思主义与现实》，2002 年第 1 期。

环境、人权等领域的作为更是广为人知。甚至在传统的安全领域，非政府组织也表现出积极参与的趋向，并作出了实际的贡献。像1997年《禁止地雷条约》的签订，就是由近1000个非政府组织组成的国际禁雷运动所推动的，其领导人因此而获得1997年诺贝尔和平奖。这些个案表明，由于人类社会生活的日益复杂，联系的日益紧密，涉及范围的日益扩大，政府对公共事务的管理，无论在体制、方式还是能力上都表现出局限性，所以，非政府行为体的崛起是必然趋势。

其二，从国家转向社会

如果说从政府转向非政府是全球治理中直观的变化，那么从国家转向社会则是这一直观现象背后更本质的内容，因为它涉及一个更具根本性的问题，即国家与社会的关系。国家脱胎于社会，是社会发展到一定阶段的产物。尽管在历史的演变中，两者的关系因地域、发展阶段、历史传统等因素的影响而表现出多样性，但总的来讲，自国家产生以来，代表并行使公共权力的国家，相对社会而言始终处于主导地位。近代民族国家体制的确立虽然伴随着公民社会的发育、发展，但国家在社会生活中的支配地位从未在根本上被动摇，甚至可以说20世纪是国家独立展示其历史作用的最辉煌的时期。但是，20世纪90年代兴起的全球治理则对国家在人类社会生活中的绝对主宰地位提出真正的挑战。国际非政府组织、跨国社会运动、全球公民网络、全球公共领域以及跨国公司，都是区别于国家的社会活动领域和社会力量，也可统称为全球公民社会。① 所以，当公共事务的管理从政府转向非政府时，实际上意味着公共权力从国家向社会的部分转移。无论从民主的理论还是国家消亡的理论来看，这种权力的转移都具有历史必然性和合理性，它朝着还政于民、权力回归社会迈出了有历史意义的一步。

---

① 为了与国家区别，这里采用了国家与公民社会的两分法。事实上，目前学术界更流行的是国家—市场—公民社会的三分法，即把独立于政治国家与市场经济组织的公民结社和活动领域称做公民社会。

其三，从领土政治转向非领土政治

领土化是民族国家的典型特征，领土政治是至今人们所熟悉并认同的国家政治，它意味着政治统治的合法性和政治权威的有效性仅适用于其领土范围之内。国际政治虽涉及并试图处理超越领土的政治事务与政治关系，但仍以领土政治为依托，所以，传统意义上的国际法和政府间国际组织对人类公共事务的管理依然是有限的。全球治理突破了领土政治，开始凸显非领土政治，这表现为非国家行为体的大量出现和跨国性活动的剧增。对于领土政治转向非领土政治，国际学术界已尝试着用新的框架与概念加以解释。如赫尔德提出"功能性政治空间"的观点，认为："电信规制领域代表了一种超越国家界限的功能性政治空间的存在；它清楚地表明，在这种情况下，政治共同体自身的意义不仅仅局限于领土逻辑，还存在于一个由多种利益组成的跨国共同体。"[1] 罗西瑙则通过阐述权威的重构来解说非领土政治。他认为国家只是权威的众多来源之一，当代人类社会已出现了区别于国家权威的新"权威空间"（SOAs）。非政府组织、非国家行为体、无主权行为体、议题网络、政策协调网、社会运动、全球公民社会、跨国联盟、跨国游说团体和知识共同体这十大术语就是用来描述新"权威空间"，勾勒非领土政治画面的。这表明，"权威空间并不一定与根据领土划分的空间相一致，而是具有相当大的灵活性"[2]。这些尝试性解释并非无可争议，但其对从领土政治向非领土政治转移的分析，无疑应引起我们的关注与思考。

其四，从强制性、等级性管理转向平等性、协商性、自愿性和网络化管理

全球治理的要义不仅在管理主体、管理范围、管理权力的归属与指向等方面得到表现，从权力的性质及其运行上看，也不同于传统的政府管理。

传统的政府管理，以强力和法律为后盾。政府通过颁布法令，制定政策，

---

[1] 戴维·赫尔德等：《全球大变革：全球化时代的政治经济与文化》，杨雪冬、周红云、陈家刚、褚松燕译，社会科学文献出版社2001年版，第86页。

[2] 詹姆斯·罗西瑙：《面向本体论的全球治理》，见俞可平主编：《全球化：全球治理》，社会科学文献出版社2003年版，第63页。

合法使用暴力,来实现对社会公共事务的管理。显然,这种权力体制和管理制度建立在强制性、等级性的政治理念基础之上,突出的是政府的政治权威,强调的是自上而下的单向度权力运行规则。在这种强制性、等级性管理体制和制度下,尽管公民们可以通过定期选举来更换政府官员,调整政府的法规与政策,从而在一定程度上实现利益表达和公共事务参与的权利要求,但这毕竟是间接而有限的,同时也无法从根本上改变该体制下权力的强制性、等级性和单向度性。政府依旧可以在得不到多数公民认同的情况下,行使管理权力。

全球治理体现了一种全新的权力关系和管理规则。首先,是权力主体的平等性。全球治理是多元主体的共同参与,包括政府和诸多非政府行为体。在这些主体之间,并无上下尊卑之分。政府可能在当前的治理中仍起主要作用,但它仅仅是诸多行为体中的一员,并无特权和发号施令权。在不同的领域和不同的问题上,各行为体会表现出各自的优势,从而客观上拥有更大的发言权,但这同样不意味着某种权力高于其他权力。其次,管理的协商性。既然在全球治理中,权力主体是平等的,权力向度是多元的,所以诸行为体之间就只能通过协商、对话、合作来实施对公共事务的管理。不明确并认同伙伴关系,不善于沟通、谈判、协商,就不可能有全球治理。再次,管理的自愿性。这里,自愿性既指自愿参与管理,又指自愿而非强制地服从公共权威。全球公共事务的管理不能仅仅依靠政府,公民要有参与的热情和自觉性,离开这一前提就不要奢谈全球治理。此外,实现公共事务的有效管理,需要公民的高度认同。法律的强制虽然也是进行管理的必要手段之一,但毕竟不如建立在公民的共识与认同之上的管理那样有效、恒久,因为全球治理中渗透着公民自觉的责任与义务观念,正是这一点使其与传统的推崇权力与权威的政府管理再次区别开来。最后,管理的网络化。全球治理是全球化、网络化时代的产物,这个时代导致了世界日益紧密的相互依存,导致了事物生成和发展的非直线性,以及事件因果链条的复杂性和多向性。这个总体的特征决定了社会结构的网络性,从而要求公共事务的管理进行相应的变革。全球治理恰恰以网络化管理回应了时代的需要,它以多元权力主体的并立,多重权威的并行、多向度权力运作的制度框架,展示了网络化管理的基本风貌。

其五，全球治理是一种特殊的政治权威

人类公共事务的管理需要权威，所以，全球治理离不开权威。事实上它本身就是一种权威，只不过是一种特殊的权威，因为这种权威的确立和合法性不能用适用于民族国家的民主理论加以解释，它是多种主体协调、对话、合作的结果。与此同时必须懂得，全球治理扩大了政治权威，但并未取消国家和政府的权威。从权威的扩展而言，曾长期垄断政治权威的国家和政府，其权力有所减弱，不承认这一点是非理性的；但从国家和政府应当行使和保留的政治权威而言，至今并未减弱，也不应该减弱，更谈不上过时。在这方面，人们不要过于天真。

二、全球治理的中国视角

面对全球治理的兴起，一个开放的中国必然要作出自己的思考与回应。但是一个不容忽视的问题是，全球治理对于中国和西方发达国家而言，由于各自的发展阶段、国际地位和历史文化传统不同，所以无论学术界关注的重点和研究视角，还是具体的实践，都会产生差异。而这恰恰是需要认真对待的。

全球治理的理论产生于西方，它更多地反映了发达国家对全球化时代国内国际事务的见解（包括困惑、挑战、期望和预测），而这些见解无不以现实为依托，尽管程度不同。从目前西方全球治理研究关注的焦点来看，主要集中于非领土政治和全球公民社会的定位。到底如何认识非领土政治，它对传统的领土政治有多大影响，是否要用新的分析单位（如罗西瑙的"权威空间"、赫尔德的"功能性政治空间"）取代传统的分析单位——国家及其权威？到底如何评价全球公民社会，它是区别于国际社会的一个实体性社会，还是一个观念性社会？对它的存在机理、合法性基础、活动规则以及历史走向能否给予、怎样给予更有说服力的阐述？正是这样两个理论症结决定了西方全球治理研究的特殊视角，即全球层面和跨国层面的机制、关系与活动，特别是全球公民社会所参与或试图介入的机制与活动，涉及全球公民社会、超国家组织和政府间国际组织以及它们之间的互动。福特基金会"全球公民社会"项目部2003年"促进公民参与全球治理"研究计划非常鲜明地体现了这一研究视角。该研究计划"要求申请此项目的公民社会组织具有战略性的计划,以增强或促进全球治理主体与全球公民之间的可信任机制,并且寻求有效的机制,从而使全球公共政策协商中能够听到公民的广泛呼声"。该研究计划提供的参考性选题有:公开安理会协商与议程记录的必需性;修改世界银行与国际货币基金组织投票的章程;增加国内立法部门在国际谈判中的声音;在国内层次选举国际制度的代表;加强全球法院或对国家法律负责的全球制度;增强国际法在国家内部的实施力度等等。

与之不同,中国对全球治理的理解与感受受到以下几个因素的制约:

首先,中国重返国际社会的时间不长,对国际社会许多领域的相应机制、规则都不甚熟悉,尚有一个学习—适应的过程。同时,中国的国力也还有限,我们还不是一个完整意义上的、有全方位影响的大国,而只是一个崛起中的大国。这种状况就决定了中国在国际事务中谨慎、低调、不出头的风格,并且更希望也更习惯于在现有的国际组织和多边主义的体制与框架中处理人类公共事务。

其次,中国是一个发展中国家,所以有着与发展中国家相同的倾向。一般而言广大发展中国家,一方面,对主权有一种特殊的政治情感,往往把维护国家主权与争取民族独立的政治历程和政治成果联系在一起;另一方面,又深切感受到现存国际秩序的不公正,试图尽快使本国强大起来,真正摆脱西方发达国家的控制。这样,它们势必对挑战国家和主权地位的非领土政治、全球主义抱有戒心。

最后,中国的公民社会尚处于生成与初创时期,尽管比改革开放前有了长足的发展,但在数量、能力、本身素质及其社会影响方面,都同西方发达国家(甚至同某些发展中国家,如巴西、印度、菲律宾等)有着较大差距。这样,就使得中国的公民社会很难顾及和参与全球公民社会的活动,其视野和活动更多地局限于国内。

显而易见,上述因素使中国在参与和融入全球化的过程中,一方面,感受到全球治理的必然性、合理性，从而加大了参与国际事务并且与国际规则接轨的自觉性与力度；另一方面，对西方发达国家强调和关注的非领土政治、全球公民社会有较多保留。对突破联合国和多边主义框架、由全球公民社会倡导和推动的全球层面与跨国层面的活动和新机制的建立持慎重态度。由此决定了中国关注和研究全球治理的特殊视角：在国家层面和本国范围内认同并推动全球治理。

其一，把全球治理内化为本土上的跨国合作

全球治理原本是诸多行为体在全球层面和跨国层面通过对话、协商、合作来应对全球问题，管理人类公共事务，如遏制全球变暖、防治艾滋病、打击恐怖主义、防范金融危机等等。中国无疑已经参与并将更积极参与国际社会的诸多治理活动，从而感受到全球治理的挑战与趋势。但毋庸讳言的是，由于中国主要以国家或政府的身份参与国际事务，所以对中国而言全球层面的全球治理似乎与原来的国际治理并无区别。倒是国内日益增多的跨国合作，为中国勾勒了一个全球治理的新视角。这就是把全球治理从模糊的全球层面内化到清晰的国家层面，在本土上通过实施诸多跨国合作项目来感悟全球治理，并在这一过程中加深对全球治理的认同。这里，涉及两个必须澄清的问题。

一个是全球层面与国家层面的关系。全球治理聚焦于全球层面的机制、关系与活动，三大主体——国家、政府间国际组织和全球公民社会——在全球层面上展开对话、协商、合作，这是该理论的基本点。如果偏离了这个基本点，就会被认为是曲解了全球治理。但问题是三大主体的对话、协商、合作仅仅存在于全球层面吗？如果在国家层面上也出现并实际推动着某些事务的治理，能否称之为全球治理呢？本文认为是可以的。在一个日益相互依存的世界，人们不仅关心在全球层面就某些问题、领域达成全球性制度、规范，以加强对人类公共事务的有效管理，维护共同利益，而且会以跨国合作的方式，对虽存在于一国之内，但却会有全球性影响的问题与事务进行治理。这时，虽然现象上只是国家层面的治理，但其意义却是全球的，因此也符合全球治理的基本涵义。比如在中国环境、防治艾滋病和戒毒领域，存在着广泛的跨国合作。既有发达国家，又有以联合国为代表的政府间国际组织，还有国际上有影响的非政府组织，它们构成国际纵队，同中国中央政府、地方政府、非政府组织一起，开展着颇有成效的治理工作。这难道不是全球治理吗？当然是。因为中国在上述领域的进展与成就，无疑符合全人类的利益，也必将推进全球层面的环境治理和公共卫生状况的改善。所以，全球治理不能仅局限于全球层面的治理，也应关注国内层面的治理。这样，该理论就会有更大的包容性。

另一个是跨国合作与国际合作的关系。本文所提出的国家层面的全球治理以跨国合作的存在为前提，换言之，只有在一国之内存在某些领域的跨国合作，才能视其为全球治理。跨国合作不同于传统的国际合作。跨国合作是突破国家中心、国家主体的合作，它必须包括非国家行为体，特别是非政府组织。只有国家、国际政府间组织和全球公民社会三大主体共同参与的合作，才称其为跨国合作，同时也才满足国内层面的全球治理的要求。如果仅有国家间或国家与政府间国际组织的合作，那只是传统的国际合作。这种国家中心的国际合作虽然也是不可或缺的，但不能视为国内层面的全球治理，而只能归属于国际治理。

其二，把全球治理锁定于全球问题的治理

全球治理的范围非常广泛，可以说遍及政治、经济、文化、军事、社会等人类生活的各个领域。从国际社会来看，一些非常敏感而重大的议题已被涉及，比如全球治理委员会关于改革联合国的主张。该主张的基本点是扩大全球公民社会的作用。"首先，是在改造后的联合国体系中，增进民间社会的实际作用，而不是仅限于在改造后的结构中分配给它一些席位。其次，应承认联合国体系之外的民间社会所起作用的重要性。"[1] 它提出的具体建议是建立一个作为辩论机构的"人民大会"，用来补充由各国政府代表的联合国大会。而在此之前，应为全球公民社会提供一个年度论坛。此外，关于建立国

---

[1] 英瓦尔·卡尔松、什里达特·兰法尔主编：《天涯成比邻——全球治理委员会的报告》，赵仲强、李正凌译，中国对外翻译出版公司1995年版，第221页。

际刑事法庭、经济安全理事会等建议都关涉全球性制度与机制的重构。与此同时，作用与日俱增的国际非政府组织，并不满足于仅仅参与发展援助、人道主义救援、环境保护以及疾病防治等经济、社会事务。为国家所垄断的政治、军事、安全事务正成为非政府组织积极介入的新领域，比如对军备控制和防止武器扩散施加影响力，推动并参与预防性外交，致力于国际人权保护等等。

中国视野中的全球治理既然定位于国内层面的全球治理，那么所治理的对象就必须有所选择与限定，而在我们看来，最恰当的国内层面的全球治理对象，莫过于那些关涉人类生存与发展的全球性问题。这是因为：

一方面，全球问题具有真正的全球性、公共性。全球治理指涉的是人类公共生活，不是某一地区、某一国家、某一民族、某一团体的事务，全球问题恰恰符合这一特点。当代人类关切的生态、环境、发展、资源、毒品、艾滋病、难民、人权、国际恐怖主义、太空开发与海洋利用等等全球问题既关涉整个人类，又与每个人息息相关。也就是说无论其存在还是影响都是全球的，具有典型的公共性。全球问题无疑需要在全球层面，通过对话、协商、合作确立一系列有效治理的机制、条约和规范，如《全球气候变暖框架条约》。但也必须同时重视这些问题在一个个具体国家、地区的改观与解决。全球问题在每个国家的表现程度、形式不尽相同，应对的方略和解决途径也会有差异，但正因为它的全球性和公共性，所以就为全球治理提供了平台。当一个国家借助于国际社会和全球公民社会的力量，治理本国存在的全球问题时，这无疑是参与、推动全球治理的一种好方式。

另一方面，全球问题具有超意识形态性，便于进行跨国合作，也易于避免某些政治上的麻烦与冲突。全球问题的超意识形态性是指其存在的普遍性，挑战的共同性，利益的相关性。全球问题不因你是社会主义国家就不存在，也不因你是发达国家就可避免，它反映了人类社会生活中更一般的内容。正因为如此，全球问题所带来的挑战就是人类面临的共同挑战，它所关涉的利益就是人类的共同利益。全球问题的这一显著特点，不仅有助于在全球层面达成合作的共识，形成有约束力的机制与条约，尤其适于在国内层面开展跨国合作，实施全球治理。道理显而易见，当他国、国际组织和全球公民社会试图介入一国的政治、军事、外交事务时，必然会触动敏感的主权问题，从而导致激烈的反应，甚至纠纷。但对关乎经济、社会发展，指向改善人与自然关系，提高人类生活质量的问题与事务，各国大都欢迎国际社会的介入，包括资金的投入、人员的培训、技术的支持，以及治理机制与方法的引进。

总之，对于国内层面的全球治理，将其治理对象锁定于全球问题不仅是适宜的，而且是现实可行的。它既为全球层面的治理主体介入存在于一国但却有全球影响的事务提供了可能，又能为主权国家所接受。中国的实践就是一个力证。自改革开放以来，中国已在环境、戒毒、防治艾滋病领域开展了大量的跨国合作，吸纳了大批资金、技术，卓有成效地推动着全球治理，可以说为在国内层面以全球问题为平台实施全球治理提供了很好的经验。当然需要指出的是，尽管全球问题从整体上讲具有全球性、全面性、超意识形态性、相互缠结性、挑战性等等特点，但其内部也是有区别的。有些问题，如生态环境、资源、人口、艾滋病、毒品、贫困等问题超意识形态性更强，从而共识性也更突出。有些问题则较为复杂和敏感，如人权、国际恐怖主义。它们虽然也有全球问题本身所共有的特点，从而导致在维护人权、反对国际恐怖主义方面的全球治理，但由于与政府行为联系更为密切，所以会在不同程度上受到政治或意识形态的影响。这后类问题，就不适于作为国内层面全球治理的对象。当代人道主义干预引起的争论与纠纷，反对恐怖主义的泛化和非法制化倾向导致的忧虑，都证明了这一点。

其三，把全球治理植根于本国公民社会的培育和基层民主的建设

治理和全球治理不同于国家统治和政府管理的最关键之点是，前者依托于公民和公民社会，而后者则依靠国家、政府的权威与强制。治理和全球治理的过程就是还政于民的过程，就是公民社会成长、民主精神弘扬的过程。反之，没有较为发展的公民社会，缺乏具有公共精神和民主素养的公民，也就不存在名副其实的治理和全球治理。

全球层面的全球治理着眼于公民在超国家或跨国事务上的参与，正是这种自愿的参与使公民得以学习民主，学习公共事务管理，并不断形成新的国际非政府组织，壮大和健全全球公民社会。活跃于人道主义救援、环境保护、戒毒、防治艾滋病等领域的诸多非政府组织、公民运动，都是这样生成、发展并实践着全球治理的。中国关注全球治理与全球公民社会的互动，并在可能的条件下参与国际非政府组织和全球公民运动的活动，但这毕竟有限。[①] 因为能够有全球的视野和目标，具备与全球公民社会对话、合作的能力，并能在某些问题和领域上影响全球公民社会的治理活动，这样的非政府组织在中国还非常少。造成这种状况的原因，既有体制和政策上的制约，又与中国公民社会自身的发展远未成熟相关。所以现实的选择就是在国内层面的全球治理中，有意识地培育公民社会，加强基层民主建设，提升公民的公共精神和参与能力。

培育国内的公民社会是发展全球公民社会的基础，也是切实推进全球治理的保障。对于当代中国而言，尽管伴随着市场经济的发展和政府职能的转变，公民社会的生长发育具备了前所未有的空间，但公民社会依旧弱小，而且很不规范。所以，尽可能把公民社会的力量吸引到国内层面的全球治理，使它们在治理中国的全球问题的跨国合作中得到锻炼，增长才干，提高民主参与的自觉性和社会责任感，强化自身的组织力和影响力，这无疑是促进中国公民社会成长的一条有效途径。事实上，正在中国进行的以治理全球问题为宗旨的跨国合作，很多都是政府间国际组织和国际非政府组织发起和资助的。这些组织在设计、谈判这些合作项目时，往往都特别强调民众的参与，把社区、社团、公民个人的参与作为合作项目实施的前提条件之一，也是衡量合作项目是否成功的标志之一。这就为受制于政策、财力、能力而不能广泛和有效参与公共事务管理的基层组织与民众创造了条件，使他们在项目实施中成为当事人甚至主角，从而在客观上培育着中国的公民社会。随着国内公民社会的发展与成熟，中国就会有更多的非政府组织、公民运动走向世界，成为全球公民社会的一员参与全球层面的全球治理。如果忽视了这样一个渐

---

① 一个很明显的例子是，在2002年世界可持续发展首脑会议（WSSD）上，中国的草根NGO第一次亮相，并引起了世界的关注。但在几千个与会的NGO中，中国大陆仅占十几席。

进的过程，鼓励不成熟的非政府组织和不成熟的公民个人过早介入全球层面的全球治理，那么不仅无助于全球治理，还会影响国内公民社会的健康发展。

中国视野中的全球治理在着重国内公民社会培育的同时，指向基层民主的建设。基层民主指的是中国广大农村和城市居民所能直接感受并行使的民主。在这方面，扩大公民的直接选举权是最有力也最为人们所知的举措，它涉及县以下人民代表、乡镇长、村民委员会、居民委员会的产生。虽然这种公民选举权与全球治理并无直接关系，但它所渗透和体现的民主参与精神却是同全球治理一致的。扩大基层民主的另一举措则是推进社会自治，而社会自治恰恰是全球治理的精髓。中国目前施行的公民自治主要体现在农村村民自治、城市社区自治和行业自治三个领域。正是这些领域的社会自治，培养着有参与意识和能力，尊重对话、协商规则的公民。然而不要忘记，社会自治的组织基础在很大程度上是由国内公民社会奠定的。换言之，公民社会越成熟，社会自治的要求越强烈，从而就会导致社会自治范围的扩大与程度的提高。

如前所述，国际社会在中国开展的跨国合作，大都指向并落实到基层。于是，跨国合作中培育的公民社会，同时促进着基层民主。实际上不少跨国合作项目都成立了社区管委会，而这个委员会往往同村民自治委员会、居民自治委员会有着极为密切的关系。当村民们通过直接选举产生管委会成员时，他们一定会在直接选举村民委员会和居民委员会时有更出色的表现。由此可见，培育国内公民社会和加强基层民主建设是相辅相成的，自觉地认识到这一点，就能使中国在全球治理中有更多的收益。

三、中国参与全球治理的实践及其启示

全球治理的中国视角，试图用三个立足点（立足于国内的跨国合作，立足于国内的全球问题，立足于国内公民社会的培育和基层民主的建设）来解读全球治理，赋予其新的理论内涵。那么，这种区别于当前国际学术界主流认识的全球治理理论是否有现实表现与依据呢？答案是肯定的。我们正在进

行的《全球治理与中国公共事务管理的变革》的研究项目,以生动的个案和丰富的事实说明,中国正在本土上实践着中国特色的全球治理,并提供着有益的经验与启示。

其一,多主体、多部门合作制度是实施全球治理的基本形式与有效机制

政府与非国家行为体的合作、共同参与是全球治理的基本规定性之一。这一点在中国的跨国合作、全球治理中也得到充分体现,其具体形式就是多主体、多部门的合作制度。需要指出的是,多部门合作在中国的综合治理、齐抓共管等术语和经验中已有所体现,但其基本指向是政府部门间的合作,而且最终要由某个行政机构或负责人统摄。因此,严格地讲,与本文所要阐述的全球治理中的多部门合作制度有本质区别。我们这里讲的多主体、多部门合作制度,是指国内外不同行为体(国家、政府间国际组织、全球公民社会),以及同一行为体的不同部门、层次、单元,共同参与中国本土上的跨国合作,推进全球治理的制度性安排与机制。比如中英艾滋病防治项目,成立了由中国十个部委和两个国外机构组成的项目协调委员会,包括国家对外经济贸易部、卫生部、国家发展计划委员会、公安部、司法部、教育部、广播电影电视总局、全国妇联、共青团中央、国家计划生育委员会以及联合国艾滋病规划署和英国国际发展部。这个协调委员会将就中英艾滋病防治项目的重大事宜进行对话、协商、合作,相互间没有等级之分。与此同时,为了推动项目的实施,又成立了项目办公室和专门的专家指导小组。下属的云南和四川两个项目省也在各个层级成立了相应的多部门参与的项目小组,直到项目的最后实施地。我们调研的四川省资中县艾滋病社区关怀项目,把这种多主体、多部门合作制度一直延伸到试点单位——公民镇。而云南省易门县艾滋病感染者关怀企业试点项目,还把私人企业家融入到多部门合作制度中,更体现了这种制度与机制的包容性。

由此可见,全球治理语境下的多主体、多部门合作制度必须包括如下要素:首先,是国内外多种行为体的共同参与。仅有国内各部门的协同合作,那只是中国式的综合治理,不能视做全球治理意义上的多主体、多部门合作制度。其次,要有非政府组织的参与。没有非政府组织的参与仅是传统的国际合作。这里，非政府组织既包括国际非政府组织，也包括国内非政府组织，而对于当代中国而言，国内的非政府组织不可按发达国家的标准衡量，要充分考虑其不成熟性，容纳各种变通的、过渡性的组织形态。但无论怎样不成熟，在多主体、多部门合作制度中必须打破政府单一管理，听到非政府组织的声音，这是毋庸置疑的。最后，参与成员的平等性和处理公共事务的协商性。多主体、多部门合作制度并非不要权威，这种制度本身就形成某种管理公共事务的权威，只是这种权威的确立与合法性不能用传统的民主理论加以解释，也不能以传统的等级式政府管理体制加以审视，它是多元主体之间平等对话、协商的结果。

其二，政府在全球治理中仍起主导作用，但政府部门及其官员的权力与管理观念的日益更新也是一个基本事实

国家和政府在社会生活中的主导作用，是自《威斯特伐利亚和约》以来所确立的国家中心主义的一整套国内、国际政治规范与制度所认可并维护的。尽管这一点在当代受到重大挑战，但并未从根本上被改变，当然情况不尽相同。在全球层面，当涉及社会、经济、环境、人道主义援助等事务时，全球公民社会的作用日益凸显，有时甚至扮演主角。而本文所研究的国内层面的全球治理，政府的主导作用则毋庸置疑，也是不同于全球层面的全球治理的主要表现之一。

为什么中国本土上开展的全球治理，政府的主导作用异常突出、鲜明？首先，相对市场经济的建设和社会生活的变迁，中国政治与政府改革的进程还相对滞后、有限。尽管为适应市场经济和社会生活变迁的需要，政府已在权力下放、职能调整、角色定位方面作出了不少努力，但传统的集权式的管理模式和行政命令式的管理方法仍然颇有市场与影响。政府更习惯于自己统摄社会资源与权力，实行单向度、等级式的社会管理，认为这样才能提高行政效率，维护社会秩序。而若放权给公民社会，一则政府不情愿，二则又担心非政府组织和其他公民共同体的能力有限，会导致社会失控与混乱。鉴于此，就会自觉不自觉地在开展跨国合作时，从政策上作出有利于政府而限制公民社会的规定与安排。其次，中国的公民社会，特别是其中坚非政府组织还处于生成、发育的初期。中国的NGO是伴随着改革开放和市场经济的推进而兴起的,时间短、数量有限、能力欠缺、成熟度也较低。显然,没有数量就形不成规模,而没有一定规模就很难更多地影响社会。能力欠缺表现在财力、组织力、自治力、影响力诸多方面。中国NGO的绝大多数并非严格意义上的NGO,对政府的依赖性很大。从财政支持到组织挂靠都离不开政府,这样,其作为一个自治组织的独自影响力势必大打折扣。成熟度表明NGO能否理性地定位社会角色和责任,自觉接受社会规范和法律的约束。由于中国NGO的兴起处于社会转型和变革的大背景下,而且自身又往往受到旧传统和旧习气的侵袭与束缚,所以自觉的角色意识、责任意识、规范意识、法制意识都极有待提高,这也在客观上制约着其社会作用的发挥。总之,中国NGO的现状决定其在管理社会生活中的权威性、有效性、可信度都尚难以同政府相提并论。最后,政府与公民社会的良性互动有助于政府发挥主导作用。如果说前两个原因主要立足于政府与NGO自身的不足,那么第三点则试图提供另一考察问题的视角。政府与公民社会的关系大致有三种类型:自由主义主张公民社会制约国家与政府;激进主义主张公民社会对抗国家与政府;而晚近较为理性的观点则主张公民社会与国家、政府合作互补、共生共强。总的来讲,前两种主张历史更悠久,社会影响也更大。但随着社会生活的日益复杂和相互依存度的增强,政府与公民社会合作互补、共生共强的观点开始得到更多人的认同。中国公民社会的兴起恰逢其时,这为政府与公民社会关系的理性定位与良性互动营造了很好的环境。一方面,政府正在转变观念,逐渐承认公民社会管理社会公共事务的独立地位与作用,不再视NGO为洪水猛兽;另一方面,公民社会又清醒地认识到政府在管理社会生活中不可或缺的主导作用,并明确自身的定位:不仅仅是政府的助手,也决不是政府的对手,而要在增强独立自主性的基础上,成为政府的合作伙伴。显然,这样的定位增强了政府主导跨国合作的合法性,客观上有利于国内外对政府主导作用的认同。

在承认政府主导中国本土上的全球治理的同时,我们又应看到,政府及其官员的权力与管理理念正在发生变化,治理和全球治理的观点、思想正潜移默化地影响着政府的行为。在开展跨国合作，治理全球问题的实践中，政府逐渐认识到：首先，政府管理社会公共事务的能力是有限的。认为政府万能，政府可凭借手中的权力支配一切、管理一切的传统权力与管理理念在社会生活日益复杂化的今天正在失去市场。现实表明，正因为社会生活的日益复杂化，政府不可能洞察、熟悉各种社会事务。权力并不等同于能力。管理社会公共事务的能力往往需要更多的专业知识，而这是权力所难以赋予的。所以，政府的正确做法应是发动更多社会力量参与社会公共事务的管理，这样才能弥补政府能力的不足。显然，承认政府能力的有限性，就朝着多元主体参与社会公共事务管理迈出了关键性一步。其次，非政府组织与各种公民共同体在社会公共事务管理中完全能够发挥独特作用。当政府把视野转向其他行为体，并开始共同管理社会公共事务时，政府不仅消除着以往对非政府组织的误解与疑虑，而且不得不承认，非政府组织和诸多公民共同体在管理社会公共事务时有独自的优势，能收到更好的效果。最后，政府要学会同非政府行为体对话、协商。政府习惯于命令、指挥，并通过等级式制度管理社会公共事务。但在跨国合作中，则不存在这种上下级关系，大家都是平等的一员，政府不仅在重大问题上要与国外资助方、合作方协商、谈判，而且在国内诸多行为体中也不能发号施令。尽管传统管理的惯性还在一定程度上起作用（比如国内诸行为体习惯上会认为行政级别高的单位就是事实上的领导），但在制度安排中，政府不具有特权。所以，政府在实践中开始进行角色转变，并逐步在治理规则的约束中认同伙伴式合作关系。不言而喻，政府观念的更新将是一个很长的过程，但是这种更新毕竟已经开始。

其三，全球意识与全球价值在全球治理中有所体现、有所认同，并得到传播，但与全球变革的要求还相差甚远

全球治理有一种内在的全球情怀和鲜明的全球取向。无论是全球层面的全球治理，还是国内层面的全球治理，都要求以全球的视角思考和解决人类面临的共同问题，从而使人类的共同利益得以维护，并实现人类整体的进步与发展。正是这种全球情怀与倾向，突出了全球意识和全球价值的作用与意义。

全球意识区别于国家、民族、群体意识,它是一种新的思维方式和观念。全球意识强调人类整体性,即以全球的视野考察、认识社会生活和历史现象。整体性并不等同于共同性,当然两者有密切关系。全球价值包含两层涵义:首先,是指人类作为一个整体有其独立的价值,换言之,人类可视为一个新的价值主体,它不同于国家、民族、群体等主体;其次,指价值的普世性,即一种受到普世关怀、得到普世认可的价值。全球治理正是通过关注人类整体面临的挑战与问题,塑造维护人类整体利益与秩序的规则、机制,以达到促进人类整体进步与发展的价值目标。因此,正如全球治理委员会所说,"全球价值观必须是全球治理的基石"[①]。同样,全球意识也是全球治理的前提。

中国本土上以跨国合作形式进行的全球治理也在一定程度上体现着全球意识和全球价值关怀,并在治理的进程中培育和强化着全球意识和全球价值,使其认同度得以逐渐提高。这表现为:一方面,跨国合作的参与者都在不同程度地认识到,治理中国存在的全球问题不仅是中国的事情,也是人类的共同事务,它关涉人类的共同利益。特别是中国国内各参与主体,开始改变单纯的受援方角色定位,认识到中国存在的全球问题的世界意义,从而能够更自觉地与国际合作方建立平等的伙伴关系,推动全球治理。

另一方面,跨国合作的参与者在实践中加深了对全球机制、全球规范、全球模式、全球合作意义的认识。比如多部门合作制度和参与式工作方法,是国际社会在治理全球问题中形成的行之有效的机制、方法。那么,它们能否被运用于中国本土上的全球治理,并得到人们的认可呢?事实表明是完全可以的。在中英艾滋病合作项目和云南多部门与地方参与山地生态系统生物多样性保护示范项目中,多部门合作机制被明确规定并得到了很好的贯彻。从理念到组织形式,中国参与方都表示理解、认可。而在草海项目中,参与式工作方法帮助中国参与方改变了自上而下开展环保与扶贫工作的思路,转向自下而上的路径,结果充分调动了村民的积极性、创造性,使项目获得成

[①] 英瓦尔·卡尔松、什里达特·兰法尔主编:《天涯成比邻——全球治理委员会的报告》,赵仲强、李正凌译,中国对外翻译出版公司1995年版,第45页。

功。同样的道理，在中国治理实践中形成的"草海模式"（即环保与扶贫、村民参与相结合）被国外专家认为在环保、脱贫和发展事业中具有超前性和创新意义，有推广的价值。后来，国际扶贫和环保机构在草海进行了数十次的考察和培训。云南昆明金碧社区禁毒项目则创造了着重对吸毒者进行心理关怀，建立"无毒社区"的经验，被联合国官员称为帮教工作中的一个新亮点、一个新的希望、一条新的路子。

显而易见，中国本土上的全球治理使中国官员与公民对全球意识、全球价值有了更多的感悟与认识。对于一个长期闭关锁国，又深受意识形态影响，习惯于以阶级的、国家的、意识形态的视野思考问题和采取行动的民族，这种转变无疑有其历史意义。但平心而论，相对前所未有的全球变革，中国官员与公民的全球意识、全球价值关怀还显得十分欠缺，远远不能适应时代发展的需要。从我们的调研来看，中央一级（如公安部、卫生部、国家环保局以及中国性病艾滋病防治协会）的行为体，由于频繁的国际交流与合作，所以全球视野和情怀比较明显。同样，主要成员为精英的 NGO，如艾滋病工作网络、北京天恒可持续发展研究所，对全球治理的精髓也能有更深刻的把握。但从更多的层级上看，对全球意识和全球价值的了解十分模糊，更谈不上真正的认同。不少组织、机构和个人关心的仅仅是跨国合作能给自身带来哪些明显的收益，把国外资助方戏称"大老板"，看重的是资金、技术的投入。这种状况虽情有可原，但的确是与全球治理不合拍的。

其四，公共精神的培育和公民共同体的建设是全球治理造就的宝贵财富，也是其历史意义与影响所在

治理与全球治理在其浅层意义上追求的是能给公民和社会带来更大利益的善治，而在其深层意义里，则是通过治理的过程造就有参与能力和公共精神的公民和公民社会，从而最终还政于民，实现权力向社会的回归。这无疑是当代的人文指向，也是走向新文明的历史底蕴。当我们立足于此来审视全球治理对中国的影响时，就会进一步认清全球治理的历史贡献。

公共精神，指的是一种关心公共事务，并愿意致力于公共生活的改善和公共秩序的建设，以营造适宜人生存与发展条件的政治理念、伦理追求和人生哲学。公共精神有赖于人的自觉,换言之,强制不能产生公共精神。一个公民和一个社会的公共精神究竟是如何形成的,至今未有定论,也颇使学术界困惑。① 但有一点少有争议,那就是社会生活本身的联系越密切,生存挑战和境况越严峻,公共精神越容易生成和发展。正是在这个意义上,我们说,全球化导致的全球相互依存,全球问题导致的人类生存挑战,为张扬公共精神提供了历史舞台。中国本土上的全球治理是在这个舞台上开展的,所以它在客观上有助于公共精神的培育。

毋庸讳言,由于种种原因,当代中国公民的公共精神总体上讲比较欠缺,特别在基层和农村更为明显。但情况正在起变化,村民自治所显示和爆发出的公民参与热情及创造性足以表明,制度安排和必要环境的提供,能够激发公共精神。我们所调研的中国本土上的全球治理项目同样证明了这一点。在草海项目中,由于参与式工作方法的宣传与实施,村民们的参与热情空前高涨。他们对怎样实现草海的环境保护与经济发展献计献策,并创造了适宜的组织形式和管理机制。比如,村基金管理人员的民主产生和监督、项目管理委员会的设置等等。同样,在云南多部门与地方参与山地生态生物多样性保护示范项目中,两个试点区的项目管理委员会都由社区民众无记名投票产生,竞选者不乏其人,而民众的踊跃参与也令人欣喜。至于四川资中和云南易门两个艾滋病关怀项目,则在艾滋病关怀社区中反映出公民的参与精神。这里既有艾滋病感染者,也有参与艾滋病关怀的志愿者和普通居民,为了防治艾滋病,他们形成一个公民共同体。尤其需要指出的是,像红树林那样纯粹的艾滋病患者社团,在与病魔与死亡进行抗争的同时,献身于公共事业,站到防治艾滋病的第一线,这的确令人钦佩。

公共精神与公民共同体密不可分。所谓公民共同体就是公民自愿结成的组织(包括社团、社区、网络),以表达对某一特定议题的关注或从事某一特定议题的活动。公民共同体的基本特点是公共性、自愿性、民间性、参与性。这里,公共性是指共同体的宗旨有助于公共生活和公益事业;自愿性是指共

---

① 参见罗伯特·D. 帕特南:《使民主运转起来》,王列、赖海榕译,江西人民出版社 2001 年版。

同体出于公民的责任、义务、理念的驱动而非他人强制而成立和维系；民间性是指共同体不会被纳入任何行政层级，它是政府框架外的自主活动领域，虽然在其组成上可能有行政机构或官员介入；参与性则是指共同体以参与公共事务为其动力和生存内容。显而易见，公民共同体既是公共精神的载体，同时又为展示和弘扬公共精神提供了平台和保障。草海合作项目所建立的包括草海自然保护区管理处和村民的环保社区，云南多部门与地方参与山地生态系统生物多样性保护示范项目所建立的包括乡镇行政机关和广大村民的管理社区，以及云南昆明金碧禁毒社区、四川资中艾滋病关怀社区等等，都显示了公民共同体的功能与作用。公共精神的发达和公民共同体的成熟是一个民族和国家的希望，更是人类的福音。尽管当代中国的公共精神和公民共同体还远不尽如人意，但毕竟已开始了历史性变化。从中国本土上的全球治理，我们可以看到一个富有公共精神和参与能力的公民社会正在生成，并终将崛起。

"全球治理"与"建设和谐世界"理念比较研究*

叶 江**

自20世纪90年代初"全球治理"① 的理念问世以来,"全球治理"的理论和实践在全球范围内展开。然而,值得注意的是,迄今为止,无论在国内还是在国际有关"全球治理"的学术争论以及对"全球治理"理念的质疑依然存在。尤其需要指出的是,随着2005年我国提出"建设和谐世界"的外交理念之后,国内对"全球治理"持怀疑乃至否定态度的学者,进一步将"全球治理"与"建设和谐世界"视为相互对立的理念,认为:"'和'与'治'的不同哲学思想背景显示了'和谐世界'同'全球治理'的根本不同。"② 然而,与此同时,部分国内学者则认为,"和谐世界"是中国的"全球治理"

---

* 本文原载于《上海行政学院学报》,2010年第2期。

** 叶江,上海国际问题研究院全球治理研究所执行所长、欧洲研究中心主任、研究员;兼任上海交通大学国际与公共事务学院教授。

① 一般认为,"全球治理"的理念最先由美国著名的国际关系学学者詹姆斯·N. 罗西瑙在1992年出版的专著《没有政府的治理:世界政治中的秩序与变革》中从学理层面提出,而在实践层面,"全球治理"的理念则是由前社会民主党国际主席、德国前总理勃兰特等人在1992年发起成立的"全球治理委员会"(the Commission on Global Governance)提出。

② 吴兴唐:《"全球治理"的置疑性解读》,载《当代世界》,2007年第12期,第41—43页。

理论。① 由于"建设和谐世界"已经成为当前中国和平发展的外交总纲，而"全球治理"的理论和实践尽管面临诸多的质疑与批评，但是却也依然在不断地发展，因此厘清这两者之间的关系应当是我们推进"建设和谐世界"相当重要的一个环节，同时也能因此而彰显全球化环境中中国特色外交的现代化过程。为此，本文拟就此作些学术上的努力，以期引起国内学界的更进一步讨论与探索。

一、全球化是"全球治理"和"建设和谐世界"理念形成的主因

虽然"全球治理"理念形成于冷战终结之后，但是却与全球化紧密相关，其理论与实践随着全球化的深入发展而发展。对全球化的定义迄今仁者见仁，智者见智，甚至依然有中外学者对之予以强烈的质疑。然而，目前比较普遍的看法则是承认全球化是一客观的历史发展过程，是在经济全球化的强烈推动下，国际政治和世界社会产生巨大变动的过程。实际上，全球化是世界历史发展过程中，随着漫长的西方殖民化或西方化的终结而产生的一个新阶段，是世界历史发展的新阶段。② 对整个现代世界体系而言，全球化还是一大变局，它导致在世界范围内一个地域发生的社会、政治和经济活动对于另一个地域中的个人和社区会产生直接的影响，以致各个社会领域相互依存度不断地提高并且相互依存的范围日益扩大，国际政治、经济、社会、文化乃至军事的互动及其过程也因此不断加快，地方、国家与全球事务的联系也日益深化。

作为现代世界体系的一大变局，全球化所造成的一个明显后果就是它把原本以国家为中心的世界体系推向了一个由多元权威结构和许多不同集体，其中包括国际政府间组织、国际非政府组织、跨国公司、行业协会等构成的

---

① 陆晓红：《"和谐世界"：中国的全球治理理论》，载《外交评论》，2006 年第 6 期，第 63—68 页。
② 叶江：《世界体系、全球化与当代国际政治》，载《上海师范大学学报（哲学社会科学版）》，2004 年第 3 期，第 73—79 页。

多元中心的国际体系,虽然国家尤其是大国依然在这一发生巨大变化的国际体系中占有十分重要的位置。另一方面,全球化还导致一系列的全球性问题,如全球性的生态、人权、移民、毒品、走私、恐怖活动、传染性疾病等问题。更值得注意的是,全球化不仅是一个趋向于整合而且又是一个趋向破碎的过程,即全球化并不只由一种趋势构成,而是包含好几种既互相关联又互相矛盾的趋势。正是在由全球化导致的这一系列世界局势巨大而又深刻的变化前提下,"全球治理"的理念应运而生了。

根据全球治理委员会的解释,"治理在世界一级一直被主要视为政府间的关系,如今则必须看到它与非政府组织、各种公民运动、跨国公司和世界资本市场有关。凡此种种均与具有广泛影响的全球大众传媒相互作用"①。这也就意味着,"全球治理"的理念所表述的是在全球化的国际环境中,随着国际行为体之间相互依赖的加深,国家与非国家的行为体需要通过超越地方、国家乃至地区局限的多层次、网络化的全球治理结构和过程来解决全球性公共问题。从实践意义上来说,全球治理的出发点在于试图为全球性公共问题的解决与管理提供一种能被广泛接受的国际制度安排。除了主权国家的政府、国际政府间组织外,国际非政府组织也是全球治理的目标和任务的重要承担者。② 具体而言,"全球治理是各国政府、国际组织、各国公民为最大限度地增加共同利益而进行的民主协商与合作,其核心内容应当是健全和发展一整套维护全人类安全、和平、发展、福利、平等和人权的新的国际政治经济秩序,包括处理国际政治经济问题的全球规则和制度"③。

从上述简要的分析可见,"全球治理"理念形成于全球化不断深化的环境之中,是对全球化所带来的一系列挑战的反应,它随着全球化的深化而产生,随着全球化的不断发展而发展。与"全球治理"理念形成和发展一样,"建设

---

① The Commission on Global Governance, *Our Global Neighbourhood*, Oxford University Press, 1995, pp. 2 – 3.

② 有关"全球治理"理论与实践比较展开的论述,参见叶江:《试论全球治理、亚欧会议及中欧合作间的相互关系》中的第一部分,载《国际观察》,2009 年第 3 期,第 8—14 页。

③ 俞可平:《全球治理引论》,载《马克思主义与现实》,2002 年第 1 期,第 20—32 页。

和谐世界"的理念实际上也与全球化以及全球性挑战紧密相关,只是"建设和谐世界"是中国在成功地融入全球化的过程中所产生的应对全球化挑战的理论和实践。

众所周知,中国从1978年起始的改革开放实际上就是通过全面融入当代国际体系,积极参与全球化来实现现代化的过程。毫无疑问,30余年的改革开放实践证明中国参与全球化和融入国际体系的过程是十分成功的。中国的国内生产总值在改革开放之初的1978年为3645.2亿元人民币,在进入21世纪时的2000年增长至99214.6亿元人民币,到2005年达到183084.8亿元人民币,当年折合美元为2.229万亿,超过欧洲的意大利、法国和英国,成为全球第四大经济体。根据国际货币基金组织预计2009年中国的国内生产总值将超过德国和日本,跃居世界第二位。① 中国成功参与全球化实现现代化的另一个重要表现还在于卓有成效地完成联合国千年发展目标(MDGs)。

2000年9月8日,联合国第55届大会通过了《联合国千年宣言》,提出:"我们今天面临的主要挑战是确保全球化成为一股有利于全世界所有人民的积极力量。因为尽管全球化带来了巨大机遇,但它所产生的惠益目前分配非常不均,各方付出的代价也不公平……因此,只有以我们人类共有的多样性为基础,通过广泛和持续的努力创造共同的未来,才能使全球化充分做到兼容并蓄,公平合理。"② 在此基础上,《宣言》提出了消灭极端贫穷和饥饿等具体的联合国千年发展目标。③ 2004年3月,联合国发表第一份千年发展目标

---

① 根据《中国信息报》网络版的报道,国际货币基金组织(IMF)在2009年5月公布的《世界经济展望》数据显示,2008年中国国内生产总值(GDP)达到44016亿美元,居世界第三位,人均GDP提升了105位,经济增长率为9%。IMF同时预计2009年中国的GDP将超过日本,仅次于美国,位列第二,参见http://www.zgxxb.com.cn/news.asp?id=16582。

② 《联合国千年宣言》,联合国大会2000年9月8日第55/2号决议通过,参见http://www.un.org/chinese/hr/issue/docs/7.PDF。

③ 联合国千年发展目标共有8个方面,包括:1.消灭极端贫穷和饥饿;2.普及小学教育;3.促进两性平等并赋予妇女权力;4.降低儿童死亡率;5.改善产妇保健;6.与艾滋病毒/艾滋病、疟疾以及其他疾病对抗;7.确保环境的可持续能力;8.全球合作促进发展。参见《联合国千年宣言》,http://www.un.org/chinese/hr/issue/docs/7.PDF。

进度报告，其中表扬中国在推动该目标方面的成果。中国已经在包括减少贫困人口等几个方面提前实现了千年发展目标。2005年6月，身为联合国千年计划主任的美国哥伦比亚大学教授杰弗里·D.萨克斯教授对中国贫困人口的脱贫、绿色革命和青蒿素等赞不绝口，认为中国是全球发展战略的成功范例。[①]

然而，尽管中国通过改革开放十分成功地融入了全球化，但同样也不断地面临全球化所带来的一系列挑战。首先，全球化导致国际体系发生巨大的变化，致使中国在融入全球化和实现现代化的过程中，不仅需要不断地调整与国际体系中传统的行为体——国家尤其是大国的相互关系，而且需要与非国家行为体进行全面的协调。由于全球化是由相互关联的国际经济、政治、社会、文化过程所构成的一个综合性的组合，它表现为全球在经济、政治、社会、文化和生态领域日益加深的互相依存关系，全球联络和能动性的增进促使大国关系发生变化，新兴行为体的影响力不断提升，特别是那些超国家组织、跨国企业和国际非政府组织的作用和影响力已不容小觑，因此，中国如果希望继续不断地保持成功地参与全球化，就必须形成一种适应由全球化而引起的国际体系巨大变化的参与国际事务新理念。

中国在积极参与全球化的过程中必然会不断地面临全球性问题的挑战，如全球的生态问题、跨国移民问题、毒品泛滥问题、国际恐怖主义问题、国际乃至洲际传染的各种疾病问题等。全球性的问题需要国际体系中不同行为体之间的紧密合作才能有效应对。不仅如此，全球性的问题还需要所有人类活动层面上的参与，即需要从个人、家庭、社区，地方、国家、区域直至全球层面的综合性参与，而在国家层面这就至少需要国家能有效地统筹兼顾国内和国际事务。所有的这一切都需要有一种新的与处理国内事务紧密相关的处理国际事务新理念，从而才能更好地统筹国内和国际两个大局，有效地应对参与全球化和实现现代化过程中所面临的全球性挑战。

中国通过改革开放成功地融入国际体系、积极地参与全球化和实现现代

[①] 参见《人民日报》2005年6月29日的相关报道。

化，其本身对现存国际体系产生巨大的影响，即由于中国不仅不再主动游离于国际体系之外，而且通过成功地融入全球化而在实现现代化的过程中，成为当前国际体系中分量越来越大的行为者。因此，一方面中国的行为越来越大地影响国际体系本身的走向，另一方面国际体系中其他的行为体不论是传统的大国、还是新型的国际非政府组织都十分关注乃至忧虑中国的行为对当代国际体系走向的影响。毋庸置疑，"中国威胁论"、"中国挑战国际体系论"以及"中国责任论"等，就是在中国成为融入全球化和参与国际体系的成功者之后，在西方形成的种种舆论。为了应对这样的舆论，同时也为了能够彰显中国在全球化环境中参与国际体系运作的正面影响，中国需要提出一种与原先游离于国际体系之外时期，乃至与介入国际体系但尚未发生重要影响时期不同的，且具有中国特色的处理国际事务的纲领性理念。

总之，正是在成功地参与全球化、实现现代化的过程中，中国提出了"建设和谐世界"的理念，并不断地将其付诸实践。胡锦涛同志指出："我们主张，各国人民携手努力，推动建设持久和平、共同繁荣的和谐世界。为此，应该遵循联合国宪章宗旨和原则，恪守国际法和公认的国际关系准则，在国际关系中弘扬民主、和睦、协作、共赢精神。政治上相互尊重、平等协商，共同推进国际关系民主化；经济上相互合作、优势互补，共同推动经济全球化朝着均衡、普惠、共赢方向发展；文化上相互借鉴、求同存异，尊重世界多样性，共同促进人类文明繁荣进步；安全上相互信任、加强合作，坚持用和平方式而不是战争手段解决国际争端，共同维护世界和平稳定；环保上相互帮助、协力推进，共同呵护人类赖以生存的地球家园。"① 由此可见，"建设和谐世界"的理念是为中国如何继续成功地融入全球化、积极地应对当代国际体系巨大变化、更快更好地实现现代化而提出的，它是具有中国特色的处理国际事务新理念与和平外交发展总纲。虽然"建设和谐世界"理念与

---

① 胡锦涛：《高举中国特色社会主义伟大旗帜　为夺取全面建设小康社会新胜利而奋斗——在中国共产党第十七次全国代表大会上的报告》，见《中国共产党第十七次全国代表大会文件汇编》，人民出版社 2007 年版，第 45 页。

"全球治理"理念产生的时间不同，产生的路径也不同，但是两者却都与全球化的深入发展息息相关，都与应对全球化所产生的全球性问题相联系。两者的理论与实践因此都是在全球化环境中参与当前国际体系发展演变的客观过程，颇有殊途同归的意味。

二、否定强权政治是"全球治理"与"建设和谐世界"的共同特点

第一，强权政治（Power Politics）或曰权力政治是西方传统现实主义国际政治的理论与实践。根据国际政治现实主义的基本逻辑，在处于无政府状态的国际体系中拥有主权的国家是国际政治体系中的主要行为体，其中大国则扮演着决定国际体系走向的主要角色，因为大国对国际政治所发生的变化影响最大。在这样的国际体系中，大国的行为本原或是追逐权力、保持权力和炫耀权力，或是为了生存和安全而需要拥有权力，因此大国间的冲突不可避免，而国际政治事务的最后仲裁者就是权力，其中军事权力则构成国家权力的核心。[①] 长期以来，西方大国就是根据国际政治现实主义这样的逻辑来处理国际事务的，从早期西方列强利用船坚炮利向全世界拓展殖民地，到20世纪上半叶两次世界大战的全球性战争，乃至20世纪下半叶冷战时期超级大国核威慑与核对峙等，都是现实主义强权政治在现代国际体系中的具体表现。

然而，在相当的程度上，发端于冷战终结后的"全球治理"理念，其最为突出的特点就是否定并超越传统现实主义的强权政治理念。首先，与现实主义强权政治理念不同，"全球治理"理念在承认国际体系中国家依然具有统治能力的同时，还更为注重全球化环境中当代国际体系内各种行为主体之间

---

① 文中有关西方国际政治现实主义理论的描述，可参见汉斯·摩根索：《国际纵横策论——争强权，求和平》，卢明华、时殷弘、林勇军译，上海译文出版社1995年版，第38页；约翰·米尔斯海默：《大国政治的悲剧》，王义桅、唐小松译，上海人民出版社2003年版，第5页；肯尼斯·沃尔兹：《国际政治理论》，胡少华、王红缨译，中国人民公安大学出版社1992年版，第173页。

的互动。"全球治理"的理念强调随着全球化深入发展,当代国际体系中参与国际事务乃至决定国际体系走向的行为体已不仅仅只有大国,跨国公司、国际政府间组织、非政府组织(包括国际的和地方的非政府组织)等都成为参与国际事务的重要行为体,因此,"我们不能再把国际事务管理看做是一种国家间的行为,而是应该当做一场发生在各种各样参与者之间的磋商及互动"[①]。如果说过去由于国家间尤其是大国间的互动决定着国际体系的走向,因而现实主义强调权力尤其是军事权力的决定性作用尚有说服力的话,那么随着参与国际事务的行为体的增加,并且这些非国家行为体并非运用传统的权力(军事力量)来影响国际体系的走向,现实主义强权政治理论必然面临"全球治理"理念的巨大挑战与否定。

"全球治理"理念强调国际事务的管理从传统的统治向治理转化。随着国家之外行为体积极地参与全球层面的治理,以强制性权力为基础的国家统治权威虽然不可能迅速退出历史舞台,但是其在国际体系中的地位和作用却悄然地发生变化,不再能完全主导国际关系的发展走向,而以认同和自愿为基础的治理权威逐渐地在国际事务中发挥越来越明显的作用。在国内层面,治理是经济、政治和行政权威在各个层面对一个国家的事务进行的管理;它包括公民和社团表达其利益,行使他们的法律权力,履行义务,并协调其差异的不同机制、过程和制度。而在国际层面,治理的主体既可以是拥有主权的国家,也可以是私人机构(如跨国公司)和公民社会(如非政府组织)。与统治的过程不同,治理不是依靠强权在无序的国际体系中追求均势,而是使相互冲突的或不同的利益能通过利益的调和并且采取联合行动来追求无序中的有序。虽然在当代国际体系中治理的过程并不否定国家以及国家权力的作用,但是却在相当程度上限制了国家尤其是大国权力主要是军事权力的影响力,因此,"全球治理"的理念实际上是对现实主义强权政治理念的超越。

"全球治理"的理念强调国际制度在当代国际事务中十分重要的作用。根

[①] Marie-Claude Smouts, "The Proper Use of Governance in International Relations", in *International Social Science Journal*, 1998, Vol. 115, No. 1, pp. 17–28.

据"全球治理"的理念,国际制度决定了国际体系中许多角色在治理结构中的安排,设定国家和其他行为体在治理过程中能够扮演何种角色。一般认为,国际制度是"一系列约束行为、塑好预期、规定角色的规则"①。国际制度包括三方面内容:正式的政府间国际组织及国际非政府组织、国际机制和国际惯例。② 其中,"国际机制"是指在国际关系特定问题领域里行为体愿望汇聚而成的一整套明示或默示的原则、规范、规则和决策程序。③ 相比于我们认同的简单模型,真正的制度通常都是更为复杂的,而且无疑国际机制的发展构成了国际层面上的一股创新性力量。但是比较合适的看法还是应该将机制看做是为了应对当今社会(国家依然是主要行为体,核心公共权威仍旧不存在)治理需要的制度性安排。④ 根据现实主义强权政治的基本逻辑,在无序的国际体系中大国的悲剧就在于无法超越大国间追逐权力而导致的"安全困境",然而从"全球治理"理念的视角出发,通过国际制度的调节,当代国际体系中的"安全困境"是可以被超越的。⑤ 现实主义强权政治理念也因此就在很大程度上被"全球治理"理念所否定。

值得注意的是,在否定现实主义强权政治理念方面,"建设和谐世界"理念与"全球治理"理念具有很大的共识,颇有异曲同工的效果。第一,"建设和谐世界"理念强调"在政治上相互尊重、平等协商,共同推进国际关系民主化"。这显然明确地否定了强权政治理念的权力至上,弱肉强食的逻辑。在

---

① Robert Keohane, "International Institutions: Two Approaches", in *International Studies Quarterly*, Vol. 32, 1988, pp. 379 – 396. Reprinted in Oran R. Young (ed.), in *The International Political Economy and International Institutions*, Vol. I, Brookfield, Vermont: Edward Elgar Publishing Co., 1996, pp. 289 – 306.

② Robert Keohane, *International Institutions and State Power: Essays in International Relations Theory*, pp. 3 – 4.

③ Stephen Krasner, "Structural Causes and Regime Consequences: Regimes as Intervening Variables", in *International Organization*, Vol. 36, 1982, p. 186.

④ Oran R. Young, "Regime Theory and the Quest for Global Governance", in Alice D. Ba, and Matthew J. Hoffmann (ed.), *Contending Perspectives on Global Governance*, London and New York: Routledge Taylor & Francis Group, 2005, pp. 90 – 91.

⑤ 有关"安全困境"与超越"安全困境"的学术讨论,可参见叶江:《"安全困境"析论——兼评先发制人战略与进攻性现实主义的关系》,载《美国研究》,2003年第4期,第7—21页。

政治上相互尊重就是坚持国家不分大小，拥有权力的多寡，都应该在平等的基础上参与国际事务。推进国际关系民主化，一方面是旗帜鲜明地反对霸权主义，尊重各国人民自主选择发展道路的权利，不干涉别国内部事务，不把自己的意志强加于人；① 另一方面则也意味着顺应国际体系变化的潮流，认同非国家行为体在国际事务中的作用，将国际体系视为一开放的，不论是政府机构还是非政府机构或是私营机构都能成为管理国际政治事务的主体。这一切无疑是对现实主义强权政治的根本否定。

第二，"建设和谐世界"理念坚持"经济上相互合作、优势互补，共同推动经济全球化朝着均衡、普惠、共赢方向发展"。很明显，这与传统现实主义所强调的"输—赢"或"零和"博弈不同，而是努力推动所有参与世界经济大循环的国家或公司通过"双赢"或"共赢"博弈，在经济全球化的发展过程中共同得益。更重要的是，推动经济全球化朝着均衡、普惠、共赢方向发展能更好地抑制世界各国尤其是各大国间恶性的经济竞争，促进世界各国在经济领域探索各种合作之路，比如通过国际经济机制如世界贸易组织、世界银行、G8+5、G20等促使世界各国，尤其是各大国不仅在世界经济发展平稳的时期，而且在世界经济面临各种巨大挑战，如世界性金融和经济危机时，积极调整各国的经济政策，避免运用本国的经济权力采取以邻为壑的经济民族主义政策。由此可见，"建设和谐世界"的理念具有明显的否定经济民族主义的内涵，而众所周知，经济民族主义就是现实主义在经济领域内的具体表现。

第三，"建设和谐世界"的理念提倡"文化上相互借鉴、求同存异，尊重世界多样性，共同促进人类文明繁荣进步"。在当代国际体系中，不同社会制度的国家，不同发展阶段的国家，具有不同文化、不同文明背景及不同历史的国家，不应计较社会制度、意识形态、文化和文明的差别，而应在和平共处五项原则的基础上，扩大共同利益的会合点，在对话与合作中加深双方的信任和了解，协商解决分歧。这就意味着，"建设和谐世界"就是反对任何国家依

---

① 胡锦涛：《高举中国特色社会主义伟大旗帜 为夺取全面建设小康社会新胜利而奋斗》，见《中国共产党第十七次全国代表大会文件汇编》，人民出版社2007年版。

赖自身的强权将自己的价值观和制度强行推广至其他国家，同时更反对在当代的国际体系中，借推行所谓的普世价值为由行自己的强权和霸权为实的行径。

第四，"建设和谐世界"的理念尊崇"安全上相互信任、加强合作，坚持用和平方式而不是战争手段解决国际争端、共同维护世界和平稳定"。这样的思想明显与国际政治现实主义强调"安全困境"难以超越不同，认为可以通过相互信任和加强合作来超越"安全困境"。在具体的操作上就是"遵循联合国宪章宗旨和原则，恪守国际法和公认的国际关系准则"。这也就是说，"建设和谐世界"的理念认为，通过国际制度是可以抑制现实主义强权政治所常常导致的恶性军备竞赛，并由此而能避免通过使用武力解决国际争端，从而保障世界和平和稳定。

第五，"建设和谐世界"的理念主张"环保上相互帮助、协力推进，共同呵护人类赖以生存的地球家园"。这样的主张是从全人类的视角而不仅仅是从一个国家的视角来看待全球的环境问题，超越了现实主义仅强调国家的权力来处理诸如环境和气候变暖等全球性问题。同时，也从另一个角度肯定了非国家行为体、全球公民社会参与国际事务尤其是全球环保事务的重要性。总之，不论是"全球治理"还是"建设和谐世界"理念都是从全球化所导致的当代国际体系巨大变化的实际出发，提出了与传统现实主义强权政治理念完全不同的参与国际事务的原则与立场，因此两者具有相当的共性。然而，这是否就意味着"建设和谐世界"就是中国的"全球治理理论"？对此，我们需要作进一步的研究和分析。

三、"建设和谐世界"既是参与又是超越"全球治理"的过程

根据马克思主义哲学的基本原理，人们的社会存在决定人们的社会意识，而人们的社会意识则又具有反作用于社会存在的能力。"全球治理"理念产生于对全球化深入发展的反应，同时也是对全球化深入发展过程国际体系深刻变化的反映，更为重要的是，随着这一理念的产生，它又对全球化本身发

生反作用，从而形成一系列的"全球治理"实践。所谓"全球治理"的实践就是在不断发生变化的当代国际体系中，诸行为体和社会结构间互相生成的过程，有关"全球治理"的知识、话语和规范不断地型塑诸行为体的观念和行为，而行为体也同样在不断地塑造着全球治理的规则和话语。具体而言，"全球治理"的实践就是一种当代国际体系中各行为体自觉或自发的互动过程。随着全球化的不断发展，地方、国家、区域与全球层面的政治、经济、安全、环保、粮食、能源、跨国犯罪、传染性疾病等问题都不再单纯地局限在某个层次，而是跨层次地相互连接在一起，于是，在水平的层面，国际体系中主要行为体国家，其中尤其是大国越来越趋向于多边的互动，并且主要通过国际制度进行有效的互动；而在垂直的层面，各种不同行为体之间的互动则是在地方的、国家的、区域的乃至全球的层面上交互展开。由此，"全球治理"就成为推动当代国际体系发展演变的客观实践过程。迄今为止，虽然全球治理的实践并没有改变国际体系的无政府或无序状态，但是却在相当的程度上成为在无序的国际体系之中寻找有序治理的一种开放式和没有既成结局的实践过程。

在相当的程度上，与"全球治理"理念一样，"建设和谐世界"理念也是产生于对全球化深入发展的反应，同时它也对全球化本身发生反作用，只是其反应来自中国，反作用也是出自中国。这也就是说，"建设和谐世界"实际上也是中国对全球化进程和当代国际体系产生影响的实践过程。然而，一方面，就如我们前文所分析的那样，"建设和谐世界"与"全球治理"理念都是对全球化的反应，并且都否定国际政治现实主义的强权政治；另一方面，中国的"建设和谐世界"理念形成时，"全球治理"的理论与实践已经发生和发展十余年，并且已经成为从地方至全球层面客观的存在。因此，作为源自于中国对全球化反作用的"建设和谐世界"实践活动必然与"全球治理"的实践活动交汇。

实际上，中国在推进"建设和谐世界"的实践过程所强调的一系列原则，如坚持以人为本处理国际事务，运用多边主义调整与各国尤其是大国之间的政治经济关系，重视国际制度尤其是联合国在处理国际事务中的作用，遵循联合国宪章宗旨和原则,恪守国际法和公认的国际关系准则,在国际关系中弘扬民主、和睦、协作、共赢精神,努力降低全球化的负面影响,推动全球化朝着均衡、普惠、共赢方向发展,合理协调与国际非政府组织及各类全球公民运动之间的关系等,都与"全球治理"的实践过程相合拍。由此可见,在一定程度上中国的"建设和谐世界"实践过程也是参与"全球治理"的实践过程。

然而,值得注意的是,尽管"建设和谐世界"与"全球治理"两者之间不论在理论还是在实践上都有相当紧密的交汇,但是,我们并不能由此而简单地将"建设和谐世界"视为中国的"全球治理"理论。首先,"建设和谐世界"和"全球治理"理念的思想基础不同:前者的思想基础是马克思列宁主义的国际关系理论,其中尤其是与列宁最先提出的"和平共处"国际关系思想紧密相关,而后者则明显不是。早在 1920 年列宁就提出了社会主义的苏俄能同各国人民和平共居[①],并在 1922 年历史上第一次不同社会制度国家一起举行的热那亚会议前后,将这一提法完善为"和平共处"的马克思主义国际关系思想。在"和平共处"原则指导下,社会主义的苏联与资本主义的德国在热那亚会议期间签订了《拉巴洛条约》,建立正式的外交关系,开启了不同社会制度国家可以和平共处的先河。列宁的"和平共处"思想是对马克思主义国际关系理论的发展,首倡了民族国家平等和国际社会公正的思想,否定了自近代以来国际关系中所奉行的强权政治和霸权主义,从而奠定了 20 世纪马克思主义新型国际关系理论的基础。中华人民共和国成立之后,中国共产党人继承和发展了列宁所提出的"和平共处"思想,在 1955 年举行的万隆会议上提出了著名的"和平共处五项原则",将"和平共处"思想更加系统化和规范化,并将其扩展为指导处理社会制度相同的国家关系的准则。半个世纪之后,在全球化深入发展的国际环境中,成功推进改革开放和建设现代

[①] 1920 年,列宁提出了社会主义的苏俄能同各国人民和平共居,并呼吁:"请美国资本家不要触犯我们,我们是不会触犯他们的。我们甚至准备用黄金向他们购买运输和生产用的机器,工具及其他东西。而且不仅用黄金买,还要用原料买。"参见《列宁全集》中文第二版,第 38 卷,人民出版社 1986 年版,第 158 页。

化的中国在"和平共处"原则的基础上，提出了"建设和谐世界"的理念，这是对马克思列宁主义国际关系思想的又一次发展。"建设和谐世界"理念所追求的不仅是不同制度及相同制度国家的和平共处，而且是当代国际体系中所有行为体的和谐相处与和谐共生。

"建设和谐世界"理念是出于建设有中国特色社会主义的要求，而"全球治理"理念则显然不是出于这样的要求。社会主义学说及其实践从空想到科学的发展都具有追求"和谐"的理想。空想社会主义者从莫尔到魏特林都提出希望建立完美、和谐的社会，而科学社会主义的创立者马克思和恩格斯则希望通过无产阶级的革命，在未来建立"人和自然之间，任何人之间矛盾的真正解决"的共产主义社会。① 中国共产党人结合马克思主义的科学社会主义理论，通过不断地摸索和实践，提出通过走和平发展的道路来建设有中国特色的社会主义，其中的核心内容就是建构"社会主义和谐社会"，并在此基础上进一步"建设和谐世界"。十分明显，"和谐世界"的理念与"社会主义和谐社会"有着内在的有机联系，两者构成了建设中国特色社会主义统一的价值体系和政策体系，是对马克思主义科学社会主义观的继承与发展。

"建设和谐世界"的理念弘扬的是传统中华文化的"和合"、"中和"、"协和"及"和而不同"等思想，而"全球治理"理念则强调普世的"全球共同价值观"。毫无疑问，"和合"、"中和"与"协和"思想的精髓在于"和而不同"、"求同存异"。孔子曰："礼之用，和为贵。"并曰："君子和而不同。"这样的思想放在具体的政治和社会实践中就是承认差异性和多元性，强调合作、包容与协调。由此，从传统中华文化的视角解析"建设和谐世界"，就必然如同胡锦涛主席所指出的那样："中华文明历来注重亲仁善邻，讲究和睦相处。中华民族历来爱好和平。中国人在对外关系中始终秉承'强不执弱'、'富不辱贫'的精神，主张'协和万邦'。中国人提倡'海纳百川，有

---

① 有关论述，参见郭震远主编：《建设和谐世界：理论与实践》，世界知识出版社2008年版，第42页。

容乃大',主张百家优长、兼及八方精义。"①

然而,与"建设和谐世界"理念强调"和而不同"及"求同存异"不同,"全球治理"理念强调普世的"全球共同价值观"。根据全球治理委员会的说法,全球治理的基础在于相信,全世界目前已经准备接受建立在"能够团结具有不同文化、政治、宗教或哲学背景的人们的一套核心价值观"基础上的"全球公民伦理"。②无疑这里所谓的"一套核心价值观"指的就是包含着西方标准的自由、平等、民主、法制和人权等内容的"全球共同价值观"。虽然"建设和谐世界"的理念并不排斥自由、平等、民主、法制和人权等人类的共同价值,但是却不主张仅用一种西方的标准来推行这些价值,因为历史文化、社会制度、发展水平不同的民族、国家和社会的相关价值标准是不同的,而"建设和谐世界"的重要内涵之一就是要促使具有不同价值标准的民族、国家和社会能和谐相处,求同存异,和平发展。也正是因为如此,"建设和谐世界"的实践过程,一方面,能包容"全球治理"理念所坚持的以西方价值为导向的"全球共同价值观"并参与"全球治理";另一方面,则能不断地推进乃至超越"全球治理"理论与实践,因为一旦将"和而不同"、"求同存异"、"协和万邦"等传统中华文化理念付诸实践,就能克服"全球治理"理念与生俱来的西方价值的狭隘性,从而避免由此而来的"全球治理"困境。

综上所述,我们似可以得出如下简单的结论:第一,不能简单地认为"全球治理"与"建设和谐世界"理念是相互对立的。不仅如此,由于"全球治理"与"建设和谐世界"理念都是对全球化深入发展,以及当代国际体系发生深刻变化的反应,并且两者都明确地否定西方传统现实主义理论与实践所主张的强权政治,因此,"全球治理"与"建设和谐世界"的理念有相当大的重合度。第二,"全球治理"和"建设和谐世界"都是应对当代国际体系所面临的一系列全球性挑战的客观实践过程。在相当的程度上,作为中

---

① 胡锦涛:《在美国耶鲁大学的演讲》(2006 年 4 月 21 日),载《解放日报》,2006 年 4 月 23 日,第 3 版。

② The Commission on Global Governance, *Our Global Neighbourhood*, Oxford University Press, 1995, pp. 2 - 3.

国成功融入当代国际体系、积极地参与全球化和建设现代化之后，应对全球性问题挑战的"建设和谐世界"实践过程实际上也是参与"全球治理"的实践过程。第三，尽管如此，将"建设和谐世界"视为中国的"全球治理"理论则也过于简单片面。之所以如此，不仅是因为"建设和谐世界"的思想基础是马克思列宁主义的和平共处国际关系理论，其理论与实践又是与建设有中国特色的社会主义紧密相关，而且更为重要的是在于"建设和谐世界"所强调和追求的是源自于传统中华文化的"和为贵"及"和而不同"的理念，而"全球治理"则强调和追求建立在西方标准基础上所谓的普世"全球共同价值"。第四，正因为"建设和谐世界"的理论与实践强调"和为贵"、"和而不同"以及"求同存异"，所以它比"全球治理"的理论和实践更具包容性，因此，中国的"建设和谐世界"过程不仅能参与"全球治理"而且能在很大的程度上超越"全球治理"过程，这或许正是中国特色的"建设和谐世界"理论及实践对当代全球化世界的最大贡献。

中国参与全球治理的地方支持
——兼论长三角次区域的地方全球联系与责任*

张 鹏**

一、现象与问题

一般认为,国际关系中的全球性议题随着冷战的结束而大规模产生。与"全球化"现象相对应的"全球治理"(Global Governance)理论自20世纪90年代发端于欧洲,该理论的演进主要被西方的政治学家和社会学家所主导,更多地反映了发达国家对全球化时代国内国际事务的见解(包括困惑、挑战、

---

* 本文的修改受上海市教委"晨光计划"项目、上海外国语大学第二届"青年教师教学科研团队计划"资助。上海外国语大学胡礼忠教授、苏长和教授、汪段泳博士具体指导了本文初稿的写作;本文在历次修改过程中得到了北京大学贾庆国教授、查道炯教授、丁斗副教授、谭春霞博士,北京外国语大学张志洲副教授,复旦大学西仁塔娜博士的帮助;作者特别感谢《国际政治研究》杂志特约审稿人对本文提出的修改意见,同时对中央编译局《全球治理》论文集编辑老师的辛勤工作表示敬意。本文原载于《国际政治研究》,2011年第1期。

** 张鹏,上海外国语大学国际工商管理学院公共关系系讲师、上海交通大学安泰经济与管理学院博士后。

期望和预测)。① 同时,部分欧美政治家很快就将该理论运用于指导其政治实践。进入21世纪以来,在中国综合国力提升和广泛参与世界事务的背景下,中国学者对全球治理议题进行了各个层面的回应与研究,从译介和解读西方理论到提出质疑意见,从研究全球治理对区域政治经济一体化、国家主权让渡的影响到次国家政府与对外事务、公民参与全球事务等等,出版了涉及国际关系学、政治学理论、行政管理学、国际经济与贸易、国际金融等多个学科领域的相关成果。②

在世纪之交,西方观察家就曾评价中国与世界的关系发生了巨大的变化。如今,中国的影响力波及世界任何重大事件。中国学者也认为,"20世纪的最后20年……中国逐步成为国际体系一个负责任的、建设性的、可预期的塑造者"③。今天的中国,已被普遍认为是全球治理中的新兴国家。在当今世界的外交舞台上,作为国家行为体的中国既有通过"G20"、"G8+5"等非正式全球治理机制和合作框架,以及原有的联合国、世界银行、国际货币基金组织、世界卫生组织等实体国际组织,越来越广泛地"向上"参与全球治理;又有紧随这一进程产生的"全球与地方联动"(Matching the Global and the Local)普遍深化和中国地方直接面对全球治理浪潮的情形。

新世纪以来,一个显而易见现象是,中国地方承担起越来越多,且级别

---

① 参见陈承新:《国内"全球治理"研究评述》,载《政治学研究》,2009年第1期,第118页;蔡拓:《全球治理的中国视角与实践》,载《中国社会科学》,2004年第1期,第98页。"全球治理"理论的产生、发展情况,另可参见:James N. Rosenau, *Governance without Government: Order and Change in World Politics*, Cambridge: Cambridge University Press, 1995; Commission on Global Governance, *Our Global Neighborhood*, Oxford: Oxford University Press, 1995; Joseph Nye and John Donahue (ed.), *Governance in Global World*, Washington: Bookings Institution Press, 2000;俞可平:《全球治理引论》,载《马克思主义与现实》,2002年第1期,第20—32页;林民旺:《混沌世界的治理——罗西瑙混沌范式、全球治理研究》,载《世界经济与政治》,2006年第12期,第22—30页。

② 以《世界经济与政治》期刊为例,2000—2012年底,该刊收录以"全球治理"为主题的文章53篇,另有4篇与"全球治理"密切相关的学术研讨会纪要、综述、简讯(检索时间:2014年3月10日)。

③ 章百家:《改变自己 影响世界——20世纪中国外交基本线索刍议》,载《中国社会科学》,2002年第1期,第18—19页;门洪华:《构建中国大战略的框架——国家实力、战略观念与国际制度》,北京大学出版社2005年版,第2页。

越来越高的国际性或地区性国际组织①落地任务。其中，重大国际赛会活动如：2007 年在上海举办世界夏季特殊奥林匹克运动会，2008 年在北京举办的第 29 届夏季奥运会设置了上海、青岛、香港等分会场，2009 年在哈尔滨举办第 24 届大学生冬季运动会，2010 年分别在上海举办世界博览会、在广州举办第 16 届亚运会，以及 2011 年在西安举办世界园艺博览会、2014 年将在南京举办第 2 届夏季青年奥运会等。经济对话平台如：2000 年起以四川成都为主会场的"中国西部国际博览会"，2001 年起以海南博鳌为主会场的"博鳌亚洲论坛"，2006 年起落户大连与天津的"夏季达沃斯论坛"，2010 年在宁夏银川举办的"中国—阿拉伯国家经贸论坛"等。地区合作组织如：2001 年亚太经合组织（APEC）上海峰会，2001 年在上海成立的"上海合作组织"（SCO）及其名义下的区域合作，2004 年起配合"中国—东盟自由贸易区"（CAFTA）的筹备和发展，在南宁举办的"中国—东盟博览会"以及"投资峰会"等。另外，还有世界银行（WB）、联合国开发计划署（UNDP）、联合国工业发展组织（UNIDO）、亚洲开发银行（ADB）在华项目等。② 我们还应注意到一些专业领域国际组织（如大赦国际、记者无疆界组织）对中国地方行为的干预和施压。

国际组织活动在中国频频"落地"，促使一大批中国地方省市走上外交前台，并逐渐成为中国参与全球化、参与全球治理的一个标志。改革开放后至今，中国地方对外建立友好城市、引进外资及对外投资、国际金融交流、国际学术往来等"低政治"活动已然常态化；中国参与国际治理的各项承诺如节能减排、疾病防控、消除贫困等等通过中国地方的消化、运作也一步一步

---

① 国际组织（International Organization），本文取广义的国际组织概念，不仅仅承认实体的国际组织及其作用，更重视国际组织是"许多不同层次之间联系的网络、规则和机构"。引文部分，参见 Robert O. Keohane, *International Institutions and State Power: Essays in International Relations Theory*, Boulder: Westview Press, 1989, pp. 3–4.

② 以联合国开发计划署为例，截止到 2013 年，联合国开发计划署在中国"约 70 个援助项目正在进行，几乎惠及中国所有省份"。参考"联合国开发计划署在华项目"官方网站：http://www.undp.org.cn/，注释中的引言部分，参见该项目"2006—2010 年度国别方案"（检索时间：2014 年 3 月 10 日）。

落到实处。与这些国际关系现象相联系，中国参与全球治理的地方支持问题也越来越多地为中国国内学者关注。

全球化时代，国家权力在向上移交的同时也存在着下放的趋势，这种分权已在世界各地区出现。① 在中国的国际关系学科领域，对"单一制国家（unitary states）中地方政府日趋积极的国际活动"的系统学术研究首先出现在上海。② 随着西方治理理论（特别是"多层治理理论"）被广泛译介到国内，"次国家行为体"（或"地方政府"）的作用虽然还未达到国际关系中自主行为体（autonomous actor）的高度，但作为全球治理这一复杂结构中的"一个因素"逐渐为学界广泛承认。③ 研究者呼吁将全球治理理论与多层治理理论结合，形成全球多层治理的分析框架，来关照全球范围内各国地方政府与国际组织的关系。④ 一批中国学者认识到，"体系、国家和次国家行为体在世界转型的大发展中呈现出新的形态，在互动中相互影响，推动整个国际关系向前发展"⑤；"地方国际化降低了中国与国际体系交易的成本"⑥；"全球治理时代

---

① Elke Krahman, "National, Regional, and Global Governance: One Phenomenon or Many?", *Global Governance*, Vol. 9, No. 3, 2003, p. 326; Liesbel Hooghe, "Introduction: Reconciling EU-wide Policy and National Diversity", in Liesbet Hooghe (ed.), *Cohesion Policy and European Integration: Building Multi-level Governance*, Oxford: Oxford University Press, 1996, p. 16.

② 复旦大学陈志敏教授根据其博士论文修改而成的专著《次国家政府与对外事务》，从国际关系学科角度第一次有系统地阐述了中国地方政府国际活动的发展历程、特点和所面临的挑战。参见陈志敏：《次国家政府与对外事务》，长征出版社 2001 年版，第 317—330 页。

③ 主要译著，可参见赫德利·布尔：《无政府社会——世界政治秩序研究》，张小明译，世界知识出版社 2003 年版；约瑟夫·奈、约翰·D. 唐纳胡主编：《全球化世界的治理》，王勇等译，世界知识出版社 2003 年版；戴维·赫尔德等：《驯服全球化》，童新耕译，上海译文出版社 2005 年版；奥兰·扬：《世界事务中的治理》，陈玉刚、薄燕译，上海人民出版社 2007 年版。一些学者在介绍"全球治理的构成因素"时，也将"次国家行为体"明确作为一个行为体，参见王小民：《全球问题与全球治理》，载《东南亚研究》，2004 年第 4 期，第 65 页；朱贵昌：《多层治理理论与欧洲一体化》，山东大学出版社 2009 年版，第 25、32—34 页。

④ 陈志敏：《全球多层治理中地方政府与国际组织关系研究》，载《国际观察》，2008 年第 6 期，第 8 页。

⑤ 秦亚青等：《国际体系与中国外交》，世界知识出版社 2009 年版，第 3 页。

⑥ 苏长和：《国际化与地方的全球联系——中国地方的国际化研究（1978—2008 年）》，载《世界经济与政治》，2008 年第 11 期，第 24 页。

我国政府要承担起全球化与本土化并重的责任"① 等。有些新的研究成果已充分涉及到具体的地方、区域的全球联系（城市外交）问题。② 同时，也有学者在肯定治理理论具有"启发意义"的基础上批评全球治理理论的"虚伪性"，认为第三世界国家的发展应"主要依赖于国内政治制度的改革和完善"③；他们警告"全球治理理论过于理想、广大"，容易使"民族国家国内问题国际化"④ 等。但是，不管是正向看待地方参与全球治理，还是反向批评地方过多地卷入国际化，都印证了中国参与全球治理的地方支持这一问题的存在，并且有对此问题进行研究的必要。鉴于中国最高决策层已作出基本判断："当代中国同世界的关系已发生了历史性变化，中国的前途命运日益紧密地同世界的前途命运联系在一起。"⑤ 而且，中国经济领域存在对外依存度较高的事实。⑥ 面临新时代、新问题、新的复杂而灵活多变的国际局势，作为负有响应"中央"决策责任的"地方"如何发挥自身能动性，从哪些层面支持国家行为体参与全球治理？长三角次区域作为中国国务院确立的"三个沿海开放区"之一和中国经济的发动机⑦，凭借区位优势和近代以来的对外交往背景，如何通过提供政治经济动力、建制经验、智力支持，为中国参与全球治

---

① 张劲松：《论全球治理时代我国政府的责任》，载《社会科学战线》，2008 年第 8 期，第 162 页。
② 秦亚青等：《国际体系与中国外交》，世界知识出版社 2009 年版，主要参见第三部分"国际体系中的次国家行为体：北京市个案"；杨勇：《中国外交中的地方因素》，载《国际观察》，2007 年第 4 期，第 42—47 页；赵勇：《欧盟的多层治理与决策机制：对"泛珠三角"区域发展的启示》，载《广东外语外贸大学学报》，2007 年第 2 期，第 13—16 页。
③ 唐贤兴：《全球治理与第三世界的变革》，载《欧洲》，2000 年第 3 期，第 4 页。
④ 陈承新：《国内"全球治理"研究评述》，载《政治学研究》，2009 年第 1 期，第 124 页。
⑤ 胡锦涛：《高举中国特色社会主义伟大旗帜，为全面夺取小康社会新胜利而奋斗——在中国共产党第十七次全国代表大会上的报告》，人民出版社 2007 年版，第 47 页。
⑥ "中国经济领域对外依存度高达 60% 左右"，参见刘燕华：《加强自主创新促进经济持续平稳发展》，载《中国国情国力》，2010 年第 4 期，第 4 页。作者系科学技术部副部长，国家统计局网站同时收录了此文。简单地说，外贸依存度就是一定时期内进出口总额与 GDP 的比值。按照 2009 年中国国内生产总值 335353 亿元人民币，进出口总额 22072 亿美元，美元对人民币汇率按 1 : 6.83 计算，中国 2009 年的外贸依存度为 41.99%。以上数据，来源自国家统计局网站"2009 年统计公报"与中国人民银行网站"2009 统计数据"。
⑦ 聂华林、马红翰：《中国区域经济格局与发展战略》，中国社会科学出版社 2009 年版，第 63，338—339 页。

理助力？本文将对上述两个问题进行初步讨论。

二、地方支持中国参与全球治理的层次与结构

本文所指的"地方"（locality），主要与政治决策中心相对应，是"中央以下行政区域的统称"①。总的来说，一个国家为了便于治理，将其领土划分为不同层次、不同范围的行政区域，这个大小不等的行政区域，就是"地方"。

新中国成立以来，较早全面阐述中央与地方关系的权威文献，是 1956 年毛泽东主席发表的《论十大关系》，其中单独列出了"中央与地方关系"。他指出："处理好中央与地方的关系，对于我们这样一个大党大国是一个十分重要的问题。"强调"中央和地方两个积极性"、"中央要注意发挥省市的积极性、省市也要注意发挥地、县、区、乡的积极性"。②

30 多年来，随着中国的改革开放程度不断加深，中国地方的全球联系虽有不均但普遍深化。截至 2014 年 3 月 12 日，我国有 31 个省、自治区、直辖市（不包括台湾及港、澳特别行政区）和 437 个城市与五大洲 133 个国家的 463 个省（州、大区、道、府、县或区等）和 1433 个城市建立了 2098 对友好城市（省）（州）关系。③ 同时，这 30 多年间，国际体系经历了冷战终结、全球反恐、气候变化成为重要国际议题和两次金融危机的冲击，国际政治经济秩序正发生着深刻变化。用怎样的视角，全面看待和评价这一时期中国与世界的关系，有学者提出，应注意"中国国内转型与国际体系转型具有共时性与相关性意义"④。在行政制度上，作为一个用单一制原则组织起来的大国，中国现行《宪法》明确规定："中央和地方的国家机构职权的划分，遵循在中

---

① 辞海编纂委员会：《辞海》，上海辞书出版社 1999 年版，第 591 页。本文专门取"地方"的第四个释义："我国中央以下各级行政区域的统称。"

② 中共中央文献研究室编：《毛泽东文集》（第七卷），人民出版社 1999 年版，第 31—33 页。

③ 参见中国国际友好城市联合会网站 "友城统计"：http://www.cifca.org.cn/（检索时间：2014 年 3 月 12 日）。作者感谢上海外国语大学国际关系与外交事务研究院刘宏松副研究员提供的帮助。

④ 苏长和：《国内—国际相互转型的政治经济学——兼论中国国内变迁与国际体系的关系（1978—2007）》，载《世界经济与政治》，2007 年第 11 期，第 6 页。

央的统一领导下，充分发挥地方的主动性、积极性的原则。"那么，中国作为独立的国际关系行为体"向上"参与全球治理，同样需要"共时"与"相关"的地方智慧。简言之，就是一方面注意国际制度的内化，一方面注重央地制度的优化。《宪法》的规定，在法理上也解决了中国地方作为"次国家行为体"在"国家行为体"参与全球治理活动时的基本态度问题。在实践层面，地方对外活动对中央的从属地位也是毋庸置疑的，地方全球联系的加强作为中央政府外交活动的衍生和补充，配合与支持了中国对外关系展开的大局。① 但是，我们需要认识到央地关系中存在着"事权划分不清"的事实，从而对地方利益与国家利益可能的冲突作出预案。②

本文认为，中国参与全球治理的地方支持由政治经济动力、建制经验和智力支持三个层次展开：

（一）政治经济动力

首先看中国整体的经济状况。截止到 2012 年底，中国主要经济指标占世界位次的情况是：国内生产总值世界第二，进出口贸易额世界第二，主要工业品产量均居世界前列（如钢铁、原煤、水泥、化肥、棉布自 2000 年以来均为世界第一，发电量 2010 年以来世界第一，原油产量 2010 年以来世界第四）。③ 在能源方面，中国是目前世界上第二位能源生产国和消费国。改革开放以来，中国能源工业迅速发展，1980—2006 年，中国能源消费年均增幅为 5.6%，并已初步形成了"以煤炭为主体、电力为中心、石油天然气和可再生

---

① 苏长和：《中国地方政府与次区域合作：动力、行为及机制》，载《世界经济与政治》，2010 年第 5 期，第 11 页。

② 本文暂不讨论中国参与全球治理过程中，地方利益和国家利益的冲突问题。这一问题的提出和简要的学理分析，可参见苏长和：《中国的地方国际化》，见王逸舟主编：《中国对外关系转型 30 年：1978—2008》，社会科学文献出版社 2008 年版，第 265 页。

③ 参考章节"附录 2—6 中国主要指标居世界位次"，中华人民共和国国家统计局编：《中国统计年鉴 2013》，中国统计出版社 2013 年版。

能源全面发展的能源供应格局"①。

再看中国国内,受改革开放以来的"梯级开发"模式影响,中国国内存在着经济发展不平衡现象,大致呈现出由西向东、由北向南的经济开发程度和对外开放程度递增的特点。中国沿海各省份由于地缘优势、外向型经济基础扎实等因素,在"地区生产总值"②、"人均国民生产总值"等国民经济核算重要指标上走在了全国前列。

表1 各地区人均 GDP 相当于全国人均水平(%)的排序*

(1978年、1994年、2010年比较)**

地区	1978 年	地区	1994 年	地区	2010 年
低收入地区		低收入地区		低收入地区	
贵州(W)	46.2	贵州(W)	42.6	贵州(W)	30.72
云南(W)	59.4	广西(W)	54.1	甘肃(W)	42.95
广西(W)	59.9	云南(W)	58.1	云南(W)	45.64
河南(C)	61.2	湖南(C)	64.3	西藏(W)	50.99
安徽(C)	64.4	安徽(C)	64.4	江西(C)	53.08
四川(W)	66.8	河南(C)	67.5	广西(W)	55.27
福建(E)	72.0	西藏(W)	67.9	安徽(C)	55.53
江西(C)	72.8	青海(W)	68.8	四川(W)	57.68
湖南(C)	75.5	四川(W)	70.5	青海(W)	61.17
陕西(W)	77.6	陕西(W)	74.0	海南(E)	62.55
中下等收入地区		宁夏(W)	75.2	新疆(W)	63.75
新疆(W)	82.6	甘肃(W)	76.1	湖南(C)	64.53
山东(E)	83.4	内蒙古(W)	77.4	宁夏(W)	65.49

---

① 中华人民共和国国务院新闻办公室:《中国的能源状况与政策》,载《人民日报》,2005年12月27日,第10版。

② 截止到2008年,中国共有13个"地区生产总值"超过万亿元人民币的省份,其中9个是沿海省份。参见中华人民共和国国家统计局编:《中国统计年鉴2009》,中国统计出版社2009年版。

续表

地区	1978年	地区	1994年	地区	2010年
内蒙古（W）	83.6	江西（C）	77.7	中等收入地区	
浙江（E）	87.3	中等收入地区		重庆（W）	67.41
湖北（C）	87.6	山西（C）	81.2	陕西（W）	68.34
甘肃（W）	91.8	新疆（W）	92.0	山西（C）	69.28
河北（E）	96.1	湖北（C）	94.0	河南（C）	70.26
山西（C）	96.3	河北（E）	98.0	黑龙江（N）	71.80
广东（E）	97.6	吉林（N）	101.2	湖北（C）	73.52
宁夏（W）	97.6	黑龙江（N）	103.9	河北（E）	81.97
西藏（W）	98.9	山东（E）	114.1	吉林（N）	86.38
中上等收入地区		海南（E）	117.4	高收入地区	
吉林（N）	100.5	高收入地区		福建（E）	110.38
青海（W）	112.9	福建（E）	124.0	辽宁（N）	114.01
江苏（E）	113.5	辽宁（N）	157.1	山东（E）	119.68
高收入地区		浙江（E）	163.7	内蒙古（W）	124.32
黑龙江（N）	148.8	广东（E）	171.6	广东（E）	133.30
辽宁（N）	178.6	江苏（E）	176.0	江苏（E）	146.40
天津（E）	306.1	天津（E）	253.9	浙江（E）	149.69
北京（E）	334.1	北京（E）	306.6	天津（E）	211.37
上海（E）	659.1	上海（E）	594.6	北京（E）	234.18
				上海（E）	257.42

注：W表示西部地区；C代表中部地区；E代表东部地区；N表示东北地区。表2同。

* 本表制表过程中除参照《中国统计年鉴》等统计资料外，还参考了以下资料：苏长和：《中国的地方国际化》，见王逸舟主编：《中国对外关系转型30年：1978—2008》，社会科学文献出版社2008年版，第247页。马丁·雅克：《当中国统治世界：中国的崛起和西方世界的衰落》，张莉、刘曲译，中信出版社2010年版，第167页。

** 选择这三个年份的主要理由是：1978年改革开放；1994年分税制改革；2010年完成第十一个五年计划（其中高收入地区人均GDP达3万元人民币以上，中等收入地区人均GDP达2万元人民币以上）。

本图为自制图表。制图过程中主要参照了《中国统计年鉴》和中国人民大学经济论坛网站提供的统计资料。E/GDP和I/GDP分别代表出口占GDP比重和进口占GDP比重。

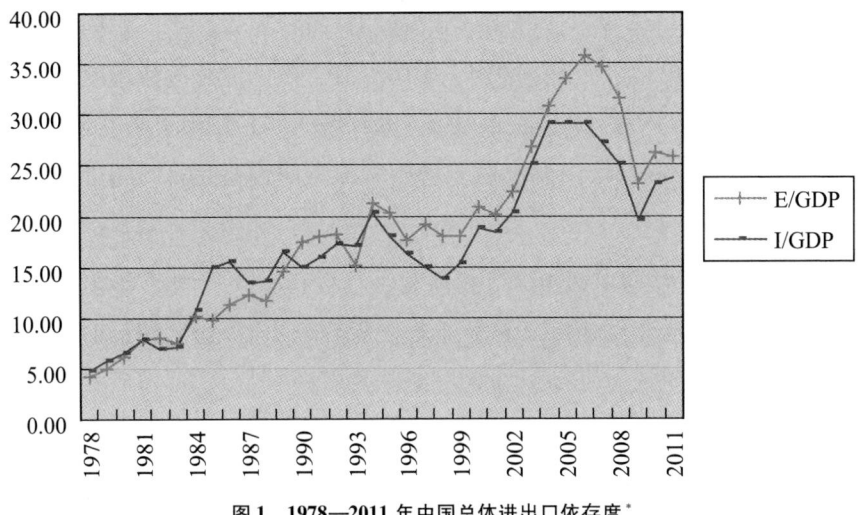

图1 1978—2011年中国总体进出口依存度*

表2 2011年中国各省区出口依存度排名*

排名	省区	出口依存度（%）	排名	省区	出口依存度（%）
1	上海（E）	168.22	17	安徽（C）	7.30
2	广东（E）	65.32	18	云南（W）	6.99
3	浙江（E）	43.68	19	广西（W）	6.87
4	江苏（E）	41.54	20	海南（E）	6.53
5	福建（E）	34.44	21	湖北（C）	6.44
6	天津（E）	25.68	22	宁夏（W）	5.01
7	北京（E）	23.83	23	河南（C）	4.56
8	山东（E）	17.88	24	陕西（W）	3.65
9	新疆（W）	16.53	25	贵州（W）	3.38
10	辽宁（N）	14.97	26	湖南（C）	3.26
11	江西（E）	13.59	27	山西（C）	3.16
12	重庆（W）	12.80	28	吉林（N）	3.07
13	西藏（W）	12.61	29	甘肃（W）	2.81
14	黑龙江（N）	9.13	30	青海（W）	2.62
15	四川（W）	8.92	31	内蒙古（W）	2.12
16	河北（C）	7.62			

* 本表制表过程中除参照了各省区"2011年度国民经济和社会发展统计公报"，还参考了以下资料：连玉明、武建中主编：《中国国力报告2009—2010》，中国时代经济出版社2010年版，第79页。

实证研究表明，省级单位的经济开放度对经济增长有着正相关的影响。①而且，普遍较高的出口依存度还表明，中国沿海省份已成长为活跃的国际经济（特别是进出口贸易）参与者。这里仅以江苏、浙江、上海两省一市的经济数据加权占全国进出口总额中的比重为例，另外例举三个指标作为补充说明②：

> 2010年，江浙沪两省一市按经营单位所在地分货物进出口总额占全国36.59%；按境内目的地和资源地分货物进出口总额占全国38.72%；外商投资企业货物进出口总额占全国43.08%。

如果遵循国际政治经济学理论中关于资源与权力关系的解释，可以预见在将来的一段时间内，中国的东部沿海省份将继续保持在国内生产总值以及对外贸易中的明显优势地位，地方的政治资源配置也会持续向外向型经济倾斜。上文已提及中国整体经济领域对外依存度较高的问题，对外经济往来发达的沿海省份较高的经济对外依存度则更为明显。③ 不仅如此，产业升级与劳动力成本等因素同样会促进中国内地省份经济对外依存度提升。在中国现行政治结构框架下，地方经济发展状况仍然是衡量各级政府政绩的重要指标，本文将之概括为地方行为的政治经济动力。地方从外向型经济开发或保持和扩大地方的全球联系中获益，而国家的对外关系展开很大程度上也在于谋求发展权，这就比较容易形成央地协力与央地合作，从而在对外关系发展上达致良性的央地互动，进而使央地协力的对外关系政策倾向更为明显。中国作为正在整体上对内积极探索"和谐发展"、对外提出"和谐世界"理念的新兴大国，一定程度上也在保护上述政治经济领域的发展权不受各种国内、国

---

① 林必越：《经济开放度与区域经济增长关系的实证研究——基于福建省1981—2010年数据的计量检验》，载《华东经济管理》，2012年第5期，第45—49页。

② 参考中华人民共和国国家统计局编：《中国统计年鉴2011》，中国统计出版社2011年版。基本数据来源于"对外经济贸易"章节，百分比数据由计算获得。

③ 2008年，江苏省、浙江省、上海市的对外经济依存度分别为67.94%、56.15%、127.30%。以上百分比数据根据各省市统计局网站提供的数据经计算得出。美元对人民币汇率按1:6.83计算。

际因素损害。基于此,本文认为,新时代地方"有限参与"中国对外关系展开不仅仅从法理上顺理成章,政治经济动力的合力作用同样明显。同时,这里有必要指出,中国各地方对国家对外关系大发展的实际支持程度也呈现层次性,沿海经济发达省份往往更为关注中国对外关系展开的动向。

(二) 建制经验

基于欧洲经验的多层治理理论曾经直截了当地指出,欧盟已出现了没有一个核心的权威中心,"相反,在权威的多个层面上的政府——欧盟的、国家政府和次国家政府——组成政策的协作网络"①。我们不难观察到,欧洲可谓是在全方位参与全球治理活动:例如,在各类"G机制"(Gs或Gx)中,几乎都有欧盟的参与,在与成员国协调立场的前提下,代表成员国利益参与全球博弈;同时,欧洲各主要大国如德国、英国、法国、意大利等,同样在全球治理的重要场合(如八国集团、二十国集团)继续发挥作用;另外,欧盟框架下跨越欧洲国家边界的社团组织②和各种地方自治组织(组成联邦的州、各种类型的自治省、自治市等)③,同样在向上影响欧洲主要大国和欧盟的对

---

① Liesbel Hooghe, "Introduction: Reconciling EU-wide Policy and National Diversity", in Liesbet Hooghe (ed.), *Cohesion Policy and European Integration: Building Multi-level Governance*, Oxford: Oxford University Press, 1996, p. 16.

② 例如欧洲四大政党联盟:欧洲人民党、欧洲社会党、欧洲自由民主改良党和欧洲绿党。特别是欧洲绿党的发展,他们从各自"小型化、社区化甚至家庭化的方式"到"成立第一个统一的欧洲政党"甚至寻求执政,完成了从地方到欧盟的跨越。参见鲍伯丰、王同起:《变革中的欧洲绿党》,载《当代世界》,2007年第2期。

③ 在欧洲国家内部还有一些高度自治的地区,例如英国的北爱尔兰、西班牙的加泰罗尼亚自治省。欧盟设立的欧洲结构基金(EU Structural Funds)中也专门设有欧洲地区发展基金(ERDF)。有研究显示,从20世纪80年代以来,欧盟成员国的地方实体派驻欧盟总部的联络性代表机构已发展到近300家,包括"几乎所有获得欧洲结构基金资助的地区"。这一数据,参见俞峰:《弥合分权的制度之隙——欧洲地方联络代表机构的发展及其对中国的启示》,见"第五届中国青年政治学论坛"会议论文集,A册,第252页。另可参见Carolyn Moore, "'Schloss Neuwahnstein'? Why the Lander Continue to Strengthen Their Representations in Brussels", in *German Politics*, Vol. 15, No. 2, 2006, pp. 192 – 205。

外关系决策。这些都是欧洲提供的建制经验。

应该承认,中国现行的行政架构与西方世界存在差异。本文认为,欧洲的部分建制经验可能会在将来对中国的央地关系发展提供参考,例如打破地方保护主义壁垒、促进区域间经济合作、进行地区间产业集群整合等。那么,在目前情况下,中国地方能为国家向上参与全球治理提供哪些建制经验呢?

第一,国际经济合作园区。本文认为,中国国内比较典型与成功的案例有:1994 年成立的"中国和新加坡两国政府间的重要合作项目"——苏州工业园区(SIP),2008 年中新又携手开发了"中新天津生态城"(SSTEC)。新世纪以来,各种形式的国际经济技术合作园区、国际经济开发区在中国各地不断涌现,特别是中国边境省份、边境口岸的国际经济合作发展起到了突出的睦邻外交作用。① 另外,中国的许多省份已建立起省级"国际经济技术合作公司(IETCCs)"(如江苏省、广东省);重庆市"韩中国际产业园区项目"甚至走出国门,建设中国地方控股(中方持股 51%)、外国地方参股(韩方持股 49%)的境外经济合作区。来自斯德哥尔摩国际和平研究所(SIPRI)的最新研究报告显示,中国地方政府主导的这些国际经济技术合作公司正在积极参与(heavily involved in)中国的海外工程承包与劳务输出,成为地方全球联系的重要组成部分。② 同时,中国地方不断壮大的民营企业队伍,也在寻求海外发展。可以说,中国在与外国建立国际经济合作园区方面,至少已有经验可循,可以用于为地方经济发展开辟新的国际化出路。

通过宏观考察,本文认为国际经济合作园区的重要作用有:搭建国际经济、技术、人员交流平台;推广与积累组织管理经验;通过园区的产业集群作用促进地区发展。在中国已经成为有世界影响力的巨大经济体的情况下,

---

① 自 1992 年以来,中国共设有 14 个经国务院批准的国家级边境经济合作区,分布于西北(3 个)、东北(6 个)与西南(5 个)边境省份。边境经济合作区"对发展我国与周边国家(地区)的经济贸易和睦邻友好关系、繁荣少数民族地区经济发挥了积极作用"。参见中国开发区网站:http://www.cadz.org.cn/。

② Linda Jakobson and Dean Knox, "New Foreign Policy Actors in China", *SIPRI Policy Paper*, No. 26, Sept. 2010, pp. 31 – 33.

中国参与全球治理的重要环节是承担起一定的世界经济平衡发展的责任。目前，根据《中非合作论坛——北京行动计划（2007—2009 年）》，中方决定在国家层面"在非洲建立 10 个有特色的农业技术示范中心"，"建立 3—5 个经济贸易合作区"。2007 年 2 月，"赞比亚—中国经济贸易合作区"揭牌，成为中国在非洲的首个经济贸易合作区。这一方面，表明中国地方的国际经济合作园区运作经验已经足够丰富，中国已能够将之运用于国与国之间的双边合作；另一方面，由于中国对外经济合作中国家行为色彩较为浓厚，往往被贴上新殖民主义的标签。西方世界不断质疑的一个问题就是："中国是新殖民大国，还是救世主？"[1] 相应的，中国政府为回应此类质疑进行了各种形式的解释、说服，投入了巨大人力、物力和外交资源。

本文认为，中国参与和援助以非洲国家为代表的第三世界国家的经济发展，是中国参与全球治理的重要组成部分。然而，如何尽量降低西方世界因实质利益受损而诱发的舆论、外交压力？中国在国家层面以实际行动回应的同时，通过适当鼓励和引导，促进地方发挥作用不失为新的选择。例如，由中国地方主办，与对应国家地方合作的国际经济合作园区，将色彩鲜明的国家政治经济行为淡化为地方经济合作行为，或者将国家行为地方化。前文例举的苏州工业园区，采用"行政管理由中方全权负责，成片开发由中新合资的开发公司负责，对外招商引资由中新共同负责"[2] 模式。本文认为，使用上述形式，以省、市领衔，建立与投资对象国地方州、省、市联合组建的合作开发公司，更多地运用地方经验开展中国的海外经济合作园区建设，能够比略显强势的国家层面运作收到更好的效果。

第二，国际社区管理。国际社区"可以定义为大量不同国籍人士汇集

---

[1] Meine Pieter Van Dijk (ed.), *The New Presence of China in Africa*, Amsterdam: Amsterdam University Press, 2009, p.199. 另参考刘乃亚：《加强与欧盟间的交流促进中非关系深入发展——再批"中国在非洲搞新殖民主义"论调》，载《西亚非洲》，2010 年第 1 期，第 66—69 页。

[2] 参阅苏州工业园区网站：www.sipac.gov.cn（检索时间：2010 年 10 月 30 日）。值得注意的是，苏州工业园区本身也在探索跨区域共建项目，例如江苏省南北共建项目——苏宿工业园、跨江联动项目——苏通科技产业园。

的、在建设、规划、治理和服务上能达到国际标准的、多元文化融合的生活居住区"[①]。以一些美国大都市和城市群为典型,各类族群聚居的城市构成新的经济地理中心,而且新的经济地理中心跨越国境,并超越了旧有的南北分界线。[②] 作为移民国家的美国,整体上类似于一个国家级的国际社区,各种族群间文化差异的存在一定程度上也促使作为学科门类的管理学诞生于美国。[③]

中国现有的比较成规模的国际社区尚处于发展的起步阶段,主要集中在沿海主要国际化大都市(如上海、广州)和部分国际商贸集散城市(如义乌)。经济全球化时代和中国的持续快速发展等因素一起,为可能出现的越来越多的国际社区提供了发展空间。这些国际社区直接落户于中国地方,更促使地方不断积累国际社区管理经验。一项来自上海浦东外高桥保税区的调查显示,"海外人士选择居住社区的主要因素是:安全因素占80.3%,社区的配套设施60.9%;离工作单位远近39.1%;社区规模21.7%"[④]。可见,国际社区安全管理和配套设施管理的加强,将有可能增加中国地方小规模的国际社区出现几率。中国地方国际社区管理现在虽处在起步阶段,但同样为中国理解全球化世界的治理提供了本土实验室。借用"治理之岛"[⑤] 的形象描述,中国地方管理国际社区的各种规则、规范和机构能够成为中国将怎样参与全球治理的折射镜。中式的国际社区管理还可以成为搭建中国国家形象、推广中国国际关系"软权力"的平台。

[①] 文嫮、宁奉菊、曾刚:《上海国际社区需求特点和规划原则初探》,载《现代城市研究》,2005年第5期,第17—18页。

[②] Saskia Sassen, "Cities in a World Economy", in Susan S. Fainstein and Scott Campbell (eds.), *Readings in Urban Theory*, Oxford, Blackwell Publisher Ltd., 2002, pp. 32–56.

[③] 参考 J. Hector St. John de Crevecoeur, "America Welcomes and Assimilates People of All Backgrounds", in Teresa O'Neill, *Immigration: Opposing Viewpoints*, San Diego: Greenhaven Press, 1992, p. 24。国内专著,参考钱皓:《美国西裔移民研究——古巴、墨西哥移民历程及双重认同》,中国社会科学出版社2002年版。

[④] 文嫮、宁奉菊、曾刚:《上海国际社区需求特点和规划原则初探》,载《现代城市研究》,2005年第5期,第19页。

[⑤] 约瑟夫·奈、约翰·D.唐纳胡主编:《全球化世界的治理》,王勇等译,世界知识出版社2003年版,第18页。

另外，国际社区管理还衍生出一项不太明显的效果，这就是能够锻炼地方行政机关的行政能力，提高行政水平。具备国际视野的行政人员，将成为中国参与全球治理的宝贵资源。但是到目前为止，有意识地通过管理国内正在发展国际社区，提升管理者的行政能力，培养本土国际行政管理人才的活动还不多见。

第三，与周边国家间区域公共问题的解决方案。中国的周边治理与中国参与全球治理息息相关，很难想象一个无法处理好周边事务的大国能够在全球治理层面取得较强的影响力。

中国是世界上陆上邻国最多的国家之一，再加上海上邻国，中国周边共有 28 个大小国家。中国次区域与周边国家（地区）的跨国公共问题涉及安全（如恐怖主义）、经济（金融与贸易）、社会发展（如环境、疾病控制）等。[①] 在处理区域公共问题时，中国地方（特别是边境、沿海省份）同样首当其冲地受到各方面影响。这些国情，要求中国地方与中央政府积极配合，发挥地方主动性，尽量消弭区域摩擦。举例而言，中国已达成的周边制度安排如中国—东盟自由贸易区不仅提升了中国广西壮族自治区的整体经济实力，还促进了南宁的国际都市化（现有 5 个东盟国家开设了驻南宁总领事馆）[②]。2001 年以来，东盟已连续 12 年成为广西第一大贸易伙伴，据南宁海关统计，2011 年，广西对东盟贸易全年累计实现进出口总值 95.6 亿美元，逼近百亿美元大关，增长 46.6%，占广西外贸进出口总值的 41%，高出广西外贸平均增幅 14.1 个百分点。受外向型经济大发展的影响，"十一五"广西地区生产总值年均增速达 13.7%，高于全国平均水平 4 个百分点左右，人均收入水平也在全国省级行政单位中上升 4 位。2010 年，广西与东盟的双边贸易总额占中国与东盟贸易总额的 34.8%。[③] 类似的周边制度安排还有：制定《中华人民共

[①] 苏长和：《周边制度与周边主义——东亚区域治理中的中国途径》，载《世界经济与政治》，2006 年第 1 期，第 11 页。

[②] 开设总领事馆的国家分别为柬埔寨、越南、缅甸、泰国和老挝。以 2009 年为例，南宁承办了"第六届中国—东盟博览会"、"中国—东盟商务投资峰会"、"第四届泛北部湾论坛"等国际会议。

[③] 程群：《东盟连续 11 年成为广西第一大贸易伙伴》，载《广西日报》，2010 年 6 月 4 日，第 6 版。

和国东北地区与俄罗斯联邦远东及东西伯利亚地区合作规划纲要（2009—2018 年）》①，通过中俄口岸及边境基础设施的建设与改造，中俄地区运输合作、人文合作、环保合作，发展中俄合作园区，建设中俄地区合作重点项目并公布地区合作重点项目目录，推进中国东北地区开发；正式建立"喀什经济特区"、在宁夏建立"中国—阿拉伯国家经贸论坛"，借力地方加速发展中国与中亚、南亚、阿拉伯世界关系等等。

实实在在的合作成果，不仅促进了地方积极服务于国家周边外交战略，而且国家通过地方，在与周边国家合作过程中更同样起到了建立"足信去兵"的效果，为中国在更高层次上参与全球治理提供了正向支持。

（三）智力支持

中国地方智力支持中国参与全球治理，不仅仅包括对全球化与国际组织"落地"产生的直接经验进行的总结，更包括学术机构（高校、科研院所）和地方政府涉外部门（如地方外事办公室、商务厅政策研究室、处）的创新型研究成果，也包括部分半官方性质或没有太多官方色彩的群众性组织（如对外友协、国际友好城市联合会、侨联、国际贸易促进会、对外文化交流协会、上海国际关系学会、上海公共外交协会）的基础性工作。

就国际问题研究而言，近年来，中国各地高校、科研院所正在较大规模地进行国际关系学科建设。中国中央政府依托位于具有区位优势的高校进行的特定区域经济、政治研究已形成一定的体系，较有代表性的是教育部"普通高等学校人文社会科学重点研究基地"项目。② 中国最早一批开展"国际

---

① 参见中华人民共和国外交部网站：http://www.mfa.gov.cn/chn/pds/ziliao/1179/t709754.htm（检索时间：2010 年 10 月 22 日）。

② 为更好地说明地方智力支持的情况，本文将位于首都圈（决策中心）以外的高等院校归为地方高校，而没有更多考虑高校的属性（部属、省属等）。本文认为，这些高校具有开展相应研究的地缘优势。另外，北京市也可以作为国际体系中的城市来进行分析，参见秦亚青等：《国际体系与中国外交》，世界知识出版社 2009 年版，主要参见第三部分"国际体系中的次国家行为体：北京市个案"。

问题研究"的八个重点基地中，有六个区域研究基地（分别是东北亚研究、中东研究、美国研究、南亚研究、俄罗斯研究、东南亚研究）都分布于中国首都圈（决策中心）以外的城市。① 这些研究基地正在"为我国有关部门提供必要咨询和人才培训，为我国的对外开放和经济安全服务"②。高级别的区域研究机构与相应的研究人员，在政治决策咨询、经济发展规划、文化交流合作等各个方面有力地支撑着中国参与全球治理中的地区治理，他们的前沿探索同时影响着国家和地方的对外关系发展。

另外，借助地缘优势建立的厦门大学南洋研究院、暨南大学华侨华人研究院、内蒙古大学蒙古学研究中心、浙江师范大学非洲研究院、云南大学西南亚研究所（现已更名为云南大学国际关系研究院）、宁夏大学阿拉伯学院（2010年11月筹办，2011年9月正式揭牌成立）、上海大学上海合作组织公共外交研究院（2011年3月成立）、苏州大学老挝研究中心（2011年7月经教育部批准，正式成立老挝苏州大学，成为我国在境外创办的第一所大学）、广西民族大学东盟学院（2012年5月成立）等位于地方的文教、学术机构，同样对国家与地方的对外关系发展，特别是国别与地区研究方面作出了智力贡献。

除区域、国别研究外，随着中国参与全球治理的广度与深度不断提高，与这一进程息息相关的国际组织研究、全球化与全球治理研究也在北京、上海、广州等地高等院校、科研院所系统展开，近年来相关论著、译著不断涌现。③ 一些科研机构正在以国际组织研究作为重点与特色研究方向。④ 城市的

---

① 参考教育部社政司科研处组编：《普通高等学校人文社会科学重点研究基地"十五"科研规划汇编》，华东师范大学出版社2001年版。

② 参考教育部社政司科研处组编：《普通高等学校人文社会科学重点研究基地"十五"科研规划汇编》，华东师范大学出版社2001年版，第1210页。

③ 以中国国家图书馆馆藏为例：其"中文及特藏数据库"共收录"全球治理"为"正题名"的图书资料53种，国内作者撰写的有44种，全部为2002年以后出版。其中，80%（35位）的国内作者来自北京、上海、广州的高等院校、科研机构（检索时间：2010年10月28日）。

④ 例如张曙光教授与苏长和教授主编的"中国与国际组织研究丛书"（上海人民出版社出版），作为上海外国语大学国际关系与外交事务研究院的系列研究成果，目前已出版4本译著、1本专著、1本编著。

国际化问题和国际化大都市研究也在发展。学术工作的重要特点是思辨性和前沿性，中国学者已经发现，在当今世界的国际关系行为体中"国家仍然是国际关系中最重要的行为体"，"超国家的地区性行为体、超国家的国际组织……吸引了大量的研究，唯独次国家行为体，尤其是国际大都市在国际关系中的地位、功能和作用，没有得到应有的关注，在中国国际关系学界尤其如此"。[①] 将地方全球联系研究与全球治理研究链接，相关讨论仍然需要一个高度凝练、超越的过程，也需要更多的思考和研究予以探讨和提供智力支撑。

本文认为，地方支持中国参与全球治理的政治经济动力、建制经验和智力支持三个层次之间也有结构性的联系，运用一般的相互联系、相互影响的思维方式即可建构这种结构。整体而言，本文所论及的地方支持由"智"与"力"这两个大的维度构成，其中政治经济动力更偏向于"力"的作用，建制经验与智力支持则更具有"智"的特点。

三、长三角次区域全球联系与责任

经济数据验证了国家的内部结构是他们适应全球化及其影响的关键要素之一。在全球化的影响和冲击下，有学者将全球结构划分为体系、国家和次国家行为体，它们"在世界转型的大发展中呈现出新的形态，在互动中相互影响，推动整个国际关系向前发展"[②]。那么，作为这种全球结构的第三部分，次国家行为体是否能够进一步划分呢？

本文将中国长三角地区称为"次区域"，主要是因为中国整体的区域经济格局呈现出四大区域（东部地区、西部地区、中部地区和东北地区）特征[③]，无论从政策文件、学术著作或社会认知上看，四大经济区域的划分已为中国

---

① 秦亚青等：《国际体系与中国外交》，世界知识出版社2009年版，第9—10页。
② 陈志敏：《全球多层治理中地方政府与国际组织关系研究》，载《国际观察》，2008年第6期，第8页。
③ 参考陈秀山、孙久文编：《中国区域经济问题研究》，商务印书馆2005年版，主要参见第三章"中国区域经济格局的演变和区域差距"。

国内公认。本文认为，长三角地区作为中国东部地区的重要组成部分，可以与环渤海经济圈、珠江三角洲地区并列为"次区域"地区。广义上的长三角地区"包括江苏省、浙江省、安徽省和上海市"①，但实际上长三角地区通常被认为仅包括上海及 15 个（2010 年扩容至 22 个）② 江浙沿江、沿海经济发达城市的辖区范围。总体而言，长三角次区域的地方全球联系促进了区域内经济社会发展，带动着中国华东地区的省际联动，并承担起国际组织落地、国际社区形成、国际智力开发乃至分散外交压力等责任。本文依据中国国务院《长江三角洲地区区域规划》文本，认为"长江三角洲包括上海市、江苏省和浙江省"全部范围，在此基础上，对长三角次区域的地方全球联系与责任进行初步阐述。

（一）长三角次区域的全球联系衡量

第一，国际政治交往的衡量。国际友好城市、使领馆、国家外交访问团的多少与级别等都是衡量国际政治交往的内容。据统计，截至 2012 年 9 月，江苏省、浙江省、上海市共建立国际友好城市（省、州、大区、道、府、县或区）398 对，结好对数在全国省区中分别排名第 1、第 4、第 12 位。③ 在上海设立领事机构的国家已达 62 个。近年来，长三角次区域比较重大的外事接待任务有：2007 年 8 月德国总理默克尔访问江苏，2009 年 11 月美国总统奥巴马的上海之行，2010 年上海世博会开幕式外国领导人集体访华等等。实际上，

---

① 聂华林、马红翰：《中国区域经济格局与发展战略》，中国社会科学出版社 2009 年版，第 63 页。
② 长三角次区域城市间组织具有一定代表性，始创于 1996 年的"长三角城市经济协调会"有 15 个成员城市，2004 年吸纳台州市（"15 + 1"模式）。2010 年 3 月，长三角城市经济协调会第十次会议通过了《关于修改长三角城市经济协调会章程的提案》，"长三角城市"扩容至 22 个，这也是响应国务院 2010 年 5 月批准实施《长江三角洲地区区域规划》的预先举措。
③ 其中建立友好城市（省、州、大区、道、府、县或区）的情况是：江苏省（包括下辖各市）246 个、浙江省（包括下辖各市）86 个、上海市 66 个。数据来源于中国国际友好城市联合会网站：http：//www.cifca.org.cn/（检索日期：2012 年 9 月 26 日）。

在江浙沪三省一市，国际组织或外国政府代表团的友好访问十分频繁。以浙江省人民政府外事办公室公布的"综合动态"为例，仅2010年10月至11月，就有非盟主席、欧洲议会副议长、莱索托首相、土耳其国务部长、以色列农业部长、美国国务院政府间事务特别代表、美国印第安纳州州长、德国石荷州州长、日本静冈县知事等外国客人来访。可见，一般的国际政治交往在长三角次区域已呈常态化。然而，作为国际政治交往的衡量指标，长三角次区域内现有的常设国际组织机构并不发达①，在具有比较优势的方向上（如南南合作）吸引更多的国际组织机构落户，有可能成为该地区将来的努力方向。

第二，国际经济交往的衡量。根据江浙沪统计部门发表的"2009年统计公报"，2008年江苏省、浙江省、上海市的对外经济依存度分别为67.94%、56.15%、127.30%。一般认为地区经济发展过程中，该指标达30%左右，该地区即具备国际化特征。②可见，两省一市在经济领域已达到相当的国际化程度。另外，世界跨国公司以及本国的跨国经营企业总部、区域总部、国内地区总部以及这些公司的科研、生产和行政中心在长三角次区域内的机构数都是衡量地区国际经济交往的指标。截止到2009年底，已有751家跨国公司地区总部落户申城，上海已成为除香港特区外我国吸引总部经济外资项目最多的城市。③这些跨国公司的产品生产、劳务流动往往又在环绕上海的江浙城市，形成了整个长三角次区域与国际经济交流的良好联动态势。比较值得注意的是，长三角地区还由省市地方政府牵头，形成了上海市市长国际企业家咨询会（至2013年10月已举办25届）、江苏发展国际咨询会议等高级别的

---

① 目前，长三角地区有国际小水电组织（国际小水电联合会）、联合国工发组织国际小水电中心总部（杭州）、联合国南南全球技术产权交易所（上海）、世界气象组织南京区域培训中心（南京）、亚太地区综合养鱼研究与培训中心（无锡）、联合国南通农药剂型研发中心（南通）等小型国际组织总部、中心、办公室等。参见中国南南合作网：http://www.ecdc.net.cn/index.aspx（检索时间：2011年12月18日）。

② 秦亚青等：《国际体系与中国外交》，世界知识出版社2009年版，第305页。该部分转引了北京市经济与社会发展研究课题组的研究成果。

③ 蒋心和：《751家跨国公司地区总部落户申城》，载《解放日报》，2009年12月18日，第2版。

地方省市发展顾问联络组织，咨询会议直接邀请或聘任"世界著名的各领域跨国公司董事长、总裁、首席执行官以及国际知名专家学者"为成员，拓宽了相关地方政府主政官员及相关地方部门进行较高层次对外经济交流的渠道。①

长三角的全球影响力还表现在，这一地区拥有较多的、能够左右某种（或几种）国际商品产量、物流、价格以及市场预期的产业集群地。除这一地区的中心城市以外，中国浙江的义乌市场被认为是全球最大的小商品市场；中国江苏的张家港是全球经营热带木材商品的第一大港等等。另外，长三角地区还拥有昆山花桥国际商务城服务外包产业基地、中德（太仓）中小企业合作示范区等国别合作经济基地。

第三，国际文化中心功能的衡量。2010年上海世博会使长三角次区域的联动发展达到了新的高度，"城市，让生活更美好"（Better City, Better Life）的世博会主题和安排在长三角主要城市（"高峰论坛"在上海举行，其他六个"主题论坛"的举办地分别是宁波、苏州、无锡、南京、绍兴、杭州）的"世博论坛"产生了国际文化聚焦功能。② 主办此类世界级论坛为中国把握世界级话语权提供了平台，至少是一次很好的学习机会。世博会及其相关活动，不仅在长三角区域宣传了环保、节能、低碳等世博理念（很大程度上也是全球治理理念），也极大提升了除上海以外的其他长三角城市的世界知名度。世界级的城市群必然要有世界级的经济实力，在此基础上更需要文化力量进行整合，世博会为这种整合提供了一个重要契机。作为长三角次区域的中心城市，上海具备成为国际文化中心城市的条件。2011年11月，中共上海市九届十六次全会通过了《到2020年将上海建成国际文化大都市》的决议，提出"切实提高建设国际文化大都市的自觉和自信"，这对转型发展，全面提升上

---

① 根据《江苏发展国际咨询会议章程》，该咨询会议组成人员为：江苏省省长、副省长、省长助理、秘书长；江苏省政府经济（科技）顾问（简称"顾问"）。其中"顾问"即："世界著名的各领域跨国公司董事长、总裁、首席执行官以及国际知名专家学者组成，每届20人左右。"

② "世博论坛"，参见 http://www.expo2010.cn/sbw_sblt/list.htm#zt（检索时间：2010年10月31日）。

海的国际地位和影响力具有重大意义。南京、杭州、苏州等高校比较集中、科研力量充沛、文教氛围浓厚的城市，也应做好文化战略上的长远规划，与上海一起协力打造世界级的文化产业集群。

(二) 长三角次区域作为中国地方参与全球治理的责任

第一，负责国际组织及其活动"落地"。以联合国开发计划署在华项目为例，目前该国际组织正在江浙沪两省一市开展 25 个项目（江苏省、浙江省各 9 项，上海市 7 项），涉及"全面小康社会建设"（All Around Xiaokang Society）、"振兴中国农村"（Revitalizing Rural China）、"气候变化省级计划"（Provincial Programmes for Climate Change）、"能源效率项目"（Energy Efficiency Project）等课题[①]，中国地方的配合无疑是这些项目取得成效的保障。除此类被动配合国际组织及其活动的落地，长三角次区域对中国主动参与全球治理过程中所争取的"落地"项目更应积极把握。"后世博"时代，长三角次区域是否能够抓住更多的参与全球治理、主办全球性活动的机会，还需要地方发挥主观能动性。

上海作为长三角次区域的中心城市，是否有必要发展或吸引实体国际组织的"落地"，这里仅作为一个问题提出。本文认为，未来上海和总部位于上海的国际组织能够像纽约、布鲁塞尔等城市一样，城市与国际组织相互借力、共同发展。

第二，负责国际社区的培育与形成。目前，长三角次区域由于国际、跨境经济往来充分发展，已经吸引了大批境外人士长期居住于该地区。以上海为例，最近上海市政协对外友好委员会的一项专项调查统计表明，常住上海

---

① 参见 Government of the People's Republic of China & United Nations Development Programme (UNDP) Joint Programme, *Supporting the "All Round" Xiao Kang Society*, Programme Document, pp. 1 – 34。这是一份单独文件，这里仅作例举。

的外籍人士已达 15.21 万人。① 其中，仅上海外高桥保税区就有外籍工作人员 9200 人。② 加上外籍人士的短期访学、商务旅行等活动，上海的外籍人士还应成倍大于这一数字。虽然这一数据与上海市 1921.32 万的常住人口（2009 年）③ 之比还不到 1%，但随着上海全球联系的加强，可以预见将来的常住外籍人士有大幅增加的趋势。目前，上海的浦东新区碧云国际社区、长宁区古北新区等具有一定代表性的国际社区已为人熟知。截止到 2008 年，上海市境内的国际学校也已开办 16 家。④ 目前，这些国际社区大多属于自发形成，也比较封闭。考虑到中外文化差异等因素，国际社区与传统中国社区间的交流并不密切。如果将地球村比做一个世界级的国际社区，中国参与全球治理的进程中，势必会直接面对中外文化差异。长三角次区域，特别是上海，作为中国地方，如果能够主动积累一定的国际社区培育经验，对中国参与全球治理过程中部分问题（如国际移民治理、国际公共卫生治理）的解决一定能有助益。

第三，负责国际智力的对内与对外开发。与国际组织及其活动和国际社区形成相联系，国际智力开发也是长三角次区域作为中国地方参与全球治理应主动承担的责任。

首先，国际问题研究作为国际智力开发的一个组成部分，在长三角次区域已形成一定的规模，例如教育部"普通高等学校人文社会科学重点研究基地"有三个位于上海；隶属于上海市政府的上海国际问题研究院被评为中国和世界的大智库之一；根据"2006 年度中国国际关系学科发展报告"，江浙沪两省一市现有的国际问题研究机构（拥有国际关系学科点）已达 16 家，这一数量与北京持平。⑤ 这些位于长三角次区域的国际问题研究机构，不仅承担着部分现实而紧迫的国家、省市外交外事课题研究，还为中国外交、外事人

---

① 潘高峰：《市政协专项调查显示：常住上海外籍人士超 15 万——服务业获外籍人士较高评价》，载《新民晚报》，2010 年 6 月 8 日，第 A2 版。
② 参见上海外高桥保税区网站：http://www.waigaoqiao.gov.cn/（检索时间：2010 年 11 月 20 日）。
③ 施捷：《申城常住人口 1921.32 万》，载《新民晚报》，2010 年 3 月 27 日，第 A4 版。
④ 参见上海市人民政府外事办公室网站：http://www.shfao.gov.cn/（检索时间：2010 年 10 月 26 日）。
⑤ 参见王逸舟主编：《国际政治理论与战略前沿问题》，社会科学文献出版社 2007 年版，第 325 页。

才的培养与国际智力往来贡献了力量。

其次，国际智力开发中有明显的"智力外流"和"智力回流"现象，自20世纪90年代开始，发展中国家向发达国家的智力外流中智力回流逐渐增多。[①] 长三角次区域率先发展高新技术产业（新能源、新材料）等战略举措，吸引了大批国际人才在本区域内进行集中研发，并迅速转化为生产力。比较有特点的如：无锡太湖新城科教产业园、昆山留学人员创业园等。同时，人力资源的外包服务也在本区域向高层次发展。具有国际视野的人力资源，是全球治理不可或缺的环节。配套政策到位、市场经济发达、文教基础扎实、国际往来频繁的长三角次区域，为培养此类治理人才提供了良好环境。本文认为，长三角次区域在基础设施建设基本完善的情况下，适时将工作重心转移到开展国际智力对内、对外开发，在带动新产业链的同时，在地方培养全球治理人才而后推向世界，可以成为本区域的战略选择。

第四，总结中国参与国际治理的合理性。中国作为一个发展中的新兴大国，"于世界的意义表现在不仅可以打破世界近代史上大国必然暴力崛起的神话，而且可以创立一个和平发展的新模式"[②]。新世纪以来，中国参与全球治理的历程一直伴随着一些来自国际社会的质疑，这些质疑来自国际政治安全、国际经济秩序等诸多方面。本文认为，长三角次区域的综合发展本身就能够回应这些质疑：第一，中国用自己的发展方式、治理模式保证了国内社会的繁荣稳定而没有引发动荡；第二，中国的改革开放遵循循序渐进的原则，同时，经济发达地区对经济落后地区的援助颇有成效；第三，中国积累了内政外交展开的重要经验，国内政治—国际政治越相互合作，国内发展与对外关系的展开空间就更为广阔。本文进一步认为，中国参与全球治理的前景，长三角次区域的发展已经给予了部分回答。

能力越大，责任越大。《长江三角洲地区区域规划》已经为长三角的发展

---

① 何琼峰、王良健：《人力资本区域迁移与经济增长理论模型——国际智力外流模型的拓展》，载《西北人口》，2008年第4期，第12页。

② 秦亚青：《无政府文化与国际暴力》，载《中国社会科学》，2004年第5期，第55页。

制定了较为详细的蓝图。作为中国改革开放政策的前沿阵地之一，长三角正在担负起为中国打造"亚太地区重要的国际门户、全球重要的现代服务业和先进制造业中心、具有较强国际竞争力的世界级城市群"的新使命。

四、结　语

"中国从'国内—国际政治'统筹的整体视野理解、解决国内问题和国际问题，也就是任何公共问题（国内的也好、国际的也好）的解决或者良好社会秩序的获得，都需要从'国内政治—国际政治'合作的角度出发，否则，割裂国内政治和国际政治，以寻求单一的、孤立的解决途径，常常是失败的。"[①] 如今，中国参与全球治理的进程中，主要还是寻求将国际制度更好地内化，强调合作与双赢，并不主张对现有国际制度进行革命性改造，在有些情况下（如提出和创新全球性议程）还不是很主动。如果遵循国内—国际的政治经济学分析框架，在国家行为体持积极态度向上参与全球治理的情况下，以地方为代表的次国家行为体应站稳立场，使地方支持与国家争取形成合力，再辅之以中国独有的治理元素，中国参与全球治理的顺利展开和逐步"将中国处理内外政治的经验转化为国际社会议程"[②] 的设想将有可能成为现实。

[①] 苏长和：《国内—国际互动与中国对外关系的展开》，载《教学与研究》，2009年第10期，第40页。

[②] 苏长和：《国内—国际互动与中国对外关系的展开》，载《教学与研究》，2009年第10期，第38页。

挑战与前瞻

全球化背景下全球治理面临的新挑战*

吴志成　王天韵**

全球化是当代世界不以人的意志为转移的客观进程和发展趋势，它的深入发展正以巨大的渗透力和广泛的波及范围深刻地影响着现实世界。在某种意义上，全球化在极大地促进世界经济发展的同时，其负面效应也助推了各种全球性问题的凸显和全球性危机的迅速蔓延，国际社会加强全球治理的呼声与需求日趋增大。新世纪以来，特别是全球金融危机的爆发，全球性风险呈现出不断上升的趋向，全球治理也面临着越来越多的新挑战。

一、全球经济发展越来越不平衡

全球化有利于各国发挥比较优势，贸易双方均能从中获利。然而全球化在进行全球市场资源再分配的同时，打破了原有的国际经济秩序，使得全球

---

* 基金项目：教育部哲学社会科学研究重大课题攻关项目（项目编号：10JZDH047）。本文原载于《南京大学学报》（哲学·人文科学·社会科学版），2011年第2期。

** 吴志成，南开大学周恩来政府管理学院院长、教授，兼任南开大学全球问题研究所所长、欧洲研究中心副主任；王天韵，南开大学周恩来政府管理学院博士研究生。

经济发展进程越来越不平衡。西方发达国家是经济全球化的主要推动者和受益者，它们掌握着制定和实施全球化规则、主导全球化进程和利益分配的主动权，从而处于强势地位，其国家利益和意志能够在国际规则中得到充分反映。发展中国家是现代化进程的后来者，处于不平等的竞争起点和地位，是全球化的劣势集团，其自身无力改变在国际经济体系中的不利地位，也缺乏规避和减轻风险的能力。部分新兴国家的经济高速增长，以及金融危机后发展中国家相对较快的整体恢复速度，均不足以改变南北发展鸿沟扩大、整体差距悬殊的现实。部分欧美发达国家和欧佩克国家人均 GDP 超过 50000 美元，而阿富汗、孟加拉、刚果（金）、几内亚等 20 多个欠发达国家和地区人均 GDP 仍低于 500 美元，双方差距超过一百倍。在联合国针对 39 个低收入国家和中等收入水平的小国家进行调查时，发现有 27 个国家仍然面临债务压力或有很大风险面临债务压力。这些国家的政府很难在全球治理中发挥积极作用，其失职和崩溃往往成为一些全球性问题的根源。发达国家与发展中国家之间这种过大的经济差异会诱发其他全球性风险的发生与加剧，并严重抑制国际社会的应对能力。因此，全球议程理事会将国内及国际层面的经济差异问题列为未来十年的全球核心风险。

二、贸易保护主义抬头并转向隐蔽化

经济全球化通过生产要素在世界范围内的自由流动来实现资源的全球配置，而一个国家国际经济贸易政策的制定和实施要受到国内政治力量和广大民众意向的制约，缺乏广泛国内政治支持的国际经贸政策很难得到长期有效的实施。在全球金融危机的严峻形势下，一些国家的利益群体片面地将危机造成的损失和消极后果归咎于经济全球化与开放贸易政策，社会和民众反对经济开放和自由贸易的呼声增大，经济民族主义和贸易保护主义有所抬头。与历史上经济危机时期的贸易保护相比，本次危机中贸易保护在范围和力度上都相对有限，但仍达到了相当的高度。尽管各国在二十国集团峰会上多次承诺共同抵制贸易保护主义，但为了尽快摆脱金融危机，缓解经济复苏缓慢、失业率居高不下等国内压力,部分国家并没有履行这项国际义务。2008 年 11 月到 2009 年 12 月间,世界各国共采取了 297 项以邻为壑的措施,其中二十国集团国家采取了 184 项,占据全部贸易保护措施的三分之二。而从 2009 年 12 月到 2010 年 11 月,世界各国共采取了 395 项贸易保护主义措施,其中二十国集团国家采取了 247 项,揭示出贸易保护主义愈演愈烈的趋势。中国是最大受害国,在 2008 年 11 月到 2010 年 11 月间,中国的商业利益共受到 79 个贸易伙伴的 337 项保护主义措施的侵害,超过了欧盟 27 个成员国的总和。在国际舆论的压力下,贸易保护主义呈现向隐蔽化发展的趋势,新的保护手段层出不穷。关税壁垒等公开的贸易保护措施已退居次要的位置,政府采购、滥用国家财政援助以及反倾销、反补贴等贸易救济措施成为常见的选择,而颁布进口禁令、发放出口补贴等非关税措施也频频出现。美国在 7870 亿美元的一揽子经济刺激计划中加入购买美国货条款,要求凡方案涉及工程、建筑用钢铁必须为美国出产,美国运输安全管理局所使用的制服和纺织品同样必须由美国制造。而各种技术性壁垒如绿色壁垒、蓝色壁垒也日趋流行,欧美国家以保护生态环境、捍卫劳动者权益为幌子,制定一系列苛刻的环保措施和劳工标准,限制发展中国家产品和服务的市场准入,变相实行贸易保护主义。

三、货币纷争成为主要大国共同的纠结

在经济恢复不如预期的情况下,部分主要经济体竞相将本国货币贬值当做振兴经济的重要手段,同时施加压力迫使重要贸易伙伴的货币升值,以推动出口、减少进口。作为这场货币战的始作俑者,一方面,美国实施两轮量化宽松政策,通过美元贬值达到变相操纵汇率的目的;另一方面,美国仍利用各种渠道制造舆论,用汇率操纵国的帽子向中国施压,试图迫使人民币大幅度升值。美国众议院就人民币汇率问题举行多轮听证会并通过货币改革促进公平贸易法案,130 名议员联名要求将中国列为汇率操纵国,而奥巴马政府的态度也趋于强硬。此外,美国还将全球经常账户失衡的老问题重新炒热,

财长盖特纳一度建议将经常账户的差额（盈余/赤字）占 GDP 的 4% 设立为量化指标，然而遭到中国、德国、日本、印度等国的反对。经常账户赤字是美国长期以来一直面临的问题，美国此时推动设立经常账户目标，其目的仍在于变相施加人民币升值的压力。尽管二十国集团领袖在首尔峰会上承诺避免竞相性货币贬值、减少汇率无序波动，中国央行此前也承诺推进汇率形成机制改革，但如果美国仍将汇率问题视为打压中国发展的政治手段，则大国间的货币纷争很难真正偃旗息鼓。

四、金融资本市场安全问题日益凸显

经济全球化使国际资本流动更加便捷，特别是在国际金融自由化和电子化的辅助下，资金的流量和流速激增，进一步刺激了国际金融交易的发展。这在促进世界经济发展的同时，也增加了金融市场的复杂性和监管难度，使金融危机发生的几率和破坏程度大大提高，并且给国际金融投机者提供了可乘之机。一方面，在全球化深入发展的背景下，一国国内的金融监管事关全球金融体系的安危。在新自由主义思潮影响下，美国等发达国家政府长期采取减少政府干预的经济政策，放松了对金融市场的监管，致使金融市场缺乏规范，为金融危机埋下祸根。华尔街多年来的投机行为导致金融衍生产品层出不穷，出现了对冲基金等一系列以套利为主要目的的资本。随着这些金融衍生产品的规模不断恶性膨胀、产品链条越变越长，金融市场的风险也不断放大，最终由房地产泡沫的破裂牵一发而动全身，对整个金融系统造成严重冲击。另一方面，国际金融市场缺乏整体性的监管体系，金融过度投机人为地扭曲了市场，使得一些恶意投机者能够假自由市场之名，利用热钱等方式对金融弱势国家和地区进行跨国金融掠夺，加剧了受害国家和地区的经济风险和金融动荡，甚至使一些国家数十年奋斗积累起来的经济财富顷刻消解，国民经济陷入灾难性的深渊，部分国家还由此引发政治动荡和政权更迭。20世纪80年代的拉美债务危机、1994年的墨西哥金融危机、1997年的亚洲金融危机特别是本次国际金融危机的发生及其严重影响都昭示人们，建立协调统一的全球金融监管体系已成当务之急。当前，扩大金融稳定论坛和巴塞尔委员会的规模、提高联合国贸易和发展会议对蒙特雷共识落实情况的审查、改革国际货币基金组织和世界银行等事项已提上议事日程并逐步实现，然而现有改革的力度仍不足以保障未来全球金融市场的平稳运行。

五、国际贫困与社会不平等依旧突出

经济全球化的高度不平衡性不仅体现在国家之间，也充分反映在一国国内的财富和收入差异上。正如诺贝尔经济学奖获得者埃里克·马斯金指出的，全球化是造成贫富差距的重要动因，它使得发达国家和发展中国家的精英阶层获益，而低技术工人则受益较少甚至利益受损。根据一项针对80个国家35年历史的调查显示，无论是发达国家还是发展中国家，国际自由贸易、社会全球化和去管制化的进程与国内不平等现象的加深均有关联。发达国家内部原有贫富差距拉大，不少中产阶层沦为新的贫困阶层；发展中国家贫困现象加剧，贫富鸿沟继续扩大。有着良好地理位置和工业基础的地区，较快地搭乘了经济全球化的便车，而地理位置偏远、基础设施落后的地区则发展滞后。根据联合国经济和社会事务部的《2010年世界社会状况报告》，全球有14亿人生活在1.25美元/天的国际贫困标准线下，约占世界总人口的五分之一。长期忍受饥饿的人口数量高达9.6亿，比90年代初上升了1.4亿。贫困每天夺去25000名儿童的生命，27%—28%的发展中国家儿童发育不良。贫困导致教育的落后，全球仍有8亿多文盲。根据世界银行的报告，全球各国和地区中人均年收入最高达6万美元，最低仅为280美元，人均寿命高则83岁，最低仅44岁。贫困与不平等往往成为国内冲突的根源，迄今全球有超过4200万人因冲突流离失所，其中1520万为国际难民。而在近年来的全球经济、粮食以及能源危机冲击下，劳动力市场的恶化导致就业急剧下降，全球新增极度贫困人口6400万人，挨饿和营养不良人口飙升约1亿人，联合国关于消灭贫困饥饿、普及初等教育、促进两性平等的八项千年发展目标面临进度放缓甚至局部倒退的困境。

六、全球气候环境面临更严峻的挑战

近 30 年来，气候变化从普通科学问题变成全球政治议程的核心议题，全球变暖的严重后果也引起科学界和国际社会的高度重视。从自然角度看，气候变化导致了干旱、海平面上升、飓风灾害以及极端气候增多等一系列挑战，将对自然生态系统和物种分布造成严重威胁。由于气候变化，很多生态系统正处于不断退化之中，功能也在不断丧失。如果全球平均温度比 1980—1999 年上升 1.5—2.5 度，则全球 20%—30% 的动植物物种的灭绝风险将增加。非洲热带雨林存在消失的风险，太平洋岛国也面临海平面上升的严重威胁。从社会角度看，气候变化会带来严重的经济、社会和政治后果。以经济为例，温度升高和降雨量减少将导致经济增长速度放缓，平均气温升高 4 度将导致 1%—5% 的 GDP 损失，局部地区将更严重。有学者甚至估计 GDP 损失将达到 5%—15% 之多。据联合国难民署公布的一份报告显示，气候变化已经造成了气候移民的出现，生态系统的破坏导致长期移民，自然灾害则产生大量短期移民，而气候变化也造成越来越多的人被迫进行季节性迁徙。如果不迅速采取行动，2050 年干旱、飓风和洪水等自然灾害可能导致全球 2 亿人逃离家园。尽管世界各国为缓解全球气候变化进行了不懈的努力，从《联合国气候变化框架公约》、《京都议定书》到巴厘岛路线图到《哥本哈根协议》、《坎昆协议》，国际社会进行了十几轮谈判，但最终成果仍不尽如人意。在设立强制减排指标以及给予发展中国家资金、技术援助问题上，美国、日本等发达国家屡屡失约。发达国家忽视历史排放、人均排放等因素，要求中国等发展中国家共同承担强制性减排义务。对于已达成的阶段性协议和路线图，发达国家则在执行力度和进度上大打折扣，甚至退出已缔结的国际条约。在未来的气候变化谈判中，由伞形集团和欧盟组成的发达国家阵营、基础四国和七十七国集团组成的发展中国家阵营以及由小岛国家联盟、雨林国家联盟组成的第三方势力间以及各阵营内部，仍将长期呈现既合作又斗争的态势。

七、世界粮食、水资源和能源短缺的压力增大

联合国粮农组织的统计数据显示,世界粮食价格 2006 年、2007 年分别上涨 12%、24%,2008 年前八个月涨幅超过 50%,全年上涨 25%—30%。2010 年下半年至 2011 年初,国际粮价再度飙升 32%,全球食品价格指数创下 20 年来新高,联合国粮农组织和世界银行均警告:如果粮食价格继续上涨,2011 年存在全球粮食危机重演的可能。国际粮食短缺和价格飙升对全球经济和社会安全产生严重影响。2008 年,全球 37 个国家面临粮食危机,发展中国家受冲击最大,喀麦隆、科特迪瓦等非洲国家以及印尼、菲律宾、海地相继发生粮食骚乱。进入新世纪,以石油为代表的能源价格在飙升的同时伴随着剧烈动荡。2000 年 1 月,国际原油价格尚在 23 美元/桶,至 2008 年 6 月最高时飙升至 137 美元/桶,仅半年后却迅速暴跌至 35 美元/桶,至 2011 年 1 月又上涨至 92 美元/桶。能源价格的剧烈波动给世界各国的能源安全和经济发展带来严峻挑战。目前全球粮食和能源短缺问题如不加以妥善应对,更大的挑战将在未来数十年间陆续出现。联合国人口基金会预测尽管世界人口的年均增长速度有望放缓,但 2050 年世界人口仍将达到 91 亿,新添的 22 亿人口绝大部分分布在发展中国家。要为数量更多、城市化程度更高和更为富裕的人口提供足够供应,2050 年全球粮食总产量必须提高 70%。即使使用转基因和纳米技术,未来几十年间消费需求上升也将远超过粮食产量的增长,加之气候变化和水资源的短缺进一步影响了粮食产量,2050 年全球基本粮食价格预计将上涨 31%—101%,挨饿人口也将随之激增。在未来人口激增和全球气候变化的压力下,全球淡水资源必将面临更加严峻的形势,能源危机与食物、淡水的匮乏相互纠结着,能源匮乏将影响粮食产量和淡水资源的开发,迫使将大量粮食用于制造生物能源,而水资源的紧缺又将影响能源的开采。

八、大规模杀伤性武器呈现扩散趋势

尽管和平、发展是当今时代的主流,但战争威胁仍未彻底消弭,局部战争和冲突更是时有发生。21世纪第一个十年间,军控与裁军领域的形势经历了很大起伏。随着2001年美国退出《反导条约》,国际军控与裁军进程陷入停滞,整体状况直到近两年才逐步向好。针对核武器问题,实现无核社会和全面销毁大规模杀伤性武器的美好理想尚缺乏现实性。目前全球共有2.2万枚核弹头,其中美俄共拥有1.7万枚。两国新签订的核裁军协议主要针对现役部署数量,且大大超出国防安全需要。国际防扩散形势日趋严峻,印度、巴基斯坦和以色列已成为事实上的有核国家,围绕伊朗、朝鲜核问题的多边谈判遇到不同程度的阻力甚至濒临破裂。在常规武器和军队数量方面,主要国家应通过国际合作将军备竞赛控制在一定程度内,同时应避免采取刺激其他大国的军事行动,以免过度竞争形成恶性循环。近年来美国及北约大规模部署导弹防御系统,以及2010年美国在黄海、南海接连举行军演,加剧了全球及地区紧张局势,不利于世界和平稳定的前景。此外,禁止生化武器、防止外太空军备竞赛等问题也需要国际社会的协商与合作。

九、跨国流动的便利引发世界性的高风险

科学技术的迅速发展和信息网络化使全球化具有高度的流动性和开放性,而正是资本、技术、信息的快速流动,人员交流的开放和思想文化的相互渗透,给各国的经济、金融、信息、科技、政治安全等带来越来越多的隐患和风险。全球化进程在总体上促进世界经济发展的同时,也意味着危机、风险和问题的全球扩散蔓延,使得一国国内的危机直接反映到国际层次,影响其他国家和地区,还不可避免地引发更多新生的全球性问题。比如一国生态环境破坏的影响可能就是地区或全球性的,而且形成危机网链,在世界范围内使危害者和受害者休戚与共。借助全球信息和交通网络,跨国流动的增加使

跨国犯罪带来严重的非法流动威胁，毒品、枪支、仿冒产品、走私、人口贩运以及偷渡行为猖獗，其犯罪市场遍及全球，非法物品及人员的流动线路图经常跨越三个大陆之多。这些跨国犯罪行为对南美和加勒比海地区、非洲、亚洲以及东南欧许多国家的主权和稳定构成威胁，包括刺激暴动、破坏法制、加剧腐败等。全球人口流动频率增加还为全球公共卫生带来更大挑战，2003年"非典"在全球流行，几个月内感染患者累计近万人。2009年至2010年H1N1、H5N1流感一度在全球范围内大流行，数百万人受到感染，近两万人因此丧生。在某种意义上说，正是全球化成为美国次贷危机迅速扩展为此次全球金融危机的催化剂和促动力，反映了全球化背景下任何国家都难以置身于全球性系统风险之外。因此，全球化的深化同时意味着全球风险社会的到来，也蕴含着世界社会的高风险性。

十、国家权力出现一定的流散与弱化

在全球化背景下，国家权力出现了一定程度的流散现象。伴随经济全球化而不断显现的超国家因素对民族国家及其主权的制约，使国家面临的政治压力、困惑与挑战大大增加。全球化削弱了国家独立自主制定经济和社会政策的能力，原来一国范围内实行的政策措施很可能受到国际社会的广泛关注和不同程度的介入干预，同时，全球领域还出现了许多新的非领土化的经济政治组织形式，如全球公民社会、跨国倡议网络、跨国公司、国际组织等非国家行为体在国际舞台上日趋活跃，对国家的权力行使产生了重要影响。它们使部分原先属于国家的权力分散到这些全球层次的公共或私人组织手中，在许多领域也确实发挥着优于国家或国家不便于出面的管理和监督作用。比如，跨国公司通过建立生产、贸易和金融的跨国网络从事无国界经济活动，其领域超越了传统的国家领土和民族国家能力控制的范围，而国家对跨国公司的全球生产、贸易、金融活动还缺乏有效的监管能力和手段，还不时受到跨国公司提出撤资或要求增加优惠条件的要挟。随着非政府组织数量的激增，部分国家出现从政府统治向政府与非政府组织合作实行公私协力治理的过渡趋势，一个以跨国性、非政府性和非市场性为特征的全球公民社会也迅速发展。其实，国家权力在地区和国际体制中的部分流散和让渡，是民族国家获取更大利益和新的发展空间的置换条件，有助于民族国家在全球化条件下的生存和发展，如同欧盟成员国向欧盟超国家机构转让部分主权提高了欧洲民族国家的国际竞争力一样。当然，在全球化时代，尽管国家主权受到一定程度的挑战或相对弱化，但是民族国家仍然是当今最主要的国际关系行为体，在未来的全球治理架构中，国家、国际组织以及各种非国家行为体将形成多层级网络状的复合治理结构，国家将始终是这个治理架构的主角。

十一、新兴大国的影响和作用明显提升

新兴大国是指美、欧、日以外包括巴西、俄罗斯、印度、中国、南非、墨西哥、埃及等在全球和地区具有重要影响的国家，它们在世界经济格局中占据着越来越重要的地位，在维护地区和平、促进地区繁荣与发展方面的实际作用明显上升，并逐步走向国际舞台的中心。以巴西、俄罗斯、印度和中国为代表的金砖四国地大物博，人口众多，拥有广阔的国内市场，巨大的消费潜力。由于物质财富总量大，易于积累巨额资金，它们的资金调节和危机化解能力也较强，在国际市场出现震荡时可以通过扩大内需，发挥国内市场的缓冲作用。在发达国家经济普遍陷入严重衰退的背景下，新兴大国的增长态势对稳定世界经济、化解金融危机发挥着重要的作用。在世界各国应对危机的各种会议和国际努力中，越来越明显地传递出一个明确的信息：发达国家已经认识到新兴国家的重要性，没有这些国家的参与，金融危机和其他全球性问题不可能得到真正有效的解决。在后金融危机时代，随着欧美经济恢复缓慢和新兴国家的高速发展，国际权力和国际责任进行新一轮重新分配已成为必然趋势。国际政治的一系列新发展也反映出这一趋势。2009 年 9 月，二十国集团匹兹堡峰会上，与会领导人一致同意将二十国集团峰会机制化、常规化，自 2011 年起每年举行一次，并上升为国际经济合作的主要论坛。

2010 年 4 月，世界银行通过改革方案，将新兴经济体和发展中国家的投票权整体提高 3.13%，其中中国的投票权从 2.77% 提高到 4.42%，一举超过德国、英国和法国，位居世界第三。同年 11 月，二十国集团首尔峰会同意对国际货币基金组织进行大幅度改革，发达国家将 6% 以上份额以及两个理事席位转移向新兴国家。二十国集团取代八国集团成为未来全球经济治理主要平台以及世界银行、国际货币基金组织的改革都说明以金砖国家为代表的新兴大国将在全球治理中拥有更大的话语权，承担更多的责任。

十二、加强全球合作治理成为客观必然

随着全球化进程的深化，环境恶化、生态破坏、能源危机、国际毒品交易、国际恐怖主义活动、核武器扩散等大量全球性问题日益成为国际社会关注的重要议题，这些全球问题的恶性发展可能引发全球性危机，威胁整个人类的安全。这些问题的有效解决已经突破单一国家所能控制的界限和范围，面对国际事务与国内事务、外部事务与内部事务相互交错难以区分的现实，民族国家要求跨越有形国界，借助国际机制加强全球双边和多边合作，由此产生了全球合作治理的客观需要。全球化的深入发展也使得世界各国各地区的前途命运日益紧密地联系在一起，各个国家、地区和民族之间的经济、贸易、社会、文化交往更为频繁，相互依存空前密切。一方面，国家间共同命运感上升，一荣俱荣，一损俱损，没有一个国家和地区可以在国际挑战中独善其身，也没有一个国家和地区能够以一己之力迎接挑战。一国国内的危机将直接反映到国际层次，影响其他国家和行为体，反之，一国的政策也受到整个国际环境的影响和制约。另一方面，相互联系的全球性挑战之间牵一发而动全身，例如能源需求的增长推高了食品价格，同时气候变化必然威胁到农业产量，由此加剧了拥有大量人口的欠发达国家的脆弱性。因此，全球性问题难以孤立解决，必须加强合作和整体协调。大量全球公共问题和共同危机的出现，使得国际合作越来越必要，共同安全和共同发展等理念越来越成为各国政治家的共识。

全球治理扩展至第三世界：
利他主义、现实主义还是建构主义？*

雅库布·哈拉比 著 钟晓辉 译**

本文探讨发展中国家全球治理的状况。中心议题是在全球化时代，一些发展中国家通过国家主导的策略，改善贸易状况，成为制造业产品的主要出口国，从而与发达国家展开了激烈的竞争。这使得竞争力受到发达国家的高度重视。在这一背景下，发达国家积极推动将全球治理扩张至发展中国家，从而规范这些国家的行为，促使其对外国投资进行开放，并增加这些国家的财富。然而，要想将发展中国家成功纳入全球治理体系，须在这些国家内部建立能够改变其政治文化的制度。鉴于发展中国家所面临的独特问题，要想达成上述目标，仅靠推动这些国家进行国际化进程是不够的。基于社会建构主义理论，本文认为，要想在发展中国家建立与全球治理相符的内部制度，

---

* Yakub Halabi, "The Expansion of Global Governance into the Third World: Altruism, Realism, or Constructivism?", in *Internationl Studies Review*, Vol. 6, 2004, pp. 21 – 48.

** 雅库布·哈拉比（Yakub Halabi），以色列海法大学国际关系学院兼职讲师，加拿大安大略省金斯顿皇后大学讲师；钟晓辉，中央编译局中央文献翻译部翻译。

必须使这些国家确信全球治理不仅对发达国家有益，对他们同样有益。

全球治理方面的文献主要研究国家与私人机构间不断演进的政治协调机制，在全球化时代，这些国家和机构寻求解决面临的共同问题并实现共同利益或互补利益（Held and McGrew, 2002a）。拥护者认为，全球治理涉及的范围包括国家、国际政府组织、跨国公司以及国际非政府组织，上述各方均有意愿通过规制推动共同的国际层面的活动（Cutler, 1999; Held and McGrew, 2002b）。全球治理标志着在全球范围内，对共同规则的一种接受，之所以接受，是因为确信这样的规则能够使行为体根据国际体系标准以一种有序的方式来寻求财富。

在过去几十年间，一些发展中国家，尤其是东亚国家，为提升经济竞争力，采取了国家主导的发展模式（Woo-Cumings, 1999）。在这里，竞争力是指一个国家能够生产符合国际标准的产品，并使得这些产品在销量上超过竞争对手，同时使本国的劳动力收入不断增长（Tyson, 1992）。在当今的全球化时代，每个国家都很关心本国公司的竞争力及民生。克鲁格曼和奥布斯特菲尔德认为，竞争力"通常涉及国家间的经济战争"（Krugman and Obstfeld, 2000: 276）。从这种意义来说，一个国家的比较优势并非由外因促成的。每个国家在形成自己比较优势的过程中，都会密切注意其他国家的动向。因此，一国政府不仅关注其他国家的对外政策，同时也关注形成这些政策的制度的性质。

全球治理是指发达国家试图规范国与国之间的关系并用国际规制约束发展中国家。但是，更重要的一点也许是，全球治理帮助发展中国家建立符合国际规则的制度，确保这些国家不会采取经济民族主义，从而损害发达国家的利益。在发展中国家建立市场导向的制度可以加深南北国家之间的相互理解，更容易形成统一的国际规则。从发达国家的角度来说，这一过程至少保证了公平竞争。同样，不同的制度会阻碍南北之间的相互理解。但是，要想在发展中国家建立这样的制度，首先要说服这些国家，得到它们的允许。在国际贸易领域，发达国家一直尝试将全球治理扩张至发展中国家，其目的有两个：一是阻止发展中国家提升其在高附加值产品方面的竞争力；二是重建发展中国家在初级产品和劳动密集型产品方面的比较优势。从这一角度看，发达国家将全球治理描述成创造"公平竞争环境"的努力，从而防止各个国家利用经济实力形成比较优势。

然而，第三世界国家并非是一个同质的集团。目前看，这些国家可以分为三类。第一类是不发达国家。这些国家接受极少量的外国投资，缺乏现代的资本主义制度，市场很小，文盲率高，人均收入低。西方国家对这些国家的合理性存在怀疑，出于利他主义的目的帮助这些国家实现现代化。第二类是埃及、土耳其、石油输出国等虽然接受少量外国投资但在战略上或经济上较重要的发展中国家。这一类别中还包括从事劳动密集型产品生产并且在出口方面未与发达国家形成竞争的那些国家。西方世界通过国际货币基金组织、世界银行等国际金融机构对这些国家施压，迫使其实行自由市场经济。第三类是在过去 20 年里吸引了大量外国投资的国家，新兴工业化国家即属于此类。这些国家对发达国家的市场形成了挑战，因此一直被敦促采取西方的经济模式并帮助创立公平竞争的国际贸易环境。本文的研究对象是后两类国家，探讨在何种条件下，这些国家会决定建立符合全球治理规则的制度。本文将运用社会建构理论解释发生在第三世界国家内部的、促使其接纳全球治理的变化。

当然，必须指出的一点是，第三世界国家落后的或者说是不同的政治和经济制度以及全球治理松散的体系使得在这些国家推行全球治理规则并进行监督困难重重。此外，由于发展中国家不同的政治文化，国际政府组织不能充分发挥领导作用，促使各国实行西方模式的制度。目前为止，全球治理体系内的国家包括追求一体化的强国以及新兴工业化国家等在经济上具有重要地位的国家，后者是在前者的催促下展开全球治理进程的。而那些在全球化进程中没能受益，甚至受到损害的国家则没有遵从全球治理的规则和标准。

简而言之，"未来的产业要靠发明创造，现在还不存在。未来，各国应该投资知识和技术，从而创造出人工智能产业，使人们能够获得更高的收入，过上更好的生活"（Thurow，1996：71）。迈克尔·博斯金（Michael Boskin）是一名新自由主义经济学家，曾经担任过老布什政府经济顾问委员会主席，他宣称:"一个国家是生产薯片还是制造芯片根本没有什么区别。"这一论断的目的就是要说服第三世界国家的政治家们接受本国天然的比较优势。而全球治理的作用就是要保证发展中国家的制度支持新自由主义经济模式。

本文结构如下:第一部分回顾全球化及全球治理方面的文献;第二部分介绍全球化时代来自发展中国家的挑战;第三部分概述将全球治理扩张至第三世界国家所面临的问题;第四部分简要回顾社会建构主义理论方法;第五部分分析亚洲金融危机之后东亚几个国家内部制度的建设,同时还分析了发展中国家结构调整的制度化进程。最后一部分介绍了全球治理体系中用于监测发展中国家行为的机制。

全球化和全球治理

全球治理是指尝试操控全球化力量的努力,从而减轻全球化的负面影响,并使遵守全球规则的国家获得优惠。全球化是一个系统层面的变量,指的是一种形势。在这种形势之下,一个地方发生的事件有可能对其他地方产生即时的、同时也是长期的影响,这种影响非国家所能控制,使得国家只能被动应对(Waters,1995)。典型的例子包括全球环境变化和通信及运输变革等。全球化是一种外生因素,并不一定会导致全球治理,同样,国际体系的无政府状态也并不一定导致国家间的合作。总之,全球化是外在于国家的,而全球治理作用于国家内部。为应对全球化带来的挑战及约束,国家和其他公共及私人的国际机构已经创立了机制对其进行治理。全球治理涉及到国家、跨国公司、国际非政府组织等各个地方及全球层面的行为体,这些参与者均寻求扩大自己的效用。这种治理要求国家及其他机构自觉确认自己的利益和存在的问题,并且意识到建立全球规则和相应的国内制度的价值,这种规则和制度可以解决它们的问题并确保其利益。对全球治理和全球化加以区分可以帮助我们阐释这两种现象。

贝特朗·巴迪(Bertrand Badie)认为,"全球化是指一种国际体系的建立,这一体系有统一的规则、价值观及目标,并声称要将全人类凝聚起来"

(2000：2-3)。与全球治理不同，全球化并非是一个建构的体系，也不是有意为之的。耐盖尔·伍兹（Ngaire Woods）就混淆了这两个概念，他将全球化描述成"国际化、政治和经济自由化以及技术革命的结合"（2002：25）。伍兹的全球化定义中包括政治国际化和生产国际化，前者是指国家参与到规范全球化的国际政府组织之中，后者是指跨国公司生产的分散化（Cox，1996b），并将上述两者与技术革命等支撑全球化的力量结合起来，这种力量是不受国家影响的。

技术创新直接引发了通信革命，使得信息可以在国家之间自由流动，不受国家首脑的控制。全球变暖等环境变化是由过度使用资源及污染导致的。这两个例子表明，在全球化背景下，国家及其他各方对于此类挑战无能为力，只能被动应对。环境变化迫使各国意识到地球是一个整体，从而约束自己的行为，共同保护环境。通信革命模糊了国与国之间的界限。例如，通信革命带来的便利使得外汇市场上每天的交易额达到1.3万亿美元，而信息的自由流动也对公众舆论产生了重要影响。有鉴于此，各国政府不得不放宽对汇率及公众舆论的管制。

尽管如此，在我们生活的这个世界，民族国家仍然是国际事务最重要的行为体。除了国家之外，跨国公司和国际组织也扮演了重要角色。但是，跨国公司将提升竞争力以及抢占市场份额视为零和博弈，国际组织通常只能处理单一领域的问题，而国家把贸易视为非零和博弈，同时能处理多个领域的事务。因此，国家的视野较之非国家行为体的视野要宽广得多。此外，国家在管辖范围之内有权实行统一的规则并与其他国家进行互惠互利的往来。国家是追求财富和权力的理性的利己主义者。但是这一假设并未涉及国家的目的，国与国之间的相互影响以及新的思想和制度对国家行为的影响。就某些问题而言，用财富和权力来定义国家利益会引发两者之间的冲突。一个关心财富的国家会十分重视绝对收益，因此，为获得绝对收益，有可能会以损害别国利益的方式来提升自己的竞争力。而对于追求权力的国家来说，如果对手的相对收益高于自己，那么它会限制自己的整体贸易关系。简而言之，权力关系会限制国家间的合作。

政府和全球治理

全球治理规定了在国际事务中什么才是规范的行为。国家在透明的体系中,通过符合规则的行为来追求财富。实际上,全球治理就是尝试管理全球化并解决国家之间的争端,从而使发展中国家和发达国家能在它们自愿建立起来的体系下追求财富。当然,纷繁复杂的国际事务以及市场失灵问题使得各国不能通过国家间的协商或是自由市场来解决它们面对的共同问题。这导致了多中心秩序体系的产生,同时在每个问题领域都有国家、国际政府组织、国际非政府组织、跨国公司等多个行为体,这些行为体之间没有明显的等级关系。即使在每个问题领域,权力关系对规范行为的规则产生了影响,但如果一个国家的内部制度与这些规则不相容,也无法保证这个国家能遵守这些规则。

世界事务日益错综复杂,技术上的不确定性也在不断增长,这都削弱了国家对即将发生的事件的控制能力。在这种情况下,协调国家之间的政策成为一项重要而艰巨的任务。决策者甚至是官僚们在许多方面都没有资格处理此类问题。此外,全球变暖、艾滋病、金融危机等全球共同关注的问题也影响了国内政策的制定。国际非政府组织填补了很多这方面的空白,每一个组织专攻一个问题领域,这些组织与国家进行协商,制定策略,解决那些全世界共同关注的问题。国际非政府组织在国际事务中的作用不断增大直至扮演了非常重要的角色,这一过程通常被称为全球公民社会的建立(Lipschutz,1996)。

然而,尽管全球化使国际事务变得异常复杂,国家仍然不甘心失去自己在国际舞台上的重要位置。政府已经通过新建或重组国际政府组织来应对全球化带来的挑战。此外,国家一方面追求全球一体化和效率,一方面渴望回到国家无所不在、无所不能的时代。因此,政府开始着手加强现有的国际政府组织并取代那些过时的、无法应对新挑战的组织,希望藉此在主权、一体化和效率之间求得平衡。世界贸易组织代替了《关税与贸易总协定》就是一个典型的例子。世界贸易组织的职权范围要远远大于《关税与贸易总协定》，它监督的范围包括商品与服务贸易的多边协议、外国投资和知识产权等。此外，虽然世界贸易组织无权强迫成员国遵守协议或服从裁决，但是却形成了解决国家间争端的机制（Irwin，2002）。其他的例子还包括联合国、北大西洋公约组织、国际货币基金组织、世界银行、欧盟、国际劳工组织等，这些组织的日常工作都是处理全球化带来的挑战。

一些全球治理的拥护者声称，治理结构上的这一转变不仅违反了国家的意愿，同时也是在国家不在场的情况下发生的。关于这一点，戴维·赫尔德（David Held）和安东尼·麦克格鲁（Anthony McGrew）提出了质疑，他们质疑"加强制度建设，扩大管辖权，强化跨国政治，深化超国家管理的影响等行为是否真的能使全球事务和跨国界问题治理发生质的转变，也即结构上的转变"（2002b：8）。数量众多的国际非政府组织（1996年为38243个）以及日益增多的全球性问题使得两位学者得出如下结论："国家政府正日益陷入全球治理、区域治理以及多层系统治理组成的阵列之中，想要监测所有层面的治理都无能为力，更不要说掌控了。"根据这一观点，全球化发生在政治真空地带，而政府在制度上还没准备好应对即将发生的事件。因此，赫尔德和麦克格鲁声称，这一不断扩张的网络本身就成为一种类型的全球机构，就在国家的面前，对某一特殊问题领域的各种关系进行管理（2002b）。他们还断言，全球化导致了对新规则的需求，这一规则应有利于全球治理的发展，而且不需要得到政府的许可就能使全球治理渗透至各国国内事务当中。从这一角度看，随着对新规则的需求得到满足，全球治理在发展的初级阶段会解决市场失灵的问题，而国际非政府组织从外部渗入国家正是为了满足这一需求。因此，根据这种后民族主义的观点，在国家不愿或者不能解决的问题领域，全球治理可以绕过国家（Rosenau，2000）。

然而，对于现实主义学者来说，在由国家政府控制的主权国家所组成的世界中，谈论建立全球治理似乎有些奇怪。这些学者仍然怀疑建立国际政府组织的可能性，至于在国家主权和国际无政府状态的条件下建立国际非政府组织，规范并约束国家的行为，在他们看来是更不可能的了（Gilpin，2002）。

现实主义者认为，国家主要关心的是利益，也即军事安全。它们的工作是围绕着权力关系和相对收益展开的。虽然这些学者也承认，在贸易和外国投资等要求约束性义务的经济事务中，国家也会展开合作，但是他们仍不能摆脱国际体系的无政府本质的影响（Gilpin，2002：239 - 240）。因此，现实主义者断言，国家会一直将军事力量置于经济力量之上。此外，他们还坚持认为，在世俗之外，存在一个本体论的、客观的、可知的世界（Mearsheimer，1995）。所以，社会建构主义者宣称的，思想可以影响世界的建构的观点看来是站不住脚的（Onuf，1989）。

现实主义者仅仅关注权力关系和无政府状态，这使他们忽略了国家的其他功能，诸如追求财富等等。实际上，现实主义者没能将资本主义作为一种制度对追求财富所起到的影响进行概念化，这种影响表现在迫使国家专门从事具有比较优势的产品的生产，并用这种产品与别国进行交换，来获得那些在本国生产效率比较低的产品。资本主义重新塑造了国家的身份以及包括阶级和公民社会在内的社会结构，从而影响了国家对利益的定义以及政策的制定。对财富的追求迫使国家间进行劳动分工，而资本主义为实现财富的最大化提供了便利，并使得最多的人能够享有财富。

专注于财富并不意味着国家不关心相对收益。然而，关心相对收益并不意味着国家就得一味寻求增加权力，这种关心还可以体现在福利方面。有些产品的利润要高于其他产品，如药品的利润要高于服饰。很显然，国家想培养制药产业的比较优势，并通过损害别国利益的方法使市场份额达到最大化，同时迫使别国专门从事低附加值产品的生产。所以说，国家是关心相对收益的。然而，这种考量并不会迫使国家间停止经济上的合作，因为它们要依赖彼此来满足需求。实际上，在自由贸易环境下专门从事低附加值产品的生产为国家带来的财富要大于在独裁的情况下从事高附加值产品的生产。

和现实主义者一样，新自由制度主义者也认为国家是国际事务的核心，但是他们认为国家是理性的行为体，关心国际经济的管理（Keohane，1984）。因此，它们会建立国际政府组织和政权，从而达到帕累托最优状态（Pareto optimality），也即没有任何一方可以在不使其他方境况变坏的同时使自己的情况变得更好。从这种意义来说，国家主要关心的是绝对收益。新自由主义者认为："制度很重要，因为制度可以使国家进行互惠互利的合作，没有制度国家不可能实现这一点。新自由主义者认为制度保证了国家间的互利合作。"（Schweller and Priess，1997：3）

新自由制度主义者在检视国家间合作时不考虑国内因素，如国家的制度和政策等。这些学者研究合作时运用的是英美的基于市场的经济学观点，并假设对财富的追求会诱使理性的国家实行这一模式。根据这一观点，理性是普遍存在且不受文化的约束的。合作发生在理性的利己主义者之间，它们希望通过合作改善自己的效用。

国际政权可以制定规则、标准和原则使参与各方在某一特殊问题领域达成共识，从而对合作进行协调。当然，这里所说的国际政权或其他国际政府组织的建立并未涉及各国的内部制度。新自由制度主义采取的是一种个人主义的方法，根据该方法，每个国家都会积极调整自己的外贸政策，满足其他国家的需求，同时要求其他国家也这样做。该观点认为，技术创新和竞争会迫使国家放弃落后的内部机制，并逐渐在制度上趋同，所以相互调整可以确保成功的合作，从而避免了直接处理国内制度变革这一费时费力的过程。相互调整是一种目标导向的策略，根据这一策略，成功的合作是建立在共同的利益和统一的规则基础之上的。

同样，根据古典自由主义，一个国家也不需考虑其他国家的内部发展策略。如果一个出口国为本国商品提供补贴，那么商品出售的价格就低于实际价格，而进口该商品的国家消费者剩余就会增加。然而，这种方法和新自由制度主义方法类似，都忽略了国内制度改革以及向国际规则的靠拢。每一个国家在其出口的商品上都具有比较优势，而这种比较优势是由外部因素决定的。这些方法的欠缺之处是，没考虑到拥有不同政治文化的国家可能认为，由国家进行协调的经济模式是英美资本主义制度之外另一种可供选择的、协调而又可行的制度（Berger and Dore，1996）。

此外，新自由制度主义者认为制度是被动的，只与国家有关，并因为国家而起作用。这一理论孤立地看待国际政府组织，认为它们是由组成组织的国家控制的。这种观点是只见树木不见森林。他们并没有察觉，国家、国际政府组织、国际非政府组织等一系列行为体相互联系，已经组成了一个网络，它们互相分享如何处理特殊问题以及如何实现共同利益。现在的挑战是使发展中国家也参与进来，共同分享，尽管它们有不同的制度和理念。总之，新自由制度主义者认为国际政府组织只是受国家控制的不重要的角色，作用只是使国家之间的合作更加方便了而已。他们没有认识到，这些组织也参与到全球治理当中了。例如，罗伯特·基欧汉（Robert Keohane）和约瑟夫·奈（Joseph Nye）就声称："任何新兴起的治理模式都应该是网状的而非等级性质的，也不应该制定野心勃勃的目标。"（2000：37）这一论断并没有考虑到通过话语实践质疑发展中国家现存模式的可能性，也没考虑到在与全球治理体制兼容的国家内有可能建立新的制度。

全球化的特点之一就是南北之间的关系更加密切了，而且南方国家吸引了更多来自北方国家的投资。但是，考虑到南北之间的文化差异，在两个地区国家之间建立合作关系仍然是一个复杂的任务。当国际政权或国际政府组织建立起来时，预期并不是就会变得一致。实际上，建立新的国际制度只是个开始，之后使各个国家向这一制度靠拢，建立相似的经济和政治体制是一个艰巨而繁复的过程。而且，并不是说建立了意欲团结发达国家和发展中国家的国际政府组织，就自动可以使这两类国家间进行合作。第一步也是非常重要的一步是发展中国家要进行社会化和文化适应，这样它们国内的制度才能与国际制度同步。因此，需要对所谓的发展中国家国际化进行解释（Sakamoto，1994）。国际政府组织主要的任务就是促进第三世界国家政治和经济体制的转型，从而为加深一体化铺平道路。因此，国家之间的合作与一体化应该由国际政府组织来促进，而不是国家本身。

批判理论学者认为，世界银行、国际货币基金组织、世界贸易组织等国际金融机构加深一体化并促进贸易开放，都是在为跨国商业精英的利益服务（Cox，1996a；Gill，1997）。用罗伯特·考克斯（Robert Cox）的话来说就是"处于新兴的全球阶级结构最上层的是跨国管理阶级。这一阶级有自己的意识形态、策略以及集体行动制度，这是一个自在自为的阶级。核心组织是三边委员会、世界银行、国际货币基金组织和经济合作与发展组织,这些机构发展出一套思想和指导方针,用于政策的制定"(1996b:111)。考克斯采取的是一种自上而下的方式,认为国家就相当于地区和全球之间的翻译者,从而满足公民社会的要求,同时,在全球层面协调国家利益。根据他的观点,国家通过加入国际组织开展国际化进程,在这一进程中,"国家会进行调整,将全球共识内化为国家政策和行动"(Cox,1987:254),国际共识也就因此而产生了。实际上,国际意识被转换为国家共识,进而促进国家制定与全球制度相一致的国内制度。用葛兰西(Gramscian)的术语来说就是,这些国际机构的崛起使现存全球的及国家的资本主义生产方式具有了合法性。"重心已经从国家经济转向世界经济,但是国家仍被认为是对两者均负有责任"(Cox,1987:255)。

同时,这一学派的学者认为,政策制定者似乎正在放弃对本国经济的控制。根据凯恩斯主义经济学制定的财政和货币政策已经不能解决失业和经济衰退的问题了,因此,国家被迫接受国际金融机构的要求,并接受它们的指导。批判理论家面临的困境就是,生产国际化和国家国际化并不是一枚硬币的两面,对生产国际化的需求并不会促进国家的国际化。商业精英们主导的生产的扩散并不会使发展中国家进行国际化进程,因为发达国家和发展中国家有着不同的政治议程、利益以及文化。如果不改革发展中国家的内部制度,就无法创立基于权力、思想和制度的霸权秩序(Cox,1996b)。实际上,因为发展中国家存在的不同的政治模式和制度,所以霸权的思想必须内嵌于发展中国家的国内制度。霸主不能迫使他国进行内部制度变革。

国家加入国际机构之后,会承诺接受这些组织的规则和标准,同时在本国管辖范围内实施这些组织的决定,所以全球治理涉及到国家的国际化进程(Woods,2002:25)。这一过程可以促进一体化、自由贸易和资本的自由流动,同时还可以通过国家之间的独立性来保持现状。国际化要求发展中国家服从国际政府组织的规则并根据这些规则积极地进行改革。一个发展中国家只有与全球的其他行为体达成这样的共识并在国内建立了反映这一共识的体制时,才会被认可是进行了国际化。

全球化的挑战

第三世界国家日益融入到世界经济之中并吸引了跨国公司的国外直接投资，世界变小了，这给发达国家带来了新的机遇和风险（Fishman，2000；Greider，2000）。发展中国家带来的挑战如下：引起像亚洲经济危机一样具有传染性的经济危机（Dash，2003）；使发达国家不熟练工人的工资率下降（Kapstein，1996；Rodrik，1997）；使发达国家在关键的传统产业上失去竞争力（Krugman，1994a；Thurow，1996）；发展中国家缺乏透明度和责任制（Henry and Springborg，2001）；发达国家将承受来自发展中国家的难民和非法移民（United Nations Development Programme，1995；Castells，2000）。

多年以来，第三世界国家一直是原材料和初级产品的主要来源地。过去20年里，许多跨国公司也通过外国直接投资剥削利用这些国家大量的不熟练工人和半熟练工人。20世纪70年代末期，流入发展中经济体的资金总额为75亿美元，占世界总量的23.4%，到90年代初期，资金总额达到750亿美元，占世界总量的比例达到32%（Dunning，2000：24；Li和Resnick，2003）。同一时期，北美及西欧国家接收的投资占世界总投资的比例从70.3%降至61%。此外，中国自1978年实行市场改革以来，已经吸引了超过4000亿美元的外国直接投资。近年来，中国年均接收400亿美元的外国直接投资，占流入发展中国家投资总量的五分之一。2002年，中国超过美国，成为世界上最大的外国直接投资接收国（Huang，2003）。

外国直接投资可以解释成零和博弈。流入发展中国家的资本等于流出发达国家的资本，这也就意味着相对于发展中国家而言，发达国家的工人的生产率会下降。杜大伟（David Dollar）指出："发达国家贸易方面的改进促使技术以更快的速度向发展中国家扩散……而发展中国家通过吸引资金和技术的方式进行的劳动力扩散也影响了发达国家的供应情况（1986：178）。"几乎所有发展中国家都有外国生产资本的存在。外国公司设立在发展中国家的分公司数量已达到129771家（Li and Resnick，2003：175）。

安妮·克鲁格（Anne Krueger）指出，1973年，世界上出口制造业产品中，只有3%来自发展中国家。1990年，这一比例上升至18%（1995：43）。1997年，孟加拉、巴西、印度、墨西哥、巴基斯坦、泰国、土耳其等一些发展中国家中，制造业产品占出口产品的比例已超过50%。这些情况足以引起西方国家政策制定者的忧虑，使他们对任何自发的，无制度也无长期计划的一体化过程产生担心。2001年，世界上100家最大的跨国公司中，有90家来自欧美国家和日本，只有3家来自发展中国家。此外，2001年，最大的30个投资国家控制了99%的外国直接投资。财富的集中也导致了不平等现象的加剧。居住在最富裕国家的四分之一人口与居住在最贫穷国家的四分之一人口之间的收入比例从1978年的50：1上升至1993年的88：1，按购买力平价计算，这两类国家之间1978年的比值为1：15而1993年的比值为1：23（World Bank，1995）。发达国家想让这一趋势持续下去，并企图通过全球治理来保护本国的跨国公司的利益。这种想法并非要限制发展中国家融入全球市场，而是要操控全球化的进程，使其符合发达国家的利益。

过去20年里，西方国家越来越担心它们在劳动密集型产业方面的竞争力以及流向第三世界国家的投资。西方主要担心的是发展中国家中等技术产业劳动生产率的上升。基于阿瑟·刘易斯爵士（Sir Arthur Lewis）的文章，保罗·克鲁格曼称，应该对三种类型的商品加以区分，即高技术产业、中等技术产业和低技术产业（1994b）。发达国家在高技术产业生产方面具有比较优势，而发展中国家在低技术产业生产方面有比较优势。但是，两类国家均生产中等技术产业的产品，正是在这些产业里，相对生产率是与相对工资相关联的。如果对发展中国家的投资升高了这些国家中等技术产业的劳动生产率，那么发达国家此类产业的相对工资一定会降低。根据产品周期理论，发达国家生产新产品，而发展中国家生产发达国家曾经生产过的产品。由于技术转移，发展中国家能以更低的成本生产那些曾经在发达国家生产的产品。然而，技术转移至发展中国家也使得这些国家能够生产更多种类的产品，因此，就减少了发达国家生产产品的数量。根据杜大伟的说法，一个地区生产产品的种类和数量增多，会使这一地区的贸易得到改善（1986）。如果这一过程是无法避免的，那么发达国家面临的挑战就是通过控制外国直接投资和资本的自由流动来控制位于发展中国家的公司利用转移技术。

在过去20年里，发达国家经历了政府和市场关系的转型。这些国家开始担心他们的竞争力，并认为一个国家要想繁荣，"就要在抢占国际市场的竞争中超过对手……世界上的国家都翘首期盼着世界经济论坛的年度报告，这份报告会将各个国家按竞争力进行排名"（Krugman and Obstfeld，2000：276）。专家会就提高竞争力为国家首脑出谋划策。但问题是不仅发达国家在千方百计提高竞争力，发展中国家也在这样做。例如，国家发现高技术产业是高附加值和高收入的产业，所以对这类产业进行补贴会增加国家的财富，也符合国家的利益，但是会损害别国的利益。从这个意义上说，外贸被认为是零和博弈，一个国家扩大了市场份额，从贸易中获得的收益增多了，必然会导致其他国家的损失（Prestowitz，1994）。根据这一观点，外贸会将我们带回到20世纪30年代时灰暗的日子，会使国家采取以邻为壑的政策，也即通过货币贬值来降低出口产品的价格，升高进口产品的价格，从而扩大贸易。但是，还有很多不那么戏剧性的方式可以用来促进出口，减少进口。实际上，将全球治理扩张至发展中国家就是可能的方式之一。

发达国家推动全球治理扩张的目的是限制发展中国家利用权力提升某一特定商品的竞争力，损害发达国家的利益。同样，发达国家还想通过扩张全球治理来创造"公平竞争的环境"，促进"公平贸易"，从而保证商品和资本的自由流动。因此，全球治理的目的是限制国家对经济的干预，避免以邻为壑的情形，恢复自由和"公平"的竞争。然而，没有国家的首肯，扩张全球治理不可能取得成功。考虑到发展中国家的公民社会还处于初级形态，比较薄弱（Norton，1995），全球治理不可能简单地绕过国家层面，一定要加强国内的制度建设。

至于发达国家，史蒂文·沃格尔（Steven Vogel）注意到，它们的政府确实自发地进行了取消管制和自由化的改革（1996）。政府诱使进行监管套利（将生意转移至提供最有利的规则的国家）的公司在国内投资。根据沃格尔的观点，发达国家将自由化与重建规制结合起来，也即推动更加自由的市场，但制定更多的规则。用他的话来说就是先进的工业化国家已经"获得了不同程度的自由化，进行了特殊类型的规制重建，并且发展出独特的、新的规制风格"（1996：4）。沃格尔的观点中比较有趣的一点是，"一场由全球力量推动的运动却强化了国家之间的差异；一场声称要限制国家的运动是由国家主导的"（1996：5）。这一观点中提到了发达国家，这些国家不在本文的研究范围之内。然而，如果我们假设沃格尔的观点是正确的，那么为什么发达国家一方面推动发展中国家参与到全球治理中来，一方面又通过实行自由化和规制重建来强化差异呢？实际上，发展中国家，尤其是新兴工业化国家，也在将自由化与规制重建结合起来，从而能够在促进自由市场的同时保留国家的独特之处。对这一现象的解释就是，国家通过规则显示对自由市场的承诺，同时寻求通过独特的、有利的管制来保持在自由竞争方面的相对优势。

此外，在印尼、埃及、孟加拉等国家，不熟练工人每周工作大约60小时，而他们的月工资为40美元左右。衬衫、鞋等产品每一件的劳动力成本还不到10美分。但是这些产品在发达国家却以较高的价格出售，而利润均归公司所有。例如，一双韩国生产的、中等价位的耐克鞋成本约为20美元，而它在美国出售的价格约为成本的两倍，在中国生产的成本还要更低（Korzeniewicz，2000）。为应对这种情况，发达国家或者选择保护主义来保护本国劳动力的利益，或者通过促进资本自由流动保护本国跨国公司的利益（Burgoon，2001）。

关于这一点，劳伦斯·萨默斯（Lawrence Summers）在一次政府经济学家协会召开的会议上声称，"美国法律可以保护美国工人，使他们不被那些愿意每天工作12小时，接受低工资，放弃基本权利的其他美国工人抢走工作。但却不能保护他们，使他们不被愿意这么做的外国工人抢走工作，他们该如何应对？"实际上，美国愿意采取长期措施保护生产高附加值产品的行业，但是却不维护生产低附加值产品的不熟练工人的权利。发达国家不能即保持在资本密集型产品上的相对优势又保持在劳动密集型产品上的相对优势。但是发达国家也不想发生以下情况，就是它们即失去了工作又失去了利益，二者分别被发展中国家的工人和出口产品生产商获得了。此外，在外来竞争不是那么激烈的产业，例如美国的汽车业，虽然进口汽车仅占市场份额的15%，但是"进口汽车的价格和质量对美国汽车的零售价格，汽车工人的工资以及汽车相关的服务行业的收入等都会产生很大影响"（Prestowitz，1994：188）。

因此，发达国家很关注一些东亚的新兴市场国家采取的发展策略，这些策略会区别对待外国生产商和投资者。这种策略是基于亚历山大·格申克龙（Alexander Gerschenkron）提出的发展模型，根据这一模型国家发展基本产业，控制商业银行，引导投资流向某些私有产业。此外，政府阻止外国生产商参与竞争，限制跨国公司的投资。政府会用从农业赚取的资本来支持工业化，从而减轻对外国金融的依赖。最终，政府会吸收一些与出口导向的公司相关的风险。总而言之，根据新贸易理论（参见 Tyson，1992；Krugman and Obstfeld，2000），国家通过补贴某些产业并区别对待外国生产商来形成自己的比较优势。西方国家察觉到这一模型会损害它们的商业利益，因此，努力阻止发展中国家采用这一国家主导的策略来提升它们在高附加值产业方面的竞争力。

三个因素决定了一个国家是否会发展某一个产业，一是每名工人创造的附加值是否较高；二是是否支付高工资；三是是否使用了高科技（Tyson，1992；Thurow，1996；Krugman and Obstfeld，2000）。劳拉·泰森（Laura D'Andrea Tyson）认为，"在高科技产业方面的成功使得国家能提高生产率，发展技术，并创造高工资的工作……。这种产业构成了国家竞争力的核心。高科技产品方面的贸易并非传统意义上的自由贸易；这种贸易同时受到政府的促销政策和贸易保护政策的影响。"（1992：2）此外，根据莱斯特·瑟罗（Lester Thurow）的说法，"1992年普通股平均回报率最高的是医药行业为27%，最低的是建筑材料行业为负的26%。医药行业已经成为政治热点问题，因为在'二战'以后，这一行业一直是投资回报率最高的行业。"（1996：70）

东亚的新兴工业化国家不仅限制西方的生产商和投资商进入其市场，而且采取鼓励出口的策略，根据这一策略，这些国家将产品出口到西方国家，在发达国家的本土市场与这些国家的公司展开竞争（Schwartz，2000；for a critique of the Asian model，参见 Krugman，1994c）。例如，由于政府对造船业的扶持，使得韩国在不到十年的时间，即成长为世界第二大造船国（Chang，1993）。韩国的政策制定者认为："'要增加产业的比较优势不能完全靠市场机制'，因此，国家要确定具有高生产率和巨大增长潜力的产业，并把它们指定为'战略性产业'，进行重点发展和优先发展，专门给予金融、技术以及行政上的支持。"（Chang，1993：139）然而，这种政府对特殊产业进行干预和大力支持的政策，在西方国家看来，不仅损害了它们的利益，而且不利于它们本土经济的发展。西方的商品和资本不能自由流入这些国家的市场，政治和商业精英们"为争夺经济租金而互相角逐"（Kang，2002：178）。这种类型的国家干预与"权贵资本主义"滋生了腐败，并遏制了本土生产商进行公平竞争。此外，"远东国家政府扶持特殊产业，促进指定商品的出口，并保护国内的产业，这些行为损害了西方的商业利益。消除这些行为一直是美国与这些国家之间双边贸易议事日程的中心"（Hall，2003：79）。另一位学者认为，美国"计划促使韩国经济对外国投资开放，并将这一点写入国际货币基金组织的'结构调整和改革措施'协议的条文中"（Mathews，1999，引自 Hall，2003：79）。

发达国家无意阻止发展中国家融入国际市场。实际上，发达国家越来越依赖发展中国家来提供劳动密集型商品。发达国家人口年增长率为1%，低于人口替代率，这意味着发达国家年轻劳动力短缺，而亚洲的人口年增长率为1.6%，拉丁美洲为2%。发达国家人口发展趋势是，出生率低，死亡率也低，人口平均寿命增加，这使这些国家的福利系统面临着巨大的压力，同时也使发达国家更加依赖发展中国家的劳动力。这些限制条件以及其他情况说明了为什么发达国家一方面促进发展中国家的发展，规范全球竞争，在国际市场创造公平竞争的环境，一方面又使发展中国家保持高于发达国家的人口增长率。国际组织正在尝试进行这种一面融合一面分离的过程，这些组织想促进发展中国家的社会化进程，使它们根据国际规则和条例行事。

全球治理与第三世界国家

发达国家和发展中国家经济政治体系之间的差异甚至是对立，使得这两类国家在治理体制上趋同几乎是不可能的。发达国家的特点是技术创新、民主的政治制度、资本主义的经济体系、人均收入高、理性的决策以及透明性。而发展中国家以及不发达国家这些所谓的南方国家也会有一些上述特点，但没有一个拥有上述全部特点（Kegley and Wittkopf，1999：101）。实际上，许多第三世界国家体制陈旧过时，具体包括商业银行和央行均受国家控制，股票市场发展不充分，缺乏透明度（媒体受到控制以及司法系统不独立等），这些特点使得第三世界国家的经济与全球自由市场无法兼容。此外，缺乏技术创新也使得南方国家无法与北方国家在技术规则上同步。简而言之，南方国家和北方国家之间拥有不同的政治、社会和经济、文化，这经常会引起它们之间的冲突。

由于是利益攸关的问题，北方国家不可能对这些差异置之不理，任由各个国家的内部政策来决定南北国家之间的经济关系。发达国家开始意识到需要发展国际体系并建立基于规则的国际秩序，通过全球治理使各个国家在国际体系的规范之下，以有序的方式追求财富。为了完成这一目标，发达国家必须说服发展中国家进行国际化进程并将全球规则制度化。国际政府组织必须利用发展中国家对贷款、外国直接投资、技术等国际资源的依赖性来诱使这些国家认同资本主义并进行国际化。这一分析明确指出，发达国家必须强化国家在发展中世界的角色，从而使全球治理可以更方便地扩张至每一个国家的管辖范围之内。

因此，我们关于全球治理扩张的研究假设国家是制度改革和取消管制的主要载体。我们的主张是，将全球治理扩张至第三世界国家符合发达国家的利益，而发达国家寻求通过国家来巩固全球规则。当涉及发展中国家时，这一假设会引起以下问题：第一，在第三世界，国家要弱于社会，这使得发展中国家不能灵活应对挑战。根据乔尔·米格代尔（Joel Migdal）的说法，在发展中国家，国家之所以较弱，是因为"社会各零散部分一直较强"（1988：137），使国家没有能力将自己的意志强加于传统的、强有力的社会部门。由于这一弱点，当新的改革或项目威胁到某一社会阶层的特殊利益时，国家就无法开展下去。第二，第三世界国家的公民社会较薄弱，也就是说在这些国家只有为数不多的公民组织，甚至是没有这样的组织（Norton，1995）。然而，这方面的弱点使得国际政府组织或者政府更容易推行改革。第三，由于发展中国家不存在公民社会，国家有权力也有能力加快向全球治理模式靠拢的速度。这与发展中国家采取国家主导的发展模式是一个原理。简单来说，发展中国家在许多方面都很薄弱，不能依靠自己实行违背社会意志的改革，但足以阻碍由本国中产阶级发起的改革。而且发展中国家不会遇到来自公民社会的阻力，同时也无法阻挡那些由西方国家支持的国际政府组织发起的改革。

基于以上因素，将全球治理扩张至第三世界国家主要面临两个障碍：第一，全球治理不能支配国家主权并将规则强加于不愿意接受的国家（Jackson，1990；Murphy，2000）。因此，要想用全球规则约束发展中国家，需要说服这些国家并与之进行合作。第二，全球治理并非传统类型的发展。发达国家并不是基于价值中立的原则来扩张全球治理的，它们不是只想帮助发展中国家改善生活水平。在制造业产品方面，西方国家受到来自发展中国家激烈的竞争，这影响了发达国家的贸易以及国内不熟练和半熟练工人的生计。西方想要通过建立"公平竞争环境"解决这一问题。这一想法与那些有不同政治文化的国家的理念也不矛盾，这些国家认为，国家对经济进行协调的模式是英美资本主义模式之外一种可行的选择（Berger and Dore，1996）。

全球治理要求国家内部制度要与全球制度相呼应。实际上，全球治理涉及的是具有双重标准的政策，例如，国家一方面实行自由贸易，一方面又实行格申克龙发展模式，限制它国进入其国内市场。此外，全球治理会协调国家积累财富的愿望与建立全球规则和公平竞争环境之间的关系。

简单来说，西方需要说服发展中国家采取同样符合这些国家自身利益的经济模式。一些发展中国家会顶住国际政府组织施加的压力，不采用这样的经济模式，其他发展中国家会被说服，采用这些国际政府组织提出的模式。有些国家可能会同意向全球治理靠拢，但不会遵循指定的路径。可以确定的一件事是，西方国家和主要的国际政府组织告诉发展中国家，如果它们想吸引外国投资，变得富有，它们就得进行经济结构改革，建立与全球治理相符合的制度，这会增加它们的效率和透明度（Li and Resnick，2003）。国际上的行为体试图使发展中国家相信，制度改革将会促进它们的经济发展并通过吸引外国资本为它们带来利益。采纳了国际标准的国家会从国际评级机构的评级中受益，因为这些机构是投资者和贷款机构的主要信息来源。个人收集投资信息成本很高，因此，投资者通常依赖这些机构来获得可靠数据。第三世界国家受此诱惑会按国际标准治理国家，因为这是它们能得到投资和低利率贷款的唯一保证。

全球治理成为驯服第三世界国家的一种方式。全球治理通过在第三世界国家建立与西方秩序规则相一致的制度，推动它们遵守全球规则。推动第三世界国家参照全球标准调整制度是一个渐进的学习过程，这一过程涉及国际政府组织与发展中国家的互动，这样的互动会对发展中国家的性质产生影响。国际政府组织通过与众多发展中国家接触，积累了大量经验，知道该如何操控这些国家。全球治理被用来吸引发展中国家向资本主义靠拢，开放贸易，实行浮动汇率制，将商业银行和国企进行私有化，赋予央行独立性，取消对生产和商品的补贴，并建立更加透明的制度，如与股票市场有关的制度。但是，每个发展中国家都有自己独特的经济问题和政治文化，因此，关于如何推进经济改革并参与到全球治理体系中，每个国家都有自己的想法。

全球治理涉及到破解国家培养提升竞争力的过程，所以不能与相异的或相矛盾的政治和经济制度共存。要达成共识，各国需要根据全球规则建立与国际制度相一致的国内制度。国家之间的相互合作不仅仅依赖于政府之间的友好亲善，统治者的意志，或者是国家通过加入国际机构进行国际化。西方资本主义者更希望达成的结果是，通过制度和市场关系来规范国家之间的关系，尽可能避免国家的干预。这种制度化具有高度的可预见性并能增强互信度。

世界秩序不可能建立在独裁的政治体制之上。国家的国际化标志着国家初步接受了国际规则，而逐步向国际共识靠拢要求国家内部进行制度化。因此，发展中国家按照西方模式建立制度意味着这些国家要进行文化适应并向国际规则靠拢。实际上，私有化和取消管制分别意味着政府放弃在经济和管控方面的权力。抛售国有资产意味着国家将权力移交给私有部门，而取消管制则意味着政府在经济控制方面的权力减小了。某些学者认为（参见 Ohmae，1999），这种趋势削弱了政府。他们声称，通过取消管制和私有化加强市场的作用一定会削弱国家的作用并促进国家之间在制度上的趋同。根据这一观点，市场和政府是在进行零和博弈，而全球治理加强了市场的力量，削弱了政府的力量。

乍看之下，由于第三世界国家国力衰弱以及国家之间制度上的差异，人们更有理由认为应该削弱甚至终结国家的权力。然而，正如前面提到的，这些国家内几乎不存在公民社会，因此在这些国家内部，除了国家政府以外，国际政府组织没有别的可靠的伙伴。此外，从发达国家的角度来说，非政府组织应该服从于国家，不应自主运行。发达国家寻求与发展中国家在环境保护、贸易、劳动标准、金融、人权等领域进行合作，因为在处理上述问题上，发展中国家看起来是最可靠的伙伴。全球治理是一个复杂的集合体，国家位于一张全球性大网络的各个节点上，组成了每一个网格的一部分。与只处理一个问题领域的国际政府组织和非政府组织不同，国家具有多重功能，所以在诸多领域都能发现国家的存在。因此，在这些领域的问题治理方面，国家必然会参与其中，或加入该领域的组织中，或与该领域的组织有联系。

社会建构主义和变革

这一部分，本文将运用社会建构主义理论解释全球治理向第三世界国家的扩张。本文前一部分指出，用全球规则来约束发展中国家符合西方国家的利益。发达国家这么做并非出于利他主义的目的，不是单纯地帮助传统的农业社会进行发展。实际上，发展中国家日益增加的经济实力和政策已经影响到发达国家的核心利益，如它们的经济增长、就业、财富分配等，甚至在一定程度上影响了它们的人均收入。考虑到发展中国家运用策略改善贸易，损害了发达国家的利益，我们需要用新的方法来解释为何发达国家想将全球治理扩张至第三世界国家，并促使这些国家建立与国际制度相一致的国内制度。因此，现在的主要任务就是从理论的角度来解释为何发达国家要设法将全球治理扩张至第三世界国家并设法在这些国家内部建立与全球治理相契合的制度。接下来本文将运用社会建构主义理论对此进行解释。

社会建构理论主要研究话语建构的影响。根据这一理论，思想观念会影响国家领导人、商业人士以及其他政治活动家。话语实践会催生话语结构，话语结构构成了行为体的身份和利益。实际上，思想观念和身份被认为在定义利益方面比结构物质力量所起的作用要大（Wendt，1999）。还有学者认为，"话语实践会催生叙事结构，影响了之后的话语建构"（Hall，2003：71）。新的思想观念的生成会导致新制度的建立，改变国家的议程，甚至会反映在教育体系的课程设置上。总之，国家利益并非外生的，而是由国家自己定义的。由于一国国家利益的定义总是与其他国家有关，而且全球治理和霸权话语具有整体性，所以我们需要采用自上而下的方法来解释反映全球治理体系规则的国内制度的建构。

整体主义就是这样一种自上而下的方法，在经济全球化过程中，整体主义研究了全球制度如何规范了国家的行为以及他们在国家内部宣传的思想观念的制度化过程。特别是当全球经济事务涉及国家之间的相互依赖、合作、相互调整以及围绕全球规则达成共识时，一国不能不顾他国的反应，单独定义自己的利益，形成自己的比较优势，或自行采纳特定的发展模式。实际上，整体主义和全球化是一枚硬币的两面。全球市场的兴起要求整体的解决方案以及各个层级制度之间的和谐。考虑到世界经济关系及生产的国际化会导致传染效应，经济危机不能由一个国家单独解决，需要采取集体行动。大的经济危机使得国际政府组织有机会建立它们倡导的制度。这些组织可以在短期内减轻危机的负面影响，同时，促使遭受危机的发展中国家根据它们的意愿变革国内制度。

在行为层面，社会建构主义认为，人类行为主体所遵守的规则不但能规范行为（也即产生因果效应），还能定义社会身份和国家利益（Zehfuss，2002：8）。一个包含这一规则的体系要大于它现有部分的总和，这主要是因为这样的体系可以进行自我监督和自我修正，它是一个动态的体系，可以随着权力观念的变化而变化。虽然社会建构主义者避免批判或推崇某一特定的思想观念，但他们的确认为由权力支持的思想观念将正常的与异常的进行了区分。每个体系都是由人类集体建立的，同时影响了这些集体的行为。体系内部就理性的定义达成共识。这些规则并非是绝对的、永恒的、不变的，也不是外部施加的，它们会随着不断变化的思想观念和意识而变化。因此，新规则的形成不仅反映了物质利益，也受新的思想观念和意识的影响。

此外，全球规范和国际法帮助国际体系的行为体建立社会身份，并且规范它们相互作用时的行为。在国内层面，国家的对外政策受到社会环境和本国文化的影响。国家政府会积极参与到内外部环境共同引发的建构和被建构的过程之中。一个国家影响其他国家内部制度的能力取决于这个国家对国际政府组织的影响，这些组织是执行者。实际上，国际政府组织将国际思想观念传递给政府，而政府会在这些组织的监督下，按自己的方式执行它们的提议。国际政府组织利用政府在国际制度和国内现实之间进行调解斡旋（Weldes and Saco，1996：371－374）。

例如，取消管制和自由市场改革等是由发达国家支持的权力思想观念，目的是用英美的新自由主义模式取代国家调解的模式。英美模式对国际货币基金组织、世界银行、世界贸易组织等国际行为体更有吸引力，它们相信这一模式更加高效且优于其他与其竞争的模式（Wade，2002：216；Hall，2003：71）。这些行为体在它们的话语中引用新自由主义模式，希望能构建符合发达国家集体利益的新的现实，发达国家在这些国际政府组织中的影响比发展中国家要大。国际金融机构则利用新自由主义诋毁国家主导的发展模式。这些机构认为国家主导的模式滋生了权贵资本主义和腐败现象，并且缺乏透明度，从而导致了亚洲金融危机。一旦这一攻击发展成叙事结构，就会对政策制定者如何定义国家利益以及建立国内制度产生影响。同样，这些国际金融组织也认为，20世纪80年代发生在第三世界国家的债务危机是由发展中国家采取的进口替代政策直接导致的，当时，这些组织建议这些国家进行结构调整，认为这是帮助它们恢复经济的最好办法。

阿图罗·埃斯科巴尔（Arturo Escobar）从后现代的角度研究了发展话语。根据他的观点，这一话语将贫困群体视为研究和操纵的对象。此外，还根据西方的范畴来界定第三世界，不仅要了解它，还要支配它。这种聚焦权力的话语为某种思维模式提供方便，同时排除其他模式。关于这一点，萨义德称"研究和分析关于东方世界的话语，可以了解应对东方世界的机制的共同点，也即发表关于东方的言论，形成权威观点，对其进行描述，然后教化它，驯服它，统治它"（1978：3）。埃斯科巴尔认为，这一发展话语引导世界上三分之二的人去寻求物质繁荣和经济增长。这种对繁荣的重视不仅增加了南方国家的财富，改善了它们的生活水平，同时还导致了贫困、剥削和压迫。根据埃斯科巴尔的观点，新自由主义发展的失败体现在"债务危机、非洲大饥荒、日益严重的贫困、营养不良以及暴力等方面"（1995：13）。他并没有说西方密谋用发展来使南方国家变得更贫穷。但是他的确声称，南方国家对发展话语无能为力，"这种话语专门依赖一种知识体系，也即现代西方知识体系"（Escobar，1995：13）。这一体系边缘化并否定任何非西方的知识体系，同时为巩固资本主义提供便利，并引起系统贫困，引起贫困的两个因素是对发达世界形成的依赖以及发达世界实施的剥削。根据埃斯科巴尔的观点，发展话语是有缺陷的，因为其中并未包含促进发展的方法。

这种后发展视角声称解释了为什么对发展干预了 50 年却收效甚微。但是埃斯科巴尔的论断仍然不完整，因为他不能解释为什么 50 年之后，第三世界的人们仍然是被动的，尽管他研究的是他们生活状况的恶化。事实上，很多发展中国家的人均收入已经大大提高了。此外，埃斯科巴尔在文章中引用了福柯的理论，虽然他只是引用特殊的片段来支持自己关于贫困化的论点。福柯也用生命权力这一术语来表明，存在一种不同类型的权力，是一种生产力。生命权力与主权权力共同起作用，分别发挥不同的功能（Rabinow，1984：258－259）。总的来说，两种类型的权力都培养、组织并优化社会关系。利用权力和知识互相支持的过程，权力能以一种精心谋划的方式重新定义并掌管生命。在体系中，结果决定什么是真什么是假。因此，权力可以通过镇压发挥作用，同时"对生命产生积极的影响"（Rabinow，1984：259）。根据福柯的理论，为了社会繁荣，生命应该服从"精确的控制和全面的规则"（Rabinow，1984：259）。实际上，这就是发达国家制定全球规则的方式，也即作为一种维持秩序的手段来为整体繁荣服务。

在一定程度上，生命权力帮助解释了全球治理的扩张。必须使发展中国家确信全球治理会给它们带来利益，而不是加强了北方对南方的管控，从而便于北方国家进行剥削。不然，我们只能假设发展中国家被愚弄了，所以才听任发达国家将不符合它们利益的规则强加在它们身上。虽然全球治理规则应该在南方国家内部制度上有所体现，并且这种制度由这些国家的国内力量掌控，但是对扩张的整个过程起决定作用的环节是使发展中国家相信全球治理的必要性以及随之而来的利益。发展中国家制度变革通常发生在国内经济危机时期，这时它们的政府会请求外国进行援助。在这种时期，更容易批判现存的制度，并要求它们进行制度变革，例如接受国际货币基金组织和世界银行要求的结构调整计划，实行世界组织提出的贸易自由化，采用国际劳工组织制定的劳动标准，或者根据跨国公司及西方政府的要求取消管制。在这些过程中，不仅要用强有力的思想观念说服发展中国家，这些国家还要在实践中学习。

话语的参与者持开放的态度，随时准备接受更好的论证，而对权力的关注渐隐为背景。因此，行为体用更好的论证说服其他各方接受他们的观点、信条、目标或者是身份认同。例如，通过进行自由市场改革，一个发展中国家将目标从追求财富的公平分配以及满足人民的基本需求变为追求增长和财富的最大化以及资源的有效配置。这个国家从社会主义国家转变为资本主义国家，并且放弃了进口替代政策、孤立、饱和以及自给自足，代之以出口导向政策、融合和相互依赖。

建构主义和国内制度化

这一部分研究由国际金融组织和美国推动的发展中国家内部制度建设，这种制度不仅会塑造这些国家的身份，还可以决定它们采取的政策以及对国家利益的定义。我们将研究两个问题：一是亚洲金融危机之后，全球治理是如何扩张至东亚国家的。当时，在这些国家建立适合自由市场的且能与国际金融机构并行的制度对发达国家非常有利；二是在不太可能生产高附加值产品的发展中国家实行结构调整计划的问题。后一种情况的趋势是，建立自由市场经济以及支持市场的制度，实行宽松的国际管制。

在推行了结构调整计划和取消管制若干年之后，美国政府和国际金融机构意识到，自由市场经济在发展中国家建立起来之后，需要有辅助制度对其进行补充，而且应该由国际政府组织进行监督。根据世界银行业务评议局的报告，在1980至1997年间，只有三分之一的银行行政部门改革的干预措施取得了成效（World Bank，1999）。这一报告的目的是为政策制定者提供数据，表明制度环境、规则和政策可信度可以驱动经济增长（World Bank，2000b）。危机为诟病现存模式和制度并推行新制度提供了机会，那么美国和国际金融机构会通过何种话语实践来推动发展中国家建立市场导向的国内制度？读者在一开始应该注意到，由于发展中国家政治文化上的多样性，这种制度的建立是一个旷日持久的过程。

丹尼·罗德里克（Dani Rodrik）在呈递给国际货币基金组织的一篇论文中研究了制度化的问题，论文指出有五种类型的市场支持制度，即重视产权的、重视监管的、重视宏观经济稳定的、重视社会保险的和重视冲突管理的。但是，结构调整计划并没有直接而有效地推广以上五种中的任何一种，这一计划的主要目标是大幅削减政府预算赤字，促进汇率自由化，并推进私有化。美国和国际金融机构想说服新兴发展中国家，使它们相信，在培养比较优势方面，市场比政府更有效，并且它们应该将重点放在建立适合资本主义的制度环境上。一方面，通过设计自由市场经济和市场支持制度使发展中国家减少用于提升竞争力的时间；另一方面，自由市场要想顺利运行，必须有警戒监管制度。用罗德里克的话说就是，"市场越自由，监管制度的负担越重。美国既有世界上最自由的市场，又有最严厉的反垄断法规，这并不是巧合。"（1999：7）

发展中国家经济上的错误行为会受到国际金融机构和美国财政部首席经济学家的攻击。这些经济学家采取胡萝卜加大棒的策略，这一策略包括由物质奖励和惩罚支撑的话语实践。他们在发展中国家内部寻找与他们有共同思想观念的盟友，发动他们帮助说服其他人，让其他人相信他们的行为是适当的。当一个国家在国际金融组织的支持下开始进行改革或制度化进程时，这个国家的领导人会被邀请去华盛顿，会因为他的努力受到美国总统和经济界精英们的嘉奖，作为对正确行为的奖励，这个国家会得到援助。

亚洲金融危机之后，美国和国际金融组织第一次成功地使东亚地区的国家对国家主导的发展模式产生怀疑。根据罗德里克的观点，在韩国、印尼和泰国，由于缺乏足够的监管，金融自由化和资本账户开放导致了金融危机。危机使得货币大幅贬值，支柱产业现破产潮，大批工人失业（Goldstein, 1998：8-11）。在亚洲金融危机期间，国际货币基金组织同意为韩国提供 210 亿美元的贷款，为印尼提供 230 亿美元贷款，为泰国提供 39 亿美元贷款。条件是这些国家要改革金融体系，而金融体系是这些国家的神经中枢，使国家能控制产业（Woo-Cumings, 1999：10）。改革内容包括关闭无偿还能力的金融公司，限制银行许可证的发放，将国有银行私有化，提高透明度，促进外贸和投资方面的自由化。

韩国是受危机影响最显著的国家。危机导致韩元在 1997 年末贬值 26%，失业率从 1996 年的 2.5% 上升至 1999 年 2 月的 8.7%，工资按实值计算下降 9%，利率从 15% 增加至 25%，而 1998 年的实际经济增长和进口总量分别下降 5.8% 和 21%（International Monetary Fund, 2000：12）。1998 年初，破产企业的日均数量上升了一倍，超过 30 家，导致实际工业生产下降 12%。韩国最大的 30 家联合企业中，有 6 家宣布破产，严重削弱了金融体系。1997 年韩宝钢铁和起亚集团宣布破产之后，标准普尔公司下调了对韩国金融机构的评级（International Monetary Fund, 2000：8）。

在这种情况下，美国和国际金融机构对韩国当时的经济运作管理模式进行了话语攻击，并视韩国的改革情况给予贷款和援助。国际货币基金组织指责韩国的投资者没有认真评估他们的投资风险，声称这些投资者导致某些商品产能过剩，而过度供应又导致价格下跌，影响了贸易。此外，国际货币基金组织还称，政府长期管控金融市场导致市场处于弱势地位，缺乏纪律，金融运作透明度低，也没有足够的专家对信用以及风险进行分析（International

Monetary Fund，2000：37）。

美国财政部的劳伦斯·萨默斯认为："一些东亚国家之所以发生金融危机是因为内部制度存在缺陷。在公共领域，萨默斯认为这些国家'缺乏牢固而可靠的国内制度'，金融部门的'监管体系较弱'，'过于宽松的借贷标准'阻碍了私营部门发展。"（Hall，2003：76）美国财政部"用新自由主义的叙述方式指出'权贵资本主义'的过错，并以此为托辞指责国家主导的发展模式（Hall，2003：76）。"在韩国，大企业、银行和政府之间亲密的关系致使其与美国之间的摩擦不断增加"（Summers，1998b）。美国与国际金融机构联手说服韩国建立与西方规则相一致的国内制度。虽然说服了韩国政府，但是没有制度化过程以及国际政府组织的监督，也不能保证连贯性。

事实是，促使东亚国家放弃对经济的管控，对美国来说可谓是一石二鸟。在这些国家消除权贵资本主义或者公私之间的合作有利于创造公平的国际竞争环境，并能使跨境资本自由流动。此外，还可以防止由经济过热引起的某些产业的产能过剩，而产能过剩会引起发达国家的经济危机。

最后，国际货币基金组织建议韩国采取四个步骤：一是开放资本账户，允许韩国公司直接进入外国资本市场，并改变公司过度依赖贷款进行融资的状况；二是提高外国投资者对韩国公司的投资上限以及在韩国公司的持股上限；三是就外汇的使用出台简单透明的规则；四是取消扭曲的贸易政策，鼓励竞争。国际货币基金组织声称，"对外国开放市场会强化市场对国内公司经理人和所有人的规训"（International Monetary Fund，2000：37）。根据国际货币基金组织的建议，韩国政府采取了如下行动：政府对外国投资者开放了债券和股票市场，将外国投资者在韩国公司的持股上限提高到50%，股权上限提高到55%；实现国内货币市场的自由化，不限制外国投资者在货币市场的投资；允许国内公司直接向海外借贷；取消对公司所有权的控制，外国公司可以通过并购或直接投资的形式参与韩国公司的经营或者接管韩国公司，不需得到政府的批准；废除出口损失准备金等与贸易相关的补贴（International Monetary Fund，2000：39-40）。霍尔（Hall）认为，"韩国经济制度改革超出了国际货币基金组织的要求，但与美国财政部的要求一致"（2003：93）。

国际货币基金组织和韩国政府还达成共识，认为应该限制政府对公司的贷款，且不应干预商业银行的贷款政策。此外，韩国政府还修订了规则，鼓励上市公司通过实行外部董事制度等措施来增加透明度。

亚洲金融危机改变了韩国政府的角色，也改变了其对国家利益的定义。危机之前，政府认为自己的作用是帮助本国公司获得利益，并认为这些公司的利益就是国家利益。政府所实行的货币政策的目的是为了保持韩元价值稳定并支持健全的金融体系。危机之后，政府认为自己的作用是保持对金融市场的信心并稳定外汇市场。1998年初上台的金大中政府认为，亚洲的发展模式是滋生腐败的温床，这一模式将政府与家族企业联系起来，导致权贵资本主义。金大中与国际金融组织有相似的理念，认为透明度和效率是一枚硬币的两面，可以通过将民主与自由市场融合来获得（Hall，2003：89）。金大中政府制定的新法律旨在促进金融市场自由化，调整公司治理结构，同时用制度来保证政府发挥新作用。

亚洲金融危机时期，相似的情况也发生在印尼。危机之后，世界银行用如下字眼描述印尼的情形，"危机加剧了贫困。印尼实施的影响深远的地方自治政策，从长期看可以使公共服务更加符合贫困人口的期望，更能满足他们的需求，但这一政策在短期内引起了不确定性和分裂。治理方面的薄弱更是加剧了经济危机。在相关的调查中，印尼在法治、腐败和商业环境方面的得分都很低"（2000a）。

亚洲金融危机之后的几年，印尼与国际金融机构进行了密切合作。1999年通过的印尼国家政策指南强调了法律的至高无上以及对基本人权的保护。在递交给国际货币基金组织的几份意向书中，印尼政府表明要改进投资和贸易政策框架，发展并改造基础设施，增加公共服务的透明度，促进公平发展（International Monetary Fund，2003a：34）。梅加瓦蒂总统在2002年预算讲话中强调了上述各项，同时还强调需要加强治理以及公共秩序和安全。2003年7月，根据中期贷款安排，国际货币基金组织完成了对印尼的第九次审查，审查的重点是金融自由化和私有化（International Monetary Fund，2003a），准备向印尼再发放4.86亿美元贷款。国际货币基金组织副总裁称赞了印尼的当权者，认为他们"根据基金组织的安排，执行了持续的强有力的政策"（International Monetary Fund，2003b）。由于政府腐败，在几年之内，世界银行将给印尼的贷款从 10 亿美元削减至 4 亿美元。然而，在 2003 年，尽管仍然存在腐败，世界银行决定将贷款的最低限额提高至 5.8 亿美元。"世界银行称，增加贷款的条件是印尼政府要成立反腐委员会并加强政府采购管理办法"（Perlez，2003）。

泰国的情况是，时任总理的川 1998 年被邀请至华盛顿，因实行改革计划受到赞扬，并且获得 17 亿美元的一揽子援助贷款。此外，美国进出口银行还向泰国提供了 10 亿美元贷款，用来进口食品和原材料。时任美国财政部副部长的萨默斯称，"泰国与国际货币基金组织紧密合作，制定进行结构改革的主要措施，清理银行体系的问题，解决公司方面的问题，并且实行有助于提振信心的货币政策"（1998a）。

在亚洲金融危机范围之外，一系列其他的国际制度和安排也已经就绪，这些制度安排旨在促进金融领域的全球治理。萨默斯注意到，"巴塞尔委员会和国际证监会组织已经发展出核心原则，发展中国家可以参照这一原则改善国内的金融监管制度"（1999）。巴塞尔委员会由 11 个发达国家的央行首脑于 1974 年共同成立，目的是为应对当时银行系统的危机。委员会的宗旨是使各个国家对国际银行体系的监管更加协调。萨默斯强调需要遵守国际规则以避免另一场亚洲金融危机的发生，他声称"将权力割让给国际组织的意愿最强烈的地方，就会有最好的技术协议，规定需要做什么，而价值问题也变得不那么重要"（1999）。

1997 年 12 月，世界贸易组织达成金融服务协议，102 个国家承诺促进金融服务贸易的自由化。雷纳托·鲁杰罗（Renato Ruggiero）认为这个协议：

> 为所有经济体提供了工具，使它们能建立一个更加牢固的金融体系。协议可以引入更充分的竞争，使外国银行、保险公司和证券公司发挥更大的作用，并且在共同遵守的多边规则的基础上建立新的、更牢固、更开放的金融基础设施，从而巩固金融体系……协议会赋予政府更多选择

并增加它们的灵活性。(1998)

但是,鲁杰罗也承认,这一协议允许发达国家的银行通过并购发展新的企业战略,从而使它们比发展中国家的小银行更具比较优势。

在这方面,美国财政部负责国际事务的副部长约翰·泰勒(John Taylor)简要介绍了发达国家用于防止发展中国家补贴出口商品的战略以及发达国家支持的全球监管措施:

> 美国进出口银行以两种特殊的方式促使相关部门实施有利于出口的措施。第一,它可以阻止其他国家的官方出口信贷机构在国际出口竞争中为本国出口商提供比较优势。第二,因为进出口银行的存在,美国可以参与制定官方出口融资的运行规则。这些规则是由经济合作与发展组织内参加"官方安排的出口信贷指引"的国家制定的。发展中国家的资本商品获得的官方出口融资中有一大部分是由这些国家提供的。这些规则体现在经合组织的安排中,用来确保政府提供的出口融资可以促进市场原则和公平竞争。(2001)

此外,亚欧会议也组织两年一次的峰会,参加会议的包括10个亚洲国家和16个来自欧盟的代表。会议旨在推动亚欧之间的经济、政治和文化合作。但是,会议看起来更像是欧盟企图让东亚国家按西方模式构建内部制度的一种尝试。为达到这一目的,亚欧会议成立了几个机构,包括与《贸易便利行动计划》和《投资促进行动计划》有关的机构。(World Bank,2000a) 1997年9月,亚欧会议成员国财政部长就加强金融监管达成协议。亚欧会议工作组收集亚洲国家的信息,提供关于经济危机的分析,推荐长期解决方案。亚欧会议协助印尼实施银行体系结构调整计划,并帮助设立了由国际上和印尼国内的专家组成的独立审查委员会,来促进银行的私有化。世界银行管理亚欧会议设立的亚欧信托基金,并提供社会福利以及金融和公司改革方面的技术援助。亚欧会议也涉及到国家制度建设,包括法律和司法改革,公共金融管理和公共采购,以及去中央化等,以上均基于西方的治理模式。亚欧会议还设立了国内委员会,来制定策略并监管有关活动的开展情况。

为加强在全球治理中对发展中国家的控制,世界贸易组织监测其决定的执行情况,评估是否有违反全球规则的情况发生,"定期对每个世界贸易组织成员国的贸易政策和实践进行集体评估并监测可能会对全球贸易体系产生影响的重要趋势和发展状况"(World Trade Organization,1999)。世界贸易组织秘书处的报告覆盖了贸易政策的所有方面,包括国内法规和支持这些政策的制度框架。

20世纪80年代初以来,在世界银行和国际货币基金组织的支持下,超过50个国家已经执行了结构调整计划(Bird,1995),自1995年以来,已有146个国家加入了世界贸易组织。这两个国际政府组织参与制定了以新自由主义经济模型为依据的华盛顿共识,根据新自由主义理论,成功的经济表现需要宏观经济稳定和竞争。(Williamson,1990;Gore,2003)国际货币基金组织分两个阶段来达成这些目标,也即稳定阶段和结构调整阶段。第一个阶段需要大幅削减预算赤字,降低汇率,并使实际利率保持正数。对于发展中国家杰出的经济学家来说,这些措施是有意义的,因为正的实际利率可以防止资本外流并降低通货膨胀,同时货币贬值会促进出口。第二个阶段涉及到国有企业的私有化以及实行自由贸易。要完成这两个阶段需要几年的时间,在此期间,国际货币基金组织的工作组会监测发展中国家的宏观经济表现,而发展中国家的精英们在实践中进行学习,逐渐认识到自由市场的好处。

例如,国际货币基金组织在关于埃及的报告中称,"市场的无效是由行政约束导致的,这些约束包括操纵价格,利率上限以及多重的、过高的汇率……由于采取的发展策略依托于大规模的公有制,进口补贴以及集中促进有限范围内的出口,使得私营部门没有立足之地"(1998:3)。分析了危机的根源之后,国际货币基金组织的工作组强调了新自由主义制度的优越性。该报告称,在中东,埃及、约旦、以色列、突尼斯和摩洛哥(均执行了结构调整计划)正在向这个方向发展。实行新自由主义策略是与欧盟签订联系国协定的前提条件。需要提到的一点是,欧盟采取一种新政策,迫使发展中国家实行自愿出口限制，也即强迫这些国家同意不出口某些与欧盟国家的生产商形成竞争的产品。

国际货币基金组织在对埃及的评估中称，改革"降低了通货膨胀，改善了公共财政，稳定了货币，加强了银行体系，并且使国家达到收支平衡"（1998：1）。在1987年至1996年实行结构调整计划之后，埃及的精英们已经相信了计划的目标是恢复经济增长，而不是导致大规模的失业以及削弱政权的合法性。精英们这种立场上的转变是在改革计划实行四年后才发生的。

问题是，从实践中学习的做法是否足以维持长期的宏观经济稳定，从而转化为制度。换句话说就是，怎样在国际金融机构撤离后保持宏观经济的稳定以及自由化？国际金融机构说服了发展中国家的政府，使它们相信，它们的金融体系必须在开放的市场经济以及对储蓄用于投资的监管两者之间取得平衡。毕竟，微观层面的公司和商业银行的行为会对经济产生直接的影响。如果国内的商业银行不把钱借给最高效的公司，而是借给生产率低的公司，经济就会受到影响。根据国际金融机构的观点，在自由市场经济体中，金融体系的制度化可以降低风险，监测流动性，提供信息，并增加透明度。但是，简单地说，由于发展中国家不与发达国家在高附加值产品上进行竞争了，由于目前对发展中国家行为的监督还很宽松，国际金融组织通常会等下次危机来临的时候再推进自由化，从而形成制度化。

存在这样一种趋势，也即说服发展中国家恢复它们传统的比较优势。例如，在农业方面的模式是诱使这些国家种植经济作物，放弃粮食作物。自20世纪60年代初期，埃及政府即固定了棉花的边境价格，并规定了农民用于种植棉花的土地总量。棉花出口是外汇收入的重要来源。政府在棉花出口上实行垄断，并使得本国棉花的价格低于国际市场上的价格，从而获得税收。这种隐性税收使得农民不愿意种植棉花，引起了生产的下降。此外，政府一直保持过高的汇率，以便获得更多的外币，用来支持国有企业的进口（Handoussa, Nishimizu and Page, 1986）。80年代中期，世界上特长纤维棉花贸易中，有45%是埃及供应的（Sadowski, 1991：283）。因此，对于棉花进口国来说，纠正由于埃及政府对棉花市场的干预引起的市场扭曲是很重要的。

在很多实行市场经济的发展中国家，央行变得越来越独立，这是金融自由化进程的一个里程碑（Fry, Goodhart, Almeida, 1996）。独立的央行可以设定汇率，控制货币扩张，并监管本国的商业银行等金融机构。央行同时也是国际金融机构的盟友，它们对国家在经济中应发挥的作用持相似的看法。独立的央行会注意保持自主权，尽量减少政府对其事务的干预。最近的一项研究显示，"在法定央行独立性排名中，拉美得分为 0.55，西欧得分为 0.46。墨西哥和智利都赋予本国央行更大的独立性"（Bernhard, Broz, Clark, 2002: 699）。国际金融机构也强调金融市场的内在稳定性以及它们对实体经济的潜在影响。国际金融机构特别强调央行作为最后贷款人的重要作用，从而防范银行业自我实现危机。例如，1983 年，以色列商业银行通过银行自己运行的特殊的基金为小额投资者提供贷款。这一行为导致运营状况不佳的公司数量急剧增加，这些公司违约时，导致成千上万的小额投资者陷入贫困和沮丧之中。这一危机过后，政府赋予央行更大的自主权，并参照发达国家的做法制定了金融体系的监管标准。

全球治理影响发展中国家制度的另一种方式是，控制贷款利率。利率是根据国际评级机构的决定制定的。如果标准普尔等评级机构决定下调一个国家的投资评级，这个国家就得支付高于市场利率的贷款利率。通过这种方式以及其他我们提到的方式，发达国家使得发展中国家没有其他选择，只能遵守全球规则，从而使成本最小化、收益最大化。实际上，资本的自由流动遵循两条规则。资本会流向投资回报最高的地区，从而在吸引投资的国家之间引起竞争。当发生严重金融危机时，资本从一个发展中国家流出，由于传染效应，会引起资本从其他的发展中国家流出。因此，新兴市场国家可以改善治理并将发达国家和国际金融机构支持的规则进行制度化，从而获得更高的投资评级，使自己脱颖而出。

结　论

新自由主义经济学的拥护者声称，取消"贸易壁垒可以使世界经济总量增加近 1.9 万亿美元，相当于增加了两个'中国'。所有国家都会从多边贸易自由化中受益"（Moore，2001）。但是，考虑到发达国家在高附加值产品的生产上具有比较优势，并且控制了外国直接投资，他们从贸易自由化中获利更多。

本文认为，在当今全球化时代，竞争力已经成为各国的重要关切点。一方面，各国为积累财富，以牺牲外国公司为代价，来提升本国公司和本国跨国公司的竞争力；另一方面，全球化缩短了时空距离，这意味着一个国家必须顾及别国所发生的事。发展中国家利用本国充足廉价的劳动力，不断扩大的商品生产范围，以及不断上升的资本劳动比率，与发达国家展开了激烈竞争。这些因素使得发展中国家在贸易方面的改善比发达国家显著。因此，发达国家寻求将全球治理扩张至发展中国家，目的是为了限制发展中国家采用提升竞争力的策略并扩大发达国家的跨国公司在发展中国家投资的自由度。扩张全球治理需要在发展中国家内部建立新制度，这些制度可以使发展中国家接受全球规则的约束。正如本文所指出的，如果没有发展中国家的首肯，这一过程不可能实现。

[参考文献]

1. Badie, Bertrand, *The Imported State: The Westernization of the Political Order*, Translated by Claudia Royal, Stanford: Stanford University Press, 2000.

2. Berger, Suzanne, and Ronald Dore (Eds.), *National Diversity and Global Capitalism*, Ithaca: Cornell University Press, 1996.

3. Bernhard, William, J. Lawrence Broz, and William Clark, "The Political Economy of Monetary Institutions", in *International Organization*, Vol. 56, 2002, pp. 693 – 723.

4. Bird, Graham, *IMF Lending to Developing Countries*, London: Routledge, 1995.

5. Burgoon, Brian, "Globalization and Welfare Compensation: Disentangling the Ties That Bind", in *International Organization*, Vol. 55, 2001, pp. 509 – 551.

6. Cammak, Paul, David Pool, and William Tordoff, *Third World Politics: A Comparative Introduction*, New York: Palgrave Macmillan, 1993.

7. Castells, Manuel, "The Rise of the Fourth World", in *The Global Transformations Reader*, edited by David Held and Anthony McGrew, Cambridge: Polity Press, 2000.

8. Chang, Ha-Joon, "The Political Economy of Industrial Policy", in Korea, *Cambridge Journal of Economics*, Vol. 17, 1993, pp. 131 – 157.

9. Cox, Robert, *Production Power and World Order*, New York: Columbia University Press, 1987.

10. Cox, Robert, "A Perspective on Globalization", in *Globalization : Critical Reflection*, edited by James Mittelman, Boulder: Lynne Rienner, 1996a.

11. Cox, Robert with Timothy Sinclair, *Approaches to World Order*, Cambridge: Cambridge University Press, 1996b.

12. Cutler, Claire, "Locating 'Authority' in the Global Political Economy", in *International Studies Quarterly*, Vol. 43, 1999, pp. 59 – 81.

13. Dash, Kishore, "The Asian Economic Crisis and the Role of the IMF", in *International Political Economy : State-Market Relations in a Changing Global Order*, edited by Roe Gaddad, Patrick Cronin, and Kishore Dash, London: Palgrave Macmillan, 2003.

14. Dollar, David, "Technology Innovation, Capital Mobility, and the Product Cycle in North – South Trade", in *American Economic Review*, Vol. 76, 1986, pp. 177 – 189.

15. Dunning, John, "Globalization and the New Geography of Foreign Direct Investment", in *The Political Economy of Globalization*, edited by Ngaire Woods, New York: Palgrave, 2000.

16. Escobar, Arturo, *Encountering Development : The Making and Unmaking of the Third World*, Princeton: Princeton University Press, 1995.

17. Fishman, Ted, "The Joy of Global Investment", in *The Globalization Reader*, edited by Frank Lechner and John Boli, Oxford: Blackwell, 2000.

18. Fry, Maxwell, Charles Goodhart, and Alvaro Almeida, *Central Banking in the Developing Countries*, London: Routledge, 1996.

19. Gerschenkron, Alexander, *Economic Backwardness in Historical Perspective*, Cambridge: Cambridge University Press, 1962.

20. Gill, Stephen, "Global Structural Change and Multilateralism", in *Globalization, Democratization and Multilateralism*, edited by Stephen Gill, New York: St. Martin's Press, 1997.

21. Gilpin, Robert, "A Realist Perspective on International Governance", in *Governing*

Globalization: Power Authority and Global Governance, edited by David Held and Anthony McGrew, Cambridge: Polity Press, 2002.

22. Goldstein, Morris, *The Asian Financial Crisis: Causes, Cures, and Systemic Implications*, Washington, DC: Institute for International Economics, 1998.

23. Gore, Charles, "The Rise and Fall of the Washington Consensus as a Paradigm for Developing Countries", in *International Political Economy*, edited by Roe Goddard, Patrick Cronin, and Kishore Dash, London: Palgrave Macmillan, 2003.

24. Greider, William, "Wawasan 2020", in *The Globalization Reader*, edited by Frank Lechner and John Boli, Oxford: Blackwell, 2000.

25. Hall, Rodney Bruce, "The Discursive Demolition of the Asian Development Model", in *International Studies Quarterly*, Vol. 47, 2003, pp. 71 – 99.

26. Handoussa, Heba, Mieko Nishimizu, and John Page, "Productivity Change in Egyptian Public Sector Industries after 'the Opening, 1973 – 1979'", in *Journal of Development Economics*, Vol. 20, 1986, pp. 53 – 73.

27. Held, David, and Anthony Mcgrew (Eds.), *Governing Globalization: Power, Authority and Global Governance*, Cambridge: Polity Press, 2002a.

28. Held, David, and Anthony Mcgrew, "Introduction", in *Governing Globalization: Power, Authority and Global Governance*, edited by David Held and Anthony McGrew, Cambridge: Polity Press, 2002b.

29. Henry, Clement, and Robert Springborg, *Globalization and the Politics of Development in the Middle East*, Cambridge: Cambridge University Press, 2001.

30. Huang, Yasheng, *Selling China: Foreign Direct Investment during the Reform Era*, New York: Cambridge University Press, 2003.

31. International Monetary Fund, *Egypt beyond Stabilization: Toward a Dynamic Market Economy*, Washington, DC: International Monetary Fund, 1998.

32. International Monetary Fund, *Republic of Korea: Economic and Policy Developments*, Washington, DC: International Monetary Fund, 2000. Available from http://www.imf.org/external/pubs/ft/scr/2000/cr0011.pdf, accessed December 27, 2003.

33. International Monetary Fund, *Indonesia: Ninth Review under the Extended Arrangement—Staff Report*, Washington, DC: International Monetary Fund, 2003a.

34. International Monetary Fund, *Press Release No. 03/95*, 2003b. Available from http://www.imf.org/external/np/sec/pr/2003/pr0395.htm, accessed December 23, 2003.

35. Irwin, Douglas A., *Free Trade under Fire*, Princeton: Princeton University Press, 2002.

36. Jackson, Robert, *Quasi-States: Sovereignty, International Relations, and the Third World*, Cambridge: Cambridge University Press, 1990.

37. Kang, David C., "Bad Loans to Good Friends: Money Politics and the Developmental State in South Korea", in *International Organization*, Vol. 56, 2002, pp. 177 – 207.

38. Kapstein, Ethan, "Workers and the World Economy", in *Foreign Affairs*, Vol. 75, No. 3, 1996, pp. 16 – 37.

39. Kegley, Charles W. Jr., and Eugene R. Wittkopf, *World Politics: Trend and Transformation*, New York: St. Martin's Press, 1999.

40. Keohane, Robert, *After Hegemony: Cooperation and Discord in the World Political Economy*, Princeton: Princeton University Press, 1984.

41. Keohane, Robert, and Joseph Nye, *Power and Interdependence*, Boston: Little Brown, 1977.

42. Keohane, Robert, and Joseph Nye, "Introduction", in *Governance in a Globalizing World*, edited by Joseph Nye and John Dunahue, Washington, DC: Brookings Institution, 2000.

43. Korzeniewicz, Miguel, "Commodity Chains and Marketing Strategies: Nike and the Global Athletic Footwear Industry", in *The Globalization Reader*, edited by Frank Lechner and John Boli, Oxford: Blackwell, 2000.

44. Krueger, Anne, *Trade Policies and Developing Nations*, Washington, DC: Brookings Institution, 1995.

45. Krugman, Paul, "Competitiveness: A Dangerous Obsession", in *Foreign Affairs*, Vol. 73, No. 2, 1994a, pp. 30 – 44.

46. Krugman, Paul, "Does Third World Growth Hurt First World Prosperity", in *Harvard Business Review*, Vol. 72, July-August 1994b, pp. 113 – 121.

47. Krugman, Paul, "The Myth of Asia's Miracle", in *Foreign Affairs*, Vol. 73, No. 6, 1994c, pp. 62 – 64.

48. Krugman, Paul, and Maurice Obstfeld, *International Economics: Theory and Policy*, New York: Harper Collins, 2000.

49. Li, Quan, and Adam Resnick, "Reversal of Fortunes: Democratic Institutions and Foreign Direct Investment Inflows to Developing Countries", in *International Organization*, Vol. 57, 2003, pp. 175–211.

50. Lipschutz, Ronnie With Judith, Mayer, *Global Civil Society and Global Environmental Governance*, Albany: State University of New York Press, 1996.

51. Mathews, J. A., "Fashioning a New Korean Model Out of the Crisis: The Rebuilding of Institutional Capabilities", in *Cambridge Journal of Economics*, Vol. 22, 1999, pp. 747–759.

52. Mearsheimer, John, "False Premise of International Institutions", in *International Security*, Vol. 19, No. 3, 1995, pp. 5–49.

53. Migdal, Joel, *Strong Societies and Weak States: State Society Relations and State Capabilities in the Third World*, Princeton: Princeton University Press, 1988.

54. Moore, Mike, *The WTO: Challenges Ahead*, World Trade Organization, 2001. Available from http://www.wto.org/english/news_e/spmm_e/spmm61_e.htm, accessed December 10, 2003.

55. Murphy, Craig, "Global Governance: Poorly Done and Poorly Understood", in *International Affairs*, Vol. 76, 2000, pp. 789–803.

56. Norton, Augustus R. (ED.), *Civil Society in the Middle East*, Leiden: E. J. Brill, 1995.

57. Ohmae, Kenichi, *The Borderless World: Power and Strategy in the Interlinked Economy*, New York: Harper Business, 1999.

58. Onuf, Nicholas, *World of Our Making: Rules and Rule in Social Theory and International Relations*, Columbia: University of South Carolina Press, 1989.

59. Perlez, Jane, "World Bank Again Giving Large Loans to Indonesia", in *New York Times*, December 2, 2003, A18.

60. Prestowitz, Clyde, "Playing to Win", in *Foreign Affairs*, Vol. 73, No. 4, 1994, pp. 186–189.

61. Rabinow, Paul (Ed.), *The Foucault Reader*, New York: Pantheon, 1984.

62. Rodrik, Dani, *Has Globalization Gone Too Far?*, Washington, DC: Institute for International Economics, 1997.

63. Rodrik, Dani, "Institutions for High–Quality Growth: What They Are and How to Acquire Them", in *The International Monetary Fund Conference on Second Generation Reforms*,

Washington, DC: International Monetary Fund, 1999.

64. Rosenau, James, "Change, Complexity, and Governance in Globalizing Space", in *Debating Governance: Authority, Steering and Democracy*, edited by J. Pierrre, Oxford: Oxford University Press, 2000.

65. Ruggiero, Renato, *The Global Market: The Competitiveness of European Banks and Industry*, World Trade Organization, 1998. Available from http://www.wto.org/english/news_e/sprr_e/sprr_e.htm.

66. Sadowski, Yahya, *Political Vegetables? Businessman and Bureaucrat in the Development of Egyptian Agriculture*, Washington, DC: Brookings Institution, 1991.

67. Said, Edward W., *Orientalism*, New York: Pantheon, 1978.

68. Sakamoto, Yoshikazu, "A Perspective on the Changing World Order: A Conceptual Prelude", in *Global Transformation: Challenges to the State System*, edited by Yoshikazu Sakamoto, New York: United Nations University Press, 1994.

69. Schwartz, Herman, *States versus Markets: History, Geography, and the Development of the International Political Economy*, New York: St. Martin's Press, 2000.

70. Schweller, Randall, and David Priess, "A Tale of Two Realisms: Expanding the Institutions Debate", in *Mershon International Studies Review*, Vol. 41, 1997, pp. 1 – 32.

71. Summers, Lawrence, "Chuan Visit, March 13, 1998", 1998a. Available from http://www.usa.or.th/relation/visits/chuan.htm, accessed December 6, 2003.

72. Summers, Lawrence, "Emerging from Crisis: The Beginnings of a New Asia", Remarks before the Economic Strategy Institute, 1998b. Available from http://www.ustreas.gov/press/releases/rr22217.htm.

73. Summers, Lawrence, "Reflections on Managing Global Integration", Annual Meeting of the Association of Government Economists, 1999. Available from http://www.j-bradford-delong.net/Politics/Summers_SGE.html, accessed December 6, 2003.

74. Taylor, John, "Testimony before the House Finance Committee on Banking, June 19, 2001", 2001. Available from http://www.ustreas.gov/press/releases/po431.htm, accessed December 6, 2003.

75. Thurow, Lester, *The Future of Capitalism: How Today's Economic Forces Shape Tomorrow's World*, New York: Penguin Books, 1996.

76. Tyson, Laura D'Andrea, *Who Is Bashing Whom ? Trade Conflict in High Technology Industries*, Washington, DC: Institute for International Economics, 1992.

77. United Nations Development Programme, *Human Development Report*, New York: United Nations Development Programme, 1995.

78. Vogel, Steven, *Freer Markets, More Rules : Regulatory Reforms in Advanced Industrial Countries*, Ithaca: Cornell University Press, 1996.

79. Wade, Robert, "US Hegemony and the World Bank: The Fight over People and Ideas", in *Review of International Political Economy*, Vol. 9, 2002, pp. 215–243.

80. Waters, Malcolm, *Globalization*, London: Routledge, 1995.

81. Weldes, Jutta, and D. Saco, "Making State Action Possible: The United States and the Discursive Construction of 'The Cuban Problem', 1960–1994", in *Millennium : Journal of International Studies*, Vol. 25, 1996, pp. 361–395.

82. Wendt, Alexander, *Social Theory of International Politics*, Cambridge: Cambridge University Press, 1999.

83. Williamson, John, "What Washington Means by Policy Reform", in *Latin American Adjustment : How Much Has Happened ?*, edited by John Williamson, Washington, DC: Institute for International Economics, 1990.

84. Woo-Cumings, Meredith, "Introduction: Chalmers Johnson and the Politics of Nationalism and Development", in *The Developmental State*, edited by Meredith Woo-Cumings, Ithaca: Cornell University Press, 1999.

85. Woods, Ngaire, "Global Governance and the Role of Institutions", in *Governing Globalization: Power, Authority and Global Governance*, edited by David Held and Anthony McGrew, Cambridge: Polity Press, 2002.

86. World Bank, *World Development Report*, New York: Oxford University Press, 1995.

87. World Bank, *Civil Service Reform : A Review of World Bank Assistance*, Washington, DC: World Bank, 1999.

88. World Bank, *ASEM*, 2000a. Available from http://www.worldbank.org/eapsocial/asemsocial/files/799_Standards.pdf.

89. World Bank, *Reforming Public Institutions and Strengthening Governance : A World Bank Strategy*, 2000b. Available from http://www-wbweb.worldbank.org/prem/prmps.

90. World Trade Organization, *Trade Policy Reviews: United States, July 1999*, 1999. Available from http://www.wto.org/english/tratop_e/tpr_e/tp108_e.htm.

91. Zehfuss, Maja, *Constructivism in International Relations: The Politics of Reality*, Cambridge: Cambridge University Press, 2002.

全球化进程中的权力与等级[*]

杨雪冬[**]

在媒体时代中，时尚常常意味着单一的表达和思考方式。近十几年逐渐突出的全球化研究似乎也陷入了这种时尚的陷阱，被全球主义所控制。全球主义不仅具有潜在的排斥性，存在着剥夺全球化进程中处于弱势地位参与者发言权的危险，而且似乎正在成为一种新的意识形态，掩盖着全球化进程中的权力关系、等级差别和矛盾冲突。因此，透视全球化进程中的权力与等级对于弱势参与者来说，显得尤其必要。

一、网络化的全球权力结构

早在 20 世纪 70 年代，罗伯特·基欧汉和约瑟夫·奈根据当时世界发展的情况，就提出世界已经处于复合相互依存（complex interdependence）的状态，各种国际组织、非政府组织和个人已成为国际关系中的重要成员，国与

---

[*] 本文原载于《欧洲研究》，2000 年第 4 期。
[**] 杨雪冬，中央编译局中央文献翻译部主任、研究员。

国之间的联系在渠道和深度上都大幅度提高。① 世界进入多权力主体的格局。进入 90 年代后，这种格局得到进一步的稳定和发展。在苏姗·斯特兰奇看来，全球权力主体的数量和种类远远超过了过去。根据她的分类标准，全球权力主体可以分为两大类：国家和非国家。在非国家中，除了国际组织和跨国公司外，她还罗列了国际犯罪组织、宗教组织和体育组织。这些非国家组织从不同角度和层面上或者分享着过去由国家控制的权力，或者创造着新的权力空间。②

这种网络化权力结构的形成具有以下几个特点：

第一，权力主体的数量在明显增长。60 年代以来，国家、国际政府组织（包括政府间组织和跨政府组织）、国际非政府组织以及其他一些组织的数量迅速增加。③ 这些主体数量增长的原因各有不同。国家数量的增加有两个高潮，一次是"二战"后在亚洲、非洲诞生了许多发展中国家，它们大部分是过去的西方殖民地；另一次发生在 80 年代末，苏联解体后出现了一大批独立的国家。导致国际组织数量增长的主要原因是国际性乃至全球性问题的增加。大多数国际组织都是针对专门问题成立的，这在非政府组织中体现得最为明显。随着国际政府组织数量的增加，其类型也在多样化，可以分为地区性、多边性和全球性等几类，各大洲都建立了地区的，乃至洲际的综合性合作组织，合作的范围从经济方面扩大到安全等诸多方面。世界贸易组织的成立增强了全球性组织的力量。同时，有政府参加的专门组织的数量也在增加。跨国公司在数量增加的同时，分布地区有所扩大，亚洲、拉丁美洲的一些国家有了自己的跨国公司。

第二，非国家的组织控制资源的能力有了明显的增强。据统计，在 19 世纪中期，由国际政府组织支持的会议每年为 2—3 个，而 90 年代则达到了每年 4000 多个。这些组织除了协调成员国之间的关系和行动外，还积极地影响

---

① R. Keohane, J. S. Nye, *Power and Interdependence*, Dosborn: Little Brown Publisher, 1977.

② Susan Strange, *The Retreat of the State*, Cambridge University Press, 1996.

③ 关于国际政府组织和国际非政府组织有许多不同的称呼，如有人把后者称为"跨国的社会运动组织"。笔者这里使用的是"国际组织联盟"（Union of International Associations）的用法。

组织之外国家的政策行动、相应社会的结构和观念以及全球性问题的解决。非政府组织的强大体现在两个方面：一是成员数量的增加和财力的增强，二是这些组织积极扩大自己的影响。它们的对象不仅包括政府、国际政府组织，还包括各国的公民。"实际上，许多非政府组织确定的目标超越了（政府间政治和传统的国家政治）的界限，把与基层部门的对话与针对政府和国际决策者的游说结合在一起。"① 跨国公司在全球经济中的重要性则不仅体现在全球贸易和投资领域，更体现在对国家作用的制约方面。发达国家开始担心跨国资本的流动对本国就业的影响，而发展中国家则把跨国的资本投资视为本国经济发展的重要推动力，为了吸引投资不断作出让步。

第三，个人影响的增强使国际事务在一定程度上具有了更强的个人化特征。这表现在两个层面上：一是一些来自民间的个人参与到国际关系的调解过程中。这些个人或者曾经从政，与各国政界有着良好的私人关系，或者是某个领域的代表，有着较高的可信度。二是个人相对于国家和其他组织的独立性和自由度增强了。这个变化主要得益于交通和信息技术的变革，个人流动成本降低了，选择的机会增多了，同时也有更多的渠道来发表自己的观点。正如罗西瑙所说，过去被认为是国际关系中的常量的个人现在成了微观层面上的变量。"个人已经开始了一场技艺革命……在衡量他们在国际事务中的合适地位以及自己的行为如何能够被集合成重要的集体结果方面，人们已经越来越有能力。"②

第四，在网络化权力结构形成过程中，出现了一些非常危险和破坏性极强的主体，它们不仅破坏着既有的权力结构，而且不利于新的权力结构的建构。在这些主体中，最突出的有两个：一是国际性犯罪组织，另一个是投机性基金。意大利的黑手党、日本的山口组以及前苏联国家的黑社会组织等已经从地方性组织转变成国际性组织，活动方式从简单地从事暴力转变为经营

---

① A. M. Clark, E. J. Friedman, K. Hochestetler, "The Sovereign Limits of Global Civil Society", in *World Politics*, No. 51, October 1998, p. 6.

② James, N. Rosenau, "Security in a Turbulent World", in *Current History*, Vol. 94, No. 592, May 1995.

多种行业的综合性组织。它们利用银行把通过毒品业、色情业等获得的大量资金转变为正当收入，并且投资在合法的产业上。国际性犯罪组织力量的增强直接威胁着国家的权威，并且破坏着社会内部的稳定与团结。1997年开始的东南亚金融危机以及随后在俄罗斯、巴西等国出现的危机与投机性基金有着直接的联系。由于金融在各国以及全球经济中作用的增强，投机性基金带来的破坏力令人难以想象，可以一夜间使一个国家经过几十年积累的财富丧失，甚至使全球经济陷入崩溃。

二、权力与等级：特点与原因

网络式的权力结构虽然为更多的主体参与提供了更大的空间和渠道，但并不是均质的，内部依然存在着巨大的不平等和等级。这种不平等和等级化体现在以下几个方面：

第一，发达国家与发展中国家之间在经济实力上的差距依然很大，而且发展中国家之间的差距也在拉大。随着经济全球化的发展，这种差距有进一步扩大的趋势。这种趋势突出地体现在一些非洲和拉丁美洲国家。它们由于长期战乱和殖民主义的遗患，经济极度恶化，出现了第四世界化的危险，不仅与发达国家，而且与其他发展中国家的差距也在明显扩大。

第二，虽然冷战的结束使全球权力结构进入后霸权时代，但是并不等于霸权消失了。事实证明，美国的实力不但没有削弱，由于两极体制的瓦解，在某种意义上反而增强了。它在经济、军事、外交、意识形态和文化诸方面都处于主导地位，并且具有在全球几乎任何一个地方促进其利益的手段和能力。[1] 美国在90年代确立的战略是维持一极之下的多极格局，积极参与全球行动，并且力争充当领导。有人把美国的这种行为辩称为"仁慈的帝国主义"，认为只有它才有道德责任心和能力来维持全球秩序。[2] 由于没有了实力

---

[1] 塞缪尔·亨廷顿：《孤独的超级大国》，载《外交》，1999年3—4月号。
[2] 罗伯特·卡甘（Robert Kagan）：《仁慈的帝国主义》，载《交流》，1999年第3期。

相当，可以正面抗衡的对手；所谓的多极之间存在的利益分化，使其基本上不可能协调行动，或采取战略上的平衡制约；美国与其他西方国家在根本利益上的一致性，又使得它在某种程度上更容易实现自己的意志。①

第三，国际组织内部也存在着巨大的不平等。这种不平等具体体现为（1）非政府组织分布上的不平衡。这些组织基本上都集中在北半球的发达国家，大部分以伦敦和纽约这样的城市为总部所在地。虽然这种分布有很大的客观性，但是在一定程度上反映了全球的不平等。②（2）全球性的组织，特别是经济方面上的组织基本上由西方国家主导。世界贸易组织、国际货币基金组织和世界银行在推进全球经济增长与整合方面发挥着重要的作用，但是由于受到少数西方国家利益和价值观念的影响，常常会为了自己的目的而不顾发展中国家的实际情况，推行自己的政策主张。在东南亚金融危机中，国际货币基金组织的行为集中地体现了这一点。

第四，从另一个层面上讲，资本相对于国家、劳工的力量增强了。资本流动性的增强使管理范围有限的国家和相对固定的劳工陷于被动。发达国家担心资本从本国的流出会增加本国的失业，加剧贫富分化，破坏长期形成的福利体制。还有人担心发达国家中会出现第三世界化。实际上，资本、国家和劳工之间的不平衡是全球性的。胡格威特（Hoogvelt）指出，"实际上，全

---

① 亨廷顿认为在过去几年中，美国一直在这种"仁慈的霸主"的信念下采取下述行动：向他国施压要它们接受美国有关人权和民主的价值观和做法；阻止他国获得可能会对美国的常规优势构成挑战的军事能力；在其他国家的领土上或在其他社会中强行实施美国法律；根据他国执行美国有关人权、毒品、恐怖主义、核扩散、导弹扩散，现在又是宗教自由等方面的标准的情况加以分门别类；对达不到美国有关这些问题的标准的国家实行制裁；打着自由贸易和公开市场的旗帜推动美国公司的利益；从服务于美国公司利益出发制订世界银行和国际货币基金组织的各项政策；干预相对而言与其没有多少直接利害关系的地方性冲突；胁迫他国奉行有利于美国经济利益的经济政策和社会政策；推动美国在海外的武器销售，同时阻止他国进行类似的行动；逼迫前联合国秘书长下台，操纵现秘书长的上台；扩大北约；对伊拉克采取军事行动和经济制裁；把某些国家分类为"胡作非为国家"，把他们拒于全球体系的大门之外，因为他们不愿意服从美国的意志。见《孤独的超级大国》，载《外交》，1999年3—4月号。

② Jackie Smith, "Global Civil Society?", in *American Behavioral Scientist*, Vol. 42, No. 1, September 1998.

球体系实现政治稳定的功能现在依靠的是'排斥政治',即把所有社会中那些没有优势的团体和部分排斥出去,因为它们在全球市场中既不能作为生产者也不能作为消费者实现自己的有效功能。"①

造成权力不平衡和等级存在的原因有以下几种:

第一,权力结构中长期存在的不平等和等级的继续存在是难以克服的,同时也为新的不平等和等级的出现提供了基础。发达国家在全球体系中具有先发优势,这种优势是长期积累而成的。值得特别注意的是,发达国家的先发优势除了体现在物质力量上外,更体现在对正在形成的全球规则的主导作用。在这个过程中采取主动姿态可以维持既得利益,甚至增加新的利益,因此,发达国家对数量众多的发展中国家采取了各种方法,力图分化它们,排斥它们的进入。1999年初才被"公共公民全球贸易观察"组织在网上公布的"投资多边协定"(MAI)集中体现了这点。这个协定是由少数西方国家经过几年的秘密讨论达成的,对于迫切要求加入全球经济体系的发展中国家来说,非常不利。②

第二,在集体行动能力上,发展中国家相对于发达国家较弱。曼库尔·奥尔森认为,一个团体的成员越多,利益越分散,其采取集体行动的能力就越弱。③ 60年代以来,随着发展中国家经济发展程度的分化,它们在反对帝国主义和殖民主义过程中形成的认同被全球市场上的相互竞争削弱了。在新的国际分工中,发展中国家之间的比较优势是非常类似的,在投资、市场等许多方面竞争激烈,不利于协调彼此的行动。反观西方国家,它们相互之间的集体行动能力更强。之所以这样,主要有三个原因:(1)西方发达国家在制度、意识形态,乃至文化等方面具有更多的共同性;(2)它们都是现有体

---

① Ankie Hoogvelt, *Globalization and the Postcolonial World*, Baltimore, The Johns Hopkins University Press, May 1997, p. 147.

② William K. Tabb, "Progressive Globalism: Challenging the Audacity of Capital", in *Monthly Review*, Vol. 50, No. 9, February 1999.

③ 曼库尔·奥尔森:《国家兴衰探源:经济增长、滞胀与社会僵化的新描述》,吕应中译,商务印书馆1992年版。

制的既得利益者，并且主导着制度的规划和修改，长期的交往使它们更知道如何为了共同的利益妥协、谈判；（3）发达国家数量少，也减少了相互协调行动的成本，更容易相互沟通。因此，发展中国家在面对主导着全球经济规则的发达国家时，缺乏更有力的讨价还价的能力。

第三，市场具有潜在的不平等倾向。被新自由主义主导的全球主义对市场自由和平等竞争的过度强调，实际上掩盖了市场潜在的不平等倾向，忽视了经济全球化的负面效果。在西方，许多学者提醒说，市场的过度扩张可能会摧毁西方的民主制度和开放的社会，造成更大的贫富分化。① 市场的过度扩张更影响着发展中国家。这种影响集中体现在两个方面：一是开放市场虽然为发展中国家带来了收益，但也在拉大着发达国家与发展中国家之间的差距，因为前者更容易利用市场。二是国内市场的过快开放为投机资本提供了机会，发展中国家承担着更大的损失。正如墨西哥一家报纸所说："当今的贸易是以富国的货币计算的，这给它们带来了巨大的好处，而新兴国家的货币只是从属性的，会导致众所周知的金融危机；产品价格是以发达国家的标准制定的；国际贸易被强大的垄断集团所控制，而新兴国家没有这样的集团。"②

第四，信息技术的发展虽然为全球权力结构的形成提供了新的动力，但也是新的不平等关系和等级出现的重要原因。基欧汉和约瑟夫·奈针对一些未来学家宣传的信息技术的发展将减小强弱之间的差距的观点指出，它在某种意义上实际上帮助了本来就强大的主体。③ 信息技术带来的不平等集中体现在以下几个方面：（1）它的发展进一步加强了发达国家已经建立的技术优势，拉大了与绝大多数发展中国家的差距，同时利用既得的优势控制了新的经济增长点以及发展中国家的技术发展途径，直接导致了技术贸易上的不平等；

---

① George Soros, "TheCapitalist Threat", in *The Atlantic Monthly*, February 1997.
② 《不平等的北南贸易》，载《至上报》（墨西哥），1998年3月14日。
③ 他们提出了四个理由：1. 在获得信息权方面，存在着进入以及规模经济的障碍；2. 获得和生产新的信息需要高投入；3. 先行者常常是信息系统的标准和构造的创造者；4. 在军事力量依然具有重要意义的情况下，信息技术帮助了实力强的一方。Robert O. Keohane, Joseph S. Nye, Jr., "Power and Interdependence in the Information Age", in *Foreign Affairs*, Vol. 77, No. 5, September/October 1998.

（2）在信息享用上，存在着严重的不平等。无论在信息载体（包括报纸、书籍、电视、收音机等）的使用数量上和信息量上，还是在全球主要媒体的分布上，西方都拥有明显的优势；（3）信息技术的发展扩大了发达国家的其他优势。最突出的代表是英语借助计算机技术的发展，已成为世界上最普及的语言，为把英语当做第一语言的国家（尤其是英美）的文化的传播和扩大影响提供了有力的支持，造成了不同文化交流的实际不平等。

三、国家的作用：权力的辩证法

国家始终是全球化进程中以及全球化争论的核心。全球主义把全球化与国家简单对立起来，对于全球化进程中的弱势者来说，对国家的作用持极端怀疑态度非常危险，容易导致对全球化状况和后果的盲目乐观和无计划介入，最后陷入被动，遭受重大损失。因此，清醒地认识国家在全球化中的作用显得非常重要。

对国家在全球化中作用的认识应该从三个层次入手。首先，必须承认全球权力结构的变化已经从不同角度、不同层面，对国家存在的目的、作用和权力的使用方式、范围、限度等这些从民族国家产生以来长期被认为是既定的命题提出了质疑。丹尼尔·贝尔所说的"民族国家对于小问题来说太大，对于大问题来说太小"，非常形象地描绘了国家现在的处境。

西方学者认为国家的这种处境集中表现在两个方面：一方面，全球层面和国内层面各主体的多元化使它们不仅在解决一些具体问题上与国家分享着权力，而且在为自己争取着更大的活动空间或创造着新的、脱离国家的活动空间；另一方面，过去被认为是国家独享或者标志着国家的基本特征的权力，现在或者被共同承担或者被约束、削弱了。苏珊·斯特兰奇为了说明这一点，列举了受到影响的十种国家权力：国防的重要性和规模的下降；无法独立维持本国的货币；难以适宜的资本主义发展方式；纠正市场波动的能力下降；提供社会保障的能力有限；征税能力的不足；制定整体发展战略的能力下降；无法独立完成基础设施的建设；无法维持国内市场竞争以及垄断暴力。在斯特兰奇看来，这十种权力在不同程度上，受到了不同主体的冲击，无法按照传统的方式来行使。①

这些观点有的虽然有夸张之嫌，但是确实反映了国家权力在结构和使用上遇到的问题和挑战。因此，我们提出看待国家的第二个层次——国家在全球化进程中的客观作用。

在很大程度上，民族国家的发展过程实际上也是全球化的推进过程，国家是全球化发展的关键推动力量。民族国家的诞生为国内市场的最终形成提供了政治保障，并且通过一系列制度缓和了市场带来的灾难性负面影响。② 在西方资本主义开始殖民扩张的时候，国家是资本背后强大的支持，为之提供了武力。第一次世界大战前出现的国际经济的黄金时期得益于西方国家之间形成的稳定的国际体制。第二次世界大战之后，国家在全球化中的作用更为直接、明显。这种作用集中地体现在国家对经济活动的全面而深入地参与。一方面，各国积极支持本国企业向海外市场发展。无论是奉行市场原则的美国，还是充分利用国家作用的日本和东亚"四小龙"都不例外。另一方面，各国主动参与国际经济活动，参与地区性经济组织的建设，协调彼此在关税、贸易等方面的关系，降低了国际经济交往的成本。

早在70年代末，研究国家与国内经济开放度关系的学者就发现，就发达国家而言，政府规模与经济开放度（以贸易占GDP的比例来衡量）成正相关关系。③ 后来，美国学者丹尼·罗德里克（Dani Rodrik）通过对80年代和90年代的OECD成员国的分析发现，政府开支与贸易量之间存在着相当强的正相关联系。国际贸易量越大，政府规模越大。这些研究表明，国家在全球化中并没有完全陷于被动，正是它们在经济领域中的积极活动推动了国内经济的开放和全球经济的整合。从另一个角度讲，在全球化进程中还没有产生一

---

① Susan Strange, *The Retreat of the State*, Cambridge University Press, 1996, pp. 73–82.

② Karl Polanyi, *The Great Transformation: The Political and Economic Origins of Our Time*, New York: Farrar & Rinehart, 1945.

③ David Cameron, "The Expansion of the Public Economy: A Comparative Analysis", in *American Political Science Review*, Vol. 72, No. 4, 1978.

个可以完全替代国家职能的共同体式的组织。国家依然能够有效地（尽管有些困难）地保护其公民，维护国内的秩序和公正。同时，国家解决国内问题的能力越强，其应对全球问题的能力也越强，从全球化进程中获得的收益也相对更多。① 正如彼得·埃文斯（Peter Evans）所说："全球化的经济逻辑本身并不注定（国家）的销蚀。虽然全球化确实使国家更难发挥经济的主动性，但它也提高了国家有效行动的潜在收益以及国家乏力的成本。"②

在肯定了国家在全球化进程中的积极作用以及在国内社会中的有效存在的同时，还应该特别注意到第三层次上的问题——国家之间竞争的加剧以及不同国家在全球化中所处的地位存在着明显的差别。国家之间竞争的加剧主要体现在三个方面：（1）竞争的领域扩大了。过去国家之间的竞争主要是军事竞争，现在则是全方位的，而技术竞争、人才竞争和制度竞争则成为竞争的核心内容。因此，奈和基欧汉提出了"软权力"的概念，"它通过说服他人服从或者使他们同意可以产生预期行为的规则和制度发挥作用"；③（2）竞争的目的不是传统意义上的领土占领，而是把对方纳入自己主导的经济体系、政治体系之中，在自己建立的游戏场所和游戏规则中行动；（3）各国的"反思"意识都明显增强，不仅形成了明确的竞争意识，而且构建着自己全面的竞争战略。

在全球化进程中，国家之间的竞争不是在相互孤立的状态下进行的，而是通过积极参与全球化进程实现的。但是在参与的同时必须认识到（特别是对发展中国家来说），全球化对于不同的国家有着不同的影响。罗伯特·考克斯（Robert Cox）认为，从70年代布雷顿森林体系瓦解以后，就出现了一种新的理论，"国家必须成为调整国民经济活动以适应全球经济危急情况的工

---

① Linda Weiss, "Globalization and the Myth of the Powerless State", in *New Left Review*, No. 225, September 1997.

② Peter Evans, "The Eclipse of the State? Reflections on Stateness in an Era of Globalization", in *World Politics*, No. 50, October 1997.

③ Robert O. Keohane, Joseph S. Nye, Jr., "Power and Interdependence in the Information Age", in *Foreign Affairs*, Vol. 77, No. 5, October 1998, p. 86.

具"。但是由于国家的不同，这种理论的体现也有差异。负债累累的第三世界国家处于最弱的地位，在那里，国家没有能力应付外部压力，而国内的团体又特别脆弱。发达国家则由于对外国证券市场的变动、金融危机以及跨国资本流动的敏感而有效地减小了冲击。①

结论：警惕全球化成为一种新的意识形态

目前在我们国内有两种最为流行的全球化理论：一种是新自由主义的；另一种是西方左翼的。这两种理论的出发点和观点虽然不同，但是都有上升为西方新的意识形态的可能。

新自由主义的全球化理论代表了西方政府和跨国资本的根本利益。在全球化问题上有两个基本的主张：一是强调市场至上，由此推导出各国，特别是发展中国家开放国内市场、减少国家干预的必然。在这个主张的背后潜藏着英美文化中的"国家怀疑论"。对于发展中国家来说，这种论调非常危险。因为这些国家由于历史原因，没有像西方国家那样实现充分的民族国家建设，社会与国家之间的适度关系没有建立起来，在全球化进程中最迫切的任务之一是尽快完成这个任务。接受这种观点实际上意味着对国家和政府的不信任，必然导致民族国家建设的受阻，无法从根本上避免全球化对本土文化和民族认同的冲击。二是主张实行全球治理，即认为国家应该与不同层次、不同类型的国际组织和私人组织等全球行为主体共同协作，解决全球问题。这种看法实际上是从国家—市民社会模式中推导出来的。玛丽-克劳德·斯莫茨针对这种被西方主要国家以及包括世界银行在内的国际组织推崇的主张批评道："它设计的社会生活是天下太平，无视那些你死我活的争斗、对他人实行直接统治的现象，以及因国际社会中若干部分之难以控制而引发的种种问题。……

---

① Robert Cox, "Structural Issues of Global Governance: Implications for Europe", in Richard Falk, Tamas Szentes (eds.), *A New Europe in the Changing Global System*, Tokyo: United Nation University Press, 1997, p. 57.

全球治理的基本标准是效益：处理争议、解决问题的效益，调和各方利益的效益。这当然对大家有利。但是，既然不存在中央组织和全球性的参照系统，市场便成为当今世界上唯一起作用并影响一切相互作用的社会子系统的调节者，而'全球治理'很可能不过是一件理想主义、举世归心的外衣，下面隐藏着最狡诈的经济自由主义。"①

西方左翼的全球化理论在揭露全球化的负面影响上非常深刻，但也有潜在的危险。这集中体现在两个方面：一是它对全球化负面效果的过度强调为抵制全球化的力量提供了借口，实际上为不同形式的保守主义提供了根据。无论从哪一个角度来说，对于发展中国家都是非常不利的。从发达国家内部来说，这种主张容易助长一些认为受到全球化损害的团体对政府施加压力，对发展中国家采取经济上的制裁，或者对国内的移民采取排斥态度。从发展中国家内部来说，则会成为一些既得利益集团阻止这些国家对全球化的积极介入以及内部的必要改革。二是随着左翼政党在西方主要国家的执政，左翼理论实际上正在被官方化。在承认既定制度的前提下，官方化的左翼理论所辩护的对象实际上从劳工转变成了跨国资本和国家。"第三条道路"理论的提出集中代表了这一点。被官方化的左翼理论为西方国家的对外行为，特别是干预别国内部事务提供了更全面的证明，因为在西方左翼理论中，有一个根本性的假设：社会公正、保护弱者是最重要的，可以通过国家或政府的行为实现这个目标。这个假设从民族国家层面上升到全球层面，必然会推导出，为这个目的采取的任何跨国界行动都是合理的。在科索沃危机中，我们清楚地看到了这种逻辑带来的灾难性后果。

历史反复证明，任何一种理论如果成为霸权，带来的结果必然是对不同声音的扼杀以及整个社会批评意识的弱化。在民族国家依然是全球结构的中心，民族国家之间的关系是最根本关系的今天，这种理论霸权会成为一些国家攫取更大利益、采取暴力行动的合法性证明。因此，发展中国家应该首先

---

① 玛丽-克劳德·斯莫茨：《治理在国际关系中的正确运用》，肖存毛译，载《国际社会科学》，1999年第3期。

清楚自己在全球化进程的地位,并根据实际情况构建自己的认知体系,只有这样才有可能使国家和社会达成更和谐的关系,为国家的行动提供更有说服力的论证。

试论新型全球治理体系的构建及制度建设*

王　毅**

随着全球化、多极化的深入发展，国际力量格局发生了巨大变化，全球治理领域也面临着重新洗牌的局面：新兴国家和发展中国家积极在"攻"，要求改变西方"单边"垄断、操纵的旧体系、旧制度；传统发达国家竭力在"守"，力图守住"二战"以来对其有利的全球体系与制度，维护由美国主导、少数发达国家及组织支撑和配合的传统型国际体系。围绕未来全球治理体系及规则的制定，主要发达国家与主要发展中国家形成明显的两大阵营。在全球治理问题上，单边的传统型治理模式已经过时，由新兴国家、发展中国家共同参与、合作、竞争、对抗的新型治理体系与制度的雏形日趋显现。

一、传统全球治理体系运作失灵

1. 美国主导的国际体系及其片面性

"二战"以后的国际治理体系，包括政治、经济、军事等领域，主要是

---

*　本文原载于《国外理论动态》，2013年第8期。
**　王毅，中国国际问题研究所全球治理研究中心主任。

由以美国为首的西方主要资本主义国家建立的。正如新自由主义学者罗伯特·O. 基欧汉所指出的，战后的国际制度是在美国的霸权体系中产生的，是由于美国国家权力才得以实施的，即使霸权国家衰落，国际制度仍会存在并起着重要作用。① 美国学者米尔纳（Helen Milner）认为，国际制度和国家制度没有本质的区别，制度的作用主要取决于制度的合法性。② 美国在战后一直力图使一系列以美国为主建立起来的国际制度具有更高的合法性，目的是加强国际制度的权威性和可行性。美国设计并主导了战后国际机制的构建，建立了联合国、北约等政治、安全机制以及以美元为核心的世界经济、金融体系。

美国主导的国际制度至少呈现出以下三个方面的片面性：第一，美国通过操纵各种国际和地区组织为其利益服务，以单边、强迫、片面的方式治理和领导世界，即所谓"美利坚治下的和平"。第二，美国等少数西方国家通过把持国际制度中的话语权以及拥有的充足资金和科技优势，统治世界绝大多数国家，迫使大多数发展中国家处于服从和受制状态。第三，科技、经济及军事优势地位造就出西方的"种族优越性"和"救世主"意识，强行推行"民主"、"自由"、"人权"等西方价值观、民主体系和资本主义发展模式。

2. 全球化推动全球治理体系的演变

20世纪末，在科技不断创新的条件下，世界生产力的加速发展推动了经济全球化，尽管局部性战争、战争意识和冷战思维依然存在，但全球化已取代传统意义上的战争手段，成为世界格局和全球治理体系发生重大演变的主要推手。

第一，在体系上，以美国为首的西方掌控的单一体系遭到全球化催生的多种价值体系、不同发展模式和不同性质规则的多极发展取向的严峻挑战。2008年美国金融经济危机导致了冷战以来美国经济霸权的衰落，新兴国家开

---

① Robert O. Keohane, *After Hegemony: Cooperation and Discord in the World Economic*, Princeton, New Jersey: Princeton University Press, 1984, pp. 31–46.
② Helen Milner, "The Assumption of Anarchy in International Relations Theory: A Critique", in David A. Baidwin (ed.), *Neorealism and Neliberalism*, pp. 143–169.

始崛起,"金砖国家"等经济体的发展虽然在经济腾飞过程中积极融入美国制定的经济规则并且依靠美国市场,但却处于美国冷战霸权的安全同盟支柱之外。冷战时期的经济强国大都是美国的盟友,但如今的新兴经济强国在政治安全上不仅不是美国的盟友,甚至有可能成为美国的潜在对手,这就使美国因失去了历史参照而不知所措。

第二,在民族国家权力上,全球化的大趋势正在迅速改变着政治、经济、社会和文化统一在民族国家内的状况,使国家与全球社会的相互依存性越来越大,全球化一方面将各国边界的排他效应和主权的绝对管辖权逐步压缩到最低限度,另一方面则产生了诸多跨国性全球公共问题,如环境污染、气候变暖、跨国犯罪、全球安全等。全球公共问题不是单个国家面临的问题,而是多个国家甚至全球社会面临的共同问题。

第三,在国际关系中,各国相互依存、互有所求、平等互利的需求和愿望上升,逐渐取代传统上由西方强制的霸权式的旧形式。这主要表现在以下两个方面:(1)全球化运动把世界各个地区、国家,甚至地方紧密地联结在一起,相互依存代替了以往的零和博弈。国际关系中的行为主体不限于国家,非政府组织和跨国公司对国际政治的参与也成为对外关系的一部分。(2)由于科技革命、信息革命以及全球化带来的国际价值认同和权力集中,一种循序渐进的国际合作关系开始建立,目的是在新的历史条件下为全球、区域或次区域提供安全、稳定、秩序、发展环境等重要而急需的公共利益和公共物品。

第四,在全球化加速发展的作用下,国家之间的关系日趋多元复杂,合作中有矛盾,对立中有需要,既非"零和",亦非"共赢",难以沿用传统的"天然联盟"或"全面伙伴"关系来界定国与国关系。国家之间的合作具有"不同性"和"即时性",要依据利益的多少、长短、发展,一国借助多国,大国需要小国,小国依赖大国,国家依靠地区及国际组织,国际组织求助一国甚至一国的非政府组织,任何国家、地区联盟和联合国都可能成为一国或数国利益各尽所能、物尽其用的"工具箱"。中美在经济领域可能结盟,但在战略安全领域可能成为对手;中俄战略协作伙伴关系主要体现在战略、安全、能源等方面,但在气候变化问题上,俄罗斯则站在发达国家一边;德国、印度、日本、巴西为争当联合国安理会常任理事国组成了"四国战略联盟";南非、印尼发起的"亚非新兴战略伙伴关系"得到了广大发展中国家的支持;尽管"金砖国家"中的各国体制不同、国情不同、发展规模和速度不同,但却因共同的经济利益和相同的战略利益建立起某种合作机制,成为当今全球治理体系中一支强有力的新生力量。

总之,全球化带动世界进入了一种新型治理体系,即一种以全球广泛参与、国家共同治理为核心的新型体系,而非霸权或强权治下的体系,从而实现全球范围内应对冲突、解决问题和达成目标的根本性制度安排。

二、新型全球治理体系的基本要素

以"金砖国家"为代表的新兴经济体的经济总量在国际体系中所占的份额正在逐年增长,综合国力正在不断提升,从而拉动了世界经济的复苏,推进了多极化进程,使得与发达国家的力量对比正朝着更加公正、合理的方向发展,也使得世界格局由失衡趋向平衡,成为决定全球治理新架构和制度的重要"撬动性"因素。与此同时,以美国、欧盟、日本为主要代表的西方国家则充满着"旧秩序的危机"和"对新秩序的担忧",无论是其综合实力、战略地位、国际影响,还是其曾引以为傲的社会模式、幸福感,均遭遇到了前所未有的"战略断层"。[1]

在上述背景下,经过多年的探索与实践,新型全球治理体系初见端倪,其基本内涵包括以下四个要素。

1. 全球治理的责任化

新兴国家、发展中国家的话语权和投票权不断增加,这既表明发达国家已承认不能单靠自己来处理全球经济事务,要求新兴国家在全球事务中承担更大的责任,也意味着新兴国家、发展中国家在全球经济体系的改革中任重

---

[1] 参见 Francois Heisbourg, *Vainqueurs Et Vaincus: Lendemains De Crise*, Paris: Stock, 2010。

道远，将承担起制定未来改革蓝图的重要责任。近年来，随着新兴国家在国际舞台上的地位和影响逐步提高，传统发达国家与新兴国家、发展中国家围绕责、权、利的斗争与摩擦也日趋激烈。

就现阶段改革而言，发达国家仍在世界经济体系中占据主导地位，新兴国家要想取得任何实质性权力，发达国家被迫作出的丝毫让步都是在双方的激烈博弈中取得的。尽管新兴国家的权力有所增强，但也存在着新兴国家承担的责任与权利、影响力与代表权之间不平等的情况。新兴大国的崛起必然激起现有大国的反应，崛起和遏制崛起将是国际社会在相当长一段时期内的主要矛盾之一。

既有利益者（西方发达国家）与既有利益的挑战者（新兴大国）如何共处，处理好"责任"问题极为重要。因此，推动治理主体间的责任化是走向新型全球治理的第一步。现有大国、新兴大国或地区集团可根据自身综合实力和影响力的不同，在不同地区和国际事务中承担起分量不同的责任和义务，确立各司其职、各尽其能的"责任国家"，从而积极、有效地化解国家间矛盾，处理好国际或地区问题，维护世界和平与稳定。比如"G20"的建立及运作、欧盟在应对气候变化问题上积极发挥带头作用、金砖国家成为拉动世界经济复苏的关键因素等，均是责任化的成功经验和范例。但责任还需要有国际社会与联合国的控制和监督，以避免出现"责任背离"。美国在无确凿证据的情况下攻打伊拉克，又伙同英、法攻打利比亚，而对战后遗留下来的乱摊子却熟视无睹、不管不问，这种做法是不负责任的。可见，要在全球治理和制度改革上实现发达国家与新兴国家、发展中国家真正意义上的相互平等、问责、节制、包容，责任化是一种有效的选择。

2. 体系内各要素的多极化和多元化

与以往西方国家作为治理的"单边控制"主体不同，全球治理的主体、客体、价值取向等要素越来越多极化、多元化。从美国历届总统拒不承认多极化的现实，到奥巴马总统被迫承认多极世界的现实存在，说明即使是美国这样的超级大国也难以依靠自身的实力应对各种挑战和威胁，世界正在逐步由"单边控制"走向发达国家、新兴国家和发展中国家"共同治理","一超趋弱、多强共治"的格局已经出现。

治理客体或对象的多元化包括了全球层面、区域层面、次区域层面、其他多边与双边层面、国家层面和地方层面各种问题的治理。除了传统的政治军事安全,还有经济安全、反恐、反对大规模杀伤性武器扩散、移民、气候变化、环境保护等非传统安全问题。各国或区域组织越来越将国际多边主义视为维护自身利益的重要途径与方式,任何一个行为体都不可能游离于国际社会之外,多边组织已成为维护国家利益的主要方式和渠道,成为国际体系普遍的对外关系基本准则。

3. 治理方式的共同化

新型全球治理的重要一点是突出共同治理,强调行为者的多元化、合作性、行动性以及治理的多层次性。共同治理主要由国家间关系构成,特别是在全球社会的政治、军事、经济等领域,涉及的主要问题有和平、安全、裁军、防核扩散、国际恐怖主义和经济等,这些问题往往关乎国家尤其是大国、强国的政治意愿及其相互作用,关乎它们的政治、军事、经济等各项权力的转移。与传统治理的"少数垄断"不同,新兴国家与传统发达国家在全球治理上已经形成了共同合作、共同策划的方式,其原因基于以下几点:(1)人类的共同利益正面临前所未有的挑战,任何一个国家仅靠自己的实力难以应对这种挑战,因此需要各个国家的共同合作与应对。(2)随着科技创新等人类获取利益方式的不断扩大,利益在逐步拓展,只有通过合作的方式才能达到互利互惠、共同发展的目的。相反,传统的"零和博弈"理论已经过时,通过军事冲突的手段解决问题,不仅会增加战争成本,而且即使赢得胜利也会导致国家的综合实力受损,甚至引发国内政治、社会和经济危机。(3)出现了灵活多样的合作关系,例如,新兴国家与发达国家间的集团式结对,进而形成对称、公平、公正的格局("G20"),或者国与国之间结成战略伙伴关系(中美"G2"、"法德轴心"、中俄战略协作伙伴关系),等等。(4)应对各种全球问题所需要的国际合作进一步催生了国际关系的民主化治理,即将民主机制运用于国际关系,或在国际事务中实行民主原则。这一理念强调每个国家都是国际社会的平等一员,国际事务中的重大问题都要由每个国家协商解决,而不分大小、强弱和贫富。

4. 发展趋势的集团化

近年来,在多极化加速演进、不断深化的过程中出现了一种新变化,即以发达国家为一大集团、以新兴国家和发展中国家为另一大集团的集团性合作与竞争在全球体系的塑造中日渐明朗:一方是传统发达国家为应对新兴国家和发展中国家加紧抱团,另一方则是新兴国家、发展中国家为捍卫自身利益日趋团结。大国重新集团化正成为大国互动的新态势。[1]

从现实来看,各集团内部均由一些中坚力量形成凝聚力和号召力,而能成为中坚力量的国家一般须具备下列条件:一是具有较强的综合国力,特别是经济、科技和军事实力;二是具有一定的地缘政治优势;三是具有较强的国际影响力和凝聚力,能在自己周围吸引和团结程度不等的支持国。集团之间往往既互相对立、又互相依存,既展开竞争、又合作对话。集团化源于多极化中多极力量的重组改变,源于不同价值理念、不同文明、不同治理模式国家和集团的重新"合并同类"。因此,集团化将是一个长期、复杂、曲折的发展过程。这种集团化趋势绝不同于冷战时期美苏两大集团之间围绕意识形态和国家利益竞争的对抗,而是试图在平衡与发展中确保自身利益最大化。换句话说,由美国主导的传统治理体系是失衡的单轨制,获益的只是少数发达国家,世界上大多数国家以及整个国际体系的利益则受到严重损害。而在集团化状态下,世界因为新兴国家、发展中国家集团的出现以及与传统发达国家的共存性、伙伴性而变得更趋均衡、公平、合理。

---

[1] 陈东晓:《国际安全格局的演变及中国与大国关系的机遇和挑战》,载《国际问题研究》,2010年第6期,第36页。

三、新型全球治理的制度探索

新型全球治理体系的发展是与制度的设计和创新紧密联系在一起的。由于历史的原因，现有的制度存在不公正、不合理和失灵的现象，必须按照民主化的原则改造那些不合理的制度及其载体——国际组织，要求那些后进国家改变固有的行事模式和制度，按照国际上广泛接受的制度框架来界定自己的利益、规范自己的行动，形成多层次、多领域、高效率的会晤、协商机制和多边合作机制及载体。

新兴国家在群体性崛起之后，不仅积极参与全球政治、经济体系的重新构建，而且也积极投入到全球及地区组织的制度与规则的建设中，从而推动着传统治理走向更现实、更具内涵和代表性的新型治理新范式。国际社会在探寻建立全球治理新范式方面作出了如下尝试。

1. 在创新中改革不合理的传统国际制度和规则

"G20"的成立及发展宣告由西方单独掌控世界经济格局的时代已经一去不复返，进而开启了建立新型国际体系与制度的大门。它反映了全球经济治理的新现实，即如果缺少发展中经济体的参与，任何全球性经济问题的解决都是难以想象的。"G20"在应对国际金融危机、促进世界经济复苏方面发挥了关键作用，然而随着应对危机的紧迫性的减弱，围绕"G20"的建构及前途、作用等问题出现了种种分歧，甚至有些发达国家仍然想以"G8"代替"G20"。尤其是"G20"本质上仍然只是一个论坛性质的组织，没有常设机构，没有理事会、秘书处，议题的设定由发达国家和发展中国家共同参与制定。尽管矛盾重重，但在新兴国家、发展中国家及一些发达国家的共同努力下，国际社会以此为核心制度平台，展开了一系列富有成效的改革，以促进"G20"的机制化建设，加强"G20"峰会的执行力度。"G20"已经代替"G8"成为全球经济治理体系和宏观经济协调的核心平台，大大拓展了全球经济治理的合法性和代表性，这主要表现在以下几个方面。

第一,"G20"将新兴国家参与国际金融治理的地位制度化。在"G20"峰会中,新兴国家以完全平等的身份参与了治理金融危机的政策商讨。"G20"达成了取消关于世界银行行长和国际货币基金组织总干事必须分别由美国人和欧洲人担任的意向性共识。在国际货币基金组织通过的份额改革方案中,中国的份额将从3.72%升至6.39%,投票权也将从目前的3.65%升至6.07%,从而超越德、法、英,位列美国和日本之后。此次份额改革完成后,国际货币基金组织将向新兴经济体转移超过6%的份额,"金砖四国"(中国、印度、俄罗斯、巴西)将进入国际货币基金组织份额前10位之列。这是该组织成立65年来最重要的治理改革方案,也是针对新兴市场和发展中国家最大的份额转移方案。同时,欧洲国家将在国际货币基金组织执行董事会让出两个席位,以提高新兴市场和发展中国家在执行董事会的代表性。这是扩大新兴国家权力的一个重要标志。

第二,"G20"对治理乏力的传统国际机构进行了改革,以加强其行为能力,确保国际货币基金组织、世界银行和其他多边开发银行拥有充足的资源,帮助在危机中受到严重打击的发展中国家,并提供贸易和基础设施的融资。此外,"G20"还达成了加强对金融市场进行监管和金融产品信息通报的合作共识,决定将"金融稳定论坛"更名为"金融稳定委员会",扩大其成员的代表性,吸纳所有"G20"成员国为其成员,并先后出台了一系列应对金融危机和改善国际金融治理的协调措施,取得了实质性的成效。

第三,"G20"成为发展中国家与发达国家合作、博弈的平台。在"G20"中,新兴经济体占多数,而且在经济发展领域的诸多问题上有着共同的利益,已经成为新兴经济体和发展中国家协调谈判立场、反映共同诉求、维护自身利益的重要工具。与此同时,发达国家在全球经济治理中仍居主导地位,因而"G20"也是发展中国家争取发达国家、加强与发达国家合作和沟通的重要渠道。同时,发展中国家也要防止"G20"成为发达国家重新瓜分世界市场、剥夺发展中国家经济增长成果的工具。

2. 打造全球治理制度与规则的新范式

首先,形成国际治理制度"固定加可变"的"P5＋GX"模式,即由联合国安理会五个常任理事国组成的稳定政治安全固定量的"P(permanent)机制",加上全球治理可变量的"Group＋X"机制,从而形成"固定的P5"＋"可变的GX"机制,进而在此基础上演变出五级"塔型"治理结构和多层治理对象。第一级由所有成员国参加的大会构成塔基,是所有成员国表达立场、看法的场所,如联合国大会;第二级由部分国家因利益、经济、地缘、历史趋同而组成专门委员会或利益集团,即"可变的GX"形式,如"G8"、"G20"和哥本哈根会议时出现的"27国集团"、"基础四国"等;第三级由若干关键国家组成,在达成最终协议前完成相互妥协和利益分配,如多哈谈判中出现的美国、欧洲、巴西、印度四方,以及哥本哈根会议上的美国、中国、印度、巴西和南非五国核心;第四级为"固定的P5",即安理会五个常任理事国,肩负着维护世界和平与安全的重大责任,未来在较长时期维持常任理事国现有数量对全球维稳的意义重大;第五级为塔尖,通常由两个对立的、下注最大的玩家形成轴心。

其次,形成最具广泛性的治理主体,它既包括非政府和政府,也包括个人、群体、国家、国家间或跨国家等全球社会的所有角色,更包括新兴国家、发展中国家和传统发达国家。例如,目前成立金砖国家开发银行的计划正在酝酿之中,一旦成立,将填补国际货币基金组织和世界银行等体系在国际公共物品供给上的能力不足和严重缺陷,为寻求发展的落后国家提供更多、更灵活的选择,并将成为国际金融机构民主化改革的重要助推器。

最后,强调国家在全球治理中的核心作用,给予国家"责任化"以足够的关注。这是新型全球治理与以往西方主导下的全球治理的最大区别,也是承认现实、尊重现实的表现。国家仍然是全球社会政治舞台的支点,国家的权威与功能仍无法替代。在国内治理、次区域共治、区域共治和全球共治的过程中,国家扮演了最重要的角色。

3. 国际体系与制度建设的困境

建构一个新型全球治理范式将是一个曲折、复杂而又激烈的过程。

首先，国际关系民主化受到国际体系的结构性限制。国际金融危机以来，围绕全球治理体系的改革，目标的多元性决定了发达国家与发展中国家的立场差异。新兴国家、发展中国家认为，在全球金融一体化背景下，任何国家都不可能在危机中独善其身，如不能在权责分配中充分体现多元化要求，现行国际治理机构在国际沟通和协调中的作用就很难发挥出来，因而需要从根本上改革现行全球治理体系。发达国家认为，改革固然重要，但如果损害了它们的主导地位，那将是不可接受的，全球治理体系的改革只能在不损害其核心利益的前提下进行。

其次，每一次治理都是力量博弈和激烈讨价还价的结果。国际上任何新范式的建立往往都伴随着剧烈的阵痛。虽然危机重创了资本主义发展模式和价值体系，但西方国家并不认为资本主义已经走向没落，仍然要维护西方获得的既得利益，捍卫其统治地位。这就给全球治理增添了许多复杂因素：一是在重大问题上的"一致原则"使得关于全球治理的谈判进程越来越长，从西雅图开始的多哈回合谈判已持续了十多年，始于 2005 年的"后京都议定书"气候变化谈判也进行了八年，有专家预测可能要到 2020 年才会就此问题达成协议。二是发达国家与新兴国家的矛盾和对立逐渐成为主流。过去，在全球治理问题上主要是发达国家内部美欧、美日之间的对立；如今，发展成为发达国家与新兴国家、发展中国家的对立。过去由发达国家控制的世界贸易组织、国际货币基金组织、世界银行等国际组织及其国际谈判，如今都面临新兴国家要求权利与义务平衡的问题。世界贸易组织谈判未能取得进展的主要原因就在于在农产品问题上美国与中、印的对立以及在工业品问题上美、中的分歧。哥本哈根会议及后续气候变化谈判未能达成约束性协定，也是因为发达国家与新兴国家、发展中国家在"共同但有区别的责任"上的不一致。过去，美国在一些问题上能够得到发展中国家的支持；如今，发展中国家不再追随美国。三是西方体制充分暴露出劣势。以美国为首的西方国家受各种民主选举所困,急于在全球治理方案中取得立竿见影、急功近利的功绩。欧盟的处境更为尴尬,既期望以"快"掩盖其内部成员国办事拖拉、缓慢的弱点,又受债务危机等内部问题困扰,有被美国及新兴国家"边缘化"的危险。而包括中国在内的一些新兴国家却能制定出长远发展的战略目标,在多边谈判中拥有时间优势,每稳定发展一年,就在与西方的赛跑中赢得一大步。但是,如前所述,美国等西方国家不会轻易放弃已获取的既得利益,因此每一次"共同治理"都将是各方激烈较量、斗争的结果。

总之,全球面临的各种挑战促使各国意识到加强全球合作、改革旧的不合理的国际政治经济秩序、加强全球治理的必要性和紧迫感,毕竟在全球经济一体化的时代,一损俱损,谁也不能独善其身。但改革传统体系极为敏感、复杂,会触及西方的既得利益,因而将传统的全球治理体系推倒重来的激进做法不太可能,但是保留旧的体系、在改革上集体不作为亦不符合现实需要。只有改革传统的全球治理体系与构建新型体系和制度两者齐头并进,走双轨增量的渐进道路,才能最终确立更为公正、有序、均衡、包容的新型全球治理体系和制度。

全球治理 2025：关键的转折点[*]

美国国家情报委员会（NIC） 欧盟安全问题研究所（EUISS） 编
俞　平　潘寅茹　译[**]

概　要

全球治理指的是在国际层面上，对共同面临的问题所进行的集体管理，当前全球治理正处于一个发展的关键期。"二战"结束后建立起来的全球治理机制虽自建立之初便不断取得成功，但国际社会面临的新问题也是层出不穷，其复杂性远远超过国际组织和各国政府的应对能力。伴随着快速发展的全球化进程，国际体系所面临的风险已经使得原先的地区威胁膨胀到无法在该地区内部得到解决，且足以对全球安全与稳定构成威胁。本世纪之初，种族冲

---

[*] 原文标题"Global Governance 2025：At a Critical Juncture"，摘自《国外社会科学文摘》，2011年第3期，第4—12页。

[**] 美国国家情报委员会（National Intelligence Council，NIC），美国情报单位里的一支专门负责中、长期策略思考的组织，于1979年成立，负责编制国情评估等报告。NIC最重要的报告就是全球评估（Global Briefing），每五年出版一次，利用最新与可靠的数据与假设的情境来预测未来15年的全球前景；欧盟安全问题研究所（European Union Institute for Security Studies，EUISS）是欧盟负责外交、安全和防务政策问题的机构，于2002年成立，总部位于巴黎，其核心使命是提供有助于欧盟政策制定的座谈会、分析报告和学术论坛；俞平，上海社会科学院信息研究所《国外社会科学文摘》主编；潘寅茹，《第一财经日报》记者，上海外国语大学国际关系与外交事务研究院2009级硕士研究生。

突、传染性疾病、恐怖主义，以及新一轮的全球挑战（包括气候变化、能源安全、食物与洁净水稀缺、国际移民潮、新技术）正逐渐来到舞台中央的聚光灯下。

　　快速全球化导致了三方面的主要影响，需要以更高效的全球治理应对之。独立，多年来一直是经济全球化的一个主要特征，然而中国、印度、巴西及其他高速发展的经济体的崛起已经将经济独立带上了一个新水平。气候变化和能源问题之间的多重联系、经济危机和国家的脆弱性（将成为未来危机的结点）都昭示着今日国际挑战交互关联（interconnected）的本质。以上提及的许多问题都是国内和国际挑战互相交织在一起的。国内政治为国际合作设置了严苛的标准，并缩小了妥协的可能。

　　多极世界的发展趋势使未来十年实现全球治理的有效性变得更为复杂。新兴国家经济影响力不断扩张，这为它们带来了超越国界的政治影响力。实力的转移不仅是从老牌大国转向新兴国家，在一定程度上，也就是发展中国家，而且也逐渐转向了非国家主体。对于全球治理的不同预见和质疑通常都是基于西方的固有概念，这为有效应对日益增长的挑战设置了更多困难。

- 巴西觉得有必要进行权力的重新分配，使之从发达国家向发展中国家转移。一些专家认为巴西倾向于建立以国家为中心的多边主义。

- 作为国际行为主体，中国意识到了国际体系的本质缺陷和所面临的日益严峻的全球挑战，但却仍过多关注其国内问题。中国所面对的是近期形成的一个"更大的结构"，该结构将不同的制度和群体整合在一起。中国将二十国集团（G20）的成立视做一个进步，但仍质疑南北差距是否会继续阻碍包括经济合作在内的各方面合作。

- 对于波斯湾地区的国家而言，最大的问题在于何种全球制度最具包容性，有助于权力共享。令这些国家感到遗憾的是，它们缺乏一个强有力的地区组织。

- 印度认为现存的国际组织"完全不足以应对局势"，同时为"亚洲缺乏国际均势而难以维系稳定"感到担忧。在中国获得了地区优势的情况下，印度自感没有得到应有的重视，以至于不能在促进地区制度建设方面发挥充分的作用。

- 俄罗斯专家认为，2025 年的世界仍将由若干大国主宰，但跨国合作的机会将有所增加。俄罗斯担心的是"跨太平洋地区安全"问题。美国、欧洲和俄罗斯都希望开展更紧密的合作，而中国作为"最大的经济体"则将是世界变革过程中的重要因素。

- 南非认为全球化加强了地区化，因为全球化抑制了单一全球政体的形成。南非所担忧的是全球化趋势中的失败者会远远多于获益者。

此外，当世界朝着多极化方向发展时，权力同样朝着非国家主体转移，它们会成为国际合作的中介或者是破坏者。从积极的角度看，在秩序重构和民众动员方面，跨国的非政府组织、市民社会、教会和其他宗教组织、跨国企业、其他商业组织以及各利益方的表现即便未能比国家更为有效，至少也是起到了同等作用，我们期望这一趋势能够保持下去。然而，敌对的非国家主体，如犯罪组织和恐怖主义网络，通过各种技术壮大了自己的实力，对国际安全造成严重威胁，并带来了混合式、系统性的风险。许多发展中国家在地区和全球层面的作用日益增强，但同时也一定程度上受制于非国家主体的缺乏，因为非国家主体能够帮助这些新崛起的国家更好地应对跨国挑战。

全球治理的总体机制在一定程度上已经作了调整，以适应新出现的国际问题，但这些调整并非有意识地主动而为，力度也不足以跟上变化的趋势。事实上，是在外在力量的驱使下才促成了这些机制调整，而非机制本身的自我完善。

由主要国家组成的非正式组织是非常有效的国际合作形式，如二十国集团，它旨在进一步促进地区合作，尤其是东亚地区，然而非正式组织并不能永久替代基于国际规则的、具有包容性的多边机制。多边机制能够提供公共产品，这是峰会、非国家主体和地区合作框架所不能做到的，同时后者的合作也缺乏可靠的方式。各方都强调，决议应该具备普遍合法性，规则应该保证各方采取互惠的行为，并需要共同协商解决争端和民事侵权（如贸易争端）问题。

我们对多边和多元治理框架进行了评估，虽然这些框架具有灵活性，但由于缺乏广泛的制度改革和创新，仍无法适应日益增加的跨国和全球挑战。未来几十年内，当前机制的协调能力会被分散到全球秩序所面临的各种具体问题之中。

众多研究表明，许多低收入发展中国家将益发脆弱，且可能爆发更多冲突，尤其是那些尚未实现国内完全和平的国家。任何达到埃塞俄比亚、孟加拉国、巴基斯坦或尼日利亚人口规模的人口大国，其国内冲突或彻底崩溃将超过国际冲突调停能力。阿富汗人口大约为2800万人，伊拉克为3000万人，它们都是人口大国危机管理中的突出案例，并证明这一危机极具挑战。

针对脆弱国家所需的人道主义和维和帮助，地区组织几乎没能进行任何大规模的回应行动。虽然崛起的新兴国家能够加强自身的国家政治和经济参与度——这也是它们日益增长的全球利益的诉求，但它们对改善国家脆弱性将会导致的结果一直心存顾虑。

例如，预防冲突通常需要直接的政治干预，甚或是威胁，并可能最后诉诸武力干预。由于考虑到可能干涉他国主权，防止冲突的努力经常会遭到拒绝和拖延。新兴国家中许多专家认为，其政府将会保持警惕，防范由"西方"意识形态主导的干预。

另一类问题包括能源、食品和水资源管理，如果不进行治理创新，依靠现有机制无法有效应对。相互关联的国际事务，特别是人道主义危机，总是由单个国际组织采取回应措施，却没有一个整体框架机制来协调互相影响的食物、水资源和能源问题。考虑到这些资源日益稀缺将对开放的国际体系造成的严重影响，目前全球所面临的问题这些都属于高风险危机。主要大国为了确保本国的供应互相展开资源竞争，而这将破坏其他地区的合作。此外，资源稀缺对贫困国家影响更甚，导致国内或国际冲突，最终影响地区稳定。

诸如移民问题、开放北极、生物科技革命潜在的风险等目前尚不尖锐的问题很可能变得日益严峻，并需要进行更高层次的合作加以应对。就这些问题上进行多边合作相当困难，因为它们关系到更多干预性的措施。在目前情况下，由于这些问题的危害性并未完全暴露，因此要就此开展广泛合作尤为困难。

可能的未来

在报告的主体部分，我们设置了一些"虚构"的可能性，这其中包含的多层次多样化的政府治理框架能够应对日益增加的跨国及全球性挑战。这些可能的景象展现了未来15年可能出现的一系列情况。下面我们将简要阐明国际体系在面对新挑战时的主要发展轨迹。我们相信，如不改革全球治理体系，则其所带来的风险必将积重难返。今日自动挑战危机，可能使系统激发出更大的创新和变革的动力。相反，始终不作为则最终导致风险的全面爆发和系统的彻底崩溃。

未来情境一：维持现状，得过且过

这是未来若干年最有可能出现的情形。即便国际社会联合行动较为迟缓，也不会有任何一项危机突然恶化，直接威胁国际安定。当前，国际社会总是依靠临时制定的合作框架或机制来应对突发的危机。正式的合作机制在很大程度上仍未进行改革，对此，西方国家应该承担更多"全球治理"的任务，因为发展中国家还在忙于处理本国内部的种种危机。然而，这种情境是不可长期持续的，因为它是建立在不爆发不可控危机的前提下的。

未来情境二：碎片化

发达国家和地区试图与外部世界隔绝，以避免威胁的降临。亚洲建立起经济上自给自足的地区秩序。全球通讯保证了全球化不会消亡，但是其速度将会大大减缓。欧洲将注意力转向内部，日益下降的生活标准激起了欧洲民众的不满情绪，各国政府只能疲于应付这一内部矛盾。美国的生产力得到提高，使之处于较为有利的地位；然而，如不解决预算缺口和长期债务问题，美国仍将面临着财政吃紧的困境。

未来情境三：欧洲的集体回归

在此情境中，国际体系面临着更严重的威胁，极有可能是日益加剧的环境灾害或危机蔓延而导致的冲突，这将促进更广泛的国际合作，以解决这些全球性问题。对国际体系进行重大改革成为可能。虽然与前两种情境相比，第三种情境在近期出现的可能性较小，但是就长远来看，这一可能的情境或许是最佳结局——振兴全面合作的国际体系，应对所有国际问题。美国掌握更多的权力，中国、印度分担更多的责任，欧盟扮演更重要的国际角色。经过长期磨合，国际社会逐步协调，最终弹奏出一曲和谐之声，从而缩小了经济鸿沟与人均收入差别。

未来情境四：游戏现实——冲突压倒合作

这是最不可能出现的状况，但是可能性依旧存在。由于国内冲突频现，尤其是新兴国家内部的冲突，国际体系更是危机四伏。民族主义的压力成为中产阶级创造"美好人生"的动力，也成为了全球治理的障碍。美中两国关系紧张，金砖四国之间争夺资源和"客户"的竞争日趋激烈。中东核武器军备竞赛也损害了全球发展的美好前景。怀疑和紧张局势使得全球机制改革希望渺茫。各地区，尤其是亚洲，所作的努力刚刚萌芽，也被扼杀在了摇篮里。

全球治理简介

本报告中所用"全球治理"一词包括应对国际问题的集体行动所涉及的所有机制、领域、过程、合作以及合作网络。这一定义涵盖了一切正式和非正式计划，以及跨国事务中非国家行为体所扮演的角色。地区合作也被视做全球治理的一个要素，因此地区合作的贡献也相应增加。各国治理各有不同，这就意味着全球治理也包括了君主制国家和等级制政体国家。全球治理不等同于世界政府，在可以预见的未来世界政府这种形式是不可能出现的，甚至永远都不会出现。

全球治理，即集体管理国际社会共同面临的问题，正处于关键的转折点。虽然自"二战"结束以来，全球治理已经取得了一定的成功，但是国际议程上各种新问题层出不穷，其复杂性超出了国际组织和各国政府的治理能力。权力的转移同样使全球治理变得更具挑战。

国际合作机制及其覆盖的领域已经得到了一定的完善和改进，以适应国际形势发展的新需求。如果说，尚未建立起新的合作框架，那么至少已经制定了一系列新的应对方案。若全球治理的结构和过程不能与国际体系内部的权力均势的发展变化保持一致，那么就有被边缘化，甚至被抛弃的危险。新兴大国对当前的机制设置持怀疑态度，质疑其偏袒现有大国的利益。在国际局势起伏不定的情况下，缺乏令各国都满意的合作框架会加剧混乱的程度，加速不稳定因素的散播。新老挑战交织在一起，对合作解决国际问题提出了新要求：需要开展更多的国际合作和具有创新性的解决之道。这在很大程度上依赖于领导力和政治意愿。

20 世纪后期的国际协作机制

维护国际和平与安全是"二战"后联合国的核心任务。联合国安理会会同所有主要大国承担着这一重任。联合国不间断地部署维和行动，在发生内战的国家监督和平计划，保证地区稳定。布雷顿森林体系的建立有效维护了金融与货币稳定，依托美元作为国际兑换和储备货币，使遭到战争重创的经济得以重建。这两大国际机制各解决需要的问题，并对冷战后的世界作出了巨大贡献。

虽然冷战时期两个超级大国所支持的小规模"代理人战争"（proxy war，大国为小国提供军事、经济、政治等方面的帮助，支持其与其他的国家开战）不断，也发生了一些残暴的地区冲突，但并没有发生过可与"一战"、"二战"相提并论的大规模战争。尽管数百万人仍饱受战争或冲突的影响，但是冲突数量已经有所下降。面对着核战争与核扩散的威胁，核国家及无核国家都支持一项全球性防止核武器扩散的合约——《核不扩散条约》；美国和俄罗斯也多次协商，签订合约减少各自核武器军工厂及武器装备的数量。

在经济方面，《关税与贸易总协定》和世界贸易组织承诺的贸易自由化创造了低关税和开放市场，促进各国分享繁荣，避免因政治冲突导致的保护主义，从而使全球获益。

随着合作范围的扩大，我们的期待也随着提高，尤其对全球化促进各国互动的推动作用寄予厚望。每个机构都聚焦于一些具体问题，这是全球治理的一个发展趋势。然而，这导致的后果就是，国际体系的运作成效面临着若干严峻的挑战，如"管理幅度"（span of control）狭窄、高度垂直的"烟管式"（stove pipes）体制、"战略失察"等问题。

第一章 扩大议程、提升能力

随着全球化的加速，国际体系所面临的风险在扩大，以往地区化的威胁如今已经溢出地区范围，成为威胁全球安全和稳定的潜在风险。本世纪之初，诸如民族冲突、传染性疾病、恐怖主义以及新一代的全球性挑战，包括气候变化、能源安全、食品和水资源匮乏、国际移民潮、新技术，陆续登上国际舞台，成为瞩目的焦点。虽然多边论坛已经就以上这些问题讨论了20多年，但由于这些问题具有继续在全球扩散的可能，因此在全球化背景下其重要性仍在不断增加。

- 本世纪头十年的开场白是纽约双子塔和五角大楼遇袭，由此打击跨国恐怖主义被列入国际议程。应对非传统武器的扩散和使用成为新的紧急任务。和平行动的范围也更广泛，例如解决冲突的根本原因。
- 气候变化已经不仅限于环境政治的讨论范畴，成为全球政治、经济与安全讨论的主题和多边合作的新焦点。
- 近期，经济危机正在逐渐复苏，这益发凸现了在西方国家疲软的情况下，发展中国家对重振全球经济的重要性，尤其是中国。

- 中国和印度作为世界经济发动机崛起于世，同时它们对于能源和商品的需求也日益增长，这是导致能源政策和其他资源问题在国际事务中处于优先地位的原因之一。

- 生物技术和纳米技术是促进发展的潜在动力，例如在医疗卫生领域，但若被邪恶势力利用，则也会带来前所未有的危险。尽管转基因在解决粮食和人口老龄化问题上可谓是一大突破，但它同时也导致了深刻的伦理困境。

风险的复杂性对全球治理提出新要求

这些问题，加之那些长期存在的问题，共同造成的影响日积月累，最终改变了国际社会所面临的挑战的规模和本质。迅速全球化的三大特征要求采取更为有效的全球治理，这三大特征分别是：相互依存加深、相互关联的问题增多、国内政治与国际事务互渗性更强。与此同时，技术的快速发展为公民社会主体，如非政府组织，敲响了警钟，提醒它们必须直面新的挑战与合作需求，从而才能在国际社会中扮演更强大的角色。

相互依存早已成为经济全球化的一个重要特征，然而中国、印度、巴西及其他快速发展的经济体的崛起，使各国经济上的相互依存达到了一个新高度。发达国家在新兴经济体发展离岸生产和商业服务外包，以及新兴经济体经济交换规模的提升，实现了贸易和投资的模式多样化，导致价值链分散到了不同国家和大陆。新兴国家积累了巨大的外汇储备，尤其是中国，这使得赤字国家的债务如吹气球般膨胀起来，特别是美国。新兴国家通过对美国出口获利。其他因素包括发达国家因严峻的金融危机造成的结构性失衡，从而阻碍了增长，信用下降，个人消费抑制。美国、中国、欧盟以及其他国家的货币和财政政策的互相关联性越来越强。宏观经济方面的合作是全球经济复苏的必然需求。

气候变化问题中多种关联，经济危机以及国家的脆弱性，这些都有可能成为未来风险的集中爆发点，体现了今日国际议程所面临挑战的相互关联的本质。一个问题能够触发其他问题的爆发，这是一种瀑布效应，就如能源价格对经济复苏前景的潜在影响。各种问题互相关联，纠缠在一起就产生了新的挑战，并增加了传统挑战的复杂性，使其更难以应对。

- 日益增长的能源需求推动了食品价格的上涨。与此同时，许多贫困国家人口激增，气候变化又严重威胁到其农业生产，这使得国际脆弱性愈发突出。

- 技术进步和地缘政治的动荡不安对作为发达国家支柱的电子和能源基础设施提出了更高的要求，需要在保护和适应性方面予以更多关注。

- 对能源供应安全的担忧，也包括对能源需求的关切，可能导致有损于环境和投资的政策出台。对国内化石燃料储备或国外长期供应的严重依赖使得各国不可能积极投资可再生能源，进而加剧了温室气体的排放。价格的不确定性压制了对勘探和运输基础设施的投资，这将造成未来十年内能源供应的短缺。

上述许多问题都牵涉到国内政治与国际事务的互渗性。例如，金融危机的根本原因就包含了国内外双重因素。国家本身倾向于鼓励实行宽松的信贷政策，而来自于新兴经济体的资本又使得国家逐渐放松了对个人贷款的监督。紧接着在一些发达国家，危机、公共赤字和债务的管理，以及中国和其他新兴经济体刺激国内需求的措施都成了其国内决策所要考虑的、具有全球意义的重要因素。

气候变化是国内外事务互渗的另一个佐证，需要引起各国及国际社会的普遍重视。温室气体排放大国，如美国、中国、及欧盟国家，它们的国内能源和环境政策将对国际社会产生直接影响，因为这些国家对于大气层中温室气体的存量以及气候变化的模式起着决定性作用，它们的决策可能给最容易受影响的国家带来极为严重的后果。

国内政策严重制约了国际合作，压缩了各国协商让步的空间。例如在最近举行的哥本哈根气候峰会上，国内政策导致许多与会国家在减少温室气体排放问题上态度含混。另一个例证则是俄罗斯对其最大的能源公司加强政治管制，并更为关注该国的投资法律及安全，这些都阻碍甚至破坏了欧盟与俄罗斯的能源和经济合作。

未来几年，可以预见伴随着人口老龄化，发达国家将面临经济增速放缓，公众的注意力也将日益转向国内政策。在此情况下，公众将会更为关注就业和福利，几乎没有多余的精力投入到其他的长期需求，如治理多样化社会，环境可持续发展，或国际平等与合法性问题。许多专家认为俄罗斯和中国的民族主义倾向处于上升态势，而欧盟国家和美国都无法抵御这一趋势。这同时也使得在多边论坛中各国的立场越来越无法兼容。这一切很有可能使世界陷入一个恶性循环：无效的全球治理、各国理念分道扬镳、民族主义情绪激烈的公共辩论导致各国之间关系更为紧张。

第二章　权力转移使全球治理复杂化

世界朝着多极化方向发展的趋势，使未来十年实现有效全球治理的前景更为复杂。20世纪后半叶，美国塑造了国际秩序，充分反映了美国以自由市场和民主为特征的自由主义世界观。美国高估了全球公共品的供给，如货币的稳定、开放贸易的路径。尤其是冷战结束后，欧盟寻求对外输出其地区一体化和主权共享的模式，并在全球治理和优先性方面设计了一套独特的话语体系。

如今，美国和欧盟作为政治领袖的合法性与公信力已经遭到新兴大国以及大批国际组织的公开质疑。部分原因是因为各国认为在真正转变为多极化世界之前，美国和欧盟在提供公共品的过程中存在着一定缺陷，例如不能保证经济稳定；并且它们还认为，在诸如贸易、气候变化等国际事务中，也存在着美国、欧盟与其他国家利益不平等的情况。同时，新兴大国的经济扩展一并提高了它们的政治影响力。如今，人们可以探讨现代性的其他定义。开放资本市场的益处并没有在全球范围得到充分的分享，甚至是处在贸易前沿的地区和国家也未必完全享受到了开放资本市场带来的积极效应，产业政策愈加模糊，尤其是在新兴经济体国家内。今日的跨国体系中越来越多的国家正在扮演着举足轻重的角色。在这些国家中，尽管在经济模式和意识形态方面大相径庭，但却都是解决国际问题不可或缺的力量。

权力不仅从既成大国转向冉冉升起的新兴大国，在某种程度上说，也转向了发展中国家和非国家行为体——它们扮演着国际合作促进者或干扰者的角色。从积极的角度看，跨国非政府组织、公民社会团体、教会以及其他一些宗教组织、多国合作、其他商业团体、利益集团都越来越活跃地参与到政策制定、公共利益诉求和向国际社会施压的过程中去。然而，心怀敌意的非国家行为体，如犯罪组织、恐怖主义网络等，都通过使用新技术提升了自身实力，它们对国际安全构成了严重的威胁，并导致了复杂的系统性风险。

此外，国有和国家控股的企业以及主权财富基金，尤其是中国和俄罗斯的主权基金，在全球治理中的作用也日渐增强。这些行为体背后有着政治和经济的双重考量，是传统的国际行为体分类中所没有的。

多极化将提升还是损害多边主义？

多边体系日渐成型，全球和地区的核心行为体对于主权、多边主义与合法性有着不同的看法，这一差异通常源自于它们各自不同的历史经验。重视不同观点，对于培育多领域的国际合作至关重要。

地区和全球机制内存在不同的优先考虑事务，多样化的优先权设置可能带来的风险是，使主要行为体之间产生较大分歧，从而阻碍多边机制的运作。

许多专家都认为，主权仍是无法超越的。重新强调主权对于全球治理有着重要的意义。国际性行为实体能够在何种程度实行其代表权力，以及以何种目的实行这一权力，这一问题有待进一步探讨。国际社会或国际机制是否能挑战，或超越国家主权对其内政事务所拥有的权威之上？如果可以，那么又是在何种条件之下形成这样的挑战或超越？这也是一个亟待解决的问题。

到目前为止，在分享主权方面欧盟拥有最先进的实践经验，其独特的地区一体化模式成功地将后社会主义体系转型为更大规模的地区秩序。其他主要的全球行为体，则在实行委托监管权等方面都表现得犹豫不决，更不用说将管辖权移交至一个统一的国际实体，或在集体决策的模式下分享主权。美国、俄罗斯、中国和印度的国内政治体系存在巨大差异，其他国家则对全球治理机制一直心存疑虑，担心这会损害其主权独立。然而，它们对全球治理的态度又会因具体事件而有所不同。

总而言之，主要大国都支持国际合作和监管的这一新模式，因为它们认为这代表了它们的利益，或至少不会直接损害它们的利益。有核国家乐意看到国际原子能机构拥有直接进入无核国家调查其核设施的特权。然而，一旦条约可能限制其自身行为的比较优势，或使之置身于强势竞争中，如能源政策或禁止拥有某类武器，各国就会对签订条约顾虑重重。但是这样选择性的加入最终使这一模式陷入了困境，因为加入的动机同样会导致更大规模地退出机制或合约。

在一个更加多样化的国际体系中，最重要的问题是如何调和各主要大国及多边合作框架内的小国组织的利益和观点。参与者感到，必须设定一个先决条件，该体系才能得到所有利益相关方的信任，它们将承诺参与集体行动，并承认在需要的情况下，国际机构享有超越其内政主权的特权。

价值观或原则上的分歧也将影响多边合作的前景。例如，虽然美国和欧盟的立场及政策并非总是一致的，但其推动民主、人权的目标及其国内治理中所体现的核心价值观在其外交政策中都得到了广泛的体现。中国和俄罗斯等主要大国大力支持大批新兴国家和发展中国家，它们重新阐释了人权，并对在关键领域遭到的指责和限制大为不快。印度是世界上最大的民主国家，拥有不结盟的政治传统，在外交上奉行民族主义立场。另一新兴大国巴西则相当谨慎，以免给其他国家留下输出价值观和干涉他国内政的印象。

未来十年内，平衡这些不同的观念，以促进在世界和平、稳定和安全方面的合作，将对各国以及相关治理模式提出巨大考验。需要根据参与各方的意见继续探索合作的新方式，但新兴大国也应承担更多的责任。许多新兴大国非常关心国际和地区稳定，因为唯此它们才能更好地寻求发展。例如，印度、巴基斯坦和孟加拉国一直以来都是联合国维和部队的主要成员，而中国和巴西在维和行动中的参与度也逐年增加。这些国家和其他一些新兴国家或已在联合国授权的多边维和行动中扮演着关键性的角色，为冲突地区的稳定与长期和平积极贡献力量。

协调差异从而培育合作机制，唯此才能缓解多边合作框架所面临的包容性与效率之间的矛盾。这切中了合法性问题的要害，合法性正是新兴大国参与讨论的更广泛的多边合作中最重要的，却一直悬而未决的议题。

许多国家都认为，在可预见的未来，公正平等地分配义务和责任将成为一项持续的任务。因为一些主要的新兴大国（中国和印度）就人均而言，仍属于相对贫困的国家，其国内优先事务设置的不同导致对公正平等有着与发达国家不同的评估标准。这一点已经在发达国家和发展中国家就气候变化和贸易的谈判中有所体现。

对全球治理的不同认识

"全球治理"这一词汇被视为源自西方的概念，各国对这一概念有着不同的认识和质疑，因此有效应对日益增长的挑战也变得越来越困难。各国理解中的全球治理分别是这样的：

巴西 南北关系和权力的重新分配——即从发达国家转移至发展中国家，这些都是巴西展望未来外交时最为关注的问题。专家认为巴西倾向于旧式的多边主义，即基于主权国家的多边合作，排斥非国家行为主体的参与。尽管如此，与全球治理相关的各项问题开始成为巴西政府关心的头等大事，对于气候变化的公共讨论是其中之一。

中国 许多中国人认识到日益严峻的全球挑战和国际体系的"根本性"缺陷，但却仍将关注点放在国内问题上。中国设想未来能够建立一个"更庞大的结构体系"，将近年来成立的各个组织和机构整合到一起。在它看来，二十国集团的出现是迈向整合的坚实一步，但它也仍质疑南北差距会在包括经济在内的各项问题中阻碍国际合作。

印度 印度认为现存的国际组织都存在"严重不足"，并担忧"亚洲缺乏保障稳定的内部均势"。同时，考虑到中国在该地区的压倒性优势，印度自忖在建立亚洲地区机制方面尚并不能确保自身的有利地位。一些人害怕由"西方"建立起的体系，即以民主、法制为主要特征的体系，可能因为"东方"

的崛起而受到冲击。

日本 许多日本人认为，治理鸿沟更多是政治领导的问题，而非"治理形态或结构"。一些人提出质疑，官僚作风盛行的正式国际合作机制是否能够起效。同时，日本人感到二十国集团需要更紧密的政治相关性。许多人强调，在改革国际组织之前应首先加强国家和地区的合作途径。许多日本人担心东亚缺乏地区合作框架，尤其是在安全问题上，并提出日本应该在地区合作中扮演更活跃积极的角色。

俄罗斯 虽然有人预期跨国商业的影响力将增加跨国合作的机会，但俄罗斯专家称，到2025年，世界仍将由超级大国主宰。令俄罗斯人担忧的问题是"跨太平洋安全"。美国、欧洲和俄罗斯仍有可能走得更近，而"拥有最大经济规模的"中国将是改变世界的重要因素。

南非 南非人认为全球化加强了区域化，压制了单一全球政体的出现。他们担心的则是，全球化过程中的失败者会远远超过胜利者。二十国集团中鲜有非洲国家代表。对于非洲人民而言，联合国依旧是唯一"合法的"全球机构。

阿联酋 对于波斯湾地区的参与者而言，最关键的问题是何种全球机制最能创造包容性的权利共享。需要创建一个合作框架或机制以整合能源生产者和消费者的"权利"。一些人对本地区的民主化缺乏西方支持感到失望。

第三章 调整中的成功案例

非正式组织的出现

当今，全球治理创新的一个显著特点就在于峰会级别的会晤频繁出现，并不局限于全球或者区域机制。以八国集团和二十国集团为代表的非正式组织已深入地影响了全球治理的运作方式，它们尤其关注国家在制定政策方面的网络化协调及其产生的结果。八国集团和二十国集团等非正式组织所作的决策虽带有政治色彩，但却不具约束性。因此，这些非正式组织不太可能与联合国或布雷顿森林体系等主导一国决策和政策制定的框架相比肩。然而，昔日传统的国家决策机制在这样一个多元化的世界中正经历着变革，国家需要探索新的方式来共同分担全球治理中的风险。在这种背景下，非正式组织就提供了一个研究全球治理的新视角。

随着 20 世纪 70 年代中期建立的七国集团在 1998 年扩员成为八国集团，一系列新的非正式组织在过去的几年间相继建立，以应对国际政治议程中出现的新议题。在这其中，二十国集团以其众多的成员和广泛的议程成为了焦点。在环境领域，2007 年建立的主要排放国论坛（The Major Emitter Forum）在 2009 年更名为主要经济体论坛（The Major Economies Forum），旨在应对气候变化问题。除此之外，金砖四国领导人于 2009 年在俄罗斯召开首届峰会，之后 2010 年在巴西召开了第二届峰会，并宣布今年将在中国举办第三届峰会。

从八国集团的运作来看，它的角色更多在于解决专门问题。在这个由八个志同道合的国家组成的小型俱乐部内，只要它们愿意积极调动资源，就能促使问题顺利解决。具体而言，八国集团依旧是一个高效运作的平台，不仅能融汇各种观念，而且致力于扩大这些观念的影响，比如为二十国集团提供讨论的议题等。同时，它还鼓励相关国家积极参与议程的落实。或许，八国集团模式将成为全球治理中国际社会对金砖四国模式的一个反思。目前，金砖四国的系列峰会之所以引人注目，在于其仅仅反对现有的不合理的国际规制，而不是和其他主要行为体一起倡导落实新规制。而且，考虑到在未来 20 年中，金砖四国在政治和经济上截然不同的发展道路，这一非正式组织的生命力还有待验证。

随着非正式组织的发展，其面临的挑战就在于如何建立不同模式以反映竞争性的地缘政治关系。这一种发展趋势将使峰会外交的目的黯然失色。非正式组织的发展反映了国际社会的两个基本需求：第一，需要促成集体领导来共同解决正式的多边机制所无法应对的问题；第二，需要反映国际格局的动态平衡。但是，由于世界的发展越来越呈现出异质性，非正式组织所隐含的两个基本需求其实并不能完全满足。非正式组织在跨领域谈判（比如，气候变化）中出现的冲突和在世界经济复苏方式上存在的分歧，就反映了共同解决问题的承诺和各国政治议程侧重点不同之间的显著差距。

在这样的背景下，非正式组织内部的凝聚力和组织间的一致性是促使其有效运行的关键。这既需要强有力的协调，又需要国家和跨政府层面的会议协调人的努力，来确保在不同模式中国家政策的连贯性。正如一位欧洲问题学者所言："国际社会中存在着机制达尔文主义，机制的发展也遵循适者生存的法则。"

在很大程度上，非正式组织的运行需要与正式的多边机制间建立合作关系。就好像二十国集团在应对全球金融危机时的出色表现一样，非正式组织越来越多地在重要的全球问题上和正式的国际组织相互合作，成为全球治理议程设置中一个不可或缺的参与者。同时，二十国集团和国际货币基金组织、世界银行携手合作，比如，确立峰会议程、监督相关国家的政策落实、对深陷危机的国家提供财政支持、确保粮食安全等。非正式组织也能成为不同组织间的联络者。在能源领域，二十国集团促成了包括国际原子能机构、欧佩克、经济合作与发展组织以及世界银行等不同机构在内的密切合作。此外，非政府组织的峰会决策能促使机制改革。二十国集团就曾引导了金融稳定论坛（Financial Stability Forum）向金融稳定委员会（Financial Stability Board）的过渡。同时，二十国集团还一直致力于实现国际货币基金组织渐进式的改革。

非正式组织，比如八国集团，在扩充其先前制定的政治议程上显示出了灵活性和前瞻性。自2008年后，二十国集团的政治议程也逐渐扩大，在匹兹堡峰会上成员国一致同意确立"可持续和平衡框架"的议题。但是，二十国集团是否能承担起议题扩大后的职责，成为非正式全球治理中的核心，依旧存在争议。在许多观察家看来，二十国集团在应对扩大了的议题时，将面临"能力赤字"的问题。二十国集团的基础架构并不能有效处理议题扩大后出现的庞杂信息，同时，也无力与国家层面的组织共同竞争。但是，随着全球问题日趋紧迫，各国之间的共同利益将不仅仅限于恢复全球经济，二十国集团进一步扩大议题是大势所趋。

当非正式组织的规模太小时，比如八国集团，其合法性就容易受到质疑。成员数量有限意味着在制定政治决策时，实际参加的成员可能并不包括真正受到影响的那些国家。八国集团在这一点上就受到了集团外的大多数发展中国家和区域性大国的诟病。当非正式组织的规模相对较大时，比如二十国集团，国际社会就会质疑其内在的凝聚力和达成协议、落实政策的能力。其合法性依旧受到集团外国家的质疑。一位南非学者认为："与其预测二十国集团在2025年会如何发展，还不如审视其存在的可信度与合法性问题……如何确保集团之外的国家的意见能得到充分考虑，同时又不削弱其决策能力？二十国集团该如何捍卫低收入国家和发展中国家的利益？我对此表示悲观。"

当然，国际社会对如何改进非正式组织的决策程序提供了不少有价值的意见，比如，加强辅助政治领导人的协调人团队建设，就特定问题在现存的多边机制内建立支持体系和深化继任主席与前任主席间的合作等。各国领导人之间可延长会议的期限，充分探讨相关问题，促使最终的协议以具体的条款和安排落实，而不是空有口头承诺。

非国家行为体的涌现

参与报告撰写的学者一致认为，国家无法单独应对全球性挑战，跨国问题也无法依靠政府自身来解决。通常，政府缺乏相应的专家、资源和必要的合法性来处理一个影响涉及多方的问题。非国家行为体在全球治理的"需求"和"供给"方面扮演了一个重要角色。它们致力于全球治理议程设计，积极参与决策施行。

在国际社会和多边机制所面临的挑战日趋复杂的情况下，非国家行为体的出现至关重要。诸如气候变化、疾病传播或者技术扩散等不断变化中的治理议程，需要国际社会拥有快速的应变能力进行有效应对。

对全球治理贡献卓著的非国家行为体范围广泛，除跨国非政府组织（NGO）、专家网络之外，还有公民社会团体、跨国公司和商业联盟。私人慈善机构通常联合商业与公民社会倡导者或者与政府机构合作，在诸如医疗卫生和教育等领域中发挥作用。

大众传媒领域的革新——互联网的诞生和广泛使用——推动了公民社会团体和公众舆论在全球治理的议程设置中发挥重要影响。一位来自迪拜智库的经济学家这样评价道:"当原苏联解体后,人们认为世界上只有一个超级大国了。但事实上,我们依旧生活在两个超级大国的主导下:美国和公众舆论。"

随着跨国挑战日益严峻,其在全球治理议程上的位置也日趋醒目,非国家行为体处在了应对挑战的前沿,积极推动现有机构的改革。它们与主权国家的地位渐趋平等,只是在塑造议题和动员公民方面缺乏国家的权威性,但至少这是未来我们所期望的发展趋势。国际刑事法庭的建立和《禁止地雷公约》的签署都是由公民社会团体先行倡议,之后得到了相关国家的支持。这些由非国家行为体发起的运动突破了联合国现有的机制框架,也超越了美国和俄罗斯等国的反对。在全球医疗卫生领域,国家和非国家行为体共同掀起了一场声势浩大的改革,呼吁全球抗击艾滋病、肺结核和疟疾基金和全球治理的新机制,比如联合国艾滋病规划署,接纳非政府组织的参与。以比尔和梅琳达·盖茨基金会为代表的慈善机构经常活跃在这一领域。跨国倡议网络和压力集团也积极参与其他议题的塑造,例如,落实2000年提出的《联合国千年发展目标》。

非国家行为体除了作为议程设置者之外,还是知识与专业技术的主要来源。以政府间气候变化专门委员会(IPCC)为例。作为一个政府间的科研机构,政府间气候变化专门委员会汇聚了来自世界各国的科学家,致力于评估气候变化的进程和影响。专业技术已成为政府决策的依据。从管理技术革新带来的影响到食品安全问题,都需要专业技术予以指导。在公共卫生领域,来自科研机构的意见至关重要。比如,世界卫生组织建立了全球疾病爆发预警和应对网络,全球60多个国家的140个机构参与其中,旨在共同发现和应对疾病的爆发,同时对国内和国际机构发出预警。目前,源于非政府组织渠道的信息和知识主要集中在和平与安全领域。在这一领域中,非政府组织依赖其丰富经验进行决策,在预防冲突发生和建设和平方面发挥了主导作用。

要在全球范围内制定统一的规制和标准，根本就在于知识的收集和分享。如今，国际组织为建立全球统一标准和规制的努力正日益与私人部门和公民社会的行为趋同。多边利益相关者之间的合作，比如商业领袖、非政府组织和公共机构等，正成为全球统一标准设置过程中的一个亮点。通过密切的合作，一些重要的倡议得以落实，比如，增强以煤矿等资源开采为代表的敏感产业的操作透明性。在环境领域，非政府行为体通过资格认证项目（由森林管理委员会和海洋管理委员会执行）在标准建立方面开创出了新的局面。这一项目得到了国家和国际相关组织的大力支持。

展望未来，机遇存在于国家和非国家行为体之间的互动中。首先，传统和新兴的政策议题皆能从非国家行为体的参与中受益匪浅。非国家行为体，作为标准设置的合作方，既能监督政策的实施，又能提供专家意见和特定领域的经验。这些特定领域包括生物安全和生物技术安全、全球医疗卫生体系、绿色技术转让、应对气候变暖、管理人道主义危机和全球移民等。其次，多边利益相关者之间的合作已经得到了许多发达国家政府机构和非政府组织的支持。但是，这一合作模式在发展中国家并未得到认可。发展中国家应加大对地方治理的关注，在合作的早期阶段鼓励多方参与，拓宽这一合作模式的发展前景。最后，全球治理的有效性须有明晰的准则、目标和负责任的监督机制。因此，这就需要公共机构在国际和国家层面上频繁互动，形成共享的目标和切实可行的准则。

第四章　不确定的未来

全球治理中初露端倪的问题

目前，国际社会中出现了一些特殊的问题，这些问题即使是依靠协调一致的多边努力也鲜有成功。这些问题包括移民问题、北极现状、生物技术革命等。

- 在"二战"后的多边机制中，移民问题始终处于一个被边缘化的地位。这凸显出了该问题的争议性，而非国际社会的漠视。任何对该问题的忽视将会对民族国家控制边界的特权形成挑战。伴随着经济因素成为吸引移民的关键，移民问题只会朝着跨国问题的方向发展。

- 气候变化使得北极地区的现状日益引起国际社会的关注。地区合作已走上正轨，但是在控制环境进一步恶化和加强跨国合作方面仍需国际社会更多的努力。

- 如同北极问题，生物技术的出现也是一个新兴的问题。因为在这一领域，生物技术的革新和对未知领域的探究已超越了单纯的利与弊，需根据后果再作定夺。由于非国家行为体将积极影响新技术的研究，实现多边合作将困难重重。

移民问题既能将加强各国间的经济依存，又能缓解各国间不平衡的人口压力。随着经济的快速发展，新兴国家无疑将凭借诱人的经济机遇吸引越来越多的移民。然而，移民也可能成为社会不稳定的因素，造成全球化的紧张态势，加深由其他社会因素引发的危机。

由于移民的动向日趋复杂，许多国家将面临突然出现的种族多元化；其他一些目标国，比如美国，则见证了移民浪潮的到来彻底改变了其未来人口发展的轨迹。对于许多发展中国家而言，最终的结果是人才流失，给其未来的经济发展蒙上了阴影。不过，自1990年起，发展中国家中国际汇款的数量急剧增加，这些汇款被广泛视做最有效的"外国援助"。

国际社会针对移民问题的合作寥寥无几，考虑到主权因素，要实现全面合作的障碍依旧不少。然而，缺乏治理的框架意味着在根本上缺乏问题的发现途径，包括与之相关的人道主义关注。对移民问题莫衷一是将会带来巨大的政治和社会风险。移民问题极易诱发跨国冲突，同时也是全球化浪潮中一个颇具争议的议题。

由移民问题引发的一系列挑战将主要出现在新兴国家和失败国家中。新兴国家凭借其经济发展潜力将成为移民的首选目标，但是由此将导致社会多元化，不可避免地产生复杂的社会矛盾。然而，大量输出移民的贫困国家也没有能力控制本国公民移居国外。因此，一些国家早就出现了劳动力极度缺乏的问题。在其他国家中，即使是一些相对富裕的国家，随着移民数量的增多，种族间潜在冲突的隐患一直存在。

北极地区因气候变暖将实现通航被视为一场多边合作和竞争与冲突共存的较量。气候变暖和技术突破将为该地区的资源开发利用和经济活动创造更多的机会，当然也埋下了竞争的导火线。北极地区的治理方式也检验了国际社会解决主权争端，促进适用于相关海域、海床的国际法建设和避免该区域军事化的决心。应对北极地区开放所带来的挑战需要适宜的治理机制。考虑到各国不同的利益诉求和挑战的本质，治理机制将更趋灵活性和针对性，而非囊括了方方面面的固定条约。

目前，国际社会缺乏综合科技、工业和政府决策方面的有效措施来减少生物技术革命所带来的风险。新行为体的出现和生物技术的可得性增大了生化恐怖主义的威胁。炭疽病、肉毒杆菌毒素已对国际社会产生了严重影响。同时，通过重组人类基因以获得更具进攻性的能力将是未来社会必须正视的一个问题。正是获得技术的成本急剧下降使得黑客群体更容易掌握这些生物技术，技术的传播也可能导致相关知识和原材料的外泄。

总之，生物技术——被经济合作与发展组织认为能推动其成员国 GDP 发展——将会促使人类出现新的行为和聚合模式，由此引发因跨文化的道德问题所带来的政治争论。很少有学者认为，当前的治理机制能成功应对这些挑战。比如，出于改变缺陷基因的目的，科学家们正在尝试对受精卵中的 DNA 进行直接干预。但是，这一对人类未来能力的人为干预开创了通过特定的技术手段从物理特征、生理或者认知上重新设计人类的可能性。

生物技术的双面性将使得管理和控制当前和未来的新发展尤为复杂。政府需要凭借史无前例的能力和各类行为体进行合作，可能其中许多行为体对于传统的管理方式并不认同。当然，不同的政府对于即将面对的威胁也有不同的认知。贫困国家最为关注传染病对本国未来发展的影响。富裕国家更担忧在应对新型疾病时所暴露出的脆弱性和恐怖组织使用生物技术威胁本国安全。新兴国家更希望在开明的政治家领导下实现更多的收益，比如，印度和中国将增加在生物技术领域的投资，巴西则将加大在生物燃料领域的发展等。

这些发展中国家都一致认为现有的国际规制其实限制了其自由发展。

结论：未来的机遇稍纵即逝

  基于广泛存在的主权关注、多元利益和对当前机制有效性的深刻担忧，全球治理的未来并不会朝"世界政府"的方向迈进。然而，加强各类全球、地区、国家和非政府行为体之间的有效合作是大势所趋，尤其在应对未来错综复杂的挑战时更是如此。根据全球治理的特性，我们勾勒出了一些情境，不过其中没有一个能确保未来是一个"完美"的世界。情境一（"维持现状，得过且过"）和情境三（"欧洲的集体回归"）通过预防性措施和对未来的展望企图能避免最坏结果的产生。情境二（"碎片化"）和情境四（"游戏现实——冲突压倒合作"）旨在变革现有的国际秩序，比如，减少极端贫困和国家间大规模冲突现象的出现，这两者至少主宰了过去半个世纪。尽管情境二和情境四发生的几率渺茫，但不能因此忽略了这两者，毕竟地区性冲突会产生全球性影响，而且预防性措施也难以真正落实。

  最近的金融危机表明，异质性的国家、全球和区域性组织完全能携手合作，成功避免新一轮的经济大萧条。不过，新兴国家的许多学者和专家都认为，当前的全球治理体系依旧存在缺陷，且会面临严峻挑战。然而，我们关于全球治理"合法性"的讨论——使多边机制的权威得到认可——应当成为全球治理体系改革的目标和在未来更有效地应对风险的依据。

  虽然一些学者认为美国和欧盟在短期内将引领全球治理议程和机制的改革，但从长远来看，新兴大国的政治精英更具有全球化的视野，他们时刻准备着肩负起更大的责任。他们的参与是对全球治理框架成功革新的关键。此外，就像报告中所提及的，非国家行为体在全球治理中表现积极，它们不仅对潜在问题形成共识，同时对全球治理体系的改革建言献策。许多完善全球治理体系建设关键的因素就在当下，但要将这些因素转化为一个全新的基于有效性和合法性并存的体系将是一个巨大的挑战。

图书在版编目(CIP)数据

全球治理/杨雪冬,王浩主编.
—北京:中央编译出版社,2015.1
(国家治理现代化丛书/俞可平主编)
ISBN 978-7-5117-2412-0

Ⅰ.①全…
Ⅱ.①杨…②王…
Ⅲ.①国际政治-研究
Ⅳ.①D5

中国版本图书馆 CIP 数据核字(2014)第 280770 号

全球治理

出 版 人:	刘明清
出版统筹:	贾宇琰
责任编辑:	侯天保
责任印制:	尹 珺
出版发行:	中央编译出版社
地　　址:	北京西城区车公庄大街乙 5 号鸿儒大厦 B 座(100044)
电　　话:	(010)52612345(总编室)　　(010)52612339(编辑室)
	(010)52612316(发行部)　　(010)52612317(网络销售)
	(010)52612346(馆配部)　　(010)55626985(读者服务部)
传　　真:	(010)66515838
经　　销:	全国新华书店
印　　刷:	北京汇林印务有限公司
开　　本:	787 毫米×1092 毫米　1/16
字　　数:	347 千字
印　　张:	23.5
版　　次:	2015 年 1 月第 1 版第 1 次印刷
定　　价:	85.00 元
网　　址:	www.cctphome.com　　邮　箱:cctp@cctphome.com
新浪微博:	@中央编译出版社　　微　信:中央编译出版社(ID:cctphome)
淘宝店铺:	中央编译出版社直销店(http://shop108367160.taobao.com)　(010)52612349

本社常年法律顾问:北京市吴栾赵阎律师事务所律师　闫军　梁勤
凡有印装质量问题,本社负责调换,电话:(010)55626985